Stephen Spender
Welt in der Welt

Stephen Spender

Welt in der Welt

Eine Autobiographie

Aus dem Englischen von
Andreas Sattler

Piper
München Zürich

Die Originalausgabe erschien 1951 unter dem Titel »World Within World« beim Verlag Hamish Hamilton in London.
Auf deutsch erschien das Werk erstmals 1952 unter dem Titel »Welt zwischen Welten« beim Verlag der Parma-Edition in Frankfurt am Main. Die Übersetzung wurde für die vorliegende Ausgabe neu durchgesehen.
Die Übertragung des Vorworts besorgte Karen Lauer.

Für Isaiah Berlin

ISBN 3-492-03534-5

Gesetzt aus der Baskerville-Antiqua
Satz: Uhl + Massopust, Aalen
Druck und Bindung: Wiener Verlag, Himberg
Printed in Austria

Vorwort des Autors zur deutschen Neuausgabe

Als ich *Welt in der Welt* 1950 abschloß, war ich einundvierzig. Heute, zweiundvierzig Jahre später, kommt es mir so vor, als ob dieses Buch in vielerlei Hinsicht die Lage einer Generation englischer Schriftsteller während der dreißiger Jahre abbildet, einer Generation von Romanautoren und Dichtern aus dem gehobenen Mittelstand, von denen die meisten zwischen 1905 und 1910 geboren waren.

Bei dem Tempo, mit dem in unserem Jahrhundert die historischen Ereignisse aufeinander folgen, beträgt der Abstand zwischen den Generationen eher fünf oder zehn als dreißig Jahre. Wir denken in Dekaden. Wie durch einen Abgrund war die Generation der dreißiger Jahre, zu der meine Kollegen und ich gehörten, von der zehn Jahre älteren getrennt, denn aus ihr waren viele zwischen 1914 und 1918 im Krieg gewesen. Einige waren an der Westfront gefallen. Wir gehörten einer Generation junger Autoren an, deren potentielle, nur wenig ältere Konkurrenten zum Großteil schon nicht mehr lebten.

Natürlich überlebten einige den Krieg – Robert Graves etwa, Siegfried Sassoon und andere Soldatendichter –, doch daß sie ihn bereits mitgemacht hatten, als wir noch Kinder waren, schlug eine tiefere Kluft zwischen die Generationen als der Altersunterschied von ein paar Jahren. Zudem wandten sich diese ehemaligen Soldaten zehn Jahre nach Kriegsbeginn – als wollten sie die Geister ihrer Kameraden aus den Schützengräben rufen – wieder ihren Kriegserlebnissen zu und schrieben darüber Bücher, die man heute mit Recht zu den Klassikern zählt -- *Goodbye To All That* von Robert Graves ist das bedeutendste davon.

Allerdings waren da noch die älteren Autoren, die zwar nicht an der Front mitgekämpft hatten und doch – vielleicht in noch stärkerem Maße als die Soldatendichter – die Lehre, die der Krieg unserer Kultur erteilte, in ihren Werken umgesetzt hatten: James Joyce, T. S. Eliot, D. H. Lawrence. Das war die ältere Generation, in der wir unsere Vorbilder fanden. Sie zeigten in ihren Werken nicht, wie es an der Westfront aussah, aber sie teilten eine generelle Verzweiflung an der westlichen Zivilisation. Es war, als ob in den Meisterwerken von Joyce und Eliot die Geschichte von zweitausend Jahren und mehr in einen Augenblick des zeitgenössischen »modernen« Bewußtseins gebannt worden sei – so wie angeblich vor den Augen eines Ertrinkenden sein ganzes Leben in Bildern abläuft.

Auf diese Vision von Jahrtausenden vergangener Kulturen, festgehalten im Augenblick des Todesurteils, schienen schon die Titel der von uns so bewunderten Werke zu weisen. Bei James Joyces *Ulysses* beschwört der Titel die europäische Kultur des Mittelmeerraums aus den Zeiten Homers, während sich die gesamte Handlung seiner tausend Seiten innerhalb von vierundzwanzig Stunden im modernen Dublin abspielt. In *The Waste Land* von T. S. Eliot kontrastieren die gemeinen Szenen des modernen Lebens mit fragmentarischen Visionen aus Geschichte, Mythos und Legende. *A la recherche du temps perdu* wäre hier ebenfalls zu erwähnen – Prousts Besessenheit von der Idee, daß die Erinnerung an einen Augenblick in der Kindheit durch eine bestimmte Sinneswahrnehmung (der Geschmack des Madeleine-Gebäcks) in einem Moment der Gegenwart wiederersteht.

Die abendländische Kultur ging also ihrem Ende entgegen. Wir lebten in einer Art posthistorischer Zeit, in der zum Ende nurmehr der Höhepunkt eines letzten Kriegs und Aufstands fehlte. Die große symptomatische Katastrophe war für uns der New Yorker Börsenkrach mit der anschließenden Wirtschaftskrise. Der Kapitalismus brach endgültig zusammen. »Das System« war nicht mehr zu retten. Das Gefühl des endgültigen Untergangs kam auf, nicht nur angesichts der Hungermärsche der Arbeitslosen und der zusehends verfallenden Industrie, sondern auch, weil die Koalition aus National-Labour und konservativer Partei, die sich Staatsregierung nannte, angesichts des drohenden wirtschaftlichen Zusammenbruchs offensichtlich versagte.

Trotzdem waren wir, ganz betont und ganz bewußt, eine Generation von »jungen« Autoren. Vor 1932 oder 1933 hatten wir uns, als Schriftsteller, auf keine Weise politisch engagiert, wenn wir auch, als Wähler, Sympathien für einen vage definierten Sozialismus hegten. Doch unsere Wahlentscheidung hatte nichts mit unserem Gewissen als Künstler zu tun. Die Politik war für uns damals nur symptomatisch für den Untergang der Zivilisation. Tatsächlich hielten wir Politik für den Feind der Kunst. Diese Ansicht bildeten wir uns bei der Lektüre der Werke von James Joyce, T. S. Eliot oder Virginia Woolf. In ihrer Dichtung und ihren Büchern schufen sie imaginäre Welten – und imaginäre Welten schienen von Politik weit entfernt zu sein.

Ich sollte hier wohl anfügen, daß die meisten von uns Literatur als ein aus Worten gemachtes Kunstprodukt betrachteten und nicht als ein Vehikel zur Verbreitung von Meinungen und – im Unterschied zu den hochgradig politisierten kommunistischen Dichtern der nachfolgenden Generation, die im Spanischen Bürgerkrieg kämpften – an dieser Auffassung grundsätzlich festhielten. Für uns war der Antifaschismus eine Position, die wir einnehmen mußten, weil der Faschismus nicht nur die Freiheit seiner politischen, sondern auch die seiner unpolitischen Gegner bedrohte, eben jene Grundfesten der Humanität, auf die man eine freie, unpolitische Kunst aufbauen kann.

Unsere Dichtergeneration – ich denke dabei an Auden, Day Lewis, MacNeice, William Empson, mich und noch ein paar andere – wurde bald als »neue« begrüßt. Wir waren die Stimme einer Nachkriegswelt, auf die die Leser gewartet hatten. Die Betonung lag wirklich auf Neuheit. Auf einmal kam ein halbes Dutzend Literaturzeitschriften und Anthologien heraus, die alle das magische Wort »neu« im Titel führten: *New Verses, New Writing, New Voices, New Signatures* etc.

Man braucht sich nur Audens frühe Gedichte anzusehen, um festzustellen, daß jene junge Generation, trotz ihres Bewußtseins, etwas Neues zu schaffen, von einer gewissen Endzeitstimmung erfüllt war. Doch in ihren Werken erhielt *das Ende* einen völlig anderen Akzent als in den Visionen einer sterbenden Kultur von *The Waste Land* oder *Ulysses*. Denn wenn uns diese Werke auch als Zeugnisse des Untergangs der Zivilisation erschienen, sahen wir sie doch zugleich als Bestätigung für die Kraft der dichterischen Phantasie, den Niedergang der Zeit in sich aufzunehmen und in eine neue Sprache zu verwandeln.

Verfallene Industrielandschaften, bewohnt von einem untergehenden englischen Mittelstand aus neurotischen ehemaligen Imperialisten, Finanzleuten und Schullehrern, bilden bei vielen von Audens frühen Gedichten den Hintergrund. Die jungen Dichter sahen dem Untergang der britischen Bourgeoisie mit einer Art *Schadenfreude* zu. Die verfallene Landschaft erschien in ihren Gedichten als öder Spielplatz inmitten von Ruinen; sie hatten jedoch Gründe, den Zusammenbruch des Empire zu feiern, nicht nur, weil »Dichter Ruinen lieben«, wie Auden es später formulierte. Im England der Nachkriegszeit gab es nach dem kurzen Zwischenspiel der zwanziger Jahre, der Vergnügungssucht, dem Jazz und der Trunkenheit, wie in den frühen Werken von Scott Fitzgerald und Ernest Hemingway beschrieben, eine reaktionäre Bewegung zurück zum konservativen, mittelständischen, bildungsbürgerlichen Puritanismus der Imperialisten – vielleicht gerade weil sich, vor allem in Indien, ein Zerfall des Empire anzudeuten begann.

Für uns junge Schriftsteller zeigte sich dieser Puritanismus besonders deutlich in dem Verbot jener Bücher, die zwei der von uns glühend bewunderten Autoren verfaßt hatten: James Joyce und D. H. Lawrence.

Zurückblickend wird man es heute wohl wirklich erstaunlich finden, daß nach einem Krieg, in dem Millionen von an der Front kämpfenden Männern äußersten Obszönitäten wie Blut, Schlamm und Massenmord ausgesetzt waren und dabei ihren Gefühlen mit der hemmungslosen Sprache von Soldaten im Schützengraben Ausdruck verliehen – daß zehn Jahre danach die einfache Beschreibung eines jungen Mannes, der mit einem Mädchen ins Bett geht – oder gar mit einem anderen jungen Mann –, den Verleger und den Autor einer Strafverfolgung preisgab. Christopher Isherwood und ich waren damals nur zwei von vielen Autoren, denen ihre Verleger schrieben, daß für eine Veröffentlichung die Streichung gewisser Szenen aus ihren Romanen notwendig sei.

In Frankreich und Deutschland gab es im Gegensatz zu England keine Zensur. Vielmehr hatte man in diesen Ländern das aufregende Gefühl, für die Kunst sei die Nachkriegszeit eine Zeit ungehemmten Experimentierens. Statt der englischen konformistischen Gepflogenheiten und des Formalismus in der Architektur und der Kunst überhaupt, gab es hier eine neue freiheitliche Lebensweise, eine neue Architektur und Malerei, eine neue Literatur und eine sehr lebhafte Diskussion der Weltanschauungen. Nach dem neuen Leben und der neuen Kunst suchten englische Künstler und andere »Intellektuelle« von 1918 an im Ausland, auf dem Kontinent.

Die Generation der Bloomsbury-Autoren und -Künstler – Virginia Woolf, Lytton Strachey, Duncan Grant, Vanessa Bell und andere –, von denen die meisten im Ersten Weltkrieg Pazifisten waren, fühlte sich zur französischen Kunst und Literatur hingezogen und suchte sich ihre Vorbilder und ihr Vergnügen in Paris.

Uns dagegen zog es nach Deutschland. Auden war bald nach seinem Abschied von Oxford zum Studium nach Berlin gegangen. Dort lernte er den Anthropologen John Layard kennen, der ihm das Magnus-Hirschfeld-Institut für Sexualwissenschaft zeigte. Auden entdeckte auch die Schwulenbars Berlins. Layard brachte ihm die revolutionäre Lehre des amerikanischen Psychologen Homer Lane nahe. Auden lud seinen Freund Isherwood ein, zu ihm nach Berlin zu kommen. Fünfunddreißig Jahre später schrieb Isherwood in seiner Autobiographie *Christopher and His Kind*: »Für Christopher bedeutete Berlin soviel wie: Knaben.«

Auch bei Auden ist die Idee der revolutionären Veränderung psychologischer – freudianischer – und schöpferischer Natur, sie wird durch Kunst erreicht. Es ist keine politische Idee.

Als ich 1930 zu Isherwood nach Berlin ging, war die Stadt noch immer der Mittelpunkt, an dem die revolutionären Ideen in der Kunst aus Rußland und Westeuropa aufeinandertrafen. Wir sahen uns deutsche und russische Filme an. Isherwood schrieb seine Berlin-Romane und ich meine frühen Gedichte, *Der*

Schnellzug, Die Landschaft bei einem Flugplatz, und andere über das Stadtleben und die Technik. Die Bildlichkeit der letzten Strophe eines meiner frühen Gedichte geht auf die russischen Schwarzweißfilme zurück:

Nah dem Schnee, nah der Sonne, auf dem höchsten
  Feld,
Sieh, wie dort das wogende Gras diese Namen feiert,
Und die weißen Wolkenstreifen,
Und das Flüstern des Winds im Himmel, der lauscht.

Vielleicht gab es noch einen weiteren, von Isherwood nicht erwähnten Grund, warum wir uns zehn Jahre nach Beginn des Ersten Weltkriegs zu den jungen Deutschen hingezogen fühlten. Er ist in einem berühmten Gedicht über den Krieg enthalten, in Wilfred Owens *Strange Meeting*, in dem der Dichter ein imaginäres Gespräch an der Westfront zwischen einem englischen und einem deutschen Soldaten entwirft, die einander eben getötet haben. Das Zwiegespräch, das mehr ein Dialog zwischen Liebenden als zwischen Feinden ist, endet mit den ergreifenden Zeilen:

Ich bin der Feind, den du getötet hast, mein Freund.
In diesem Dunkel kannt' ich dich: so grimmig sahst du
Gestern durch mich, als du mit deinem Stoß getötet
  hast.
Ich hab' pariert; doch meine Hände sträubten sich und
  waren kalt.
Schlafen wir jetzt.

Bis auf ein oder zwei Ausnahmen – Schriftsteller, die Kommunisten waren – wurden wir erst durch das Phänomen Hitler für die Politik mobilisiert. Die Nazis waren in einer Weise totalitär, wie sie Mussolinis Faschisten nur annähernd erreichten. Denn die Nazis hatten ihre unpolitischen Mitbürger gleich gruppenweise als Staatsfeinde – als Antinazis – definiert: aufgrund ihrer Herkunft, ihrer Kunst, ihrer intellektuellen Interessen, ihrer Sexualität, ihrer individuellen Existenz. Jude zu sein, moderne Kunst zu machen (Kulturbolschewismus), als Schriftsteller, Journalist oder Lehrer am Maßstab der objektiven Wahrheit festzuhalten oder homosexuell zu sein bedeutete in jener Zeit der Plünderung der Synagogen, der Bücherverbrennungen und der Übernahme der Presse durch die Parteiorgane – ein Staatsfeind zu sein. Sehr viele Juden, Intellektuelle, Künstler, Schriftsteller und Lehrer verdankten ihre politische Überzeugung der Tatsache, daß, was für sie die Wahrheit war – womöglich die, die ihrer Existenz zugrunde lag –, sie zum Gegenstand der Verfolgung machte.

So sahen sich Menschen, die von ihrem Temperament oder ihrer Berufung her eher unpolitisch waren, plötzlich zum politisch engagierten Antinazi werden, mit einer Vehemenz und Leidenschaft, in der ihr ganzes Leben lag. Es war, mit den Worten des Kritikers Herbert Read gesprochen, die Zeit der »Politik der Unpolitischen«.

Nach meiner Rückkehr nach England im Jahr 1932 verfolgten mich die Ereignisse in Deutschland, von denen ich mich viel stärker betroffen fühlte als von denen in meinem eigenen Land. So ging es mir nicht nur aus dem naheliegenden Grund, nämlich daß die demokratischen Mächte Hitlers Regierung alles zugestanden, was sie der Weimarer Republik verweigert hatten, und damit die Wiederbewaffnung Deutschlands erlaubten, die mit allergrößter Wahrscheinlichkeit zum Krieg führen würde – sondern mehr noch, weil ich, wie auch einige andere, mitten in Europa einen Abgrund des Bösen sich auftun sah. Dies war der Faschismus.

Das mindeste, was wir Schriftsteller von der liberalen Generation unserer Eltern erwarteten, war, daß sie die

Bedrohung demokratischer Institutionen wie des Parlaments und der Pressefreiheit durch den Hitlerfaschismus wahrnehmen würden. Aber ihre Aufmerksamkeit schien sich statt auf die Ereignisse auf dem Kontinent ganz nach innen, auf England, zu richten, wo die Feier des Krönungsjubiläums von König George V. und Königin Mary bevorstand. Man glaubte wohl, daß Hitler, wie unsere heimischen Radikalen und Arbeiterführer – Ramsay MacDonald etwa –, früher oder später, in Frack und Zylinder gekleidet, als europäischer Gentleman auftreten würde, der in Buckingham Palace empfangen wird und mit den demokratischen Ländern eine vernünftige Übereinkunft trifft, nach der diese dem Dritten Reich schließlich alles gewährten, was Frankreich und Großbritannien der Weimarer Republik verweigert hatten. Hitler würde man einräumen, was den Deutschen in den Augen vieler Engländer jetzt ohnehin zustand, litten jene doch unter der inzwischen als solche anerkannten Ungerechtigkeit des Versailler Vertrags. Vielleicht ließe sich ein Abkommen finden, durch das man die Nazis besänftigen könnte. »Appeasement« war 1938 en vogue.

Jetzt, im Alter, sehe ich, daß es für die ältere Generation der mittelständischen oder großbürgerlichen Engländer noch einen anderen Grund für ihre Passivität gegenüber der Wiederbewaffnung der Deutschen durch die Nazis gegeben haben könnte, auf die Ereignisse wie der Anschluß und die Besetzung des Sudetenlandes folgten. Ein Politiker wie Neville Chamberlain, der bereits in den Ersten Weltkrieg involviert war, konnte sich einfach nicht vorstellen, daß es möglich oder nötig sei, einen solchen Wahnsinn unter irgendwelchen Umständen jemals zu wiederholen.

Als die unpolitischen Antifaschisten in die Politik gedrängt wurden, orientierten sie sich zwangsläufig an schon bestehenden antifaschistischen Bewegungen. Die augenfälligste davon war der Kommunismus, der seinem Selbstverständnis nach sowie nach Auffassung der Nazis deren äußerster Gegner war – zwei so diametral entgegengesetzte Anschauungen mußten einander bekämpfen. Unter diesen Bedingungen wandten sich viele antifaschistische Intellektuelle dem Kommunismus zu.

Heute sieht es so aus, als stünden Faschismus und Kommunismus nicht nur im Gegensatz, sondern auch in einem symmetrischen Verhältnis zueinander: beide diktatorisch und totalitär – wie Spiegelbilder. Letztlich haben sie fast identische Auswirkungen gehabt: Diktatur, Polizeistaat, eine korrupte Bürokratie, Massenmord und den totalen Zusammenbruch. Mitte der dreißiger Jahre gab es bereits Anzeichen für das Wesen des Stalinismus – etwa die Moskauer Schauprozesse im August 1936 gegen Stalins einstige Kollaborateure, die sich jetzt selbst als Verräter denunzieren mußten.

Doch während des Spanischen Bürgerkriegs, der im Monat vor den Prozessen begann, waren die Russen die einzigen, die die Spanische Republik unterstützten, und diese wurde für die Antifaschisten zum Inbegriff für die große Sache der Demokratie. Da Hitler Franco unterstützte, bot der Kampf um die Republik seinen Opfern und Gegnern im Rahmen der Internationalen Brigaden die Gelegenheit, sich gegen ihn zu wehren.

Heute muß man wohl betonen, daß die jungen Antifaschisten in den Internationalen Brigaden nichts gemein hatten mit den korrupten Führern der kommunistischen Hierarchien, welche jetzt in dem Abgrund verschwunden sind, den die kommunistischen Regime Rußlands und Osteuropas zurückgelassen haben. Die jungen englischen Dichter – Christopher Caudwell, John Cornford, Ralph Fox und Julian Bell, die für die Republik ihr Leben ließen – bekannten sich vor allem deshalb zum Kommunismus, weil sie glaubten, daß der Faschismus nur auf diese Weise zu bekämpfen sei, und in zweiter Linie, weil sie die marxistische Deutung der Geschichte als korrekt annahmen und als diejenige, die schließlich zur Freiheit aller Unterdrückten führen würde, zu einer Welt der sozialen Gerechtigkeit und der entpolitisierten egalitären Gesellschaft der Zukunft.

Ihr Irrtum lag in der Billigung der kommunistischen These, daß der Zweck auch totalitäre Mittel heiligt: in diesem Fall die Mittel Stalins. Man sollte nicht versuchen, die Ziele des Kommunismus mit denen des Faschismus gleichzusetzen. Doch die Mittel, die diese beiden Gegner anwandten, waren dieselben. Und jedes politische Programm läuft, wenn man es mit dem Faktor der Diktatur multipliziert, auf die völlige Korruption seiner Anführer hinaus. Die Mittel werden von Zielen aufgesogen, die letztlich identisch sind: die Übertragung aller Macht auf einen Führer, der bereit sein wird, das Ziel der Revolution der Erhaltung seiner eigenen Macht und der seiner Komplizen zu opfern.

Mit Ausbruch des Krieges schien der Faschismus paradoxerweise in den Hintergrund zu treten und zur Lappalie zu werden. Verbitterung rief es bei den englischen Antifaschisten hervor, als der Vorschlag einiger ehemaliger Offiziere der Internationalen Brigaden, die britische Armee könne aus ihren Erfahrungen im Kampf gegen die Faschisten vielleicht einiges lernen, verächtlich zurückgewiesen wurde. Später, beim Eintritt Amerikas in den Krieg, prägten die amerikanischen Behörden den Begriff vom »verfrühten Antifaschisten«, um die Mitglieder der Lincoln-Brigade zu bezeichnen.

Doch der Ausbruch des Krieges hatte mit den Antifaschisten tatsächlich wenig zu tun. Als Neville Chamberlain am 3. September 1939 im Radio die Kriegserklärung Großbritanniens an Deutschland verlas, beklagte er, daß Hitler ihm, Chamberlain, gegenüber sein Wort gebrochen habe. Als Kriegsanlaß schien das damals etwas lächerlich, und doch war es der wahre Grund. Die Politik des »appeasement« scheiterte nicht etwa daran, daß die Regierungen Großbritanniens und Frankreichs, die ja dem Münchener Abkommen zugestimmt hatten, die Beschwichtigung nicht mehr gewollt hätten, sondern daran, daß jetzt klar war: mit Hitler konnte man keine Verträge machen. Er würde immer wieder »letzte Forderungen« stellen, die anderen, schon erfüllten »letzten Forderungen« folgten, und so die Position derjenigen, die seinen Ansprüchen entgegenkamen, immer weiter schwächen, bis die, an die er sie gestellt hatte, am Ende eines inzwischen absehbaren Prozesses schließlich wehrlos sein würden.

Für die Engländer wurde der Krieg zu einer unbequemen Pflicht – die Verpflichtung, für eine Welt zu kämpfen, in der die Beziehungen zwischen den Regierungen vertraglich gesichert und nicht einfach unmöglich wären. Ausschlaggebend war das Gefühl, keine andere Wahl zu haben, als für eine Welt zu kämpfen, in der die Regierungen Wort hielten. Die Entscheidung war getroffen und nicht mehr rückgängig zu machen. Der »unnötige« Krieg mußte geführt werden, und trotz allem Grauen und aller Zerstörung denkt heute niemand, es wäre der Welt ohne Hitlers Vernichtung womöglich besser ergangen – was man sich hinsichtlich des Ersten Weltkriegs dagegen sehr wohl vorstellen kann.

Neben den ungeheuren Kräften, die der Krieg und die Welt der Nachkriegszeit entfesselten, wirkt die antifaschistische Bewegung der dreißiger Jahre tatsächlich wie eine Bagatelle. Die demokratischen Länder kämpften zwar unter anderem für die Sache des Antifaschismus, in erster Linie aber verteidigten sie sich gegen den expansiven Militarismus, das Ziel der Weltherrschaft, von Hitler in *Mein Kampf* formuliert.

Mit Kriegsbeginn wurden die Bemühungen der antifaschistischen Intellektuellen überflüssig. Die große Mehrheit der Menschen in den demokratisch regierten Ländern hat wohl erst 1945 bei der Befreiung der Konzentrationslager erkannt, daß Hitlers Antisemitismus ein Programm und ernst gemeint gewesen war.

Die Autoren der dreißiger Jahre, zu denen ich gehörte, stellten wirklich eine Protestbewegung dar – keine sehr bedeutende, obwohl der Nazismus doch etwas war, was man bekämpfen mußte ... Einen genialen Dichter gab es unter uns – W. H. Auden.

Ich stand auf Hitlers schwarzer Liste als einer derjenigen, die bei einem Einmarsch der Nazis in England sofort beseitigt werden sollten – ebenso wie Leonard Woolf. Wir schlossen so etwas wie einen Selbstmordpakt, den wir vielleicht eingehalten hätten, wenn es zu einer Invasion gekommen wäre. Es blieb eine Art makabrer Witz zwischen uns. Den antifaschistischen Deutschen unserer Generation blieben nur zwei Möglichkeiten: zu fliehen oder im Konzentrationslager zu sterben.

S. S.
London 1992

Vorwort zur Erstausgabe

Literatur, Politik und Liebe, Jugendzeit, Reisen und moralische Entwicklung – das sind im allgemeinen die Themen, auf die sich dieses Buch beschränken möchte. Diese sind verbunden mit dem zeitgeschichtlichen Hintergrund, den die Jahre 1928 bis 1939 bilden; aus der Zeit vorher und nachher habe ich nur erzählt, was ich selbst erlebte. Im großen und ganzen ließ ich meinen Bericht aus diesem Jahrzwölft sich von selbst entwikkeln. Von selbst, sage ich, denn ursprünglich lag das nicht in meiner Absicht. Anfangs wollte ich ein Buch über die Probleme schreiben, mit denen ich ringe, und sie da und dort durch Beispiele aus meinem eigenen Leben veranschaulichen. Aber nach zwei, drei Versuchen fand ich es zweckmäßiger, einen aktuellen Rahmen zu haben, in den ich die Nägel meiner eigenen Erlebnisse einschlagen konnte.

Memoiren stellen die Geduld des Lesers manchmal auf eine harte Probe. Er will die Entwicklung eines Schriftstellers, eines Politikers oder sonst eines bedeutenden Mannes bis zum Höhepunkt verfolgen, aber zunächst muß er sich durch eine Schilderung der Kindheit hindurchlesen, in der ihm keine Einzelheit erspart bleibt, muß einen wahren Morast von Erinnerungen an Vorfahren, Kinderfräulein, Spiele und erste Schulzeit durchwaten. Gewiß, über die Jahre der Kindheit wurden schon Meisterwerke geschrieben, aber ihre Bedeutung liegt darin, daß sie Kindheit und Jugend mit neuem Licht umgeben; für die Lebensgeschichte des

Mannes selbst sind diese Rückblicke ziemlich entbehrlich. Eine Autobiographie ist die Geschichte eines Menschen, dessen Kindheit uns – wenn überhaupt – fast nur im Hinblick auf seinen späteren Werdegang interessiert. Es ist ein veralteter Brauch, Autobiographien mit den frühesten Kindheitserinnerungen zu beginnen.

Wer sein Leben schildern will, muß es eigentlich doppelt darstellen: so, wie er es selbst sieht, von seinem Standpunkt, wenn er die Welt hinter geschlossenen Lidern betrachtet; und wie es den Außenstehenden erscheint, denn was sie darüber denken, beeinflußt seine eigene Anschauung und verschmilzt mit ihr. Eine rein innerliche Autobiographie würde der allgemeinen Gültigkeit entbehren, eine rein äußerliche dagegen voraussetzen, daß man sich selbst beurteilen kann wie einen Fremden. Es ist das große Anliegen jeder Darstellung des eigenen Lebens, das Gefühl der Spannung zwischen Innen und Außen, des Tauziehens zwischen der subjektiven und der objektiven Welt, zu vermitteln.

Ich habe mich bemüht, die volle Wahrheit zu sagen, und mir nur von naheliegender Zurückhaltung Grenzen ziehen lassen; ich habe versucht, die Erlebnisse zu schildern, die mich leben gelehrt haben. Ich habe viel aus Fehlern und Irrtümern gelernt, so daß sich dieses Buch manchmal wie ein Register menschlicher Schwächen liest. Aber ich habe meine Irrtümer und Fehler wohlweislich nicht als Vorbild hingestellt, ich möchte gar nicht, daß mein Beispiel Schule macht. Ich male mich auch nicht in abgeklärter Ruhe als einen Geläuterten, der sein Leben überstanden hat wie eine schwere Krankheit. Die meisten Schwächen sind mir geblieben, auch wenn ich aus ihnen gelernt habe.

Ein wahrheitsgetreuer Lebensbericht wie der meine wird vielleicht anderen, die Ähnliches durchgemacht haben, von einigem Nutzen sein. Deshalb habe ich sogar die Gefahr der Indiskretion nicht gescheut; deshalb habe ich auch Erlebnisse geschildert, die mir selber fremd erscheinen und die ich sonst nirgends erörtert fand.

Wo von Schriftstellern, Politikern und anderen im öffentlichen Leben stehenden Persönlichkeiten die Rede ist, die ich kannte und kenne, habe ich ihre Namen genannt. Menschen, die nur im Privatleben eine Rolle spielen, tragen in diesem Buch manchmal einen erfundenen Namen.

Gelegentlich – zum Beispiel beim Bericht über den Madrider Schriftstellerkongreß – wird die Erzählung zur Satire. Man wird mir, hoffe ich, das Recht dazu einräumen, denn gewisse Eindrücke lassen sich kaum anders vermitteln als durch satirische Wiedergabe. Figuren wie die kommunistische Romanschriftstellerin sind Typen; obwohl lebende Personen, werden sie einem Typus gerecht. Und es ist nun einmal Tatsache, daß Menschen unter bestimmten Voraussetzungen zu Typen werden.

1

Ich wuchs in einer Atmosphäre auf, in der Glaube an den Fortschritt eine merkwürdige Verbindung mit Furcht eingegangen war. Aus meinen Schulbüchern, aus den liberalen Ansichten meiner Familie gewann ich den Eindruck, auf einem Kap der Seligen geboren zu sein, wo alle früheren Zeitalter mündeten.

Die Lehrbücher der Geschichte erzählten von den Greueln der Vergangenheit, von Glaubenskriegen, Folter und Inquisition, von Sklaverei und Arbeiterelend, von Revolution und Imperialismus. In der anderen Waagschale des menschlichen Schicksals lagen die großen Reformen, das erfolgreiche Streben nach politischer Unabhängigkeit; Aufklärung und Fortbildung, soziale Fürsorge und Krankenversicherung; die Vereinigten Staaten und der Völkerbund. Die Welt schien sich seit Jahrtausenden unentwegt weiterentwickelt zu haben, vom Gestaltlosen zum Festumrissenen, von der Wildheit zur Zivilisation, vom Primitiven zur Wissenschaft, vom Unerforschten zum Wohlbekannten. Das neunzehnte Jahrhundert ließ sich mit einer Maschine vergleichen, die an einem Ende die Menschen, ungewaschen, ungebildet, verrückt gekleidet, in sich schlang und am anderen Ende moderne Menschen ausspie, zweckmäßig angezogen, mit hygienischen Wohnungen, den Sinn auf Reformen gestellt – Menschen, die auftraten, als hätten sie durch Technik, Wissenschaft und Wirtschaft über die leidenschaftliche, abergläubische, blutrünstige und doch so poetische Vergangenheit triumphiert.

Die Geschichte schien sich in der unerschütterlichen Ehrbarkeit, dem Idealismus und dem materiellen Wohlstand zu Ende des neunzehnten Jahrhunderts vollendet und erfüllt zu haben. Diese befriedigende, wenn auch banale Schlußfolgerung, zu der man vor allem dadurch verleitet wurde, daß die Liberale Partei anscheinend die Lösung für die meisten Probleme gefunden hatte, mit denen sich unsere Vorfahren herumzuschlagen hatten. Armut gab es noch immer, aber die Leute waren bei weitem nicht mehr so arm wie ihre Väter und Großväter; Elendsviertel gab es zwar noch, aber jetzt sorgten Wohltäter und Fürsorger für die Allerärmsten, wenn es sich nicht gerade um ausgesprochen hoffnungslose Fälle handelte. Sozialisten, Kommunisten, Anarchisten – das waren verblendete Idealisten, die nicht einsehen wollten, daß ohnedies alles aufgeboten wurde, um die Menschen zu beglücken. Die Konservativen galten als skrupellose, nur auf sich bedachte Clique, die gegen das große Bollwerk der liberalen Weltanschauung, den Freihandel, Sturm lief. Den unterdrückten Völkern und Klassen, den Amerikanern, den Buren, den Iren, den ungebildeten Schichten waren ihre Wünsche erfüllt worden, ihre Klagen und Beschwerden hatten Gehör gefunden.

In der Geschichtsstunde bedauerte ich es manchmal, daß es keine großen welterlösenden Gedanken mehr gab, für die man zu Felde ziehen konnte; man konnte nicht mehr den Märtyrertod finden, an keinem Kreuzzug mehr teilnehmen, keine Sklaven befreien oder Tyrannen umbringen – schade! Mich dürstete nach himmelschreiendem Unrecht. Zuweilen, in schlaflosen Nächten, malte ich mir aus, wie es sein müßte, aufs Kreuz gestreckt zu sein, rostige Nägel durch die Hände getrieben – aber zuweilen sehnte ich mich nach Wildheit, nach dem Dämonischen, das aus der Welt verschwunden schien. Gern hätte ich mich nackt mit Pikten und Kelten herumgetrieben, mit blauer Farbe bemalt oder mit Fellen bekleidet, ohne Scham am Feuer oder in finsteren Höhlen kauernd.

Allein ich wuchs mit der Legende auf, daß die Weltgeschichte stimmte wie eine Addition. Sonderbarerweise erhielt sich zugleich mit dieser Ansicht das Gefühl, daß die schönen Zeiten vorüber waren. In den Lehrbüchern der Geschichte wurde das zwar nicht ausdrücklich festgestellt, aber die ganze Umwelt war auf diesen Ton gestimmt. Meine Eltern und unsere Dienstboten sprachen von der Vorkriegszeit wie die Dichter vom Goldenen Zeitalter. Ich fragte, was Bonbons vor dem Kriege gekostet hatten – vier Penny das Pfund, wenn ich nicht irre. Meine Mutter beschrieb ihre Hochzeitsreise – Ägypten und die Pyramiden, Florenz und Giottos Glockenturm – aber »damals hatten wir noch viel Geld«. Auf vergilbten Photographien war mein Vater vor einer Pyramide zu sehen, die Arme über der Brust verschränkt, mit hängendem Schnurrbart wie ein Fuchsschwanz links und rechts, und meine Mutter mit Autoschleier, in die Ecke eines Wagens geschmiegt, der aussah wie eine kleine Kapelle.

Der Weltkrieg hatte dem englischen Mittelstand den Tanzboden unter den Füßen weggezogen. Die Menschen glichen Tänzern, die in der Luft hingen und wunderbarerweise noch weiterzutanzen schienen. Wir sahen den Abgrund, aber wir sahen keine neuen Wertbegriffe, die an die Stelle der alten Fundamente traten. Alles Neue schien nichts zu taugen, die Zügellosigkeit der »heutigen Jugend«, die Cocktails, die kurzen Röcke, das Motorrad zu zweit – lauter Neuheiten, die mein Vater verwarf. Wir hatten das unbestimmte, aber unentrinnbare Gefühl, daß es unserer Generation nicht mehr so gut gehen werde wie seiner. Mein Vater war ein Anhänger der liberalen Ziele, von denen nicht viel mehr übriggeblieben war als die idealen Motive. Er war für den Völkerbund und gegen Schutzzölle. In der Liberalen Partei war er für Lloyd George und gegen Asquith.

Wir führten ein unübertrieben bequemes Leben vor dem Hintergrund des Elends. Für Vergnügen wurde wenig ausgegeben, dafür um so mehr für Ärzte und Dienstboten und um den Lebensstil aufrechtzuerhalten. Meine Mutter starb, als ich zwölf war; sie war leidend, und im Schatten ihres Leidens verlief unsere Kindheit. Auf Zehenspitzen schlichen wir an ihrer Schlafzimmertür vorbei; wir wußten, sie bekam Kopfschmerzen, wenn wir sehr laut sprachen. Einmal spielten wir im Kinderzimmer Eisenbahn, da ging die Tür auf, und sie erschien auf der Schwelle, das Gesicht eine bleiche tragische Maske, und rief wie eine Medea: »Ich weiß, was es heißt, Kinder zu haben!«

Ich entsinne mich: Sie lag auf einer Chaiselongue in Sheringham, als sie über unbezahlte Rechnungen jammerte, und in einem Taxi in London war es, wo sie mir anvertraute, daß ihr Bankkonto um fünf Pfund überzogen war. Jedes Wort haftet in unserer Erinnerung seltsam an dem Ort, wo es gesprochen wird, wie der Honig an der Wabe. Im Autobus auf der Fahrt durch öde Vorstädte – vor den Wirtshäusern drängten sich die Menschen – eröffnete mir mein Vater, Großvater habe uns »gerade so viel Geld vermacht, daß wir nicht ins Armenhaus kommen«. Irgendwie begriff ich sogleich, das bedeutete: Geld genug für mich, damit ich mir mein Leben einrichten konnte, wie ich Lust hatte.

Wenn meine Mutter nicht gerade eine ihrer tragischen Anwandlungen hatte, konnte sie lustig und eine gute Gesellschafterin sein. Sie war klug und feinfühlig; sie wußte, daß ich genauso überempfindlich war wie sie, und ließ es mich fühlen, denn wie viele sensible Naturen konnte sie nicht widerstehen, andere ebenso sensible Menschen zu verletzen – offenbar, um sich für die Wunden zu rächen, die ihr gefühllose Leute schlugen.

Sie wurde das Gefühl der Katastrophe nicht los, aber sie hatte vor dem Leben keine Angst wie mein Vater. Sie neigte zur Hysterie, war hemmungslos in der Liebe wie im Haß, in der Begeisterung wie in der Enttäuschung; uns kam es immer so vor, als ob sich unser Familienleben hinter einer spanischen Wand abspielte, die uns vom Dunkel draußen trennte, von Heulen und Zähneklappern, reichen Belohnungen und furchtbaren Strafen. Köchinnen und Kinderfräulein, Verwandte und Freunde traten fortwährend in unser Leben, sonnten sich in strahlender Gunst – und begingen dann etwas tief Verwerfliches, worauf ihr Name nie wieder genannt wurde. Der kleine Vetter, der meinem Bruder Michael zuredete, sich von ihm mit einer Haarbürste auf den blanken Hintern hauen zu lassen; der Tischler, der mit der Köchin verlobt war und einen Einbruch beging; die Wirtschafterin, die haarsträubende Verleumdungen herumklatschte – sie und viele andere verschwanden aus unserem Leben, gingen ein ins namenlose Land der Bösewichte, wo sie vermutlich ihr unsägliches Treiben, das offenbar in ihrer Natur lag, munter fortsetzten.

Meine Mutter malte, stickte und schrieb Gedichte, und alles, was sie machte, fand unbestrittene Bewunderung unter uns. Sosehr sie sich auch Stimmungen und Ausbrüchen überließ, ihre Aufmerksamkeit und Güte gegen Freunde, Gouvernanten, Lehrer, Dienstboten zeugte von einem rührenden Verlangen, die Herzen zu gewinnen, als wäre jeder Stich an einem gestickten Kragen ein Gedanke an die Person, die ihn tragen sollte. Schon als ich zwölf war und in die Schule ging, fand ich ihr Gesicht leidentstellt, und überrascht entdeckte ich auf einem alten Lichtbild, daß auch meine Mutter einmal so schön und unbeschwert ausgesehen hatte wie die Neuvermählten, deren Photos die Zeitungen brachten. Ich erinnere mich aus noch früherer Zeit, wie sie sich abends, vor dem Ausgehen, über mein Bett beugte, um mir gute Nacht zu sagen; der steife Goldbrokat, die Amethyste um den weißen Hals, das Parfüm – das alles hatte einen Zauber, wie er mir heute in dem Bilde einer venezianischen Schönheit von Tizian entgegentritt.

Mein Vater, mit seinem Sinn für dramatische Wirkungen, schien in einer Welt zu leben, in der alles zum Anlaß für eine große Rede wurde. Für ihn war jeder Augenblick eine Szene in einem Stück, das ein aufgeregter Journalist geschrieben hat. Wenn ich Fußball spielen ging, schärfte er mir ein, daß es meinen Charakter stählen werde. Seine eigenen Leistungen betrachtete er als Triumph unerschütterlichen Willens und unsäglicher Mühe über alle Hindernisse. Er sprach oft in Gleichnissen, die darauf hinausliefen, daß das Leben ein dauerndes Stellungnehmen zu den ewigen Fragen sei. Einmal erzählte er mir, beim Bergsteigen habe ihn eine Bäuerin in der Hütte auf dem Gipfel gefragt, wozu er mit seinen Freunden hinaufgeklettert sei. Dieses Warum – *pourquoi?* hatte sie gefragt – wurde für meinen Vater die Kernfrage des Weltalls. Woher kam dieser Unternehmungsgeist? Warum versucht der Mensch, nach den Sternen zu greifen?

Der Lyriker W. H. Auden, der mit meinem Bruder Michael zur Schule ging, erzählte mir, daß mein Vater einmal zu Besuch kam und den Bibelabschnitt des Tages vorlas. Es war das Gleichnis vom verlorenen Sohn. Mein Bruder spielte die Orgel und saß, weit weg vom Lesepult, auf der Bank der Empore. Als mein Vater mit weitausholender Gebärde den Kneifer am Band abnahm und zu meinem Bruder am anderen Ende der Kirche hinaufsah, sagte er im Ton des Mannes, der den verlorenen Sohn erblickt: »Da er aber noch ferne war, sah ihn sein Vater ...«

Die großen Gesten meines Vaters setzten eine Schranke zwischen uns, die uns selbst in Augenblicken überquellenden Gefühls trennte. Als meine Mutter starb, mußten meine Geschwister und ich von der Schule nach Hause kommen. Wir traten ins Zimmer, erinnere ich mich, und da saß mein Vater im Fauteuil, den Kopf in den Händen. Als er uns sah, hob er die Hände, umarmte uns und rief: »Meine Kinder! Euer alter Vater hat jetzt nichts mehr als euch!« Er war ehrlich ergriffen; in seiner Stimme, in seiner Miene lag nichts Unechtes. Sein Gesichtsausdruck schien für immer von Kummer ausgelöscht, als hätte weiße Zirkusschminke seine markanten Züge verwischt.

Einige Tage nach dem Tod meiner Mutter stellte mich Vater dem Direktor einer Schule in Hampstead vor, die ich künftig besuchen sollte, damit ich mit meiner Schwester Christine, die gleichfalls ihr Internat verlassen mußte, bei ihm, dem untröstlichen Witwer, bleiben konnte. Der Direktor sagte einige passende Worte über den schweren Verlust für die Kinder. »Zum Glück verstehen sie es in diesem Alter noch nicht!« versetzte mein Vater. Diese Bemerkung hatte eine zwiespältige Wirkung auf mich. Daß sie richtig war, begriff ich. Wenn ich beim Tod meiner Mutter überhaupt etwas empfand, dann Erleichterung; sonst war er mir nichts als ein aufregendes Ereignis. Trotzdem fühlte ich mich gedemütigt, weil Vater meinen Mangel an Herz bloßgestellt hatte. Ich wünschte mir ein neues Unglück, damit ich das nächstemal zeigen könnte, wie gebrochen ich war. Aber der einzige Verlust, den ich mir zu Herzen genommen hätte, wäre der Tod meines Vaters selbst gewesen. Das hätte mich zu einer rührenden Gestalt gemacht, zum Waisenkind, und so wünschte ich mir, daß mein Vater starb, damit ich meine Trauer um ihn beweisen konnte, während er mich aus Grabestiefe beobachtete.

Bald nach dem Tode meiner Mutter änderte sich die Rolle, die Vater in unserem Leben spielte. Bisher hatte er uns in der Auflehnung gegen ihre etwas übertriebene Besorgtheit bestärkt. Einmal auf dem Lande, in Sheringham, nahm er uns auf einen Spaziergang durch die Felder zu den Klippen mit und rief mit einem Seufzer der Erleichterung: »Endlich weg von den Weibern...!« Dieser Ausspruch hat seine Wirkung auf mich niemals ganz eingebüßt. Der Wind wühlte ihm im Haar, die Runzeln auf seiner Stirn, die Fältchen im Augenwinkel furchten sich zum Lächeln. Ich sah ihn ausschreiten, an jedem Arm eins seiner Kinder, und von seinen Erlebnissen erzählen. Wie er auf die Jagd gegangen war; oder nach einem Sturm angeschwemmtes Gut am Strand gesucht hatte; manchmal spielte er mit uns Bergsteigen in den Alpen, und wir überquerten Gletscher, aneinandergeseilt, während die Picke Stufen ins Eis hackte. Bei solchen Gelegenheiten erschien er mir mit seinen blauen Augen, dem sandigen Blond der Haare und des Schnurrbarts wie ein Wikinger.

Aber dann, nach kurzer Trauer, während der Schmerz um meine Mutter jede Aufsicht über uns aufgehoben hatte, änderte sich das Verhalten meines Vaters. Er wurde genauso übertrieben besorgt wie meine Mutter. Meine Schwester und ich durften keinen Schritt allein aus dem Hause; keinen Augenblick waren wir unbeobachtet.

Als ich vierzehn war, kandidierte er in Bath bei den Wahlen für die Liberale Partei. Mein Bruder Humphrey, ein Jahr jünger als ich, mußte mit mir nach Bath fahren; auf dem Bahnhof standen wir neben ihm, und mit weit ausholender Gebärde rief er vor den Leuten aus: »Ich habe meine Reserven gebracht!« Wir fuhren in einem Eselsgespann durch die Stadt. Um den Hals des Tieres hing ein Schild mit den Worten: »Wählt Papa!« Er fiel durch.

Vater starb, als ich siebzehn war, in dem Alter, wo Söhne am stärksten gegen die Väter aufbegehren. Deshalb ist das Bild, das ich von ihm bewahre, durch Jugendtrotz vielleicht übertrieben vereinfacht. Alle, die ihn kannten, fanden ihn vermutlich weltmännischer, einsichtiger und verständnisvoller, als er mir erschien. Trotzdem kam mir seine Haltung im Praktischen wie im Geistigen weltfremd vor. Ich kann ohne Übertreibung sagen, daß seine Weltfremdheit zuletzt etwas Erschreckendes für mich hatte. Wie Midas alles in Gold verwandelte, was er berührte, so verwandelte mein Vater alles in schwungvolle Verallgemeinerungen, denen der Zusammenhang mit der greifbaren Wirklichkeit fehlte. Es kam so weit mit mir, daß ich vor gewissen Dingen Angst hatte, weil sie in meinen Gedankengängen fast ganz durch die pathetische Deutung verdrängt waren, die er ihnen gegeben hatte. Fußball war nicht mehr ein Spiel von Jungen in kurzen Hosen, die ein rundes Leder kickten – es hatte etwas mit dem Kampf ums Dasein zu tun. Ehre, Anständigkeit, Disziplin, Ausdauer und alle möglichen anderen Tugenden spielten auf dem Feld mit wie gespenstische Fußballer.

Die Schulprüfungen, die er bestanden hatte, stellte er mir als so bedeutende Leistungen hin, daß eine gute Note, ein Stipendium, ein befriedigendes Abgangszeugnis so schwierig schien wie eine Bergbesteigung. Es wäre tatsächlich leichter gewesen, einen Viertausender zu bezwingen, denn das war eine körperliche Anstrengung, während die Hindernisse bei einer Prüfung kaum zu fassen waren. Es machte mir schon Mühe, eine Frage während des Unterrichts zu beantworten, denn der Gedanke, daß eine unüberwindliche Schwierigkeit darin lauern könnte, lenkte mich von der Frage ab. Ich grübelte über die Idee der Schwierigkeit nach; was schwierig war, konnte mir doch nicht leichtfallen, und wenn mir die Antwort leichtfiel, mußte sie falsch sein und in der Frage eine Falle stecken. Wie oft kam es in der Schule vor, daß der Junge neben mir oder der neben ihm die richtige Antwort gab, die ich auch gewußt, aber für falsch gehalten hatte, weil sie so leicht war.

Meine schriftlichen Prüfungsarbeiten hielt ich immer für falsch; sie hatten etwas Geheimnisvolles, Unbekanntes wie Geständnisse im Beichtstuhl. Ich konnte einfach nicht glauben, daß ein Aufsatz, für den man eine Eins bekam, etwas Ähnliches sein könnte wie die Artikel, die in Zeitschriften standen.

Ich erinnere mich, wie ich in schlaflosen Nächten über Arbeit, Studium und das Denken selbst nachdachte, als ob das alles eine vom Gegenstand getrennte Tätigkeit wäre, eine abstrakte Funktion des Geistes.

Wenn man mir als Kind gesagt hätte: »Geh raus und gib dem Fußball einen Stoß!« oder: »Setz dich dorthin und beantworte die Aufgabe!«, kurz, wenn man mir bei bestimmten Gelegenheiten etwas Bestimmtes aufgetragen hätte, wäre mir viel Verwirrung erspart geblieben. Aber die Begriffe der Arbeit und Pflicht wurden mir fortwährend eingehämmert, bis ich nicht mehr die Aufgaben, sondern nur ihre rein moralischen und geistigen Begleiterscheinungen sah, vom Gegenstand entkernt.

Arbeit war Pflicht, also konnte sie doch keine Freude machen. Wenn mir in der Schule ein Fach gefiel, empfand ich es nicht mehr als Arbeit, sondern als eine Art unerlaubten Vergnügens, dem ich frönte. Die Aufgabe war leicht – also mußte ich etwas Schwieriges daraus machen. Zugleich aber sträubte sich mein ganzes Ich gegen meine eigene Auffassung der Arbeit. Ich hatte nicht den Mut, mich daran zu freuen, aber auch nicht die Willenskraft, gegen meine Neigungen zu handeln.

Weit bedenklicher als die Wirkung, die Vaters große Worte auf meine Schulzeit hatten, war ihr Einfluß auf meine moralischen Begriffe. Disziplin, Anständigkeit, Pflicht – sie wurden für mich abstrakte Vorstellungen, Zustände reinen Seins, so gut wie losgelöst von allem

Handeln. Sie hatten unbedingte Geltung, und wenn man nicht fleißig arbeitete oder nicht brav war, so waren das keine Einzelheiten, die wenig oder nichts über meinen Charakter besagten, sondern sie bewiesen, daß mir die vollendete Tadellosigkeit nicht gegeben war, nach der ich suchte.

Unsere Eltern nährten in jedem von uns die Furcht, ein Mensch zu werden, mit dem man nicht umgehen, den man nicht achten, nicht lieben konnte, ein moralisch Verworfener. Sie waren von einer eigenartigen Feigheit, hatten eine Art Angst, man könnte in der Tiefe unseres Charakters etwas Grundschlechtes, unsagbar Schändliches entdecken. Ihr ganzer Umgang mit Menschen war durchtränkt von dem Gefühl, daß etwas zutage treten könnte, das nicht einmal erwähnt werden durfte. Unsere moralischen Anschauungen beruhten auf der Angst, etwas Schauderhaftes über andere – oder sogar über uns selber – herauszufinden; sie wurzelten nicht in der Liebe, die streng, aber geduldig jede einzelne Handlung für sich beurteilt, nicht in der Liebe, die zwar zuweilen Schmerz und Mißerfolg erleiden muß, aber niemals unversöhnlich ist, niemals versagt.

Meine Auflehnung gegen die Haltung meiner Familie wurde zum Aufruhr gegen Moral, Arbeit und Disziplin überhaupt. Heimlich bewunderte ich die Geächteten und Verworfenen, die Nichtstuer, die verlorenen Seelen, und hätte ihnen gern die Liebe geschenkt, die ihnen die anständigen Leute versagten. Wahrscheinlich wollte ich meine Neigung gerade Menschen mit den Eigenschaften zuwenden, die ich für die unmöglichsten und schlechtesten an mir selber hielt. Aber das stellte mich vor neue Probleme. Denn auch die Liebe erfordert Disziplin, allerdings nicht die Disziplin der Furcht. Sie nimmt zwar das Schlechte als gegeben an, aber sie sucht es in der Ganzheit eines schöpferischen

Zwecks aufgehen zu lassen und begnügt sich nicht mit dem, was konventionelle Ansicht verworfen hat. Ohne diese positive Disziplin fielen mir Arbeit und Umgang mit Menschen auch nicht leichter, als sie unter der negativen Disziplin der Furcht gewesen waren.

Mit fünfzehn wurde einer der wichtigsten Einflüsse meines Lebens bestimmend, der Einfluß meiner Großmutter mütterlicherseits, Hilda Schuster. Sie sah, daß mein Vater meine Vorliebe für moderne Literatur und Malerei nicht verstand. Die modernen Maler hielten das geduldige Publikum nach seiner Ansicht nur zum Narren; die moderne Literatur und die Bühne waren größtenteils unmoralisch. Als ich in London das Externat des University College besuchte, durfte ich weder ins Theater noch in eine Bilderausstellung, denn ich hatte »unter einem strengen Regime ohne Unterhaltung« – seine Worte – zu leben.

Wenn Vater verreist war, nahm mich meine Großmutter ins Theater mit. Wir sahen Stücke von Tschechow, Ibsen und Strindberg, Aufführungen kleiner Versuchsbühnen in Hammersmith, Barnes und Notting Hill Gate, abseits des Londoner Theaterviertels. Wir besuchten die modernen Bildergalerien. Sie las die neuesten Romane, damit sie sich mit mir darüber unterhalten konnte.

Allen diesen Kunstwerken brachte sie eine Empfänglichkeit entgegen, die in mancher Hinsicht nicht weniger naiv schien als meine. Sie war leicht beeindruckt, unendlich wißbegierig und begeisterungsfähig. Wenn sie etwas nicht verstand, wie zum Beispiel den Pointillismus oder die damals gerade »hochmoderne« Malerei mit Figuren, die aufgeblasenen Gummipuppen glichen, dann sagte sie: »Ich versteh' es nicht, aber es ist schön, sehr schön, das sehe ich.«

Sie war getragen von dem Wunsch, das Neue, Moderne mit mir zusammen zu erleben, denn ich war jung, ich war der einsamste ihrer Enkel, ich brauchte sie am meisten. Aber wenngleich sie bereit war, schön zu finden, was ich schön fand – bereit aus Liebe zu mir, aber auch, weil sie auf diese Weise mein jugendliches Ungestüm teilen konnte, ohne das Buch, das Bild ganz zu verstehen, dem es galt – so hatte sie doch dauernd Gewissensbisse, ob es auch »das Richtige« für mich sei. Die Ansichten anderer Leute mußten eingeholt werden. Mein Onkel J. A. Spender oder ein anderer Berater machte sie dann wahrscheinlich darauf aufmerksam, daß etwas, das mir gefallen hatte und ihr mir zuliebe gefiel, für mein Alter »durchaus nicht passend« sei. Um mir das Schuldbewußtsein zu ersparen, daß ich etwas schön fand, das mein Onkel mißbilligte, kam sie zu dem Schluß, ich müsse es mißverstanden haben. Auch sie hatte meine Begeisterung geteilt und nichts Unpassendes daran sehen können. So konnte es kommen, daß sie bei meinem nächsten Besuch zu mir sagte: »Weißt du, mein lieber Stephen, ich habe über das Buch nachgedacht, das wir gelesen haben, und ich muß sagen, so schön es scheint, es hat doch etwas Scheußliches. Der Autor muß ein schrecklicher Mann sein. Ich habe mit deinem Onkel darüber gesprochen, und ich sehe jetzt, daß es sehr unrecht von mir war, es gut zu finden. Ich verstehe nicht, wie ich so unvernünftig sein konnte.«

Meine Großmutter faßte das Leben durchaus persönlich auf. Sie hatte uns lieb und wünschte uns glücklich zu sehen. Darum hatte sie Verständnis für alles, was wir verlangten, aber sie wußte um die Gefahr, daß wir etwas verlangen könnten, das uns unglücklich machte. Sie sah in unseren Interessen und Zielen nicht das Streben, in die objektive Welt einzudringen, sondern nur die Möglichkeit, glücklich oder unglücklich zu werden. Ein Buch, ein Bild, ein Gedicht, das uns gefiel, hatte in ihren Augen an sich nur bedingten Wert; in erster Linie aber Wert, weil es meine Sehnsucht nach Büchern und Bildern stillte. Sie zeigte erst Verständnis für meinen Wunsch, billigte und bewunderte ihn, und dann begann sie darüber nachzudenken, ob die Vorliebe für Literatur und Malerei mich nicht ins Unglück stürzen, zu Armut und Einsamkeit führen könnte.

So war es auch mit meiner Absicht, ein Dichter zu werden. Sie teilte sie, teilte meine Begeisterung, meine Zukunftsträume mit einer Inbrunst, die mich in Erstaunen setzte. Dann erzählte sie jemand anderem davon, und schon kam Unruhe über sie. Das Künstlerleben war gefährlich; Kunstschüler malten Aktmodelle, Dichter soffen, der Künstler war dauernd den Versuchungen des Bohemelebens ausgesetzt. Mit Gedichten konnte man kein Geld verdienen. Selbstverständlich, setzte sie mir eindringlich auseinander, betrachte sie das schöpferische Leben nicht als unmoralisch. Aber konnte ich dabei glücklich werden? Wäre es nicht gescheiter, einen anderen Beruf zu ergreifen, zum Beispiel einen Posten im Außenministerium anzunehmen, wie es mein Großvater gehofft hatte? Aber dann fiel ihr ein, daß ich zwar intelligent war – sie hielt große Stücke auf mich –, jedoch niemals Prüfungen bestehen konnte; sie kam daher zu dem Schluß, daß für meine Probleme eine eigene Lösung erforderlich sein werde.

Der geistige Raum, in dem sie lebte, war eine Demokratie der Gefühle; sie hatte Verständnis für alles, was von Mensch zu Mensch ging, sie begriff es aus dem Gefühl für das Persönliche. Tagelang konnte sie sich über den Kummer ihrer Köchin kränken. Für sie war jeder Mensch im Grunde das gleiche Geschöpf. Großmutter war schmal, gebückt, leidenschaftlich. Der Hunger in Deutschland und Österreich ging ihr zu Herzen; sie litt unter der Unmenschlichkeit der Sieger gegen die Besiegten, dem Haßgeschrei der Zeitungen, das unsere Kinderjahre heimsuchte. Sie litt, weil die Welt nicht vom Geist der Liebe gelenkt wurde.

Ihr Mitgefühl für die besiegten Deutschen hatte seinen natürlichen Grund, denn sie war selbst deutscher Abstammung. Ihr Vater, Sir Hermann Weber, ein Arzt aus dem Rheinland, war nach England gegangen, weil er das Land Shakespeares kennenlernen wollte, und in England geblieben, weil seine Patienten ihn gern hatten und ihn darum baten. Ihre Mutter stammte aus einer dänischen Familie namens Gruning. Ihr Mann, mein Großvater Ernest Joseph Schuster, war deutsch-jüdischer Herkunft, der Sohn eines Bankiers aus Frankfurt am Main. So wurde ihr Leben zum Tummelplatz vielfältiger Konflikte, die sie fast am eigenen Leibe spürte – Gegensätze zwischen Deutschen und Juden, Deutschen und Dänen, Deutschen und Engländern –, und ihr Menschentum siegte über diesen Widerstreit durch eine eifervolle Liebe, durch die Weigerung, sich vor dem Elend, das sie mit allen Fasern fühlte, in die gesicherte, bevorzugte Stellung zu flüchten, die sie in der Welt genoß.

Ihr jüngster und liebster Sohn, Alfred Schuster, war im Ersten Weltkrieg gefallen. Damals wurde ihre Familie und auch die Familie Spender wegen ihrer Verwandtschaft mit den Schusters von der chauvinistischen englischen Presse angegriffen, aber auch von der Zeitschrift *The New Witness*, herausgegeben von Hilaire Belloc und G. K. Chesterton, die den Krieg als Abwehrkampf der katholischen Christenheit gegen die Tücke Deutschlands und das deutsche Judentum auslegte. Meine Großmutter erzählte, daß eines Tages ein Mann, entflammt von christlicher Liebe Chesterton-Bellocscher Prägung, bei meinem Großvater erschien und ihn fragte, wie ein Mann mit seinem Namen es wagen könne, seinen Sohn in der britischen Armee kämpfen zu lassen. Mein Großvater reichte ihm einfach das Telegramm, das er soeben erhalten hatte – die Nachricht, daß Alfred Schuster an der Westfront gefallen war –, und sagte dem Mann nur, er solle ihn in Ruhe lassen

Daß wir jüdisches und deutsches Blut hatten, wurde von meiner Familie stillschweigend oder mit leichter Verlegenheit übergangen, entweder weil das – bei meinem Großvater und seinen Brüdern Arthur und Felix – weiter nichts zu besagen hatte oder weil man – wie bei seinen Nachkommen – davon nichts hören wollte. Uns Kindern wurde kein Wort davon gesagt, daß wir mindestens vierteljüdisch waren, und aus den Reden der Kindermädchen und Gouvernanten entnahm ich, daß die Juden ein sonderbarer Menschenschlag mit krummen Nasen waren, eine habgierige Rasse, mit der mich unmöglich etwas verbinden konnte. Als ich im Alter von sechzehn Jahren von unserem jüdischen Einschlag erfuhr, begann ich mich als Jude zu fühlen. In der Schule, die von vielen jüdischen Schülern aus dem Bezirk Hampstead besucht wurde, kam ich darauf, daß ich mit den empfindlichen, ziemlich waschlappigen, neugierigen und nach innen gekehrten jüdischen Mitschülern mehr gemeinsam hatte als mit den zurückhaltenden, harten und dem Äußerlichen zugetanen englischen Jungen. In meiner Natur lag etwas Verwundbares, eine Neigung zum Selbsthaß und Sich-selber-Leid-tun, eine ewige stumme Trauer, die manchmal geistiger Preisgabe gleichkam, lauter Dinge, die mir selbst, in meiner englischen Umgebung, fremd erschienen. Ich gestehe, daß ich zwar niemals antisemitisch dachte, aber diese Charakterzüge an mir, die ich für jüdisch hielt, teilweise verachtete, und daß meine Sympathie für die Engländer manchmal fast wie die Liebe zu einem fremden Volke war.

Nach einiger Zeit setzte meine Reaktion gegen die Verlegenheit meiner Familie wegen ihres jüdischen Einschlags ein. Wenn Redakteure biographische Angaben von mir verlangten, betonte ich meine jüdische Abstammung – mit dem Ergebnis, daß man mich in den USA wegen einiger Fußnoten in amerikanischen Anthologien oft für einen Juden hält. Das stimmt nicht. Aber man kann eben »reinrassiger« Jude sein oder »Mischling«, und das einzige, was den meisten Juden gemeinsam sein dürfte, ist das Gefühl, »anders« zu sein.

Meine Großmutter pflegte zu sagen, es gebe überhaupt keine »reinrassigen« Juden. Wenn dem so ist, dann liegt das Judentum um so mehr im starken Rassenbewußtsein. Ihrer Ansicht nach gab es keinen Unterschied zwischen »reinrassig« und »Mischling«, denn schließlich sind die Reinrassigen selber Mischlinge. Man könnte auch ins Treffen führen, daß ein Mischling kein Jude mehr ist, wenn er sich nicht mehr als Jude fühlt. Das war der Grund, weshalb die Kinder und Enkel der Familie Schuster aus Frankfurt über dieses Thema schwiegen: sie begruben es im Unterbewußtsein. Aber es war auch der Grund, warum ich mich, besonders in den dreißiger Jahren, als Jude fühlte. Die jüdische Beimischung stellt einen vor die Wahl, als was man sich fühlen will.

Meine Großmutter sprach manchmal mit mir darüber, aber im Grunde hatte sie wenig Verständnis für die Schranken zwischen Völkern und Klassen, zwischen hoch und niedrig. Sie hörte nur die große, dumpfe Klage der Entrechteten; sie sah in ihnen nicht unerlöste, bösartige Geschöpfe, einen finsteren, hinterlistigen Menschenschlag – ihre Nöte und das Unrecht, das sie litten, ihr Mitmenschentum waren ihr wichtiger als der Einzelmensch an sich. Sie war im Bilde über die verbrecherische Unterdrückung, die Menschen durch Menschen litten, aber sie ahnte nichts von individueller Schuld. Wenn sie etwas Schlechtes über jemanden, den sie gern hatte, oder über einen Verwandten hörte, glaubte sie es einfach nicht. Wenn sie dann vom Gegenteil überzeugt wurde, entschuldigte sie es entweder mit Geistesverwirrung oder schwerem Leiden; wenn das aber nicht ging, nannte sie den anstößigen Namen niemals wieder. Sie war immer von »lahmen Entlein« umgeben, die mit ihren Nöten zu ihrer Tür gehinkt kamen. Eines Tages geriet sie auf dem Bahnhof mit einer fremden Frau ins Gespräch, die ihr sagte, Großmutter sei ihre wiedergeborene beste Freundin. Meine Großmutter, die nicht im geringsten abergläubisch war, hielt das für Unsinn, aber sie nahm die Person mit in ihre Wohnung, gab ihr zu essen, schenkte ihr Kleider, schrieb ihr Briefe und schloß sie in ihr Herz. Sie sah einen Menschen in Not, einen Menschen, der sie brauchte, und was sie selbst am meisten brauchte, war: anderen Menschen unentbehrlich zu sein. Not war für sie vielleicht noch wichtiger als Liebe oder wurde eins mit ihr, denn Not enthüllt sich klarer und unbedingter, als Liebe es zumeist tut. Not entschuldigt auch alles, denn sie erklärt alles, und wenn meine Großmutter Armut, Laster, Häßlichkeit und Schmutz und andere Eigenschaften der Menschen nicht erklären oder nicht verstehen konnte, entschuldigte sie alles mit ihrer Not.

Fremde Menschen in der Eisenbahn vertrauten meiner Großmutter oft ihre persönlichen Angelegenheiten an. Sie hörte zu, den Kopf gesenkt, den Mund offenstehend, Qual im Herzen. Aber in dem Ausdruck ihres Gesichtes lag ein Zug von Argwohn, der mir nach und nach immer vertrauter wurde. Teilweise war es das naheliegende Mißtrauen einer reichen Frau, deren Mitgefühl allzuoft mißbraucht worden war, teilweise Scharfsinn, der sich nicht fortwährend hinters Licht führen lassen will. In ihrem instinktiven Mitgefühl lag auch eine Spur von Mißtrauen gegen sich selbst. Sie wußte, daß sie ihr Herz oft den falschen schenkte und

Unwürdigen half, deshalb bemühte sie sich, auf der Hut zu sein, nicht gegen die anderen, sondern gegen das eigene Herz. Wie bei meinen Eltern, so kam es auch bei ihr immer wieder vor, daß Günstlinge in Ungnade fielen und sich als »doch keine netten Menschen« oder »einfach furchtbar« herausstellten.

Sie war eine reiche Frau, aber sie lebte übertrieben einfach in ihrer großen Wohnung in Kensington, von der sie nur einen Winkel benützte, saß am liebsten auf einem dreibeinigen Holzstuhl, und ihre Mahlzeiten bestanden, wenn sie allein war, meist aus altbackenem Brot oder Kuchen und einem Stückchen Käse; sie trug immer schwarze Kleider, von denen eins aussah wie das andere.

Während des Krieges schloß sie sich den Quäkern an. Nach dem Krieg ging sie täglich ins Bureau, um Liebesgabenpakete für Österreich und Deutschland zu pakken. Diese Arbeit entsprach ihren tiefsten Überzeugungen, und aus ihr entwickelte sich der Haß gegen Politik und Politiker. Ihr Mittel gegen alle Übelstände der Gesellschaft war einfach: Alle Menschen sollten einander lieben. »Warum mögen die Franzosen die Deutschen nicht? Warum verzeihen wir unseren Feinden nicht, warum geben wir ihnen nicht von unseren Lebensmitteln, was wir entbehren können?« Immer wieder stellte sie solche Fragen. Jahre später, vor Beginn des Zweiten Weltkrieges, billigte sie es, daß die Regierung Chamberlain Flugblätter über Deutschland abwerfen ließ, nur fand sie, daß man lieber praktischere Dinge abwerfen sollte. »Nicht Flugblätter, sondern Lebensmittel.« Und ganz sachlich ergänzte sie: »Mit Fallschirm.«

Wir sprachen über alles, Großmutter und ich, als ich sechzehn war, über Kunst und Religion und Liebe, und solange wir beisammen waren, nahm sie an keiner Bemerkung Anstoß; aber kaum war ich draußen, als ihr

Bedenken aufstiegen und sie jemand zu Rate zog, ob unser Gespräch denn auch ganz in Ordnung war oder »vollkommen ungehörig«.

»Stephen«, bemerkte sie manchmal, wenn ich zu ihr kam, »sag schnell etwas Anstößiges!« Dann riskierte ich etwas Derartiges, und sie erzählte es prompt meinem Onkel, J. A. Spender, damit er seinen Segen dazu gab. Mein Onkel war tief betroffen darüber, daß ich mit meiner Großmutter über solche Sachen sprach. Ich kam darauf, daß eine Spur von Hinterhältigkeit in ihrer Natur lag. Wie viele äußerst gescheite, aber naive Menschen war sie doch nicht zu harmlos, um nicht gelegentlich ihre eigene Naivität auszunützen, damit die Leute ihr Herz vor ihr ausschütteten und sie dann ihre Macht zeigen konnte. Es ist durchaus nicht ausgeschlossen, daß sie mich manchmal nurausholte, um mit meinem Onkel über mich zu beraten.

Ihre eiskalte Wohnung – die Schlafzimmer wurden niemals geheizt, und auf dem Flur brannten Öllämpchen, um Strom zu sparen – hatte für mich etwas Niederdrückendes. Sie sparte nicht nur daran; sie hatte seit dem Ersten Weltkrieg einen Zuckerersatz aufbewahrt, kleine Blättchen Süßstoffpapier, die sie bis zum Zweiten Weltkrieg für ihren Tee verwendete. Ihr Mittagessen bestand oft aus einer trockenen Semmel, die sie im Autobus, auf der Fahrt zu den Quäkern, verzehrte.

Wenn wir sonntags bei ihr zum Tee geladen waren, gab es immer altbackene Kuchen, Andenken an vergangene Tage, als es noch frische Kuchen gab. Wir mußten sie essen, denn wenn der Kuchenteller gereicht wurde und einer von uns versuchte, das am wenigsten verschimmelte Stück zu nehmen, rief Großmutter, wachsam im Winkel, sofort: »Nein, Kind, nimm den Kuchen vor dir. Der ist der älteste, wir haben ihn eigens hingelegt.« Beim Frühstück oder Mittagessen hieß es immer: »Ihr müßt diese ausgezeichneten Teebrötchen aufessen. Meine Schwester auf dem Lande hat sie geschickt, sie halten sich nicht länger.«

Trotzdem wirkte ihre Sparsamkeit nicht wie Geiz, sie gehörte eben zu der Freigebigkeit dieser Frau, die nicht nur viel verschenkte, sondern auch durch ihren Kummer über menschliche Leiden in mancher Hinsicht ein schwereres Leben führte als viele arme Leute.

Damals, um die Zeit, als mein Vater starb, machte ich mehrere Krankheiten durch. Sie waren mehr als Krankheiten, sie waren zugleich eine Flucht vor gewissen Problemen, ein Sturz in die Tiefen meiner eigenen Schwäche, bis ich irgendwo Halt fand und erkannte, daß ich entweder krank sein mußte oder ganz gesund.

Ich litt an einem unerklärlichen Fieber, man hielt es für einen leichten Masernfall. Mein Vater war damals schon todkrank, und ich mußte daher ins Krankenhaus auf ein eigenes Zimmer in der Isolierabteilung gebracht werden. Die Fenster boten Ausblick auf trostlose Häuser und einige Kirchen, deren Glocken unablässig zum verfallen aussehenden Himmel hinaufzuläuten schienen, einem Himmel, dessen gelblicher Firnis rissig war wie auf einem alten Gemälde. Ich lag im Bett und las die wissenschaftlich-phantastischen Geschichten von H. G. Wells, aus denen der fieberhafte Schwung eines phantasievollen, aber zugleich nüchtern denkenden Schriftstellers sprach: die Geschichte vom Einäugigen im Land der Blinden, von den kriegerischen Ameisen, die eine Expedition überfielen, von dem Mann, der in den Hochofen geworfen wird – Vorboten der Alpträume, die von der modernen Wissenschaft später in die Wirklichkeit verwandelt wurden. Mit einem Schlage schien sich mir dann ein solcher Alptraum grauenhaft zu bewahrheiten. Mein Krankenzimmer weitete sich ins Unermeßliche, die Deckenpfeiler wuchsen zur Kuppel eines römischen Bades oder einer gotischen Kathedrale, und ich war wie verloren in dieser

Weite. Aber zugleich war ich auch in der Welt meiner Großmutter, der Welt ewigen Kummers über das Los der Menschheit, und ich glaubte sie neben mir zu sehen (sie durfte mich nicht besuchen). Ich hatte eine Vision, ich ging ein in eine Welt, die nicht mehr die von H. G. Wells war, sondern die Welt, die William Blake zu Miltons *Verlorenem Paradies* gezeichnet hatte. Ich trat die unendliche Reise ins Dunkel an, das von schönen Zwittergestalten, unschuldig in Nacktheit glühend, bevölkert war – den Engeln Blakes. Und dann kam ich zu einer Himmelswölbung, von strahlendem Licht erfüllt, und ich wußte, daß es der Schatten des unsichtbaren Lichtes Gottes war.

Das Leiden, dem mein Vater erlag, fiel in diese traumwirre Zeit zwischen Gesundheit und Kranksein. Was ihm fehlte, wußte niemand; die Ärzte glaubten zuerst, es seien die Zähne, dann die Füße. Einmal waren die Augen entzündet, und er mußte im Bett liegen, mit Blutegeln an den Lidern. In meiner jugendlichen Herzlosigkeit verachtete ich ihn deshalb manchmal und triumphierte; zuweilen schämte ich mich auch seiner Hilflosigkeit, und nur in seltenen Augenblicken empfand ich Teilnahme. Er verlieh auch seiner Krankheit, wie allem anderen, etwas Theatralisches und unterstrich seine Aussprüche, indem er hinzusetzte: »Das sind die Worte eines Sterbenden.« Das Bücken fiel ihm schwer, und so ließ er sich manchmal von mir die Schuhe auf- oder zuschnüren. Für mich war das ein Zeichen der Unterwürfigkeit. Aber einmal, als wir im Taxi zu Besuch fuhren, bemerkte ich rostbraunen Schaum auf seinen Lippen und wischte ihm sehr behutsam den Mund ab.

Ein Röntgenbild ergab endlich, daß er einen Tumor hatte und operiert werden mußte. Vor der Operation ging er mit mir im Botanischen Garten in Kew spazieren. Es war ein herrlicher Vorfrühlingstag; die grünen

Blattknospen und Blüten schimmerten wie sprödes Glas im milchigen Dunst, der von einer klirrenden Helle durchsetzt war. Ich glaube, wir gingen wie benommen durch den Park; gesprochen wurde nicht viel. Aber damals scheint uns beiden zum Bewußtsein gekommen zu sein, daß er sterben mußte. Er gab mir später einen Briefumschlag mit zehn Pfund – mehr Geld, als ich jemals besessen hatte – und sagte mir, ich solle mit meinem Schulfreund Maurice Cornforth eine Fußwanderung machen. Cornforth und ich gingen nach Dartmoor, und ich erklärte ihm, daß ich an dem und dem Tag bei einem bestimmten Postamt sein müsse, weil mich dort die telegraphische Nachricht vom Tode meines Vaters erwarte. Cornforth wunderte sich, denn wir hatten beide keinen Grund zur Annahme, daß die Operation unglücklich verlaufen werde.

Wir wanderten durch die Gegend um Dartmoor. In den Wäldern sickerten die Tropfen reinen Sonnenlichts durch die rauschenden Zweige hoch droben und fielen auf die Bäche, die über braune Steine, Schiefer und Wurzeln dahintrieben. Wir gelangten in hügeliges Gelände voll Torf und Farn, durch deren Grün die rötlich feste Erde schimmerte. Klippenlos senkte sich das Feld, als wollte es alles Gras und alle Blumen ins Wasser schütteln, zur stählernen Platte des Meeres hinunter, in die Schiffskiele und Stürme ihre Furchen gegraben hatten, wie ein Diamant Striche in eine Glasscheibe. Weit draußen pflügte ein Motorboot das Wasser und füllte die Morgenluft mit seinen Geräuschen.

In der Tasche trug ich Shakespeares Sonette. Cornforth erklärte mir den Sinn des Buddhismus und rief zuweilen dem großen Köter etwas zu, der ihn auf allen seinen Wanderungen begleitete. Wir durchlebten beide gerade eine kritische Zeit unserer Jugend und legten einander aufwühlende Geständnisse ab, die mich erschlafften, als hätte ich mich ausgeheult. Das alles war hinreißend, ein leidenschaftliches Durcheinander von Schönheit und Schlechtigkeit, Natur und Welt, in das ich mich mit erhöhtem Lebensgefühl stürzte, weil mein Vater im Sterben lag. Dann kam das Telegramm, und ich fuhr nach Hause. Ich war so ruhig und gefaßt, daß mein Großvater, der mich auf dem Bahnhof erwartete, dachte, ich habe das Telegramm mißverstanden. Als ich ihm erklärte, ich wisse, daß Vater tot sei, war er entsetzt.

Mich verließ das Gefühl nicht, daß es meinem Vater bestimmt war, zu sterben, als sein Leben für uns unerträglich wurde. Ich kehrte sofort nach Hause zurück, entschlossen, ein neues, freieres Leben zu beginnen. Aber es hatte mich doch tiefer getroffen, als ich ahnte, oder vielleicht verteilte sich die Bestürzung über längere Zeit vor und nach seinem Tode, denn bald danach wurde ich wieder krank, schwerer als zuvor – Gelenkentzündung. Ein paar Wochen lang war ich an beiden Beinen fast völlig gelähmt. Diese Krankheit war auf ihre Art eine Offenbarung für mich, nicht zuletzt, weil sie mir zeigte, welches Wunder es für einen Gelähmten bedeutete, gehen zu können. Ich blickte vom Bett aus auf die ansteigenden Häuserreihen aus roten Ziegeln und fragte mich, wie der Mensch es macht, daß er gehen kann, und warum er nicht ewig dankbar dafür ist, einen Fuß vor den andern setzen zu können. Eine zweite Offenbarung für mich war es, daß ich wirkliche Freunde besaß. Denn Mitschüler von der Schule des University College, nicht weit von unserem Haus, kamen nach dem Unterricht zu Besuch und unterhielten sich mit mir. Und was noch schöner war – manchmal beachteten sie mich gar nicht und unterhielten sich miteinander oder spielten mit der Katze, während ich im Bett döste. Sie langweilten sich nicht bei mir.

Der Tod meiner Eltern in ihren besten Jahren kam

mir fast wie ein Akt der Willkür vor. Mein Vater konnte nach dem Tode meiner Mutter seine Rolle in unserer Familie nicht ausfüllen, und sein Tod erschien mir deshalb als eine Vorbedingung unseres Lebens. Wir hatten es besser, als er nicht mehr war. Ich zum Beispiel, von der Krankheit genesen, die bestimmt der Epilog meines Verhältnisses zu ihm war, blieb danach dauernd gesund. In innige Beziehungen zwischen Menschen spielt immer die Wechselwirkung von Leben und Tod hinein. Ich kann mich der Überzeugung nicht erwehren, daß ein Mensch, der mit dem Leben eines anderen Menschen verknüpft ist, auch mit seinem Tode etwas zu tun hat. Diese Überzeugung hat es mit sich gebracht, daß auch das herzliche Verhältnis zu einem Menschen für mich seine Schrecken haben kann.

Das Verhalten meiner Großmutter gegen meine Geschwister und mich änderte sich jetzt, wie sich das Verhalten meines Vaters gegen uns nach dem Tod meiner Mutter gewandelt hatte. Sie wurde sich der Pflicht bewußt, die Wünsche meines Vaters auszuführen. Tief besorgt zog sie andere Leute zu Rate, wie sie uns behandeln sollte; sie wollte uns vor Versuchungen und äußeren Gefahren schützen, indem sie uns soviel als möglich beaufsichtigte.

Dabei halfen ihr ihre Freunde und Bekannten. Es kamen immer viele Leute zu ihr, die sie verhörte, ob sie ihre Enkel gesehen hatten. Die »lahmen Entlein« – Damen, deren Kleider, Hüte und Strümpfe Stich für Stich von ihnen selbst mit der gleichen mißfarbenen Wolle gestrickt schienen – waren ein hydraköpfiges, überall gegenwärtiges Geschlecht, das ihr Auskünfte ins Haus lieferte. Meine Großmutter zeigte, wie gut sie uns überwachte, indem sie gesprächsweise Bemerkungen fallen ließ wie: »Mein lieber Junge, du warst vorige Woche im Botanischen Garten, höre ich. Warum hast du mir nichts davon gesagt, warum nur? Ich habe nicht das geringste dagegen. Aber warum sagt ihr jungen Leute mir nie etwas?«

Wir fuhren in die Schweiz auf Ferien, und meine Großmutter übertraf mich trotz ihres Alters an unermüdlicher Energie, während meine Kräfte durch die Krankheit erschöpft waren. Sie ließ mich nie aus den Augen, begleitete mich auf allen Spaziergängen, wandelte hinter mir her in ihrem schwarzen Kleid und mit einem schwarzen Parapluie statt eines Sonnenschirms. Sie wurde niemals müde, mich über meine Weltanschauung, meine Weltverbesserungspläne, meine literarischen Absichten und meine Bekannten auszufragen. Ein gutes Mittagessen, wie es in Schweizer Hotels üblich ist, kam für sie nicht in Frage, und so oft wir gerade in der Halle saßen, wenn es zu Tisch klingelte, erklärte sie, es sei besser, die Semmeln zu essen, die sie vom Frühstück aufgehoben hatte. Bald war es so weit, daß ich ihr nicht mehr alles erzählte, sondern sogar zu fürchten begann, daß ich ihr nichts verheimlichen konnte.

Am genauesten arbeitete ihr Überwachungsdienst durch die beiden Schwestern Bertha und Ella, die uns in Hampstead die Wirtschaft führten. Berthella – meine Mutter hatte das Paar so getauft – war seit unseren Kinderjahren in Sheringham bei uns. Ella war sanft und geduldig und lächelte immer wie in Erwartung. Bertha, die ältere Schwester, war draufgängerisch und voller Grundsätze, tonangebend, vorbildlich und Richter über alles.

Ella hatte etwas von einer Heiligen, und wir machten uns darüber ein bißchen lustig, als wir älter wurden, aber wir bewunderten und achteten sie. Ihr Bräutigam war im Kriege gefallen. Sie sagte kein Wort, als sie sich Jahre später mit dem Briefträger verlobte, der uns die Abendpost brachte; sie wollte nicht kündigen, solange wir sie noch brauchten, und am allerwenigsten wollte sie Bertha allein die Arbeit überlassen. Kummer, Überarbeitung und Krankheit gaben ihrem sanften Wesen etwas Leidendes, Enttäuschtes und leicht Märtyrerhaftes; darüber schmunzelten wir. Selten antwortete sie auf eine Grobheit, und wenn wir sie beleidigt hatten, ging sie still im Hause umher und setzte ihr Schmollgesicht auf, wie wir es nannten. Aber so rücksichtslos wir sie am Abend auch behandelt hatten, am anderen Morgen weckte sie uns immer in guter Laune, schlug die Vorhänge mit Geräusch zurück, und wenn wir nicht gleich aufwachten, sagte sie uns ein gereimtes Sprüchlein auf.

Selten können zwei Menschen so verschieden gewesen sein wie diese beiden Schwestern, die einander in ihrer Anhänglichkeit, in ihrer Herzensgüte und Sorge um uns so ähnlich waren. Am deutlichsten zeigte sich das, als unsere Katze krepierte; da gingen beide mit tränenüberströmtem Gesicht im Haus herum. Das heißt, sie weinten nur, solange auch wir in dem Alter standen, wo man über solche Dinge noch weint. Als wir älter wurden, wuchsen auch sie gewissermaßen mit uns heran und vergossen über den Tod von jungen und alten Katzen oder Hunden keine Tränen mehr.

In anderer Hinsicht dagegen waren sie ganz verschieden. Als ich beschloß, Maler zu werden, saß mir Ella geduldig stundenlang Modell, und als ich ihr dann das teuflische Zerrbild mit dem dicken dunkelroten Streifen um den Hals – wie Blut – zeigte, lächelte sie freundlich und meinte, Nase und Kinn seien sehr gut getroffen. Aber als ich Bertha meine Kunstwerke zeigte, betrachtete sie sie mit säuerlicher Miene und meinte: »Sag mir, was ich sagen soll, Stephen, und ich sag' es!«

Bertha war die Tonangebende, sie war eine gebildete Person, die unter anderen Voraussetzungen vielleicht Abgeordnete oder Oberlehrerin geworden wäre oder

Bücher geschrieben hätte. Sie las die Werke von Dikkens und Thomas Hardy, Galsworthy, Wells und Bennett aus der Bibliothek meines Vaters. Sie erzählte Geschichten aus ihrer Jugend und ihren Erlebnissen »im Dienst«. Als wir den Radioapparat bekamen, hörte sie die Symphonien von Beethoven und sprach mit feuchten Augen über die eine oder andere Stelle; »wie redende Menschenstimmen« war es, wenn die Flöten den Streichern antworteten. Sie sah eine Aufführung von *Othello* und sagte dann zu Hause, wie wahr das sei, das Wort vom »grünäugigen Ungeheuer Eifersucht«. Sie ärgerte sich über Standesdünkel, aber sie hielt auch Sozialismus nur für Angeberei. Ihre politischen Ansichten bezog sie aus der *Daily Mail.*

Berthella rackerten sich für uns fünfzehn Jahre lang ab. Sie gehörten so sehr zur Familie, daß sie keinen Urlaub wollten. Bei uns waren sie »zu Hause«. Wenn andere Dienstboten zur Aushilfe aufgenommen wurden, verschwanden sie bald wieder unter einer Flut von Tränen, verursacht durch eine »Entgleisung« Berthas.

Ella begleitete uns auf unseren Spaziergängen, im Autobus, in der U-Bahn, denn wir durften fast nie allein ausgehen. Sie war sanft und geduldig, aber im Hintergrund stand immer Bertha, mit ihren entschiedenen Ansichten, ihren scharfen Bemerkungen, ihren Stimmungen. Die beiden zusammen ergaben »Berthellas Ansicht«. Arbeit, Anhänglichkeit und Dankbarkeit waren die obersten Gebote. Fragwürdiger war ihr Reinlichkeitsfimmel, sowohl was physische als auch moralische Sauberkeit betraf. Berthella konnten Häuser mit gewundenen Korridoren und vielen Winkeln ganz und gar nicht leiden; das waren »Staubfänger«. Sie bevorzugten das Einfache, Solide, Vernünftige. Das galt auch für unsere Besucher. Mit untrüglichem Blick entdeckten die beiden Schmutz in den Ohren oder einen ungewaschenen Hals bei unseren Freunden und sagten, das liege nicht an der Beleuchtung. Fast alle unsere Bekannten waren in ihren Augen unsauber, physisch oder moralisch – oder beides. Schon die Namen einiger unserer besten Freunde berührten Berthella peinlich, und sie verzogen gleich den Mund, wenn sie nur genannt wurden. Sie hegten Mißtrauen gegen äußere Schönheit, bei Menschen ebenso wie bei Häusern – aus ähnlichen Gründen. Ein Mann, der ein hübsches Mädchen geheiratet hatte, war ein Dummkopf, der in die Falle gegangen war. Bertha verachtete fast alle anderen Frauen aufs tiefste und sah in ihnen eine Art von Spinnen, die Netze für die Männer, die dummen Fliegen, legten. »Na, sie hat ihn erwischt!« sagte sie oft, wenn eine Liebesgeschichte glücklich ausgegangen war.

Für kleine Unpäßlichkeiten hatten sie nichts übrig. Man war entweder krank oder gesund, dazwischen gab's nichts. Alles, was keine deutlich erkennbare Krankheit war, die vom Arzt behandelt und gebührend ernstgenommen wurde, war »Einbildung«. Einbildungen, gleichviel welcher Art, verachteten sie. Als Humphrey einmal über Kopfschmerzen klagte, versetzte Bertha scharf: »Wir hier in der Küche haben alle Kopfschmerzen.«

Wir hatten ein wenig Angst vor Berthella. Wenn ich nicht in ganz großen Nöten war oder an einer beglaubigten Krankheit litt – dann verwandelten sie sich in Schutzengel –, wäre es Majestätsbeleidigung gewesen, ihnen zu klingeln. Mit der Zeit gewöhnten wir uns an, in die Küche zu gehen – vorher zu klopfen – und höflich zu verlangen, was wir wollten. In der späteren, byzantinisch angehauchten Periode ihres Hausregimes – nach dem Tode meines Vaters – hatten wir im Treppenhaus eine Klingel, die oben bei uns schrillte, wenn eine von den beiden etwas von uns wollte.

Die fast unbestrittene Herrschaft Berthellas über uns erstreckte sich nicht auf meinen Bruder Michael, dem es gelungen war, schon in frühen Jahren die Sage um sich zu verbreiten, daß die Vorschriften für seine Geschwister nicht für ihn galten. Uns drei dagegen begleiteten sie auf Schritt und Tritt und zahlten für uns aus dem Wirtschaftsgeld, so daß wir niemals Bargeld bei uns zu haben brauchten, ausgenommen sechs Penny Taschengeld die Woche. Später, als wir allein ausgingen, saßen sie die ganze Nacht auf und erwarteten uns, nur um uns nicht den Hausschlüssel ausliefern zu müssen. Meine Großmutter telefonierte jeden Abend mit ihnen. Aber sie zensierten vorher, was sie ihr zu berichten hatten.

Nach dem Tode meines Vaters fand meine Großmutter, daß wir Waisen, besonders Christine, Gesellschaft brauchten, von Berthella abgesehen. Sie fand lange Zeit niemand Passenden, schließlich verfiel sie auf die »liebe Helen«. Die »liebe Helen« war eine Miß Helen Alington, leider eine Altersgenossin meiner Großmutter, also über siebzig. Obwohl meine Großmutter immer beteuerte, mit siebzig sei man noch nicht alt, fand sie doch, daß meine Schwester gleichaltrige Gesellschaft brauchte, und da erinnerte sie sich an Miß Alingtons Nichte Caroline. Sie hatte Caroline nur als kleines Mädchen gekannt, aber so groß war ihr Vertrauen auf die erblichen guten Eigenschaften der Alingtons, daß sie sofort an Caroline schrieb.

Später schilderte mir Caroline, wie sie zu uns nach Hampstead kam. Der Brief meiner Großmutter erreichte sie in Lausanne, wo sie vorübergehend arbeitete, und war ihr völlig unverständlich. Immerhin wurde sie neugierig auf Michael, neunzehn Jahre, der soeben ein Universitätsstipendium bekommen hatte, Christine, sechzehn Jahre, die eine Haushaltungsschule besuchte, Stephen, siebzehn, und Humphrey, sechzehn, beide noch auf der Schule.

Caroline kehrte also nach London zurück und wurde

von Mrs. Schuster bei uns eingeführt. Unterwegs erklärte ihr meine Großmutter: »Michael ist sehr gescheit, furchtbar gescheit. Christine ist ein liebes Mädchen, aber sehr schüchtern. Stephen ist ein netter Junge und schreibt wunderschöne Gedichte. Humphrey ist wirklich reizend. Die beiden Dienstboten, Bertha und Ella, genannt Berthella, sind unbezahlbar. Bertha führt die Wirtschaft und teilt alles ein, und Ella pflegt die Kinder aufopfernd, wenn sie krank sind ...«

Ella öffnete die Haustür mit dem freundlichsten Gesicht. Caroline wurde mit Christine bekanntgemacht, die »vor Angst und Schüchternheit beinahe krank« war, hierauf mit Stephen, »der ihr ganz schlaff die Hand drückte«. Dann setzte man sich zum Tee, und Mrs. Schuster raubte Christine den letzten Rest von Fassung, indem sie sagte: »Du mußt natürlich einschenken, Christine, laß die Tassen nicht fallen – gib doch acht, du verschüttest die Milch!« und so weiter.

Mrs. Schuster ging bald, und Caroline blieb allein mit Christine, die den Tränen nahe war, und dem »gelangweilten Stephen«. Er murmelte, er müsse ein Buch aus der Bibliothek holen, und verschwand, um seinen Mantel anzuziehen. Aber soweit kam es nicht, denn da stürzte schon Ella aus der Küche: »O nein, keine Spur, mein Lieber, mit der Erkältung kannst du nicht ausgehen!« Caroline, die nichts von einer Erkältung bemerkt hatte, war tief beeindruckt, und noch mehr davon, daß er tatsächlich den Mantel wieder hinhing.

Nach dem Essen spielten wir Karten. Plötzlich sagte Stephen, als könne er das Schweigen nicht länger ertragen: »Als wir das letzte Mal bei Tante Mary spielten ...« Und dann gab er eine zwerchfellerschütternde Schilderung von Tante Mary und der Kartenpartie, daß alles in Lachen ausbrach. Da wußte Caroline, daß sie den Posten annehmen werde.

Die Art, wie bei uns der Haushalt geführt wurde,

kam Caroline geradezu phantastisch vor. Mrs. Schuster rief jeden Morgen aus ihrer Wohnung in Kensington an und gab Anordnungen, aber nicht Caroline, sondern Berthella, und jeden Abend telefonierte Berthella und erstattete getreuen Bericht über die Ereignisse des Tages. Jeden Sonntag ging Caroline mit Christine und Stephen durch den Kensington-Park zu Mrs. Schuster zum Mittagessen und Tee, und dort wurden sie genau verhört.

Michael war auf der Universität Oxford und Humphrey in einem Internat, so daß Christine und Stephen die ersten Wochen allein mit Caroline waren. Sehr bald hatten meine Schwester und ich Caroline mit etwas fragwürdigem Ungestüm liebgewonnen. Sie war feinfühlend und klug, gebildet und herzensgut. Sie war vielleicht der erste Mensch unserer Umgebung, der uns als vernünftige Menschen behandelte und mit uns nicht so umging, wie meine Eltern oder meine Großmutter es gern gesehen hätten. Mit Carolines Hilfe entwichen wir dem moralischen Druck, den meine Großmutter nach dem Tode meines Vaters allmählich ausübte; vor Caroline empfanden wir nie Schuldbewußtsein.

Meine Schwester und ich verliebten uns geradezu in sie. Das war verhängnisvoll für meine Schwester, und für Caroline wahrscheinlich schmerzlicher als für mich. Für mich bedeutete es ein zwangsläufiges Übergangsstadium, eine Entfaltung meines Interesses an anderen Menschen, das sich durch Reisen und Universitätsstudium bald weiter ausbreiten mußte. Für meine Schwester war es eine Zeit der Erregtheit, die zu Enttäuschung führte. Für Caroline muß das alles über die Pflichten hinausgegangen sein, auf die sie sich eingelassen hatte. Sie hatte sozusagen einen Sohn bekommen, der ein halbes Jahr später in die Welt hinauszog und sich selbständig machte.

Damals war in mir ein leidenschaftliches Bedürfnis, ein Geständnisdrang, mich über die Bücher, die Bilder, die Freunde, die ich liebte, auszusprechen. Eines Tages, in einem Obstgarten in Surrey, vertraute ich Caroline an, daß ich für Michelangelo und die antiken Skulpturen des Parthenon schwärmte – es war wie das bebende Bekenntnis einer erschütternden Wahrheit.

Caroline war überempfindlich und besaß dabei einen scharfen, fast männlichen Verstand. Ihr leidenschaftlicher Unabhängigkeitstrieb hatte sie vom Heiraten abgehalten. Einmal gestand sie mir, daß sie es einfach nicht ertragen könnte, Nacht für Nacht ein Schlafzimmer mit einem Mann zu teilen; es wäre wie ein Gefängnis für sie. Sie war mütterlicherseits französischer Abstammung und liebte Frankreich, Italien, die Alpen mit Inbrunst. Die Begeisterung meiner Großmutter für Deutschland blieb ihr fremd. Da ich damals gegen meine Großmutter aufbegehrte, wollte auch ich nichts von Deutschland wissen.

Caroline konnte Geschäftsleute und Beamte nicht leiden. Sexuellen Dingen gegenüber hatte sie eine gelassene, fast moralfreie Einstellung. Sie hatte eine wunderbar unbeschwerte Art zu verallgemeinern, wenn sie etwas nicht leiden konnte. Als mein Onkel, der sagenhafte »große Mann« unserer Familie, zu Besuch kam, bemerkte sie seufzend: »Typischer Geschäftsmann!«, was reichlich ungerecht war. Wenn sie morgens einen Blick auf die Zeitung warf, bemerkte sie: »Heutzutage ist alles verrückt!«

Sie war erst ein halbes Jahr bei uns, als meine Großmutter bestimmte, daß ich vor dem Besuch der Universität Oxford für eine Zeit ins Ausland gehen sollte, um eine Sprache zu erlernen. Sie wollte mich nach Deutschland schicken, aber ich hatte mir natürlich Frankreich in den Kopf gesetzt. Großmutter war tief bestürzt, denn für sie verkörperte Frankreich den Erbfeind unserer Familie, soweit sie deutsch war, und überdies hielt sie alle Franzosen für unmoralisch.

Aber dann erinnerte sie sich an französische Quäker, die dem Hilfskomitee für Österreich angehört hatten. Sie stammten aus Nantes. Großmutter erkundigte sich und stellte fest, daß Nantes protestantisch war, sehr nett und »ganz anders als Paris«. Die befreundeten Quäker besorgten mir Quartier bei dem protestantischen Pfarrer von Nantes. Trotzdem, überlegte meine Großmutter, bestand die Möglichkeit, daß ich von den »schlimmen« Franzosen auf der Reise in einen Hinterhalt gelockt wurde, vielleicht beim Umsteigen in Paris. Deshalb begleitete sie mich auf der Reise, und mein Bruder Humphrey fuhr mit uns.

Nantes, eine Provinzstadt aus grauem Stein, in der ein Drittel der Bevölkerung ständig in Trauer um einen jüngst verstorbenen entfernten Verwandten herumgeht, machte einen gesetzten Eindruck, genauso wie es meine Großmutter erwünscht hatte – bis auf den starken Wein, der dort getrunken wird und so stark wirkt, daß die Leute in den Straßen am Hafen herumlagen wie die Fliegen. Ich erinnere mich, wie meine Großmutter, ganz in Schwarz, an den hingestreckten Betrunkenen vorbeimarschierte, ohne sie eines Blickes zu würdigen, und in festem Ton ausrief: »Reizend, wirklich reizend!« Denn da wir nun einmal in Nantes waren, war sie entschlossen, nichts zu sehen, was das Auge beleidigte.

Beim Pfarrer verbrachte ich eine trübselige Zeit. Er war kein glücklicher Mensch und seine Gemeinde riesengroß. Seine Besuche auf dem bretonischen Lande wurden ihm zur Qual, denn er litt an Heuschnupfen. Wenn er bei Tisch saß, liefen ihm die Tränen nur so aus den rotentzündeten Augen. Dann und wann warf er mir einen Blick zu und zitierte, weil er meine Vorliebe für Lyrik kannte: »O bleicher Abendstern ...«

Manchmal strömten auch mir die Tränen, aber aus einem anderen Grunde. Ich litt unsagbar an Heimweh. Mein ganzes Leben verausgabte sich damals in den Briefen über Bücher und Kunst, die ich von Caroline erhielt und ihr schrieb. Ich schrieb sie an einem Tisch im Garten des Pfarrers, unter Blattwerk, das mich zu ersticken schien. Manchmal ging ich in den Außenbezirken der Stadt spazieren, wanderte die staubigen Straßen durch die mit Fabriken übersäte Landschaft, bis ich ans grüne Ufer der Loire gelangte. Leichte Holzbrücken führen über den Fluß, die unter den Wagenrädern zittern und wie Trommelwirbel dröhnen. Ich kaufte einem zahnlosen alten Bauern Kirschen ab und stopfte sie mir in den Mund oder trank Wein, bis mir war, als hätte mir die Sonne, die auf den weißen Staub, das Wasser und die Blätter niederbrannte, das Gehirn versengt. Wenn ich so den gewundenen, ziellosen, einsamen Weg meiner Jugend im Staube dahinging, mitten in der herzversehrenden Schönheit der fremden Landschaft, das Gemüt schwer vor Heimweh, belebte ich die Gegend mit Ausgeburten meiner Leidenschaft: Ein Dichter, schön wie Shelley, das Hemd am Halse offen, kam mir entgegen, ein Buch unterm Arm, das er, als wir zusammen unter der Hecke lagen, zwischen uns aufschlug, wie ein Vogel die Schwingen entfaltet. Oder ich traf in einem Wäldchen ein schönes junges Ehepaar, und der Mann sagte zu mir: »Wir haben großen Kummer, Monsieur. Meine Frau kann kein Kind von mir haben. Ich flehe Sie an, verschwinden Sie mit ihr hinter das Gebüsch, stehen Sie dann auf und entfernen Sie sich für immer aus unserem Leben!« Oder ich malte mir aus, daß ich einem jungen Mann begegnete, der Englisch lernen und mir dafür Französisch beibringen wollte. Wir begannen damit, alle Teile des Körpers in beiden Sprachen beim Namen zu nennen, vom Kopf abwärts, bis sich Anatomie und Sprache vermengten und zum leidenschaftlichen französisch-englischen Liebesspiel wurden.

Ich wohnte dem Geschichtsunterricht im Lycée Clemenceau bei; der Professor hielt gerade bei den Kriegen Napoleons. Sooft er einen Sieg oder eine Niederlage Englands erwähnte, wandte er sich zu mir und entschuldigte sich mit einer Verbeugung, daß seine Pflicht es ihm auferlege, diese unerfreulichen, aber wahren Ereignisse vorzutragen. Die französischen Jungen vor mir ließen eifrig und verstohlen – ganz wie es dem Bild meiner Großmutter von den Franzosen entsprach – Zeitungsausschnitte über Frauenleiden und monatliche Beschwerden von Hand zu Hand gehen. In meinem verlogenen Idealismus vergaß ich ganz meine eigenen Wunschträume und war unsagbar angewidert.

Es war ein großer Triumph für meine Großmutter, daß sie mich nach Nantes gebracht hatte; mir verleidete es Frankreich auf Jahre. Es öffnete mir auch die Augen darüber, daß Frankreich – von Paris abgesehen – das spießbürgerlichste Land der Welt ist. Ich beschwor sie, mich anderswohin zu schicken. Caroline empfahl Lausanne, und weil sie selber dort gewesen war, teilte ich ihren Wunsch.

Ich kam also in ein Pensionat nach Lausanne, hoch überm Genfer See, mit dem Blick auf die Berge am anderen Ufer, die an heißen Sommertagen wie Kohlen im Azurfeuer des Sees glühten. Im gleichen Pensionat wohnte noch ein englischer Junge, mein Altersgenosse, gut erzogen und unwissend, zart und ungebildet, hübsch und unbedeutend. Sein Talent, mich zu kränken, und mein Talent, ihn zu verblüffen, zog uns zueinander und stieß uns gleichzeitig ab. Schließlich verliebte ich mich fast in ihn, weil er so hübsch war und weil ich seine Schwächen so gut verstand. Ich entdeckte, wie schwer sich ein Trennungsstrich zwischen der Liebe und dem mitfühlenden Verständnis ziehen läßt, das in seiner unendlichen Bereitschaft zum Verzeihen am anderen Menschen niemals etwas hassenswert findet. Es blieb zwischen uns bei unerfüllter Erregtheit, denn wir hatten beide Angst.

In gewissem Sinne war es eine Leidenschaft. Als sie am heftigsten loderte, erhielt ich einen Brief von Caroline; sie war schwerkrank und mußte operiert werden. Zum erstenmal im Leben fühlte ich, daß ich meine Liebe zu einem Menschen verraten hatte, indem ich mich zu tief in Gefühle für einen anderen verstrickte. Was mich am meisten beunruhigte, war die Erkenntnis, daß ich trotz meiner innigen Neigung für Caroline von der Besessenheit, die mich an D. fesselte, nicht loskam. Der Gedanke an das Messer des Chirurgen im Körper eines Menschen, den ich liebte, konnte die andere Leidenschaft nicht aus meinem Herzen schneiden. Ich wünschte mir, in Lausanne zu bleiben, und zugleich, bei Caroline zu sein. Ich litt mit ihr und war von Sorge um sie zerquält. Aber mein Leben in Lausanne – das waren die Fragen, die schnöden Bemerkungen, die Geständnisse, die Verrätereien D.s, der sich gegen mich benahm wie ein verwöhnter Günstling gegen einen verrückten Prinzen.

Als ich nach London zurückkehrte, ging es Caroline besser. Ich stand vor der Abfahrt nach Oxford. Neue Erlebnisse und die Erwartung anderer ungekosteter Abenteuer hatten meinem Verhältnis zu ihr, bisher dem wichtigsten in meinem Leben, die alte Glut genommen.

Da stand ich nun vor dem Schritt ins Universitätsleben, befangen, mich selber durchschauend, schuldbewußt, undiszipliniert, neugierig, beschwingt und naiv. Manchmal empfand ich auf der Straße jeden Blick der Vorübergehenden wie ein Messer, das sich in mich bohrte. Ich glaubte auf brennendem Asphalt durch eisige Luft zu schreiten. Ich war in die Käfige der Zeit gesperrt, die kein Ende nehmen wollten, die Zeit in Nantes, die Zeit in Lausanne, die Zeit auf der Straße, wenn alle Blicke spöttisch auf mir zu ruhen schienen.

Ich hoffte immer, Eingang in eine heitere, verständnisvolle Gemeinschaft zu finden, in der ich mich ohne Krampf und Schuldgefühl unter herzlichen Genossen entfalten konnte. Ich stellte mir Oxford als eine Kreuzung zwischen dem Athen in Platos *Gastmahl* und dem Florenz der Renaissance-Jugend vor.

Wenn ich heute, nach Jahrzehnten, auf mich als Neunzehnjährigen zurückblicke, erscheint mir mein Fall als der des Idealisten, nicht als der des Unschuldigen. Der Unschuldige kann seine Reinheit das ganze Leben lang bewahren, ohne sich selbst etwas vorzumachen oder von anderen getäuscht zu werden. Um unschuldig zu bleiben, braucht man nicht zu glauben, daß die Welt ohne Fehl ist. Aber der Idealist erwartet zuviel von sich selbst und von den anderen. Er gleicht dem Maler, der seiner Inspiration nicht Gestalt geben kann, weil ihn die Übertragung seiner Vision in die künstlerische Form mit ihren strengen Geboten zu bewußter Überlegung zwingt, und das ist ihm gleichbedeutend mit Ernüchterung.

So hatte ich schon mit neunzehn in allem einen Punkt erreicht, wo Erfüllung nur durch Kompromiß möglich schien – und Kompromiß hieß: Verrat an mir selbst. In der Liebe sehnte ich mich danach, über das physische Begehren hinauszugelangen, dem Körperlichen zu entfliehen. In der Politik wünschte ich eine soziale Umwälzung, die eine gerechte Weltordnung herbeiführte, ohne daß der Prozeß selbst wieder neue Ungerechtigkeiten mit sich brachte. In der Literatur verlangte ich nach der reinen dichterischen Eingebung, die sich das moderne Leben, den Alltag vom Leibe hielt.

Ich konnte keines meiner Ideale preisgeben, ohne daß es eine Lücke hinterließ. Das Heilmittel gegen meinen Idealismus war also, mich mit dem Verlust abzufinden, mich in das Leben zu stürzen und zu hoffen, daß ich nach einer Zeit der Irrungen die Reinheit der Zielsetzung wiedergewinnen konnte – einer Zielsetzung aber, die nicht mehr die Wirklichkeit ablehnte, sondern sie akzeptierte.

2

Oxford war anders, als ich es mir vorgestellt hatte: Ich sah bald, daß ich ein »Neuer« unter Internatsschülern war, die es lächerlich fanden, wenn man nicht auf einer *public school* gewesen war – geradeso lächerlich, wie ein Ausländer zu sein. Mein Interesse für Literatur, Kunst und Musik, mein Mangel an Sporteifer, meine ungewöhnliche Art, mich anzuziehen, und mein Auftreten, das alles erschien ihnen verrückt. Prinz Radziwill aus Polen, Graf Czernin aus Österreich, Bergen Evans, ein Amerikaner mit einem Stipendium, und ich wurden als sonderbare Tiere betrachtet, die aus irgendeiner Menagerie ausgebrochen waren, statt aus der *public school* zu kommen, wie es sich gehörte.

In meiner humorlosen Unreife brachte ich es nicht fertig, meine Mitstudenten hinzunehmen, wie sie waren. Ich wollte, daß sie sich für mich interessierten und für das, was mich interessierte. Als ich herausbekam, daß sie nur an Sport, Saufen und Mädel dachten, war ich enttäuscht. Noch schlimmer war es, daß sie keinen gelten ließen, der nicht von ihrem Schlage war.

Ich rächte mich an ihnen für meine Enttäuschung, indem ich mich mit vollem Vorbedacht dauernd in Gegensatz zu ihnen stellte. Ich benahm mich affektiert, trug eine rote Krawatte, hatte Freunde, die nicht dem College angehörten, führte unpatriotische Reden, erklärte, ich sei ein Pazifist, ein Sozialist, ein Genie. In meinem Zimmer hing ich Reproduktionen von Gauguin, van Gogh und Paul Klee an die Wände. An schönen Tagen nahm ich ein Kissen mit auf den inneren Schulhof, setzte mich darauf und las Gedichte.

Affektiertheit ist das Zerrbild der in uns verborgenen provozierenden Eigenschaften, in denen unsere wahren Entfaltungsmöglichkeiten liegen. Ich kopierte meine eigene Lust an der Schaustellung, spielte Verweichlichung, Wurzellosigkeit und Mangel an Disziplin.

Eines Tages fanden die anderen »Neuen« den Augenblick gekommen, wo – nach altem Brauch – mein Zimmer kurz und klein geschlagen werden mußte. Sie beschlossen das nicht aus Übermut, sondern aus Prinzip, weil sich das so gehörte. Ich saß gerade auf dem Sofa und las Blake, als etwa ein Dutzend hereingetrabt kam, mit Eimern und anderem Zubehör ausgerüstet. Ich wußte nicht, wie ich sie empfangen sollte, und las einfach weiter, gehoben von dem Bewußtsein, daß es gerade Gedichte waren, was ich las. Die anderen waren genauso verlegen wie ich und standen ziemlich ratlos im Halbkreis herum. Schließlich sagte einer: »Spender, was soll das heißen?« Statt einer Antwort las ich ihnen ein paar Verse von Blake vor. Es wirkte. Sie überlegten sich die Sache und entfernten sich achselzuckend, wie um anzudeuten, daß ich ihnen zu verrückt sei.

Der ganze Auftritt wirkte unecht. Ich spielte die Rolle des verschrobenen, sozialistisch angehauchten Poeten, und sie spielten die Rauhbeine, die sein Zimmer verwüsten und ihn in den Fluß schmeißen. Alles, was dabei herauskam, war ein geistiges Vakuum, in dem unser ganzes Benehmen nur affektiert erschien, sogar uns selber. Meine Bilder, meine Liebe zur Poesie, mein Sozialismus, das alles wurde zur leeren Geste, und ihre Rauhbeinigkeit, glaube ich, war genausowenig überzeugend.

Ich trug eine scharlachrote Krawatte. Als ich an dem Abend, nachdem die zwölf dagewesen waren, mein Zimmer verließ, kam einer von ihnen noch mal, sah meine Krawatte, zerschnitt sie und hing die Stücke an die Bilderrahmen. Das konnte immerhin als berechtigter Protest gegen meine politische Pose gelten. Wahrscheinlich kennen die meisten ehemaligen *public school boys* vom Sport her und aus den Wirtshäusern die Arbeiter besser als ich, denn ich konnte meine Schüchternheit nicht einmal so weit überwinden, um allein in ein Wirtshaus zu gehen. Trotzdem war meine Einstellung zur Arbeiterschaft anders als ihre. Sie glaubten an Standesunterschiede und an die Ungleichheit der Menschen so fest wie an alles andere, obwohl sie im Umgang mit Arbeitern genauso unverkrampft waren wie untereinander. Ich dagegen war der Ansicht, daß die Unterschiede zwischen den Menschen, wenn es Unterschiede gibt, nicht in willkürlichen Klassenschranken zum Ausdruck kommen. Sie waren Arbeitern gegenüber unbefangen, weil sie ihrer eigenen sozialen Stellung sicher waren; ich war verkrampft, denn ich fühlte mich schuldbewußt.

Man wird vielleicht fragen, warum ich das Oxford zu dieser Zeit, zu meiner Zeit, nur als eine von Klassendünkel beherrschte Gemeinschaft sehe; man wird fragen, ob es keine Studenten, keine Professoren aus dem Arbeiterstand gegeben hat. Doch, die gab es. Aber alles, was der auf *public schools* genährten Überheblichkeit zuwiderlief, ging entweder bald in ihr auf oder stand abseits. Die Universität brachte es zuwege, sich blind zu stellen gegen die Proletarisierung des Lebens, die sich draußen, in ganz Europa, sogar in der Universitätsstadt selbst vollzog; es gelang ihr um so mehr, als es eine Rangordnung der Colleges von Oxford gab. Einige Colleges wurden von den Studenten als etwas Besseres angesehen, als typisches, »richtiges« Oxford, während andere überhaupt nicht zählten. In dieser Rangordnung spiegelte sich die Überlegenheit der Studenten, die aus den besten Internaten kamen, über die Kollegen aus bescheideneren Schulen. Die Universität Oxford war weit entfernt von dem Gedanken der klassenlosen Gesellschaft, und daran änderten die Freiplätze und Stipendien ebensowenig wie der sozialistische Klub der Universität. Die Studenten aus Arbeiterkreisen standen meist im Hintergrund, an die Wand gedrückt; sie waren gewöhnlich so arm, so verbraucht von dem langen Büffeln für ein Stipendium, so verstrickt in die Plackerei ihres Alltags – in dem Oxford nur eine Episode bildete – und so außerstande, den anderen als gleich und gleich zu begegnen, daß sie über die Schranken ihrer Armut und ihres Studiums nicht hinauskamen.

Geld spielte die entscheidende Rolle. Dreihundert Pfund im Jahr, das hieß: man konnte alles mitmachen, was auf der Universität los war, den Klubs angehören, Sport treiben, seine Freunde aussuchen. Wer weniger hatte, war in Oxford von Oxford ausgeschlossen. Der arme Student lebte eine Art Höhlendasein in seinem eigenen College. Auf der obersten Sprosse der Stufenleiter stand der schwerreiche Student, nicht weniger abgesondert.

Nach dem Überfall der Bilderstürmer auf mein Zimmer änderte sich das Verhalten der anderen »Neuen« gegen mich, und ich wurde mehr oder weniger geduldet. Ein Funke von Wohlwollen schien in einem unbewachten Augenblick die Schranke zwischen uns übersprungen zu haben. Tags darauf sagte ein Student namens Marston – von ihm wird noch die Rede sein – mit verlegener Miene zu mir: »Das war kläglich gestern abend.« Ein paar andere Studenten, die mitgemacht hatten, zeigten sich besonders freundlich. Sie bewiesen mir ihre Sympathie dadurch, daß sie mir Dinge über sich selbst gestanden, die sie keinem anderen anvertrauten. Es war, als hätte ich ihnen unabsichtlich die Augen darüber geöffnet, daß das Leben komplizierter war, als sie gedacht hatten, und nun kamen sie zu mir, um es mir an ihrem eigenen Leben zu beweisen. Und ich begann zu begreifen, daß hinter ihrem wiehernden Gelächter und ihren derben Redensarten mehr Angst lag, weniger Glück und weniger Selbstvertrauen, mehr Bedürfnis nach Zärtlichkeit, als es den Anschein hatte.

Aber wenn ich auch zu meiner Erleichterung feststellte, daß man mich gewähren ließ und meine Kollegen mir sympathischer wurden, entsprach Oxford doch nicht meinen Erwartungen. Das Bildungsideal hatte hier keine Ähnlichkeit mit dem Idealbild der Renaissance, dem Mann, für den die äußere Welt von Jagd und Spiel verquickt war mit der inneren Welt der Gelehrsamkeit, der Musik und der Dichtung, verquickt wie Körper und Geist, wie Außen und Innen, damit Leib und Seele in vollendetem Einklang aus der Welt des Wissens und der Kunst in die Welt der Natur einzogen, wie der Reitersmann auf einem alten Wandteppich. Oxford war nicht mehr das Oxford der Renaissance, auch nicht des vorigen Jahrhunderts, der Zeit von Ruskin und William Morris, als sich junge Menschen für das Schöne begeisterten, aber auch für soziale Gerechtigkeit, und sich als die Sachwalter einer modernen Gemeinschaft ansahen, deren Schlüssel sie dem Arbeiter in die Hände legen wollten. Es war nicht einmal mehr das Oxford späterer Jahrzehnte, wo sich künftige Premierminister auf dem Wege über die *Oxford Union* ihre Karriere bahnten – wie mein Vater und mein Onkel es sich vorgestellt hatten.

Nein, hier stand der Student gewöhnlich vor der Wahl, ob er sich zu den Kraftmeiern oder zu den Schöngeistern schlagen sollte. Die meisten entschieden sich für die erste Kategorie, für Rudern oder Fußball, Biertrinken, Rauhbeinigkeit und heimliche Liebesaffären, für den stumpf pflichtbewußten Versuch, mit dem Studium irgendwie fertig zu werden und dann einen Posten einzunehmen, für den man nicht ganz ungeeignet war. Die wenigsten gingen mit dem Gefühl einer inneren Berufung an die Frage heran, wie sie ihr Leben gestalten sollten. Die Sportler verachteten die Ästheten, und als Ästhet galt ihnen jeder, der auch nur das leiseste Interesse für Kunst verriet. Die paar Ästheten am College waren allerdings widerliche Burschen; sie sagten »Liebling« zueinander und verbrannten Weihrauch auf ihrer Bude.

Selbstverständlich gab es Ausnahmen. Der englische Mittelstand schickte viele begabte junge Leute auf die Universitäten Oxford und Cambridge, und so kam es, daß sich jedes Jahr kleine Gruppen aufgeweckter, gescheiter, vielseitig interessierter Studenten in dieser Gemeinschaft bildeten. Oxford wurde zum Sammelbecken junger Talente, und darin bestand – von der Fülle des Wissens abgesehen, die jedem, der danach griff, zugänglich war – die dankbarste Aufgabe der Universität.

Wer nicht dem robusten Typ entsprach, fühlte sich als Außenseiter. Es gab auch Ausnahmen, unter den Studenten des zweiten und dritten Jahrgangs; sie suchten Anschluß unter den Neulingen, und so hatte ich bald nach meiner Ankunft den Vorzug, von ihnen »entdeckt« zu werden.

Einer von ihnen war ein Halbrusse namens Alex Grant, ein junger Mann mit wächsernem Gesicht, der für D. H. Lawrence schwärmte. Dann Archie Campbell, blaß und schüchtern, mit großen Augen und den Zügen eines Schotten aus dem achtzehnten Jahrhundert. Der dritte war Sidney Thorp, ein ekstatischer Philosoph, um dessen Logik es schwach bestellt war; er schwärmte für Santayana. Bei der Abgangsprüfung schwankten die Professoren, ob sie ihm eine Vier für seine logischen Begründungen oder eine Eins für seinen visionären Stil geben sollten. Sie gaben ihm eine

Eins. Die besoffenen, zotigen, aber nicht witzlosen Unterhaltungen mit meinen Oxforder Freunden, mit denen ich die ganze Nacht Bier trank und endlose Debatten führte, schlossen mich auf wie ein Dosenöffner eine Konservendose.

Heute kommt mir die ganze Atmosphäre der Universität sonderbar vor; vielleicht gehört ein Dostojewski dazu, sie richtig zu schildern. Die robuste Art der ehemaligen *public school boys* war nicht überzeugend, und ihre Sportbegeisterung hatte etwas Hysterisches. Einer von der Rudermannschaft, der eine ganze Reihe Studenten zum Rudern anwarb, wurde zu seinem Sportfimmel getrieben, weil er Angst vor Geschlechtskrankheiten hatte. Es gab ein paar glänzende Köpfe unter den Studenten, die in dieser Atmosphäre versoffen und roh wurden, als wollten sie nicht wahrhaben, daß sie schöngeistig und zartbesaitet waren. Der damalige Direktor des College, Sir Michael Sadler, war ein berühmter Pädagoge, dessen Interesse für Erziehungswesen jedoch vor dem College, dem er selber vorstand, haltzumachen schien. Die meisten seiner Kollegen hatten nur Geringschätzung für ihn, weil er eine hervorragende Sammlung französischer Impressionisten besaß. Im College herrschte strenge Klausur; es fiel unliebsam auf, wenn sich ein Student mit Studenten von anderen Colleges abgab.

Mein College lag an der Hauptstraße, und so manche Nacht ließ mich der Lärm der Industriestadt Oxford nicht schlafen. Der einzige Teil der Stadt, den die Universität als Oxford gelten ließ, war eine kleine Inselwelt von Colleges, Kirchen, Vortragssälen und alten Gebäuden, eingesprengt in das rote Ziegelmeer des industriellen Oxford, in dem Lastwagen und Autos dahintrieben wie die Schiffe einer neuen Zeit vor den Inseln Griechenlands. Dieser polternde, lärmende Verkehr der Stadt, von dem Professoren und Studenten kaum

Notiz nahmen, brachte mir die Unvergänglichkeit der Oxforder Kultur seltsam zu Bewußtsein.

Ich lebte ein künstliches Leben in meinem Zimmer, schrieb Stöße von Papier mit grammatikalisch falschen, unzusammenhängenden Sätzen voll, die, wie ich mir einbildete, dem Stil des *Ulysses* von James Joyce ähnlich waren, las Shakespeare und seine Zeitgenossen, die Romantiker und die Modernen – das war so ziemlich alles. Ich unternahm lange Spaziergänge und Radfahrten in der hügeligen, waldigen und vom Fluß durchzogenen Umgebung.

Mein Studium war ohne Methode. In der Tiefe meines Herzens hielt ich an dem Glauben fest, daß ich zum Dichter geboren sei, und daß ich weder Studium noch Disziplin brauchte, sondern Lebenserfahrung. Alles, was mir schwerfiel, was ich nicht gleich begriff oder mir nicht sofort merkte, erschien mir als Fremdkörper, als störender Eingriff in meine Empfindungswelt. Wenn ich Fächer, die mich interessierten, auf die vorgeschriebene Art studierte, hatte ich Angst, daß mein Interesse rein akademisch werden könnte. Statt mich auf englische Sprache und Literatur zu verlegen, Fächer, in denen ich mich wahrscheinlich ausgezeichnet hätte, studierte ich erst Geschichte, dann Staatswissenschaft, Philosophie und Volkswirtschaft. Die Geschichte mit ihren Jahreszahlen und denkwürdigen Ereignissen, die so leicht das Entwicklungsbild trüben, wurde mir zur Last; Philosophie und Nationalökonomie beanspruchten von mir zähe Logik und abstraktes Denken, und dazu war ich unfähig, davor hatte ich Angst.

Ich weiß nicht, ob Philosophie heute noch so vorgetragen wird wie zu meiner Zeit. In der ersten Vorlesung wurde uns erklärt, daß John Stuart Mill mit seinem Utilitarismus das größte Glück der größten Zahl von Menschen erreichen wollte und der moralische Wert für ihn der Maßstab war. In der zweiten Vorlesung hieß es dann, daß Mill unrecht hatte, weil er sich in eine falsche Lage manövriert hatte: mit seinem Maßstab gemessen, wäre ein zufriedenes Schwein moralisch wertvoller als ein nicht sehr glücklicher Mensch – und das ging doch nicht. Mill selbst erkannte das, und deshalb führte er eine Glücksskala in sein System ein. Aber da zeigte sich sein Irrtum, denn wenn man von höherem und niedrigerem Glück zu sprechen beginnt, dann ist der Maßstab für das Glück nicht mehr das Glück selbst, sondern etwas anderes. Der nächste, bitte! Der nächste Philosoph ist Locke. Seine Lehre wurde uns erklärt, und was an ihr falsch war. Der nächste, bitte! Hume. Also, Hume hatte auch nicht recht. Dann Kant. Kant hatte nicht recht, war aber so schwer verständlich, daß man es ihm nicht mit Sicherheit nachweisen konnte.

Das Studium der Philosophie als Hürdenrennen: Der ganze Bereich menschlichen Denkens mit logischen Hindernissen gespickt, und der Student der Philosophie sieht zu, wie die Fachmänner im Kreise herumrasen. Die einen kommen weiter als die anderen, aber zu Fall kommen sie alle früher oder später, sie fangen sich in den Schlingen der Sprache. Ich sagte mir bald, daß es für mich zwecklos war, ein Gebiet zu betreten, auf dem so ausgezeichnete Leute versagt hatten.

Wenn ich mehr Verstand und Einsicht besessen hätte – beide gingen mir ab – hätte ich es so gemacht wie Auden: Ich hätte mich gleich von allem Anfang im stillen entschieden, was ich in Oxford gelten ließ und was ich ablehnte. Auden betrachtete die Universität als ein bequemes Hotel, wo er abgestiegen war, um Bücher zu lesen und Freunde zu empfangen. Aber ich besaß weder seinen objektiven Sinn noch seinen unabhängigen Geist. Ich ließ mich von Gefühlen beherrschen, so sehr, daß sie jeden Versuch, klar zu denken, jeden Plan für mein künftiges Leben oder auch nur für eine Arbeit im Keim erstickten. In mir war alles verworren, aber in dieser Verwirrung wirkten die Triebkräfte so mächtig, drängten mich von einem Menschen zum anderen, trugen mich von Gedicht zu Gedicht, so daß ich diesem Drang selbst Lebenserfahrung abgewann, die mich zuweilen, über die Anfechtungen des Augenblicks hinweg, ins Kommende sehen ließ.

Meine Jahre in Oxford hatten in mancher Hinsicht nichts mit dem zu schaffen, was hinter mir, und dem, was vor mir lag. Sie trugen das Gepräge der Unwirklichkeit, des Lebens im leeren Raum. Ich stellte bald fest, daß es auch anderen Studenten so ging; sie empfanden, daß – von ihrem Studium abgesehen – nichts, was sie begannen, außerhalb Oxfords irgendeinen Wert haben konnte. Es war »studentisch« – und daher nicht ernst zu nehmen.

Einer meiner Freunde, Tristan, der Sohn eines Philosophieprofessors, fühlte das besonders deutlich. Wir unternahmen zusammen lange Spaziergänge, auf denen er mir seine Anschauungen entwickelte: »Wir sind nur Studenten, weiter nichts, und was wir tun und fühlen, ist alles ohne Belang. Wenn wir schreiben, ist es Studentengeschreibsel, wenn wir uns verlieben, ist es Studentenliebe. Was wir tun und was wir denken, das haben Hunderte von Studenten seit Hunderten von Jahren getan und gedacht. Das Nette an dir, Stephen, ist, daß du so naiv bist«, schloß er dann wohlwollend und faßte mich am Arm mit einem Griff, der mich endgültig auf den Platz, wohin ich gehörte, zu verweisen schien. Dann lachte er und sah mich kummervoll mit seinen tiefliegenden grauen Augen an.

Meine Freundschaft mit Tristan war von dem qualvollen, typisch englischen Schlag: Er hatte mich gern, unter der Voraussetzung, daß er mich verachten konnte. Gelegentlich gestand er mir, daß er einige Studenten kannte, die genialer als der Rest waren – W. H. Auden, Richard Crossman, Rex Warner –, wirklich ungewöhnliche Menschen. »Laß dich mit ihnen nicht ein!« sagte er dann. »Sie würden dich nicht verstehen, du wärst ihnen nur peinlich. An dir gefällt mir, daß du so bist wie ich. Wir sind keine großen Geisteskinder, wir sind keine glänzenden Köpfe, wir sind, was wir sind – und was sind wir? Kleine Studenten!«

Ich erkannte an seiner schwermütigen Miene eins: Wenn ich dem Bild untreu wurde, das er sich von mir machte, dann wurde er zum Ausgestoßenen. Was er bei mir, aus irgendeinem Grunde gerade bei mir, fand, war schlichte Wärme; er erriet sie nur, denn ich tat nichts dergleichen. Ich bewahrte mir meinen Glauben an mich, aber ich verbarg ihn vor Tristan. Schließlich hatte er recht; das »Ungewöhnliche« an mir, wenn davon überhaupt die Rede sein konnte, lag nicht in meiner besonderen Klugheit oder Begabung, sondern in dem durchdringenden Bewußtsein, als ein eigenes Ich in Zeit und Raum zu stehen – in meiner Einfachheit. Ich wußte genau, daß ich von allen Menschen verschieden war, so wie jeder Mensch von allen anderen verschieden ist.

Tristan fürchtete, geradeso wie ich, sich an das Leben der Universität zu verlieren. Lieber wollte ich gar nichts sein, gar nichts wissen, als dem Oxforder Stil erliegen und mich zum Träger einer vorgekauten Weltanschauung machen lassen. Seine Schwermut, die ich zu fühlen bekam, entsprang daraus, daß er sich überhaupt nicht als wirklich vorhanden empfand. Wir beide, sagte er, waren unwirklich, weil wir »kleine Intellektuelle« waren, die Erfahrungen aus zweiter Hand, aus Büchern und Kunstwerken schöpften statt aus unmittelbarer Berührung mit dem Leben. Die Kraftnaturen, die Sportler, die waren »wirklich«, denn wenn sie einen Fußball kickten, »wurden sie geistig, was sie körperlich machten« und entledigten sich des Wissens um sich, das der Grund unserer »Unwirklichkeit« war.

Auf einem Spaziergang blieb er stehen und sagte: »Du siehst niemals etwas richtig an. Du wirst nicht zum Baum oder Feld, wenn du auf dem Lande bist. Du denkst deine eigenen Gedanken weiter, in deine innere Welt verkrochen. Oder wenn du wirklich einmal etwas ansiehst, wird es in deinem Kopfe zur Beschreibung seiner selbst. Wenn Crossman auf dem Lande ist, klettert er auf einen Baum und spuckt in den Wind. Er ist immer eins mit der Natur.« Wir dachten uns, vielleicht wenn man ein Arbeiter wäre oder auch wenn man sich mit einem Straßenmädchen einließe, könnte man »wirklich« sein. Wir wollten dichten, wir wollten an etwas glauben, wir verlangten nach Liebe, wir verlangten danach, ohne Entschuldigungen und Ausflüchte leben zu können, aber wir spürten, daß uns die Gabe dafür abhanden gekommen war.

Wenn wir einem Philosophiestudenten die Frage nach dem Wirklichsein stellten, sagte er: »Was heißt das – ›wirklich‹? Warum glaubst du, daß eine Tätigkeit wirklicher ist als eine andere? Warum soll ein Arbeiter wirklicher sein als ein Student? Das körperliche Leben ist nichts Wirklicheres als das Leben im Geiste. Denken ist genauso ›wirklich‹ wie Handeln.« Und so weiter. Diese Gedankengänge veranlaßten uns, das Wort »wirklich« lieber aus unserem Wörterbuch zu streichen, aber sie befreiten uns nicht von unserer Unruhe.

Es ist wahrscheinlich bezeichnend für Oxford, daß man alles, was nicht im Lehrplan enthalten war, scheel ansah und daß nichts meinen Studienleiter mehr in Wut brachte als Bemerkungen über »unterbewußt« oder »unbewußt«. »Wenn es ein Unterbewußtsein gibt, wie kann es mir zu Bewußtsein kommen – und wenn es mir bewußt ist, wie kann es dann unterbewußt sein?« war seine Antwort an Freud. »Und die Träume?« wagte ich einzuwenden. »Ach Gott«, gab er mitleidig lächelnd zur Antwort, »natürlich erinnere ich mich beim Wachwerden nicht an alles, was ich geträumt habe, aber wenn ich mich an meine Träume erinnere, werden sie bewußt.« Ich fragte ihn, ob er *Spiel des Unbewußten* von D. H. Lawrence gelesen habe. »Ist das das Buch, wo er schreibt, daß ›der Lotus aus dem Nabel wächst‹?« Er nahm die Pfeife aus dem Mund und lächelte mit einemmal knabenhaft breit. »Ich finde das ganz besonders komisch – ›der Lotus, der aus dem Nabel wächst‹.« Dann lachte er vor sich hin, vielsagend, fand ich.

Wir waren voll feierlichem, ja theatralischem Ernst, aber so sehr uns auch danach verlangte, ernste und ernstzunehmende Menschen zu sein, es gelang uns nicht, denn Oxford hatte die Zusammenhänge unseres Innenlebens mit der Außenwelt abgeschnitten, und wir hatten das Gefühl dafür verloren, daß wir auch außerhalb Oxfords etwas bedeuten konnten. Es war die versteinernde Wirkung einer auf sich selbst gestellten, in sich ruhenden Kultur, die zuwenig Fühlung mit dem Leben außerhalb ihrer Bannmeile nimmt.

Durch meinen Bruder Michael lernte ich einige seiner Altersgenossen am Balliol College kennen, die Naturwissenschaften studierten.

Mein Bruder wollte Ingenieur werden. In dem frühen Alter, in dem die Menschen ihre entscheidendsten Entschlüsse fassen, hatte Michael sich gesagt, daß intensive Arbeit und Zielbewußtheit einen sicheren Weg erschließen konnten, der von dem Gefühlswirrwarr meiner Mutter und von dem immer daneben treffenden Pathos meines Vaters hinwegführte. Schon ganz früh hatte er meine Eltern davon überzeugt, daß ihm nur sehr selten Irrtümer und Fehler unterliefen; er war stets pünktlich und genau, er wußte immer, wie man alles anzupacken hatte. Mit neun Jahren hatte er sich unabhängig gemacht und genoß Freiheiten, die uns noch mit sechzehn oder siebzehn versagt waren. Er erreichte das einigermaßen auf unsere Kosten, indem er seine »Tüchtigkeit« gegen unsere »Untüchtigkeit« herausstrich. Gelegentlich kam er mit einem Fachwort aus seinem naturwissenschaftlichen Sprachschatz angerückt, das uns an die Wand drückte. Daheim auf unserm Eßtisch stand eines dieser Dinger zum Drehen, die man einen »Stummen Kellner« nennt. Mein jüngster Bruder Humphrey drehte zu schnell, und ein Marmeladenglas fiel herunter. »Wie kommt das?« fragte er. »Zentrifugalkraft«, erklärte mein Vater. »Im Gegenteil«, widersprach Michael, »Zentrifugalwirkung infolge Mangel an Zentrifugalkraft.« Ich war ein hochaufgeschossener Junge, und als ich einmal zum Frühstück kam, musterte Michael aufmerksam meine Füße und sagte: »Stephen trägt natürlich vertikal gestreifte Socken, die seine Vertikalität betonen, statt horizontal gestreifte, die sie verringern würden.« Als ich dreizehn war, untersuchte er eine Blutprobe von mir und verkündete ernst, daß ich in eine sehr minderwertige Kategorie eingereiht werden müsse. Ein Jahr später gab er ein noch vernichtenderes Urteil über meine Schädelform ab, die nach seinem Befund an den Neandertaler erinnere.

Vielleicht bewies mein Bruder mit den Knüppelschlägen seiner Wissenschaft mehr Humor, als wir ahnten. Uns erschien er ziemlich humorlos. Michael war überzeugt davon, daß er seine Kenntnisse und sein Geschick dauernd vermehrte, und interessierte sich deshalb nicht für seine Vergangenheit, die für ihn nichts bedeutete als Entwicklungsschichten, durch neue überdeckt. Er konnte sich kaum an seine Kindheit erinnern, er hatte ihr verächtlich den Rücken gekehrt. Er bewog einen Psychoanalytiker, einen Schüler Jungs, zu der ungewöhnlichen Methode, mich der Analyse beiwohnen zu lassen, damit ich an meines Bruders Stelle Erinnerungen an seine Kindheit auskramte. Das geschah, und ich kam im Verlauf dieser Stunde zu der Feststellung, daß mein Bruder von allem Anfang, soweit er zurückdenken konnte, meine Eltern als »total unfähig« abgetan und sich nachher möglichst wenig um sie gekümmert hatte. Der Analytiker fragte dann, wie mein Bruder zu mir gestanden habe, worauf ich ihm Michaels Befund über meine Blutprobe und meine Schädelform erzählte. Er fragte Michael, ob er vielleicht aus Eifersucht auf mich zu einem so ungünstigen Urteil gekommen sei. Zu meiner gelinden Überraschung sagte Michael nein; er konnte sich an die Sache erinnern, sah aber darin nichts als einen vollkommen objektiven Befund. Der Analytiker forderte Michael auf, meinen Kopf, wie er mit fünfzehn war, zu zeichnen. Ohne Zögern malte Michael den Schädel eines Monstrums auf das Blatt. Denn er bildete sich ehrlich ein, daß er von Objektivität zu Objektivität fortschritt und über alles Subjektive erhaben war.

Gewiß gab es Rivalität zwischen uns, aber er hatte vielleicht recht, als er bestritt, auf mich eifersüchtig gewesen zu sein. Er hatte sich, wie er es sah, dem Durcheinander der Gefühle in unserem Familienleben dank strengster Selbstdisziplin und Selbstverteidigung entzogen; er hatte seine Freiheit erlangt und sich durch seine Tüchtigkeit, seine Verläßlichkeit und glänzend bestandene Prüfungen daheim und in der Schule Respekt verschafft. Er war zu der für ihn epochemachenden Entdeckung gekommen, daß zu Hause alle »untüchtig« waren. Sein ganzes System beruhte auf dieser ablehnenden Haltung gegen uns, nicht nur seine wunderbar bewahrte glasklare Klugheit, sondern auch seine »wissenschaftliche Einstellung«, die darauf hinauslief, daß sich mit Vernunft, Geschick und passenden Werkzeugen jedes Problem lösen läßt. In unserer ganzen Familie erschien gerade ich ihm als die leibhaftige Verkörperung des Verstandeswidrigen.

Als ich fünf und er drei Jahre alt war, behielt ich immer die Oberhand bei unseren Raufereien im Kinderzimmer. Aber eines Tages, als Michael besiegt zu meinen Füßen lag, sagte unser Kindermädchen (sie hat diese Geschichte erzählt) zu ihm: »Steh auf, Michael, und wirf Stephen um!« Was er prompt tat. Und auch später immer wieder getan hat. Vielleicht war das Michaels erster Sieg in seinem Kampf um Unabhängigkeit – in gewisser Hinsicht vielleicht sein entscheidender Sieg. Denn von da an erwartete er von mir, daß ich eine mythologische Rolle in seiner Welt der reinen Vernunft übernahm, er wollte, daß ich den Caliban zu seinem Prospero abgab, nicht weil er mich beneidete, sondern weil ich, der subjektive Mensch, in seiner wissenschaftlich-objektiven Vernunftwelt eine nützliche groteske Rolle spielen konnte.

Wie wenig neidisch Michael war, ging auch daraus hervor, daß er in Oxford und später die Notwendigkeit einsah, von meiner Haltung Notiz zu nehmen und sie zu seiner eigenen in Beziehung zu setzen, sosehr ihm das auch gegen den Strich ging. Er stellte sich so dazu: Dichten war ein Gebiet, auf das er sich nicht eingelassen hatte, auf dem man aber etwas durchaus »Tüchtiges« leisten konnte. Er weigerte sich also keineswegs, meine Leistungen in dieser Hinsicht anzuerkennen. Als ich zwei Bücher und ein paar Essays veröffentlicht hatte, sagte er einmal zu mir: »Wenn ich ein Buch schreiben würde, hätte es natürlich größere Wirkung als eins von dir.« Ich war nicht beleidigt, ich fand die Bemerkung nicht einmal eingebildet. Im Gegenteil, ich war ein wenig gerührt, denn sie war ein Beweis von Anerkennung und Vertraulichkeit. Überdies stimmte es; wenn er jemals das Buch geschrieben hätte, das er plante, Gedanken und Abenteuer eines Forschungsreisenden, Erlebnisse in Grönland und im Himalaja, es wäre ein höchst beachtenswertes Werk geworden. Er konnte schreiben und hatte auch großartiges Material für ein Buch beisammen.

Aber es gab Dinge im Leben, mit denen Michael infolge seines blinden Glaubens an die »Wissenschaft« nicht in Berührung kam. Er schien, fand ich, eine seiner Anlagen vernachlässigt zu haben, bis er endlich selber sein Bild der Wirklichkeit als unvollständig, ja verzerrt erkennen mußte. Was ihm fehlte, war das Wissen um das Irrationale im Dasein. Er litt an einer Art von geistigem Astigmatismus. Nach und nach sah er immer deutlicher, was ihm fehlte, bis das Leiden an diesem Mangel, der Mangel selbst zu einer Form des geistigen Erlebens wurde.

Im Umgang mit anderen Menschen erweckte mir Michael manchmal den Eindruck, daß er bei aller glänzenden Begabung und bei aller Achtung, die sie ihm eintrug, etwas nicht sehen konnte, was die anderen sahen, und sie ihn drum anstarrten wie ein Tier mit Scheuklappen. Er sprach etwas befangen, als müsse er sich zum Reden zwingen, »eine Stimme wie Kieselsteine«, nannten wir das. Manchmal begann er seine Sätze mit der Wendung: »Vom rein wissenschaftlichen Standpunkt...«

Als Michael einsah, was ihm abging – das dürfte in seinem ersten Jahr auf der Universität gewesen sein –, wurde sein Leben zur Pilgerfahrt, zur Suche nach dem Heiligen Gral des Unbewußten. Seine Beziehungen zu Frauen und seine Reisen hatten etwas von einer Jagd nach dem Ursprünglichen. Von seiner Himalaja-Expedition kehrte er mit tiefer Achtung vor der tibetanischen Kultur zurück, die er der europäischen überlegen fand. In Grönland bewunderte er die Eskimos, vielleicht weil ihm ihr Leben als vollendete Mischung der Tüchtigkeit, die er verstand, mit dem Instinkthaften, das er suchte, erschien. »Ein Eskimo kann dir im Eis die Stelle zeigen, wo du ein Loch hacken mußt und in zwei Meter Tiefe einen Fisch findest«, sagte er blinzelnd.

Eines Abends im Romanischen Café in Berlin sagte Michael zu mir: »Jedes Mädchen in diesem Lokal hat Narben am Handgelenk, weil es sich die Pulsader aufschneiden wollte, um sich das Leben zu nehmen.« Es klang wie eine statistische Feststellung, aber er sagte es mit einem Blick stiller Bewunderung, als hätte er endlich eine Entdeckung gemacht.

In Oxford unternahmen Michael und ich wieder einmal den Versuch, einander näherzukommen, was immer etwas Verkrampftes bei uns beiden hatte. Er sprach mit Bewunderung von den Gedichten seines Studienkollegen W. H. Auden. »Er ist technisch äußerst geschickt, und ich bewundere einen Menschen, der die Technik beherrscht«, sagte er. Bei solchen Aussprüchen hatte Michaels Gesicht einen sonderbar verschlagenen, fast gehetzten Ausdruck. Die tiefliegenden Augen in dem knochigen Schädel und die geistige Qual, die sich in ihnen malte, erinnerten mich manchmal an einen Taucher weit unter dem Meeresspiegel.

Michaels Kollegen und Freunde waren von einer herzhaften Männlichkeit, in der sich Leidenschaft für Frauen mit einem fast völligen Mangel an Verständnis für Frauen verband. Am sympathischsten unter ihnen war mir Christopher Bailey, ein Bär von einem Mann, mit Bürstenhaarschnitt, Fleischerhänden und bezauberndem Lächeln – ein begabter Mensch, dessen Bude an die Höhle eines Tieres erinnerte. Hier hauste er, umgeben von Dissertationen, Partituren, Bierflaschen und zerlegten Grammophonen. Er verfertigte Apparate für »erstklassige Wiedergabe« – so nannte er das – und sprach von elektrischen Plattenspielern und Saphirnadeln, lange bevor ich jemand anderen davon sprechen hörte. Sein Lieblingswort war »bestimmt«; es verlieh allen seinen Bemerkungen eine etwas romantische Endgültigkeit. »Gehen Sie in die

Stadt?« fragte jemand. »Ganz bestimmt!« antwortete er, sich den Kopf kratzend. Es klang so präzise wie eine Operation.

Sie experimentierten mit dem Leben und gebärdeten sich so, als kämen sie dabei ebenso zu Ergebnissen wie bei Versuchen im Laboratorium. So erzählte mein Bruder zum Beispiel, daß er den Abend vorher schnell hintereinander mehrere Whiskys getrunken hatte, um festzustellen, wie lange es dauerte, bis er besoffen war. Stirnrunzelnd fragte Bailey: »Wieviel hast du getrunken – und in welcher Zeit?« Dann: »Was für Symptome hast du festgestellt? Schwindel und Verschwommenheit oder zunehmende Lustigkeit – oder hast du alles eindeutig doppelt gesehen?« Einmal erzählte mir Bailey, daß sein Freund in eine gewisse Polly verliebt sei (von ihr wird noch die Rede sein) und sich eine Woche lang gewogen habe; er hatte »ganz bestimmt« zehn Pfund abgenommen, ich weiß nicht mehr genau, wieviel pro Tag.

Diese Naturwissenschaftler sprachen über Musik mit gründlicher Kenntnis der Partituren und der Komponisten. Bailey setzte sich gern auf sein großes Motorrad, einen Stoß Partituren hinten aufgepackt, brauste davon ins Freie, legte sich auf eine Wiese und studierte Beethoven. Komponisten sahen sie, vielleicht mit Recht, als geschickte Techniker an, als einen verstandesklaren, biertrinkenden, ordinäre Reden führenden Männerschlag wie sie selber.

Bailey behandelte mich mit einer Rücksicht, die von einer zarteren Seite seines Wesens zeugte. Eine Zeitlang waren wir in die gleiche Schule gegangen – ich war neun, er zehn –, und einmal, als ich todunglücklich war und in Tränen schwamm, erklärte er mir liebevoll, wie ein Auto läuft. »Also, wenn du eine Steigung hinunterfährst, was machst du – Fußbremse oder Handbremse?« Der Ton, in dem er das sagte, um mein Herzweh durch seine sanfte Frage einzuschläfern, klang auch noch in Oxford aus seinen Gesprächen mit mir. Seine dick aufgetragene Grobheit konnte sein gutes Herz nicht verbergen. Einmal gab ich ihm ein Gedicht zu lesen, das ich soeben auf der Maschine geschrieben hatte. Er reichte mir das Blatt mit dem gütigsten Lächeln zurück: »Du tippst jetzt ganz bestimmt viel besser!«

Mein Bruder, Bailey und Tristan – sie alle waren Wege, die mich zu Auden führten und von ihm fernhielten. Michael und Bailey waren mit ihm auf der Schule gewesen; Tristan stand zu ihm etwa in ähnlicher freundschaftlicher Beziehung wie zu mir, halb Quäler, halb Gequälter. Mein Bruder hatte ohnedies nur losen Kontakt mit Auden und zögerte offenbar, mich, seinen wundesten Punkt, vorzuführen. Tristans Bedenken waren verzwickterer Natur: Er hatte den Grundsatz, seine Freunde voneinander getrennt zu halten; er fürchtete, sie könnten sich zusammentun und, zu seinem Nachteil, die von ihm so sorgfältig angelegten dünnen Rinnsale der Freundschaft vereinigen, die gleich der chinesischen Wasserfolter tropfenweise Qual in jedes neurotische Herz träufelten. Wenn sich alle seine Freunde zu einem Kreis zusammenschlossen, könnte er vom Wildbach fortgerissen werden. Bailey, onkelhaft wohlwollend, betrachtete die Bekanntschaft mit Auden als ein Geschenk, auf das man mich möglichst lange warten lassen mußte.

Jeder erzählte mir viel von Auden. »Wenn ich mir nur die Bücher in seinem Zimmer ansehe«, sagte Bailey, »bekomme ich schon ganz entschieden Symptome von Minderwertigkeitsgefühl.« Auden, sagte Tristan, sei bei weitem der gescheiteste Mensch, den er kenne, ein Genie, mit dem verglichen wir beide, Tristan und ich, nur kleine Oxforder Intellektuelle seien – Intellektueller war sein stärkstes Schimpfwort –, und trotzdem sei Auden von Herzen gütig und einfach.

Nicht durch sie lernte ich Auden kennen, sondern bei Archie Campbell. Der Schotte Campbell machte das Oxforder Spiel nicht mit, sondern betrachtete es von fern mit skeptischem Humor. Unsere erste Begegnung endete anscheinend mit einem demütigenden Mißerfolg. Die längste Zeit sprach Auden, der einen kurzsichtigen, streng prüfenden Blick auf mich geworfen hatte, kein Wort mit mir. Beim Kaffee hob er den Kopf mit einem Ruck, das Kinn in der Luft, und fragte mich: »Wen halten Sie für den besten modernen Dichter?« Aufgeregt sagte ich, daß mir W.s Gedichte sehr gefielen. Worauf Auden erwiderte: »Das ist ein kleiner Esel, dem ein Tritt ins Kreuz gebührt.« Als er sich verabschiedete, lud er mich zu meiner Überraschung ein, ihn auf seiner Bude im Christ Church College zu besuchen.

Ein Besuch bei Auden war keine einfache Sache. Man meldete sich an. Kam man zu früh, dann fand man gewöhnlich die schwere Tür seines Zimmers verschlossen, weil er nicht gestört zu werden wünschte. Wenn man bei ihm saß, konnte es passieren, daß er einem plötzlich erklärte, das Gespräch sei beendet; man war entlassen.

Als ich ihn das erstemal besuchte, saß er im abgedunkelten Zimmer hinter geschlossenen Gardinen, auf dem Tisch neben sich eine Lampe, so daß er mich deutlich sehen konnte, ich aber nur den Lichtschimmer auf seinem bleichen Gesicht wahrnahm. Er hatte fast die Haare eines Albinos und blasse Augen, so eng beieinander liegend, daß sie wachsam zu schielen schienen. Er hob den Kopf und forderte mich auf, Platz zu nehmen. Dann folgte ein Verhör auf Herz und Nieren; er fragte mich über mein Leben aus, meine literarischen Ansichten und alles mögliche. Ich beging in gewissem Sinne Verrat an mir selbst, ich versuchte, ihm nach dem Munde zu reden, ich gestand zu viel, war nicht ganz aufrichtig. »Welche Lyriker schätzen Sie?« fragte er wieder. »Blunden«, antwortete ich. »Nicht übel. Wen noch?« Ich nannte einen zweiten Namen. »Ganz verkehrt!« Einen dritten. »Hat hinreißende Verse geschrieben – aber ein Einfaltspinsel.«

Er zählte mir dann die guten Dichter auf, Wilfred Owen, Gerard Manley Hopkins, Edward Thomas, A. E. Housman und selbstverständlich T. S. Eliot. Sein Gedächtnis war ausgezeichnet; er konnte Gedichte hersagen, daß sie, so dunkel sie auch schienen, doch zugleich bedeutsam, unvergeßlich wurden. Er hatte die Gabe, alles wie Auden klingen zu lassen; wenn seine eisige Stimme Verse von Shakespeare oder Housman sprach, jedes Wort vom nächsten trennend wie mit der Pinzette, hätten sie von ihm selbst sein können.

Der Inhalt eines Gedichts, erklärte er mir, sei nur der Haken, an den sich die Poesie hängen ließ. Der Dichter sei eine Art Chemiker, der seine Gedichte aus Worten braute und sich dabei seine eigenen Gefühle vom Leibe hielt. Gefühle, Erlebnisse seien nur der Anlaß, der im Dichter das Gedicht auslöste. Wenn der Gedanke eines Gedichts einmal da war, dann ordnete der Dichter die Worte zum poetischen Muster, nicht darauf bedacht, ein Gefühl zum Ausdruck zu bringen, sondern das beste dichterische Gewebe zu finden, das sich dem Anlaß abgewinnen ließ.

Für die meisten modernen Dichter hatte er nur Hohn und ließ fast nur die vorhin genannten gelten. Der literarische Schauplatz sei leer. »Offenbar warten sie auf jemanden«, ergänzte er mit einer Miene, als sehe er voraus, daß er bald die Szene beherrschen werde. Aber er hielt sich nicht für den einzigen kommenden Dichter. Er war auf der Suche nach Gefährten und Jüngern, nicht nur in der Literatur, sondern in der Kunst überhaupt. Er betrachtete ein Stilleben an der Wand und sagte: »Das ist der kommende Maler!« Es war ein Bild von Robert Medley. Sein Freund Christopher Isherwood war *der* Romanschriftsteller der Zukunft; Chalmers gehörte zu dem Kreis; Cecil Day Lewis war ein Gefährte. In seinem Kopf hatte er bereits die spätere Gruppe gebildet wie ein Parteiführer sein künftiges Kabinett.

Bei meinem ersten Besuch fragte er mich, wie oft ich Gedichte schrieb. Ohne zu überlegen, antwortete ich, etwa vier pro Tag. Überrascht sagte er: »Diese Energie!« Ich stellte ihm die gleiche Frage, und er erwiderte: »Ich schreibe etwa alle drei Wochen ein Gedicht.« Danach schrieb auch ich nur alle drei Wochen ein Gedicht. Ich begann, Auden meine Arbeiten zu zeigen, erschien bei ihm, die Taschen voller Manuskripte, und beobachtete ihn, während er sie las. Manchmal knurrte er vor sich hin, das war sein einziger Kommentar; im übrigen begnügte er sich damit, einen einzelnen Vers herauszugreifen und zu loben.

In den ersten sechs Wochen unserer Bekanntschaft lobte er im ganzen etwa sechs Verse. Ich war daher ziemlich überrascht, als ich sah, daß er mich zur »Gruppe« rechnete. Einmal fragte ich ihn, ob ich mich auf Prosa verlegen sollte, und er sagte: »Sie müssen Gedichte schreiben, nichts sonst, Sie dürfen der Lyrik nicht verloren gehen.« Hoffnung und Verzweiflung bestürmten mich, daß ich halb erstickt ausrief: »Glauben Sie denn wirklich, daß ich es gut mache?« »Natürlich«, versetzte er kalt. »Wodurch denn?« »Weil Sie ein unbegrenztes Talent zum Gedemütigtwerden haben. Die Kunst entspringt aus Demütigung«, setzte er in seinem eisigen Ton hinzu, und ich fragte mich, ob er denn selber das Gefühl der Demütigung kannte.

Zweifellos stand ich damals unter Audens Einfluß; ich machte mir viele seiner Urteile und Einstellungen zu eigen; sie wirkten sogar noch stärker auf mich, als ich ahnte. Ich war neunzehn, und er noch nicht einundzwanzig. Aber seine geistige Haltung war schon stark ausgeprägt, und er formulierte sie auch scharf. Mir widerstrebte es, philosophischen Gedankengängen zu folgen, mir fehlte sogar der Wortschatz, um alles zu verstehen, was er sagte. Daß ich trotzdem soviel davon in mich aufnahm, beweist, wie sehr er mich in Bann hielt. Aber es beweist auch, daß ich seine Ansichten im Lichte späterer Erkenntnis umschreibe, vielleicht auch ändere oder neu formuliere.

Den stärksten Eindruck auf seine Altersgenossen in Oxford machte es, daß Auden, trotz seiner Jugend, so zuversichtlich und selbstbewußt das Leben meisterte. Er hatte nicht nur feste Ansichten über Literatur, sondern auch eine Weltanschauung, die, so jugendlich gefärbt sie noch sein mochte, zumindest ihm sein und seiner Freunde Verhalten erklärlich machte. Er sah sich selber, mit den ihm eigenen Möglichkeiten und Gaben ausgestattet, mit individuellen Wünschen, bestimmten geistigen Ausrichtungen, inmitten einer Gemeinschaft, die von ihren eigenen Regeln und Überlieferungen beherrscht war und aus Menschen mit anderen Gaben, Wünschen und Einstellungen bestand. Er war darauf aus, seinen Anlagen gerecht zu werden, seine Wünsche zu stillen, seinen Kurs beizubehalten, vorurteilslos und ohne einen anderen Richter über sich anzuerkennen als sich selbst. Zugleich aber mied er unnötige Zusammenstöße mit den Zielen und Ansichten seiner Umwelt. Auden war als junger Mensch empörend, aber kein Empörer. Seine klinische Diagnose des Lebens, das er als eine Operation ansah, ausgeführt von einem chirurgisch begabten Einzelmenschen am sorgfältig untersuchten Leib der Gesellschaft – diese Einstellung war amoralisch. Er lehnte ruhig und ohne Getue die moralischen Ansichten seiner Lehrer und Kollegen ab. Die einzig allgemein anerkannte Tugend, die auch er gelten ließ, war Mut. Denn wer sich selbständig entwickeln will, braucht Mut. Sogar der Selbstmord erschien seiner jugendlichen Philosophie erlaubt, denn der Mensch hat das »Recht der Wahl«, und damit das Recht, das Spiel mit dem Leben aufzugeben, wenn er verliert.

Selbsterkenntnis und Menschenkenntnis, völlige Freiheit von innerem Zwang und Schuldgefühl, das waren die Voraussetzungen zur Erreichung seiner Ziele. Wenn man sich selber nicht kennt, kann man auch nicht wissen, was man will und wie es zu erreichen ist; Schuldgefühl und Verdrängung verlegen der Stillung der Wünsche den Weg; Menschenkenntnis ist unerläßlich, um am Leben anderer teilnehmen zu können und das eigene Bild in den psychologischen Überbau der Umwelt einzupassen.

Schon früh war Auden mit der modernen Psychologie gründlich vertraut und benützte sie dazu, sich selbst zu verstehen und seine Freunde zu gängeln. Seine Selbsterkenntnis, verbunden mit dem Verständnis für seine Zeitgenossen, machte ihn im Verkehr mit den meisten Gleichaltrigen tonangebend. Er wußte, was er wollte, und schien sich genau zu kennen, und dadurch überragte er seine klugen, aber umnebelten, sich selbst unbegreiflichen Freunde.

Vielleicht trage ich hier etwas zu stark auf, aber den Eindruck, den er auf andere machte, habe ich nicht übertrieben. Ich glaube allerdings nicht, daß jemand tatsächlich seiner selbst so sicher sein kann, wie ich es gerade geschildert habe. Darin lag vielleicht seine schwache Stelle. Denn sich selbst und andere ganz genau, übergenau zu kennen, ist ein Realismus, der Gefahr läuft, sich um sein eigenes Ziel zu betrügen. Der Arzt, dem nichts an uns verborgen ist, kann ganz leicht gerade der Mensch sein, der uns am wenigsten kennt, denn wir sind eingeschüchtert durch das Bewußtsein, wie gut er uns kennt, und daher kennt er uns nicht, wie wir in Gegenwart anderer sind oder allein. Bei allem Scharfblick ging Auden im Umgang mit Menschen etwas ab. Er trieb alles auf die Spitze, machte jeden Menschen überbewußt und wurde so zum Beobachter, der den Gegenstand seiner Beobachtung in Unruhe versetzt. Manchmal hatte man das Gefühl, daß er ein intellektuelles Spiel mit sich und anderen trieb, und so kam es, daß er auf die Dauer ziemlich isoliert dastand. Auch seine ersten Gedichte machen diesen Eindruck eines intellektuellen Spiels – man könnte von klinischer Sachlichkeit sprechen. Es ist das Spiel der unparteiischen Beobachtung von Katastrophen, Kriegen und Revolutionen, Gewalttat, Haß und Liebe und all den Kräften, die das menschliche Leben bewegen. Aber die Haltung eines jungen Dichters, der menschliche Leiden in einer Welt des Krieges und der verfallenden Fabriken aus der Vogelschau betrachtet, kann leicht zu bequemer Gefühllosigkeit werden. Auden fühlte zu menschlich, als daß er diese Haltung angesichts der Eindrücke, die ihm das Herz zerrissen, hätte lange bewahren können. Ein junger Dichter erliegt ja schließlich doch der Verstrickung; er kann Recht und Unrecht, Liebe und Haß, Leben und Sterben nicht mit der gleichen Unparteilichkeit betrachten, mit der frostigen Genauigkeit nachzeichnen wie die Umrisse einer Winterlandschaft. Aber wenngleich Auden sein Abseitsstehen aufgab, sich Bewegungen anschloß, Liebesgedichte schrieb und religiös wurde, so zweifle ich doch daran, daß er sich völlig von dem Alleinsein freigemacht hat, das nichts anderes war als die Folge seiner überwältigenden Gescheitheit als junger Mann.

Sein späteres Werk unterscheidet sich von den früheren Arbeiten dadurch, daß er in ihm die Antworten auf die Fragen zu finden sucht, die gewaltigen Fragen, die zu stellen sein Jugendwerk sich begnügte. In einem frühen, stark autobiographischen Gedicht schildert er einen Spaziergang mit einem Freund, der von Ungerechtigkeiten spricht, vom Mord an einem Menschen, von jemandem, der die Treppe hinuntergeworfen wurde, und so weiter; und Auden schreibt, wie er zuhörte und sich seine ungerührte Sachlichkeit angesichts menschlichen Unrechts bewahrte, »bis ich zornig sagte, das freue mich«. Es sei genug, das Verhalten der Menschen festzustellen; man dürfe nicht protestieren, nicht beteuern, keine Ansichten haben, keine Antworten suchen. Aber vielleicht kam diese Haltung nur daher, daß der junge Dichter den dargestellten Problemen nicht nahe genug stand. Denn in seiner nächsten Phase greift er ziemlich wahllos nach einer Antwort, und diese Antwort ist: Liebe. Aber die Liebe, die angeblich den einzelnen erlösen kann, der sich der eigenen Tiefen bewußt wird, die Liebe, die der Gemeinschaft Rettung zu bringen vermag, »die heilende Hand auf dem zuckenden Nerv«, diese Liebe, die »neue Baustile« mit einem »Herzenswandel« verbindet, ist zu analytisch, zu anpassungsfähig, zu sterilisiert, sie hat zu viel von der Liebe, die das Ordinationszimmer des Psychoanalytikers aufsucht.

Wie mit der Liebe als Antwort auf alle Fragen, so geht es auch mit den anderen Antworten: Psychologie, Kommunismus, Christentum. Sie bleiben immer etwas willkürlich, und das liegt vielleicht an dem Alleinstehen des Dichters. Aber wenngleich Audens Antworten auf die großen Fragen, den Antworten: Psychoanalyse, Revolution, Menschenliebe und Christentum, stets etwas nicht ganz Zwingendes, Experimentelles anhaftete, so wurde dafür sein Verständnis für die Fragen immer tiefer, so vermochte er noch das Problem selbst immer eindringlicher zu begreifen, immer glänzender darzustellen – das Problem: der Mensch in dieser Zeit. Auden ist ein intellektueller Dichter, kein Zweifel, aber es heißt ihn unterschätzen, wenn man das so auslegt, als könne er die Dinge nur intellektuell erfassen. Sein Kopf versteht die Situationen, die sein Herz und sein Verstand festgestellt, und mag auch die Lösung, die er bietet, dem Intellekt verhaftet sein, das Problem selbst ist ganz erfaßt.

Das Verhältnis zwischen Auden und mir war wahrscheinlich nicht so einfach, wie ich es hier formuliere. Auden muß tiefer empfunden haben, als ich wahrnahm, und andererseits war ich geistig regsamer, als ich selber wußte. Trotzdem waren die Unterschiede zwischen uns größer als die Ähnlichkeiten. Besonders bemerkenswert war der Unterschied im Gedächtnis und seiner Verwertung. Auden kannte viele Gedichte auswendig, ich kaum eins. Das lag nicht daran, daß sein Gedächtnis gut und meines schlecht war. Es war ein grundsätzlicher Unterschied: Ich wollte Gedichte nicht auswendig lernen, weil ich mich nicht wortwörtlich an sie zu erinnern liebte; ich wollte nicht die Worte, die Verse im Gedächtnis haben, sondern ihre Essenz, den sinnlichen Stoff, bevor der Dichter sie geschrieben hatte, und der zurückblieb, wenn ich, der Leser, die Worte vergessen hatte. Ein Gedicht bewahrte auf diese Weise in meiner Erinnerung Eigenschaften, die sich von den Worten trennen ließen. Der Gefühlsgehalt eines Gedichts, an dessen Worte ich mich kaum erinnerte, schien mich mit dem Gemüt des Dichters in Berührung zu bringen, wie es der Wortlaut des Gedichtes nicht vermochte. So konnte ich auch ein Verhältnis zu seinem dichterischen Impuls gewinnen, denn er war nicht mehr an zeitbedingte Wendungen und Formen gebunden, die für mich nicht galten.

Das Gedächtnis ist der Nährboden des Schöpferischen. Es setzt den Dichter instand, den unmittelbaren Augenblick der Eingebung, die »Inspiration«, mit vergangenen Augenblicken zu verknüpfen, in denen ihm ähnliche Eindrücke zuteil wurden. Diese Verknüpfung der soeben empfangenen Eingebung mit früheren Eindrücken ermöglicht es dem Dichter, in diesem Augenblick über die Zeit hinweg einen Akkord anzuschlagen, zusammengesetzt aus verwandten Eindrükken, zu verschiedenen Zeiten empfunden, aber so miteinander verbunden, daß sie alle gleichzeitig erscheinen.

Das Erinnerungsvermögen des Dichters und der Gebrauch, den er davon macht, gibt ihm vor allem anderen seine Eigenart. Das Gedächtnis ist entweder, sagen wir, offen und bewußt oder verborgen und unbewußt. Offenes, bewußtes Gedächtnis ist die Erinnerung an Eindrücke, die sich in Form von Gedanken niederschlugen. Verborgenes, unbewußtes Gedächtnis ist die Erinnerung an Eindrücke, die unformuliert blieben, als sie empfangen wurden, so daß die Erinnerung an sie ein Neuschaffen oder ein erstes Erlebnis wird.

Auden hatte das offene Gedächtnis. Ihm stand jederzeit eine unglaubliche Fülle von Eindrücken, als Gedanken geprägt, zu Gebote, mit denen er eine verwandte Behauptung belegen konnte. Mein Gedächtnis ist ein unterirdisches Gewölbe, und die Erinnerung an vergangene Eindrücke ist für mich ein mehr oder weniger unwillkürlicher Vorgang, bei dem ein unmittelbares Erlebnis ähnliche Erlebnisse aus verflossenen Zeittiefen weckt.

»Der Inhalt eines Gedichts ist nur der Haken, an den man die Poesie hängen kann«, hatte Auden gesagt, und allmählich kam ich darauf, daß auch das einen der grundlegenden Unterschiede zwischen uns bildete. Ich konnte mich nicht mit dem Gedanken vertraut machen, daß ein Erlebnis, das zum Gedicht werden konnte, sozusagen ins Hintertreffen geraten mußte, während sich das Gedicht nur nach den Geboten seiner Worte entwickelte. Alle meine Gedichte waren Versuche, Erlebnisse wahrheitsgetreu dichterisch einzufangen. Wenn das Gedicht, um künstlerisch geschlossen in sich selbst zu Ende zu kommen, einer Ergänzung, einer Wendung bedurfte, die meinem Erlebnis nicht entsprach, gab ich es auf. Wenn ich zum Beispiel Liebesgedichte schrieb, hörte ich oft mittendrin auf, weil mir vorkam, daß ich vielleicht nur übertrieb oder meine wahren Gefühle nicht zum Ausdruck brachte – oder weil sich das Verhalten der Person, an die das Gedicht gerichtet war, mit meinen Worten nicht in Einklang bringen ließ.

Wer die Problematik der modernen Lyrik nicht kennt, wird vielleicht vermuten, daß ich meine Gedichte für »echter« halte als die anderer Lyriker. Aber das ist nur die oberflächlichste Seite der Sache. Tatsächlich möchte ich mich nur von der so verbreiteten Tendenz der zeitgenössischen Lyriker fernhalten, Weltanschauungen zu entwickeln, Glaubensbekenntnisse abzulegen, sich Bewegungen anzuschließen; sie tun es weniger, weil sie zu irgend etwas bekehrt wurden, sondern weil ihr Schaffen einen Punkt erreicht hat, wo sie eine Mythe, ein Credo, einen äußeren Antrieb brauchen, der sie über die Grenzen des eigenen Erlebens hinausträgt. Wie ein Dichter im Liebesgedicht den liebenden oder den geliebten Menschen für seine poetischen Zwecke neu erfinden muß, so müssen diese Lyriker in einem bestimmten Stadium ihres künstlerischen Werdeganges den Glauben an irgend etwas erfinden.

Der Dichter, der aus künstlerischem Zwang einen Liebenden oder einen Glauben, eine Legende, ja sogar ein politisches Bekenntnis aus seinen Versen sprechen läßt, schafft in seiner Dichtung eine eigene Wahrheit, die schließlich auch in seinem Leben zur Wahrheit wird. Seine Dichtung führt zu einem Punkt in seinem Leben zurück, von dem sein Leben nicht zur Dichtung zu führen vermochte. Für einen katholischen Leser hat ein Dichter wie Verlaine, der den Katholizismus in seine Gedichte übertrug, das Licht der Wahrheit erblickt – und die Frage ist dann belanglos, ob die Erfahrungen seines Lebens seine Dichtung beeinflußt haben oder ob die inneren künstlerischen Gesetze seiner Dichtung ihren Widerschein auf sein Leben warfen. Aber bei William Butler Yeats, der Spiritist wurde und an Séancen teilnahm, der mit der indischen Philosophie und dem Neuplatonismus tändelte und aus hundert Fragmenten esoterischer Lehren den Grundriß seines gewaltigen Werkes zusammensetzte, bei Yeats also stehen wir vor der Frage, ob nicht ein großer Teil seines Denkbildes ein bewußt künstlicher Bau war, in dem er seine Kraft sich entfalten ließ. Trotzdem war das Ergebnis große Dichtung.

Ich habe meine eigene Einstellung präzisiert, nicht um meine Gedichte als »echt« und »ehrlich« anzupreisen, sondern um meine Grenzen zu umreißen. Audens Leben war dem geistigen Bemühen gewidmet, seine Umwelt zu analysieren, zu erklären und zu beherrschen. Mein Dasein war völlige Unterwerfung unter das Erlebnis, an das ich ohne vorgefaßte Meinungen und Theorien heranging. Ich konnte nicht, wie er, andere Menschen von einer höheren Warte betrachten, als wäre ihr Verhalten ein Steinchen eines psychologischen Mosaiks, das ich mit meiner überlegenen Einsicht zu deuten vermochte. Etwas Zurückhaltendes, Verschwiegenes, Unzugängliches, Unerklärtes lag für mich in den Motiven anderer, und ich bildete mir ein, ihre Motive seien uneigennütziger, reiner und weniger fanatisch als meine eigenen. Wenn ich über andere Menschen schrieb, geschah es nicht, um zu zeigen, wie gut ich sie verstand, sondern um eine Forschungsreise ins Unbekannte anzutreten. Ich hatte kein Zutrauen zu meiner überlegenen Geisteskraft, sondern einen tiefen, heimlichen Glauben an mich als einen Menschen, auf dem das Erlebnis spielte wie auf einem Instrument, so daß seine wahren Gefühle im Augenblick des Erlebnisses aufklingen konnten. Ich verband unermeßlichen Glauben an mich mit unermeßlichem Zweifel. In dem, was ich schuf, konnte ich sein, was ich war.

Nach kurzer Bekanntschaft mit Auden zeigte ich ihm ein Manuskript, das ihn, wie ich dachte, als seelisches Dokument reizen würde. Es war geschrieben, als ich achtzehn war, gleich nachdem ich das Pensionat in Lausanne verlassen hatte, und gab eine getreue Schilderung meiner Beziehungen zu dem englischen Jungen D.

Als ich das nächstemal zu Auden kam, sagte er: »Hören Sie zu! Das ist rein lyrisch.« Auf seine ton- und ausdruckslose Art, die beim Rezitieren etwa wie atonale Musik wirkte, las er diese Zeilen:

»Sein ganzes Leben mußte eine Pilgerfahrt zu diesem Augenblick gewesen sein, und wenn nicht sein ganzes Leben, so doch ein Teil seines Lebens, zerlegt in Abschnitte, kleine, eingefaßte Kugeln des Begehrens, aufgefädelt auf die Schnur der Tage und Wochen, die Jahre hindurch – bis jetzt, in diesem Augenblick, alles, was bisher verborgen war, aufschrie, um hinausgelassen zu werden, sich seinen Weg durchbrach.«

Eine eigenartige Erregung ergriff mich, im Kern ein Wiedererkennen, obwohl es einem schwerfiel, etwas wiederzuerkennen, wenn es mit Audens Stimme gesprochen wurde. »Wer hat das geschrieben?« fragte ich. »Sie!« Als mein eigenes Werk da aus seinem Verstand wiedererstand, empfand ich die Freude, die Erleichterung, die dem Schriftsteller manchmal, ganz selten zuteil wird. Die Worte schlingen ihren Reigen, lebendige Zeichen auf einem glatten Blatt, und das geistige Auge kann über sie hinstreifen wie die Zwinge eines Wanderstabs einen Zaun entlang. Mit glühenden Wangen erlebt dann der Schriftsteller den Augenblick, der ihn bestätigt.

Tags darauf unternahmen wir einen Ausflug. Auden eröffnete mir, er denke jetzt anders über meine Arbeiten; ich sollte lieber autobiographisch erzählende Prosa schreiben als Gedichte. Er ging sehr schnell, mit weit ausholenden, ruckartigen Kopfwendungen. Ein Arzt hatte ihm einmal gesagt, er dürfe nicht viel gehen, worauf er sogleich Fünfzigkilometermärsche unternahm. Nach seiner Theorie wird der Körper vom Geist gelenkt; Kopfschmerzen, Schnupfen oder Halsweh erklärte er »psychosomatisch«, wie man heute sagt.

Während wir, im Gras ausgestreckt, unseren Proviant auspackten, sprach Auden über »den Dichter«. »Bei einer Revolution liegt der Dichter auf dem Dach eines Hauses auf dem Bauch und schießt über die Kämpfenden hinweg auf seinen besten Freund, der drüben auf dem Hausdach liegt... mit dem Herzen ist der Dichter natürlich immer auf seiten des Feindes«, ergänzte er rätselhaft. »Wenn er verliebt ist, spielt er immer mit dem Gedanken an den Tod des geliebten Wesens. Er denkt mehr an die Gedichte, die er schreiben wird, als an die Liebe. Das Tragische, wo es letzte Größe erreicht, ist immer komisch. ›Lear mit der toten Cordelia in den Armen. Heult! Heult! Heult!‹ Oder die Szene in *Krieg und Frieden*, wo Pierre in das brennende Haus stürzt, um einen Säugling zu retten – und das Kind ihn beißt.«

Auden gab mir den Rat, mich nicht immer wie Shelley zu gebärden. »Der Dichter gleicht weit mehr dem Alltagsmenschen als Hölderlin. Er hat kurzgeschnittenes Haar, trägt Melone und Gamaschen und einen gestreiften dunklen Anzug, Er ist Bankbeamter und fährt mit der U-Bahn ins Büro.«

Solche Belehrungen eines jungen Autors für einen anderen jungen Autor mit ihrer Mischung aus Klugheit und Unsinn, Ironie und Heilsbotschaft, Bosheit und Wohlwollen – sie schaffen die Geheimsprache eines Kreises, sie sind das Hexengebräu, aus dem eine literarische Richtung entspringt.

In den Ferien kam Auden zu uns nach London. Auf Berthella machte er keinen großen Eindruck, aber mit Caroline freundete er sich an. Ich lernte ihn besser verstehen, aber nie wieder erlebten wir ganz das Gefühl des Einsseins, das uns an jenem Sommertag im Grünen zuteil geworden war. Eine Vertiefung unserer Beziehungen wurde durch meine kritiklose Bewunderung für ihn verhindert, die mir ständig die Rolle des Jüngers zuwies. Gewissermaßen betrachtete ich ihn auch als eine Art Gaukler, den ich mit nach Hause gebracht hatte und dem ich nun fortwährend applaudieren mußte. Wenn er lustig war – was oft vorkam –, lachte ich bis zum Hysterischen; wenn er langweilig oder müde war, fühlte ich mich niedergeschlagen. Wenn Auden nicht Leben sprühte, bildete ich mir immer ein, etwas Furchtbares müsse passiert sein.

Auden hatte damals phantastische Launen. Er war ungemein heikel beim Essen, schimpfte furchtbar, wenn nicht alles so angeordnet war, wie es ihm paßte, trug manchmal einen Spazierstock und sogar ein Monokel. Wenn er zu Besuch war, richtete er die Leute meist ab, alles so einzuteilen, wie er es wünschte, aber er hielt sie auch bei guter Stimmung. Er war nicht witzig. Sein Humor war ironisch und bestand zum Teil aus Selbstverspottung. »Ich habe ein Gesicht wie Kitt«, sagte er, »ich hätte ein Bajazzo werden sollen.« Oder: »Mein Körper ist für das Laster geschaffen.« Er rauchte und aß viel und trank Tee in gewaltigen Mengen.

Mir fiel es von jeher schwer, mich auf meine Arbeit zu konzentrieren. Auden schloß mich manchmal in ein Zimmer ein und sagte mir, ich solle schreiben. Er hatte eine Art, alles vereinfacht zu sehen, die mir guttat. Einmal, als ich niedergeschlagen sagte, daß ich unglücklich sei, gab er zur Antwort: »Du hast keinen Grund, unglücklich zu sein. Du hast Geld genug, du bist begabt, du bist verliebt.« Diese Bemerkung kam gerade im rechten Augenblick. Ich sah ein, daß ich damals, als Zwanziger, Tage hatte, wo ich wirklich unglücklich war, weil ich nicht begriff, daß Unglück – wenn es nicht unheilbare körperliche, wirtschaftliche oder seelische Ursachen hat – nicht mehr ist als eine Stimmung.

Der Grund, warum ich mich damals so unglücklich fühlte, war meine Schwärmerei für einen Studenten, den ich in einigen Gedichten als Marston ansprach. Wir hatten wenig gemeinsame Interessen; er war weder begabt noch ein Intellektueller und nicht einmal besonders gescheit. In der kleinen Oxforder Welt, wo selbst der Sport in hohem Maße Sache des Bewußtseins geworden war, lebte ein Mensch, der einfach war, was er war, und ohne Getue seinen Interessen nachging, Sport und Fliegerei – er bildete sich schon damals zum Flieger aus.

Es kam ihm kaum in den Sinn, daß er sich von den anderen Sportlern unterschied. Aber er wahrte einen gewissen Abstand zwischen sich und ihnen. Seine Fähigkeiten – Fähigkeiten, die bei den meisten Leuten als alltäglich gelten – umgaben ihn wie eine Insel und hatten bei ihm eine solche Lauterkeit erreicht, daß sie ihn tatsächlich vom Alltag absonderten.

Ich begegnete ihm das erstemal im Zug nach Oxford, zu Beginn meines zweiten Trimesters. Er fuhr mit einer ganzen Gruppe von Sportlern, aber in seiner Haltung lag etwas Wachsames, Zurückgezogenes, das ihn von ihnen zu trennen schien. Manchmal lächelte er vor sich hin, mit der inneren Heiterkeit eines sehr bescheidenen Menschen, der nicht ahnt, daß gerade seine Bescheidenheit ihn aus den übrigen heraushebt. Ich beschloß, um jeden Preis seine Bekanntschaft zu machen, und ließ nichts unversucht; ich besuchte ihn – er wohnte mit einem Freund zusammen –, ich strengte mich an, Interesse für Boxen, Skilaufen und Fliegen aufzubringen. Ich bemühte mich, es den Sportlern, die ihn umringten, gleichzutun, aber es lag etwas Schußliges, Altjüngferliches in meinem Werben um einen Menschen, der meinem Feuereifer mit stiller Höflichkeit begegnete. Mein Benehmen stieß mich selber manchmal ab, denn ihn setzte es nur in Verlegenheit oder langweilte es, und mich selber ermüdete die falsche Beziehung, die ich zwischen uns hatte aufkommen lassen und die ich aus Taktlosigkeit, er aus Takt aufrechterhielt.

Die peinlichste Episode war ein Ausflug in die Auen des Wye. Ich hatte mir viel von diesem Ausflug versprochen und ihn schon lange vorher dazu eingeladen, um sicher zu sein, daß er an dem Tag frei war. Der Ausflug verlief kläglich. Ich ging neben dem jungen Mann her, der harmlos und doch blendend aussah. Es war April; die Äste der Bäume im sanften Hügelgelände leuchteten rot und kastanienbraun; an ihren Spitzen trugen sie flammengleiche Blätter. Ich begriff sehr bald, daß für ihn dieser Ausflug nichts anderes war als eben ein Ausflug, und bemühte mich, der nichtssagende Gefährte zu sein, den er, wie ich mir dachte, auf einem Ausflug neben sich haben wollte. Ich sprach über Sport und Flugzeuge, obwohl ich nicht das geringste davon verstand. Einmal redete ich die längste Zeit darüber, ob Rasierklingen scharf bleiben oder stumpf werden, wenn man sie nicht benützt. Ich glaubte, solche sachlichen Themen müßten ihn interessieren. Eines Morgens war ihm übel, und ich geriet in schuldbewußte Besorgtheit um ihn, bis er zu mir sagte, kein Getue zu machen »wie ein altes Huhn«. Da sah ich mich selber als groteske Erscheinung vor ihm hin und her laufen, wie Charlie Chaplin in *Goldrausch*, damit sein hungernder Gefährte ihn für ein Huhn hält. Ich entschuldigte mich überschwenglich. Trotz allem Bemühen, meinen eigenen Geschmack dem seinen unterzuordnen, hegte ich doch eine leise Hoffnung, ihn für Literatur gewinnen zu können. Als wir zur Abtei Tintern kamen, erwähnte ich, daß Wordsworth ein Gedicht über die Gegend geschrieben hat, was er mit einer Spur von Interesse zur Kenntnis nahm. Als er dann unter dem verfallenen Gemäuer saß, die Augen wolkenlos unter einer steinern-englischen Stirn, nicht unähnlich den Steinbogen der Abtei selbst, las ich ihm Wordsworth vor.

Die einzige Aussicht, ihm nahezukommen, bestand für mich darin, mich immer mehr in ihn hineinzudenken, gewisse Eitelkeiten und Schwächen bei ihm auszunützen, ihm über sich selber Klarheit zu bringen. Ich begann einzusehen, daß dieses Verhältnis die Keime der Zersetzung in sich trug, und heimlich mußte ich ihm recht geben, wenn er mich ablehnte. Ich hörte bald auf, meine Sprache mit ihm zu sprechen, und während ich mich der seinen bediente, deutete ich mir an unmerklichen Zeichen, ob ihm etwas an mir lag oder nicht. Nach unserem Ausflug fuhren wir mit der Untergrundbahn heim. Er mußte eine Station früher aussteigen als ich. Das Zeichen, auf das ich wartete, war: ob er sich nach dem Aussteigen zu mir umdrehen werde. Er sah sich nicht um.

Schließlich kam das Ende. Ich fühlte mich bemüßigt, ihm einen Brief zu schreiben und zu erklären, was er mir bedeutete. Er war außer sich, brach aber den Verkehr mit mir nicht ab, sondern schrieb mir, ich möge ihn besuchen. Ich kam, und er sagte mir, daß er meine Gefühle in keiner Weise teile; trotzdem möge ich ihm das Ganze begreiflich machen. Als ich es getan hatte, sah er mich benommen an und sagte: »Weißt du, mein Lieber, das ist das erste Gespräch mit dir, bei dem ich mich nicht gelangweilt habe!«

Ich bestand darauf, daß wir einander nicht mehr trafen. Aber das war nicht so einfach, da wir im gleichen College wohnten. Wir kamen weiter in Abständen zusammen, meist in einer Teestube in Oxford oder in London, und plauderten ernsthaft, mit einem Anflug von Kummer. Er vertraute mir endlich, mit einer gewissen Überwindung, alle seine Nöte an, seine Mädchengeschichten, seine Einsamkeit, seine mangelnden Fortschritte im Studium, seine Angst beim Boxen und beim Fliegen. Ich weiß nicht, ob er mir das alles wirklich aus Geständnisdrang erzählte oder in der hinreißenden Absicht, mich für den Verlust zu entschädigen. Schließlich ertrug ich diese Ungewißheit nicht länger; ich sah ein, daß unsere Beziehungen über dieses Stadium nicht hinauskommen konnten, und ließ sie allmählich einschlafen.

Leicht gesagt, daß diese Freundschaft unreif war. Wichtiger ist es, daß sie mein Leben beeinflußte. Gleich nach dem Ausflug begann ich Gedichte zu schreiben, die anders waren als zuvor. Eine erlebte Situation hatte plötzlich Gefühle herauskristallisiert, die bisher verschwommen und ohne Mittelpunkt gewesen waren. Diese Schwärmerei, die solche Bedeutung in meinem Werdegang gewann, ist mir auch heute noch in Erinnerung, obwohl ich sie weit hinter mir gelassen habe. Diese einseitige Freundschaft ist noch immer ein Teil meines Lebens, Seite an Seite mit anderen, späteren Freundschaften. Mein Verhältnis zu Marston war eine Stufe auf meiner Suche nach der Vereinigung meiner eigenen Ziele mit denen eines anderen. Denn so verschieden wir beide auch waren, es lag eine Unschuld, eine Reinheit in ihm, die auch in meinen Gedichten zum Ausdruck kam.

Man kann den verschiedenen Beziehungen, die ich beschrieben habe und noch beschreiben werde, die mannigfaltigsten psychologischen – oder wenn man will – pathologischen Bezeichnungen anheften. Aber ich frage mich heute, ob nicht viele meiner Zeitgenossen, wenn sie sich eines dieser Kennworte zulegen, sich gerade dadurch verurteilen, das zu sein, als was sie sich in den Handbüchern der Psychologie zu erkennen glauben. Viele Leute vermuten offenbar, daß eine Freundschaft, die man wegen gewisser Eigenheiten als homosexuell bezeichnen kann, normale sexuelle Beziehungen ausschließt – und umgekehrt: daß normale sexuelle Beziehungen die homosexuell deutbaren ausschließen. Diese Tendenz zwingt den Menschen, eine Wahl zu treffen, die ihm in vergangenen Zeiten erspart blieb. Noch eins folgt daraus: Da zwischen zwei Menschen gleichen Geschlechts tiefste Übereinstimmung bestehen kann, verzichtet so mancher, der diese Art der Beziehung erlebt hat, auf das normale Leben.

Aber wenn wir die Lebensläufe der Männer und Frauen vergangener Zeiten betrachten, finden wir, daß Verhältnisse, die wir heute als abnorm bezeichnen, Seite an Seite mit den normalen bestanden. Die Menschen etikettierten sich nicht, sie paßten sich an. Shakespeares Sonette gelten heute vielfach als Liebeserklärungen eines Mannes an einen Mann; bei einer ganzen Reihe dieser Sonette erklärt Shakespeare tatsächlich einem jungen Mann seine Liebe. Aber was sagt er ihm? Heirate und zeuge einen Sohn! Allerdings erscheint in der mittleren Folge dieser Gedichte – sie waren vielleicht an einen anderen Jüngling gerichtet – die Leidenschaft weniger selbstlos, aber sogar in ihnen wirft der Dichter dem Jüngeren vor, daß er ihm seine Geliebte genommen hat; es ist die Rede davon, daß zwei Männer eine Geliebte gemeinsam haben und so weiter. Nirgends wird mit einem Wort zugegeben, daß der

Dichter und sein Freund zur Welt des dritten Geschlechts gehören, die so vielen literarischen Werken unseres Jahrhunderts ihr Kainszeichen aufgedrückt hat.

So rang ich mich zu der Erkenntnis durch, daß ich mich zwar mit den Grenzen meines Ichs abfinden, aber trotzdem den Versuch machen mußte, über die Eigenschaften, die mich vom allgemein menschlichen Erlebnis ausschlossen, hinauszugelangen zum Normalen. Unter »normal« verstehe ich hier, was allgemein darunter verstanden wird. Das Normale wäre selbstverständlich für den einzelnen das, was seiner Natur entspricht. Aber mir geht es hier um die Anpassung meiner eigenen Natur, wie ich sie erkannt hatte, an den allgemein akzeptierten Begriff des Normalen, der allerdings ein selten erreichtes Ideal ist. Denn der Einzelmensch betrachtet sich selbst nach diesem Maßstab als normal oder nicht normal. Die völlige Unfähigkeit oder Weigerung, diesen Maßstab an sich anzulegen, heißt: sich von einem Begriff lossagen, der für die meisten Menschen den rettenden Hafen bedeutet. Der Künstler, der sich nicht vom wärmenden Strom des normalen Lebens getragen fühlt, schließt sich selber aus von dem, worin andere Menschen aufgehen, und bevorzugt dann vielleicht die Gesellschaft derer, die sich gleichfalls ausgeschlossen fühlen – und das bedeutet auch künstlerisch einen großen Nachteil. Der Ausnahmemensch, selbst wenn er Ausnahme bleibt und sich selbst als Ausnahme betrachtet, muß – soweit es seine Natur ihm gestattet – das Ganze sehen und darf nicht im Teilweisen, Negativen verharren. Ganzsein ist alles.

Ältere wachten über meine Jugend, damit ich mich nicht in ein Mädchen verliebte. Die erste Gelegenheit bot sich mir mit sechzehn, als ich die Masern hatte und von einer äußerst hübschen Krankenschwester gepflegt wurde. Als ich wieder auf dem Weg der Besserung war, gewann ich sie lieb, und ohne zu ahnen, was es bedeutete – meine Krankheit hatte mich gewissermaßen enthemmt –, zog ich sie an den Bettrand und küßte sie ab. Sie schlug meinem Vater vor, mich zur Erholung an die See zu schicken, sie hatte ein kleines Häuschen am Meer, wo ich wohnen konnte. Dieser Vorschlag wurde natürlich abgelehnt, und ich kann es meinem Vater nicht verdenken. Aber ich kann mich des Eindrucks nicht erwehren, daß ich später schwer dafür büßen mußte, weil man mich den Frauen so sorgsam fernhielt.

Auch in Oxford wurde ich vor einer solchen Verstrickung bewahrt. Die Freunde meines Bruders hatten eine gewisse Polly zum Objekt ihrer unermüdlichen Experimente gemacht. Sie verliebten sich alle mehr oder weniger in sie und bestimmten dabei nach »objektiven«, wissenschaftlichen Methoden den Einfluß Pollys auf ihre Drüsen, ihre Sekretion, ihr Gewicht und so weiter. Polly wirkte so anregend, daß einer ihrer Anbeter der Biologie entsagte und sich auf die verhältnismäßig junge Wissenschaft der Psychologie verlegte. Bei dem einen oder anderen waren auch ganz und gar unwissenschaftliche Symptome von Eifersucht festzustellen.

Schließlich bekam Polly die Naturwissenschaft satt und widmete ihre Aufmerksamkeit den Oxforder Poeten. Sie gehörte zu den Mädchen, die für Universitätsstudenten besonders viel übrig haben; sie sonnte sich geradezu in der Anbetung junger Männer. Ihre Wangen glühten immer, ihre Augen strahlten wie in lachender Erwartung, als rechnete sie stündlich damit, daß ein neuer Bewunderer auftauchen werde, der den sittenstrengen Studentenkreisen abtrünnig geworden war. Sie war von einem Draufgängertum, das nicht so bald seinesgleichen hatte; die meisten Mädchen führten die

Burschen einfach an der Nase herum und verweigerten sich ihnen; sie waren platonische Nutten. Aber Polly, die tapfere kleine Freibeuterin der Liebe, hielt die Fahne der Zugänglichkeit hoch.

Sie stammte aus einer armen Familie, ihr Vater besaß irgendwo eine Konditorei, erzählte sie mir; sie hatte ein Stipendium für die Universität. Polly machte kein Hehl daraus, worauf sie lossteuerte. Vor allem auf Liebe, aber Sex war für sie nur eine Vorstufe, um die Männer kennenzulernen. Sie hatte hellblondes Haar, das über die erhitzte Stirn fiel und den Eindruck verlegener Aufregung noch erhöhte. Sie lachte viel und herzlich, aber nicht unangenehm. Ihre Schenkel guckten aus den Strümpfen hervor und glichen schimmerndem Marmor.

Polly zeigte Interesse für mich, und mir gefiel sie. Nach einiger Zeit lud ich sie zu mir nach Hause ein, um sie mit Caroline bekanntzumachen. Es war ein schwüler Sommerabend, und ich erinnere mich nur, daß Polly vorschlug, mit mir in den Garten zu gehen. Wie mit einem Schlage schienen sich die Bäume mit unheimlichen Nachtigallen zu bevölkern. Caroline verhinderte unter einem Vorwand, daß wir zusammen hinausgingen. Ich habe den Garten nicht betreten.

Zwischen Caroline und mir herrschte damals ein ziemlich gespanntes Verhältnis. Die Affektiertheit, die Exzesse und die Gefühlsverwirrungen meiner beiden Oxforder Jahre waren ihr etwas zuviel geworden. Ein paar Tage später, als sie voll Bitterkeit über die Freundschaft zwischen ihr und mir sprach, sagte sie mit Bezug auf Polly: »Also, davor habe ich dich wenigstens bewahrt!«

Sie hatte natürlich vollkommen recht, Polly und ich paßten nicht recht zueinander, aber damals konnte ich nicht für etwas Besseres aufgespart werden, sondern nur für etwas Schlimmeres. Ich hatte mich – man hatte mich – in eine Art Elendsviertel der Sexualität getrieben.

Caroline war entsetzt über die Veränderung, die mit mir in Oxford vorgegangen war. Ich erklärte mir ihren Unwillen über mich sehr billig damit, daß sie mich liebte, und versuchte, auch sie davon zu überzeugen. Einmal war sie über mich so empört, daß sie alle meine Briefe aus Nantes und Lausanne verbrannte. Glücklicherweise hielt unsere Beziehung diesen Anfechtungen stand, und wir wurden mit der Zeit wirkliche Freunde.

Auden verließ die Universität ein Jahr vor mir. Mein Leben änderte sich, als es nicht mehr im Schatten seiner Persönlichkeit stand. Ich freundete mich mehr und mehr mit anderen an, die nicht mein College besuchten, und gehörte zu einem Kreis, den gemeinsame Interessen zusammenhielten.

Zu meinen Freunden zählten Louis MacNeice, Bernard Spencer, Humphrey House und Arthur Calder Marshall, die später alle bekannte Schriftsteller wurden. Einer meiner Freunde war Isaiah Berlin aus Riga. Er interessierte sich für das Leben anderer Menschen um so mehr, als er überzeugt war, daß ihm die Leidenschaften fremd waren, von denen ihr Dasein hin und her getrieben wurde. Das Benehmen der Menschen bot ihm Stoff zu den ausschweifendsten Grübeleien über ihre Motive und Handlungen. Berlin und ich waren leidenschaftliche Musikenthusiasten. Während meiner letzten großen Universitätsferien fuhren wir nach Salzburg, als die Festspiele noch in den Anfängen standen. Bruno Walter dirigierte Mozartopern. Dort ging mir der Sinn für die späten Beethovenquartette auf, wie er mir früher für die Tragödien Shakespeares aufgegangen war. Es gibt, sah ich, bei Shakespeare Verse, in denen sich das Menschentum im Brand der dramatischen Situation verzehrt und dahinter der Durchblick in eine Welt reiner Phantasie sich öffnet. Die späten Quartette Beethovens stießen vor in ein Universum reiner Melodie, hinausgehoben über Leiden, Plagen und Unterdrückung.

Sogar wo Beethoven hinter seinen Absichten zurückbleibt, liebte ich sein Werk. Keine Oper hat mich so gerührt wie *Fidelio*, dessen erster Akt ein demütiges, tief ergreifendes Tasten ist, eine Suche nach Verständnis und Gestaltung der Charaktere und der Handlung, während der zweite Akt, die Szene mit dem Gefangenenchor und dem Quartett im Kerker sich zu den höchsten Höhen aufschwingt. Einfache Begriffe wie Licht und Liebe, Hoffnung und Freiheit – namentlich Freiheit – werden aus dem Bereich schlichten menschlichen Erlebens durch die Musik in eine Sphäre gehoben, in der so alltägliche Dinge wie das Brot, das Leonore im Gefängnis Florestan reicht, oder der Schlüssel, mit dem der Kerker geöffnet wird, zu Symbolen des Heiligsten werden. In gewissem Sinne ist *Fidelio* undramatisch, aber, von einem anderen Standpunkt betrachtet, entsteht hier eine neue Form von Operndrama, da die Handlung an den Übergängen von Sphäre zu Sphäre aufgehalten, ja zu erstarren scheint und statuenhaftes, gefrorenes Drama ergibt statt dramatischen Fluß.

Bei aller Begeisterung für *Fidelio* und die Quartette, die Berlin mit mir teilte, hielt er *Don Giovanni* für größer als *Fidelio*. Mit Isaiah Berlin verband mich eine Beziehung zwischen gleich und gleich – anders als bei dem Verhältnis zu Auden, in dem ich die Rolle des Schülers vor dem Lehrer spielte. So ungemein gescheit Berlin auch war, er beherrschte mich nicht, wie Auden seine Freunde beherrschte. Er redete ungeheuer viel, es war eine Art Monolog, bei dem manchmal die Worte in ein einziges riesenhaftes Wort zusammenzufließen schienen, aber er war nicht dogmatisch.

In meinem letzten Jahr auf der Universität hatte ich also neue Freunde gefunden. Selbst mit Tristan fiel es mir nun leichter. Er behandelte mich halb humorvoll, halb geringschätzig und schien anzunehmen, daß wir uns jetzt – nachdem alle klugen Köpfe von der Universität abgegangen waren – glücklich und zufrieden unserer eigenen Minderwertigkeit überlassen konnten.

Lange bevor ich nach Oxford ging, wohnte ich eine Weile bei meinem Onkel J. A. Spender, der ein Haus auf dem Lande hatte. Mein Onkel war unbestreitbar ein Weltmann; er hatte Könige interviewt, er war der Vertraute von Premierministern gewesen; er war ein Mäzen der Schriftsteller, ein Bonvivant, und nur manchmal schien ein sehnsüchtiges Augenzwinkern ein leises Bedauern über seine Abkehr vom Bohemienleben anzudeuten. Er war überaus empfindlich gegen die geringste Anspielung, daß er ein Spießer sei. Vor dem Ersten Weltkrieg schickte er den Lyriker Rupert Brooke nach Amerika mit dem Auftrag, Artikel in Form von Briefen an die *Westminster Gazette* zu schreiben. Henry James verfaßte einige Jahre danach ein Vorwort zur Buchausgabe, worin er in seinem Spätstil – er hatte etwas von einer Dampfwalze, die zartes Filigran spinnt – durchblicken ließ, der Chefredakteur habe Brooke aus Amerika zurückberufen, weil ihm das Verständnis für ein feinfühliges Dichterherz fehlte. Noch zwanzig Jahre später schien mein Onkel über diese Bemerkung gekränkt zu sein. Er begründete mir umständlich, daß Henry James keine Ahnung von den wahren Gründen hatte, warum er Brooke wieder zurückkommen ließ. Mein Onkel, der mit Henry James, R. L. Stevenson und Oscar Wilde befreundet gewesen war, betrachtete die Kunst als eine Extravaganz wie Champagnertrinken oder Taxifahrten.

In seiner umgänglichen Weltlichkeit unterschied er

sich gewaltig von meinem Vater, der die moderne Kunst als einen gemeinen, entarteten, lästerlichen Schabernack betrachtete. Eine Ausstellung der Bilder Augustus Johns veranlaßte ihn zu lauter Entrüstung, die sich bei den Mahlzeiten daheim Luft machte. Die moderne Kunst, sagte er, habe keine Achtung vor Gott, der menschlichen Gestalt und der Natur. Ich habe es nur ein einziges Mal erlebt, daß ihm ein modernes Bild Freude machte; das war, als er in der Tate Gallery Henry Lambs großes Porträt des Essayisten Lytton Strachey sah, der gestrafft am offenen Fenster vor einer Spielzeuglandschaft lehnte. Lange starrte mein Vater das Bild an; Abneigung gegen den Maler mischte sich mit dem Haß gegen den ehrfurchtslosesten Bilderstürmer unter den Essayisten der Gegenwart, und er rief aus: »Recht geschieht Lytton Strachey! Recht geschieht ihm!«

Bei uns zu Hause waren die Namen Augustus John, Bernard Shaw, Lytton Strachey, van Gogh der Inbegriff abgründiger Verschlagenheit und Entartung, einer Verschwörung bärtiger Unholde gegen alles, was als heilig galt. Mein Onkel teilte die Voreingenommenheit meines Vaters nicht, aber er war in gewisser Hinsicht ein Philister auf eigene Art. Er sah nur die moderne Manier, nicht den neuen Horizont. Cézanne war für ihn ein Maler, der »euch junge Leute in rasende Begeisterung versetzt«, aber bald dorthin verwiesen sein werde, wohin er gehörte. Von Proust und Joyce sprach er als einer Mode, wie er sie schon dutzendweise kommen und gehen gesehen hatte. Die Art, wie sich Für und Wider bei ihm die Waage hielten, war berühmt. Sie hatte damals – er war fast siebzig – schon geradezu etwas Automatisches. Kaum äußerte man eine Ansicht, schon kam er mit einer genauso schwerwiegenden Gegenansicht, wie ein Krämer ein Pfundgewicht in die eine und ein Pfund Zucker in die andere

Waagschale legt. Ich erwähnte zum Beispiel, mein Freund Auden sei ein äußerst vielversprechender Lyriker, worauf mir mein Onkel versicherte, er habe zeitlebens schon Hunderte von vielversprechenden jungen Dichtern gekannt, und aus keinem sei etwas geworden. Als ich in den dreißiger Jahren meinte, es werde zum Kriege kommen, gab er zur Antwort, daß er die »deutsche Gefahr« in regelmäßigen Abständen erlebt habe, aber immer sei sie von den anderen Mächten gebannt worden. Einmal erzählte ich ihm, einer meiner Freunde, ein Staatsbeamter in Indien, habe sein Richteramt niedergelegt, weil er folgendes festgestellt hatte: Wenn er politische Angeklagte nicht auf Grund eines ihm ungenügend erscheinenden Beweismaterials verurteilte, legte die Verwaltungsbehörde Berufung ein, und die höhere Instanz verurteilte sie unfehlbar zu schwereren Strafen, als er verhängt hätte, wenn sie in seinen Augen überhaupt schuldig gewesen wären. Mein Onkel hatte darauf zu sagen, man müsse Indien als Ganzes »aus der Vogelschau« betrachten, dann werde man finden, daß solche Ungerechtigkeiten selten seien, daß sich in der britischen Verwaltung Recht und Unrecht die Waage hielten, und so weiter.

Es kam mir vor, daß der Erste Weltkrieg auffallend wenig Eindruck auf ihn machte. Er glaubte daran, daß wir im Zeitalter des Fortschritts lebten, und selbst der Weltbrand konnte ihn in seinem Glauben nicht erschüttern. »Alles in allem«, sagte er einmal zu mir, »erfreut sich der kleine wohlhabende Mittelstand, zu dem wir gehören, heute seiner glücklichsten Lage in der Geschichte aller Zeiten und Völker. Stelle dir vor, welches Malheur es gewesen wäre, wenn wir zu einer anderen Zeit, in einem anderen Land geboren wären. Wir hatten unglaubliches Glück, daß wir gerade hier, gerade in dieser Epoche zur Welt kamen.« Das war der Kern seiner Anschauungen.

Er war ein europäisch denkender Liberaler in einem Zeitalter, wo Europa von einer verhältnismäßig kleinen Zahl aufgeklärter Monarchen, Politiker und ihrer berufsmäßigen Ratgeber regiert wurde – eine Welt, in der zwar Kriege und Revolutionen vorkamen, aber die neue politisch herrschende Klasse immer bereit war, sich mit der alten zu verständigen. Das bismarckische Deutschland, sagte mein Onkel, gehörte trotz des Deutsch-Französischen Kriegs zum europäischen Konzert. Politisches Pflichtgefühl bestand für ihn in der Zusammenarbeit politischer Gegner, führender Männer und Journalisten, die gemeinsame Sache machten, um die bestehende politische Ordnung zu erhalten, auch wenn sie viel an ihr änderten. Am meisten fürchtete er, die »wilden Männer der Linken« – wie mein Volkswirtschaftslehrer G. D. H. Cole in Oxford – könnten in die Politik eindringen, ohne zu ahnen, worin das Wesen des politischen Spieles bestand: darin, daß es von Sachverständigen gespielt wurde, die einander gelten ließen.

Die journalistischen Anschauungen meines Onkels ließen sich in einem einzigen Wort zusammenfassen: Diskretion. Der Redakteur war für ihn der vertraute Ratgeber der verantwortungsbewußten (das heißt: nichtrevolutionären) führenden Staatsmänner. Der Redakteur durfte Politiker kritisieren und angreifen, aber er gab ihre Geheimnisse nicht preis, und auch seine Angriffe waren so gehalten, daß die Öffentlichkeit nicht das Vertrauen zu den Politikern als Stand verlor.

Seine hohe Auffassung von journalistischer Diskretion läßt sich durch zwei Beispiele am besten veranschaulichen. In den zehner Jahren, als er Redakteur wurde, gab es in London den Botschafter einer Großmacht, der niemals nüchtern war, wenn er eine öffentliche Rede halten sollte. Die Londoner Redaktionen wußten das und machten untereinander aus, jedesmal wenn der Botschafter auf einem Bankett sprechen sollte, turnusweise zu erfinden, was er gesagt hätte, wenn er nüchtern gewesen wäre, und es einander mitzuteilen. Diese erfundene Rede stand dann in allen Londoner Zeitungen, und keine einzige ließ durchblikken, in welchem Zustand der Botschafter gewesen war.

Das zweite Beispiel betrifft den Mann, den mein Onkel am meisten haßte, Lloyd George. Als die beiden Gruppen der Liberalen Partei eine ihrer Tagungen abhielten, um ihre Wiedervereinigung zu versuchen, führte mein Onkel den Vorsitz. Lloyd George verlangte von ihm als Vorsitzendem, daß er ein streng vertrauliches Dokument im engeren Ausschuß des Kongresses zirkulieren lasse. Mein Onkel mußte dabei aufs schärfste betonen, daß der Inhalt unter keinen Umständen weitergegeben werden dürfe. Lloyd George benützte, nach der festen Überzeugung meines Onkels, die Abwesenheit des Chefredakteurs, um das Dokument in die Zeitung zu bringen. Mein Onkel sah sich also vor der Wahl, Lloyd George bloßzustellen oder den Vorsitz des liberalen Verbandes niederzulegen. Um nicht einen eklatanten Verrat, begangen durch einen führenden liberalen Politiker, anprangern zu müssen – denn so faßte er es auf –, trat er lieber zurück. Und das war es vielleicht gerade, was Lloyd George erreichen wollte.

Mein Onkel, der mit Asquith und Grey befreundet gewesen war, sprach von Lloyd George wie von einem Dämon, der in der Brust des Liberalismus saß gleich dem Alpdruck in den Träumen einer altjüngferlichen Tante. Dieser furchtbare Mensch, sagte mein Onkel, dessen wahrer Name gar nicht Lloyd George sei, sondern einfach George, dieser Mensch, der keine Universität besucht hatte und kein Wort Griechisch oder Latein verstand, habe sich durch Verräterei über Verräterei die mächtigste Stellung in der Liberalen Partei verschafft und dann die Partei zerstört, gerade in dem Augenblick, als er den Parteifonds in seine Hände bekam. Auf meine Frage, warum Lloyd George nicht entlarvt worden sei, wenn er sich wirklich durchs politische Leben geschwindelt hatte, erwiderte mein Onkel, eine solche Bloßstellung hätte das Vertrauen zur politischen Führung erschüttert.

Die boshaften Bemerkungen meines Onkels über Lloyd Georges völlige Unkenntnis der Geographie, der Geschichte und der Nationalökonomie gingen ins Grenzenlose. Als der Versailler Vertrag ausgearbeitet wurde, war es – wie mein Onkel versicherte – jedem Journalisten klar, daß Lloyd George oft nicht wußte, wo das Land lag, das er aufteilte und zerstückelte, und er noch weniger seine Geschichte kannte. George, sagte mein Onkel, verstand kein Wort vom Für und Wider um den Freihandel und mußte erst gedrillt werden, wenn er eine Rede zur Verteidigung dieses Bollwerks der liberalen Politik hinlegen sollte. Als George das erstemal einem liberalen oder einem Koalitionskabinett angehörte, hielt ihn der Kreis um Asquith dadurch in Schach, daß sie ihm Homer oder Vergil ins Gesicht zitierten. Als George Premierminister wurde, rächte er sich, indem er auf Sitzungen des Kabinetts Gedichte wallisischer Barden zum besten gab, »in einer Sprache, die kein gebildeter Mensch jemals verstanden hat oder auch nur verstehen will«, ergänzte mein Onkel grimmig.

Sein Haß war mir um so unbegreiflicher, als mein Vater, ein Koalitionsliberaler, in Lloyd George eine Art von Heiligem sah. Sie waren in ihrer Jugend gute Freunde gewesen, hatten Bergtouren unternommen und zusammen Deutschland besucht. Später schrieb mein Vater eine Biographie Lloyd Georges, die von der Kritik als Musterbeispiel von Schönfärberei bezeichnet wurde. Mein Vater sah Lloyd George sogar ähnlich, mit seinem wallenden weißen Haar, der hohen Stirn, der ziemlich kleinen, gemeißelten Nase, den buschigen Brauen und den Augen, die einen etwas komödiantenhaften Ausdruck hatten. Für meinen Vater war Lloyd George der Kreuzfahrer, der für die Hafenarbeiter eingetreten war, der die Krankenkassenversicherung eingebracht hatte und schließlich durch seine Enthüllungen über den Munitionsskandal von 1916 den Krieg gewann.

Asquith war für meinen Vater eine ebenso unheimliche Erscheinung, wie Lloyd George für meinen Onkel ein Gegenstand des Abscheus. Die Laufbahn Lloyd Georges fand er von ergreifender Einfachheit: Der wallisische Schustersohn hatte dem väterlichen Leisten entsagt und war der Stimme gefolgt, die ihn zu den höchsten Pflichten rief. Er hatte ein Mädchen aus der Provinz geheiratet, führte ein vorbildliches häusliches Leben und litt, wie andere Propheten, unter der Verkennung im eigenen Lande. Asquith dagegen war ein verschlagener Weltling, ein sarkastischer, dünkelhafter Ränkeschmied. Wenn die Familie Lloyd George Bratheringe zum Abendbrot gegessen hatte und ihre demütigen Methodistenhymnen sang, speiste Asquith mit der vornehmen Welt und verließ auf Wunsch seiner nur für Gesellschaften lebenden Frau das Parlament mitten in der außenpolitischen Debatte, um den vierten beim Bridge mit lauter geschiedenen Ehepaaren zu machen.

Nur einmal war ich in meiner Kindheit nahe daran, einem der Großen dieser Erde gegenüberzustehen, und diese Begegnung war alles eher als erbaulich, aber immerhin schon bezeichnend für meine späteren Berührungen mit der Welt der Politik.

Mein Vater kam eigentlich selten mit Lloyd George zusammen, aber häufiger nach 1918, als er die Biographie des Premierministers schrieb. (Mein Onkel dagegen war ständig in engem Kontakt mit Asquith, und dieser Unterschied ist wichtig für das Verständnis des Charakters der beiden Brüder.) Gleich nach dem Kriege war mein Vater oft in der Downing Street, dem Amtssitz des Premierministers. Einmal nahm er mich im Taxi mit. Es war eine denkwürdige Fahrt für einen Knaben von zehn Jahren, nicht nur, weil es eine Wallfahrt zum Schrein einer lebendigen Gottheit war, sondern auch, weil ich zum erstenmal so spät in die innere Stadt kam. Ein nebliger, vernieselter Winterabend. Die Lichter des Piccadilly Circus stachen durch den Nebel wie Raketen vor einer schwarzgrünen Wand, an der es verschwommen in Rotgold und anderen Farben aufglühte, dort wo die Leuchtreklamen ihre Sprüche und plumpen Symbole der Nacht entgegenhoben. Eine Weinflasche aus rubinroten Glühbirnen, unablässig ein rubinrotes Weinglas füllend, war in meinen Augen keine Reklame, sondern ein Wunder zum Mundaufsperren, das sich hoch droben über den dunklen, nassen Straßen vollzog.

Als wir vor Downing Street Nr. 10 hielten, ließ mein Vater das Taxi warten, und ich blieb im Wagen sitzen, während er ins Haus ging. Das Warten in dem feucht niederrieselnden Dunkel schien mir eine Ewigkeit zu dauern, und plötzlich fühlte ich ein Bedürfnis – eine jener kleinen Nöte, die den Knabenjahren – den Jahren eines Knaben, dem beigebracht wurde, sich seines Körpers zu schämen – in ihrer Qual so unvergeßlich sein können, daß sie die Erinnerung an viel rühmlichere Leiden völlig in den Schatten stellen. Die längste Zeit überlegte ich, ob ich »aushalten« konnte oder nicht. Dann kam die noch verzweifeltere Frage, wohin ich »gehen« sollte. Ich konnte doch nicht beim britischen Premierminister klingeln und fragen, ob ich das Klo benützen dürfe. Jeder Gedanke war mir inzwischen zum körperlichen Schmerz geworden, der sich den Weg zwischen meine Beine bahnte, und soweit ich überhaupt noch des Denkens fähig war, vermochte ich nur zu staunen, wieviel man aus so geringem Anlaß leiden konnte – leiden, bis es unvorstellbar schien, daß eine körperliche Erleichterung von wenigen Sekunden den Seelenfrieden wiederherstellen werde. Der Nebel war dichter geworden und bildete eine Art spanischer Wand, der Regen rauschte nieder. Leise schob ich das Wagenfenster herunter und ließ der Natur freien Lauf. Kaum hatte ich mein Geschäft verrichtet und war bebend auf den Sitz zurückgekrochen, als der Chauffeur den Kopf durchs Fenster steckte und fragte: »Hast du's auch gesehn?« »Was?« »Gerade jetzt. Hast du ihn nicht vorbeigehn sehn?« »Wen?« »Den Premierminister!«

Hätte ich die Geschichte meinem Vater erzählt, er hätte vielleicht gelacht, vielleicht wäre er empört gewesen. Wahrscheinlich hätte er sich mit weiser Güte darüber ausgelassen; schwerlich wäre sie ihm lustig vorgekommen, denn an physischen Dingen konnte er niemals etwas komisch finden.

Solange mein Vater lebte, sah ich meinen Onkel nicht oft, aber als wir verwaist waren, hätte er, der kinderlose Mann, uns Kinder in den Ferien wahrscheinlich gern zu sich genommen. Meine Tante May jedoch, für die es ein Ding der Unmöglichkeit war, einen Menschen liebzuhaben, konnte uns nicht ausstehen, am wenigsten mich. Die Beziehungen zu meiner Familie begannen unter einem ungünstigen Stern, nämlich damit, daß Michael, der uns nach Marden vorausgefahren war, Mumps bekam und am nächsten Tag von meiner Tante prompt in einem Mietwagen heimgeschickt wurde. Berthella äußerte sich beißend darüber, daß diese Frau es über sich brachte, ihren Neffen in einem solchen Zustand vor die Tür zu setzen.

Tante May wieder war verstimmt, weil einer ihrer

Neffen so tief sinken konnte, mit siebzehn Jahren eine Kinderkrankheit zu bekommen. Als ich bald darauf nach Marden kam, ernannte sie mich zum Lieblingsneffen, und in diesen Flitterwochen ihrer Gunst entlockte sie mir alle möglichen Geständnisse. Dann eröffnete sie mir, ich schwebe in Gefahr, ein Künstler, ein Dichter oder ein Romanschriftsteller zu werden, und erzählte bekümmert, was ihren Nachbarn, dem General H. und seiner Frau, zugestoßen war: ihr Sohn hatte einen Roman veröffentlicht! Sie ließ keine Gelegenheit vorbeigehen, mir Vorträge über die Entartung, die Ausschweifungen und Pflichtvergessenheit des Künstlers zu halten. Sie bewunderte zwar die Gedichte von Rudyard Kipling, aber Kipling hatte wenigstens nicht nur Lyrik geschrieben. Sie neigte zum Hellsehen, und eines Tages weissagte sie mir, es sei mir bestimmt, eine Schauspielerin zu heiraten.

Nach den Künstlern haßte sie Lloyd George am meisten. Sie besaß ein plumpes Geschick, Leute zu beleidigen, und dieses Talent ließ sie in den feinen Rissen der Liberalen Partei spielen, die mein Onkel dauernd zu kitten versuchte; dadurch wurde sie sozusagen zu einem lebenden Stemmeisen auf Parteitagungen. Sie ließ sich nicht davon abbringen, an diesen Versammlungen teilzunehmen, drängte sich nach vorn und verlangte laut, Lloyd George zu sprechen. Wenn sie ihm dann gegenüberstand, sagte sie in dem Ton der Entrüstung, mit der man eine Verschwörung aufdeckt: »Guten Tag, Mr. George! Adieu!« Dann wandte sie ihm tief zufrieden ihren breiten Rücken.

Zarte Gefühle haßte sie mit einer durch und durch englischen Inbrunst, die nur Schriftsteller wie Anthony Trollope oder Henry James verstanden und gestaltet haben. Einmal besuchten wir Freunde meines Onkels in Tunbridge Wells. Unter der Gesellschaft befand sich ein junges Paar, Neuvermählte, von denen Liebe ausstrahlte, daß sie das Zimmer zu erfüllen schien wie ein Lied. Angesichts dieses Glücks empfand ich die Gewißheit, daß auch meine Jugendnöte eines Tages dahinschmelzen würden, überfließen in eine Leidenschaft gleich der ihren. Aber meine Tante barst vor Wut und konnte es kaum verbergen. Auf der Heimfahrt, im Taxi, brach sie los: »Unerhört! Dieser Egoismus der beiden! Empörend! Eine Zumutung, Alfred solche Leute vorzustellen! Ich persönlich bin ja abgehärtet, nach allem, was ich während des Krieges als Pflegerin miterlebt habe, aber Alfred sollte man das wenigstens ersparen!« Die jungen Leute von heutzutage – nur auf sich bedacht, käuflich, unmoralisch. Gerade da bemerkte sie den Neumond durchs Wagenfenster, und das böse Omen lenkte sie ab; sie war nämlich im höchsten Grade abergläubisch. Denn bei allem Gekeife über ein Liebespaar, das wie durch ein Wunder eine Hintertür ins Paradies gefunden zu haben schien, hatte meine Tante etwas von einer machtberaubten Erdengottheit des Morgenlandes, mit Geistern vertraut, Vorzeichen und Jahreszeiten unterworfen.

In der Liebe sah sie eine Prüfung, die man einmal im Leben ablegen muß, eine Art Einweihungszeremonie wilder Stämme für die heranwachsende Jugend, ähnlich der Beschneidung, das überaus schmerzhafte Siegel der Reife. Sie sprach mit schneidender Stimme vom Feuerofen der Liebe als einer Tatsache und verachtete jeden, der nicht durch ihn hindurchgegangen war. »Weißt du, was an Bernard Shaw, Arnold Bennett, H. G. Wells und vielen anderen nicht stimmt?« fragte sie mich mit schroffer Herablassung, die vorwegzunehmen schien, daß ich wieder einmal etwas Falsches sagen werde und sie das Richtige. »Keiner von ihnen ist jemals durch den Feuerofen der Liebe gegangen.« Schüchtern fragte ich: »Wer denn?« »Stevenson, Robert Hichens, Sir Ian Hamilton und natürlich auch dein

Onkel«, orakelte sie. Erst später kam mir das Gerücht zu Ohren, daß sie alle meiner Tante den Hof gemacht hatten; anscheinend glaubte sie, daß sie den Männern den Feuerofen der Liebe heizen konnte.

Manchmal nahm sie mich in den Garten mit, unter dem Vorwand, ihr beim Unkrautjäten zu helfen, und hielt mir Vorträge über meine Zukunft. »Mach es dir nicht leicht, verleg dich nicht auf Kunst und flottes Leben! Wähle den schweren Weg, wie es dein Onkel getan hat! Wenn er gewollt hätte, dann wäre er bestimmt ein großer Cellist geworden, ein großer Dichter oder Maler, vielbewundert, wie du es sein möchtest, und hätte eine dumme Gans, eine Schauspielerin geheiratet, wie du es tun würdest, wenn wir nicht alle scharf aufpassen.«

Manchmal sprach sie mit mir über den Orient – ihren Orient, sagte sie –, für den sie leidenschaftlich schwärmte. Großartig war sie in Schlafzimmerszenen am frühen Morgen; sie ließ mich in ihr Zimmer kommen, erklärte mir, sie habe die ganze Nacht nicht schlafen können, weil sie an die Fallstricke denken mußte, die meinem Leben gelegt waren, und dann wiederholte sie mir ihre Nachtgedanken voll düsterer Ahnungen über mein Schicksal.

Mein Onkel hielt in seiner Bibliothek einen Papagei, mit dem er lange Gespräche führte. Der Vogel sang ihm – besser gesagt, er dem Vogel – ein Lied vor. Wenn mein Onkel den Kopf schmeichelnd zu seinem Papagei neigte, glich er selber einem alten Vogel im Käfig, der hinter geschlossenen Lidern den Anblick einer längst verlorenen exotischen Landschaft bewahrt.

Das Saatkorn der Poesie wurde mir schon früh, als ich neun Jahre alt war, in die Seele gepflanzt. Damals fuhren wir in die Sommerfrische auf einen Bauernhof in der Nähe von Derwentwater. Die lange Fahrt wurde mit Unterbrechungen zurückgelegt; in Leeds übernachteten wir in einem Hotel. Es war das erstemal, daß ich in einem Hotel abstieg; zu meiner Schande ließ ich die großen, gelbgestreiften, haarigen Raupen, die ich immer in einer Schachtel bei mir trug, im Fahrstuhl entkommen, und sie krochen den anderen Gästen auf die Kleider. Bald nach unserer Ankunft krabbelten wir vier Kinder mit unserem Vater den Berg hinauf, von wo man den See überblicken konnte.

Ich erinnere mich an die verregneten Tage am See, an die großen Wassertropfen, die nach dem Regen an den gezackten Brombeerblättern hingen wie Hunderte von winzigen Brillengläsern, in denen die Sonne vom reingewaschenen Himmel in frischem Weiß schimmerte. Ich erinnere mich an die schwarzen Nachtschnecken auf den von Wolkenbrüchen zerfurchten Wegen, an den Geruch des Erdreichs, an die Bergkristalle im Gestein, die verlorenen juwelenbesetzten Kästchen glichen. Hier auf dem Lande herrschte noch die gleiche Ehrlichkeit wie zu den Zeiten, da eine Edeldame ein Armband an die Hecke hängen konnte und keiner es nahm. Wenn wir spazierengingen und das Wetter sich aufklärte, ließ unser Kinderfräulein ihren hellgelben Regenmantel irgendwo am Wegrand hängen, und auf dem Rückweg holten wir ihn wieder ab.

Hier war es, wo mir mein Vater zum erstenmal die kürzeren Gedichte von Wordsworth vorlas, deren Worte wie kühle Kiesel in meine Seele einsanken, Worte, die eine Stimmung von Regen und Sonnenuntergang mit sich brachten und ein Ahnen der heiligen Berufung des Dichters. Das Mysterium und die Wonne der Dichtkunst ist seither nie mehr von mir gewichen.

Der Gedanke, ein Dichter zu werden, trat allerdings in den Hintergrund, als mein Ehrgeiz unterwegs der Enttäuschung meines Vaters begegnete. Denn mein Vater, selbst kein erstgeborener Sohn, war ein tief enttäuschter Mensch, der wahrscheinlich aus irgendeinem Grunde hoffte, ich, sein Sohn, würde seinen Fehlschlag wettmachen. Manchmal sagte er zu mir: »Du bist es, der sie alle in Erstaunen setzen wird!« oder so ähnlich, und wenn er mich auch »das schwarze Schaf« oder den »Narren« nannte, erweckte er in mir doch den Ehrgeiz, das schwarze Schaf zu sein, dem ein Goldenes Vlies wuchs, das häßliche Entlein, aus dem ein Schwan wurde, der Narr, der seine Geschwister in den Schatten stellte. Wie konnte ich das – nach seinen Begriffen – anders erreichen, als indem ich Premierminister wurde? Darauf waren alle meine Hirngespinste eingestellt. Ich malte mir aus, wie ich eine Rede im Unterhaus hielt; wie ich Beschlüsse faßte, denen die ganze Welt gespannt entgegensah; und wie sich alle Leute darüber wunderten, daß ich mit Unbekannten, deren Namen nie in die Zeitung kam, so zwanglos und einfach zu sprechen verstand, als wären sie Menschen von Bedeutung. Denn selbst mein verstiegenster Ehrgeiz mündete in den Wunschtraum von selbstloser Liebe. Ich wollte über allen stehen, damit ich mich ihnen gleichmachen konnte, wollte besitzen, um schenken zu können, verhüllt sein, um mich zu erkennen zu geben. Ziel hinter allen Zielen: Freundschaft.

Ich ertrug das Warten nicht und grübelte nachts, ob ein Wunderkind der Politik schon mit elf, zwölf Jahren Premierminister werden konnte, dem das Parlament schweigend zuhörte, während er die älteren Politiker ermahnte, ihre kleinlichen Streitigkeiten beiseite zu lassen und das Vaterland über die Parteipolitik zu stellen. Ich hätte an meine Berufung zum Politiker noch länger geglaubt, wenn nicht verschiedene Ereignisse bei mir berechtigte Zweifel am politischen Leben, an der Einsicht meines Vaters und der Seelengröße Lloyd Georges erweckt hätten.

Es begann damit, daß sich mein Vater im Wahlkreis

Bath als liberaler Kandidat aufstellen ließ. Während des Wahlkampfes ging ich einmal mit meinem Großvater Ernst Joseph Schuster spazieren, dessen Urteile ich instinktiv achtete, wie jeder, der ihn kannte. Ich fragte ihn: »Wird Papa gewählt werden?«, worauf mein Großvater prompt mit ungeduldigem Achselzucken bemerkte, er habe nicht die geringsten Aussichten. An dieser Bewegung erkannte ich, daß Großvater mit dem wallenden Bart die politische Tätigkeit meines Vaters als Kinderei ansah. Mittags aßen wir bei meiner Großmutter; es wurde über Lloyd George gesprochen. Sie nannte ihn einen Demagogen, der nach dem Kriege durch den Wahlschlager »Hängt den Kaiser!« die Stimmenmehrheit errungen hatte; Lloyd George trage auch die Verantwortung für die Blockade Deutschlands und den Hunger von Tausenden; seine politischen Methoden hatten die schlechtesten Eigenschaften der schlechtesten Menschen geweckt, und nun sei er dauernd gezwungen, ihnen zu gehorchen. Aber das war alles lauter Politik, sagte ich mir, und meine Großmutter hatte eben unrecht. Immerhin waren mir die ersten Zweifel aufgestiegen. Als mein Vater in Bath mit Glanz durchfiel, war ich tief bestürzt, ernüchtert und weinte bitterlich.

Damals verehrte ich meinen Vater. Wenn er uns abends Dickens, Thackeray oder Tennyson vorlas, zeichnete ich seinen Kopf, und die Proportionen seiner Züge gewannen für mich die Gültigkeit eines klassischen Apollo- oder Hermeskopfes. Seine Stirn war hoch und wirkte durch den zurückweichenden Haaransatz noch höher; der Abstand vom oberen Stirnrand zum Nasensattel war gleich dem Abstand von da zur Spitze des Kinns. Die Nase war edel geformt, das Kinn täuschte Festigkeit vor, ein schöner Schnurrbart verdeckte die Lippen; die Augen waren ganz hellblau, skandinavisch. Es lag etwas Ausgeprägtes, Entschiedenes in seinen Zügen, das bei allen Spenders zutage tritt. Heute kommt es mir vor, daß die gutgeformte Nase einen gewissen Mangel an Phantasie und Einfühlung verrät; sie hat auch im übertragenen Sinn etwas Stumpfes, von der Religion Abgekehrtes. Diese Nase ist wie die Grenzmarke einer geistigen Domäne.

Mein ewiges Nachdenken über meinen Vater, den ich zu verstehen suchte, so wie er mich insgeheim verstand – was uns verband, war die heimliche, ungestillte Sehnsucht nach Erfolg – brachte mich allmählich zu der Einsicht, daß er ein gescheiterter Mensch war.

Nach dem Tode meiner Mutter nahm er mich zu kleinen, frömmlerischen Versammlungen junger Nonkonformisten mit, und eines Abends sprach der Veranstalter ein Gebet, das etwa so lautete: »Herr, wir danken Dir, daß Du heute den hervorragenden Autor Harold Spender zu uns geführt hast, dem Du in Deiner unermeßlichen Gnade gewährt hast, viele ferne Länder zu bereisen. Wir flehen zu Dir, daß wir der Weisheit teilhaftig werden, die er uns heute bringt...« Ich war über diese Einführung ganz betroffen, während mein Vater weniger erstaunt schien. Ein andermal, als mein Vater vor frommen Jünglingen in einem verdunkelten Raum mit vielen Stühlen sprach, entdeckte ich plötzlich, daß sie alle über ihn kicherten. Irgendwie erriet ich aus ihrem Benehmen, daß sie sich schon vor Beginn vorgenommen hatten, sich über seine Ansprache lustig zu machen. Ich war empört, und zugleich tat er mir leid. Aber seither dachte ich anders über sein Erscheinen in der Öffentlichkeit, das mir bisher immer als blendender Erfolg vorgekommen war.

Als ich begriff, daß ihm der Erfolg versagt blieb, begann ich auch einzusehen, daß es mit den hohen Idealen, die er verehrte, nicht weit her war. Politik bedeutete für ihn: erhabene Ziele zu verkünden, in den Zeitungen genannt zu werden und sich über die Tagesfragen journalistisch auszulassen. Im Gegensatz zu meinem Onkel ahnte er nur wenig von den Aufgaben eines Ministers oder der Pflicht, wirklichkeitsnahe Politik zu treiben.

Als ich eingesehen hatte, daß mein Wunsch, Premierminister zu werden, nur der Ruhmsucht entsprang, verlegte ich meinen Ehrgeiz auf etwas anderes. Statt der Berühmtheit, die das Tagesgespräch bildet, suchte ich den Ruhm, der die Jahre überdauert. Ich wandte mich wieder der Dichtkunst zu. Aber wenn mir künftig auch der echtere Ruhm am Herzen lag, so kann ich doch nicht leugnen, daß ich mich von der Sucht, genannt zu werden – von der mein Vater befallen war –, nie ganz befreien konnte. Noch heute bin ich manchmal etwas verstimmt, wenn mein Name nicht in der Zeitung steht.

Meine Vorstellung vom Dichter wandte sich jetzt von der schlichten Naturschwärmerei Wordsworths zu Milton mit der »letzten Schwäche« seines erhabenen Geistes, dem Durst nach Ruhm. Der Dichter erschien mir nun als der Mann, der sich über den Alltag erhebt, über das Zeitgeschehen, den Kampf um sichtbaren Gewinn, über das Gefüge der Gesellschaft und sogar das Rüstzeug der Gelehrsamkeit, durch das der Mensch größer zu werden vermag, als er ist, und der sich dafür eine zeitlose Welt aus Natur und Schönheit baut, in der seine Phantasie schaffen kann, schaffen aus der Kraft, die der vollen Verwirklichung des eigenen Wesens entspringt. Er fügt seiner Persönlichkeit äußerlich nichts hinzu, sondern nur das, was sein Innenleben fördert. Trotzdem sah ich den Dichter nicht als einen ganz auf sich eingestellten Menschen. Denn mir kam, entsinne ich mich, der Gedanke, daß man zur vollen Entfaltung seiner Kräfte auch in das eindringen muß, was über den eigenen Menschen hinausgeht. Ich dichtete, wie mir schien, um andere Dichtungen verstehen zu können, um Eingang in den Geist Shakespeares zu finden. Wenn ich einen Vers schrieb, dann bildete er einen Schlüssel, der mir Shakespeares Dichtung so weit öffnete, wie meine Phantasie mich führen konnte. Und was kann schließlich das Ziel des Lebens anderes sein, als in gegebenen Augenblicken die höchste eigene Höhe zu erreichen und so die Höhe zu ermessen, die große Männer vergangener Zeiten erreicht haben?

Ich begeisterte mich in meiner Jugend nicht für alle Dichter, ich wußte genau, daß es gute und schlechte gab. Aber der kritische Sinn fehlte mir. Ich setzte voraus, daß alles, was in den großen Anthologien stand, gut sein mußte, sonst hätten es die anerkannten Leute vom Bau nicht ausgewählt. Es mußte an mir liegen, wenn mir nicht alle vom Herausgeber aufgenommenen Gedichte gefielen. Zuweilen schufen meine Vorstellungen vom Wesen der Poesie sozusagen eine eigene Poesie, die über die Worte selbst hinausging, so daß die Worte, die mir wenig sagten, eingehüllt waren in das lichte Gewölk der Größe, die andere in ihnen gefunden hatten. Verse wie

> Zauberfenster, offen überm Gischt
> Der droh'nden See, im Märchenland verloren

aus der *Ode an eine Nachtigall* von Keats ließen mich als Bild völlig kalt, aber daß sie oft als »reine Poesie« zitiert wurden, gab ihnen ein eigenes Licht, so daß ich mir sagte: »Das ist Poesie!« – so wie ich mir später bei der Landung am Kai sagte: »Das ist Frankreich!«, um meine Enttäuschung zu verbergen, und mein Phantasiebild Frankreichs mit dem Anblick von Calais oder Dieppe in Einklang zu bringen suchte.

Andere Gedichte dagegen wurden beim Lesen eins mit einem Erlebnis, einer Erfahrung, die in mir geschlummert zu haben schien. Wenn ich manche Sonette von Shakespeare, Wordsworth oder Keats las, glaubte ich sie wiederzuerkennen, als wären sie mir längst vertraut gewesen, was gar nicht der Fall war. Die zwingende Gewalt der dichterischen Worte schien auch die Geschichte dieser Worte in sich zu umschließen. »Zwingend« in der Dichtkunst – was heißt das anderes als eine Zeitvorstellung, wachgerufen durch eine Auffädelung von Worten, die man zum erstenmal so gereiht zu hören glaubt und die doch schon längst, immer schon, so und nicht anders, gesagt scheinen? Die gleiche Illusion kann auch die Musik wecken: Eine Symphonie, ein Quartett von Mozart beginnt mit einer Melodie, die ganz neu und zugleich ewig vertraut anmutet.

Mir gefiel auch viel Schlechtes. Die Jugend läßt oft genug ein schlechtes Werk gelten, nicht weil es ihr an Urteil fehlt, sondern an Erfahrung. Sie nimmt das Gute wie das Schlechte auf; sie vermag nicht zu unterscheiden zwischen der Wirkung, die ein Autor zu erreichen sucht (wie er selbst zu verstehen gibt), und der Wirkung, die sein Werk tatsächlich erzielt. Ich begriff den unwiderstehlichen Zauber der Gedichte von Walter de la Mare, aber ich dachte, daß er von der traumhaften Stimmung ausgehe, die ihm wie anderen Dichtern eigen ist; was ich nicht begriff, war: daß gerade dieses Unbestimmte, Ungreifbare durch eine Technik erzielt wurde, so präzise wie die Handgriffe des Uhrmachers, der die Rubine in eine Uhr einsetzt.

Der Faden, der mich durch das labyrinthische Erlebnis der Dichtung zu echterem Verständnis führte, war der Sinn für den einzelnen Vers; denn was mir im Gedächtnis haften blieb, war nicht das ganze Werk, sondern Verszeilen, und allmählich erkannte ich, daß solche Zeilen den Kristall eines Bildes formen, der das Herz der Poesie ist. Ich erkannte den Unterschied zwischen dem Dichter, der sich von seiner Phantasie in das Lustgärtchen poetischer Redewendungen leiten läßt, und dem Dichter, der die Sprache als Werkzeug benützt, um ein Abbild seines Erlebnisses aus den Worten zu meißeln. Ich sah, wieviel Mut und Geduld und Alleinsein dazu gehörte, ein Erlebnis zum Ausdruck zu bringen. Denn die Phantasie gibt dem Dichter die unbestimmt erregende Metapher ein, die für ihn die Essenz eines Erlebnisses umschlossen hält – aber wie mühselig, von da weiter vorzudringen zum wahren Urbild der Metapher, es durch alle Einsamkeiten zu verfolgen bis in die letzte Verborgenheit, wo es vor allem früher schon Gesagten versteckt liegt; wie beschwerlich, es durch alle Fährnisse der Sprache zu steuern und es, gehorsam den Geboten der Grammatik und der Form, zum Wort zu gestalten. Die meisten Dichter lassen sich von ihren Einfällen aus der eisigen Einsamkeit in die wärmende Umgebung vertrauter, nur halb zutreffender Wendungen zurückführen. Ein Erlebnis ist für sie der Beginn einer Wanderung, die rasch ans Ziel, zu vorher schon ausgesprochenen Gedanken führt. Der Dichter, der an seiner Metapher festhält, blickt seiner eigenen Einsamkeit ins Auge; im Ringen, daß sich ein neuer Gedanke von ähnlichen, längst ausgedrückten unterscheide, kann er entdecken, wie sehr sein geheimstes Erleben im Widerspruch zu dem landläufigen Denken steht und wie erschreckend allein er ist. Denn er enthüllt ein Bruchstück der letzten Wahrheit über seine Einsamkeit.

Nach und nach kam ich darauf, daß der wahre Poet nicht einfach nur »poetisch« ist. Die Kühnheit seiner Phantasie gestattet ihm, einen Einfall zu verfolgen, auch wenn er undichterisch erscheint, und er klammert sich mit allen Fasern an seine Vision, wohin sie ihn auch führen mag. Mit dieser Erkenntnis gewappnet, las ich die Modernen. Schon auf der Schule hatte ich nach den ersten Gedichtbänden von Edith Sitwell gegriffen und war sogleich von dieser dichterischen Kraft gefesselt, die alles zum reinen, harten Bild gestaltet.

Vor meiner Begegnung mit Auden verstand ich unter der Dichtkunst eine eigene poetische Welt, von der realen getrennt; Gemälde aus Worten, Musik aus Worten verstand ich darunter, dem Alltag weit entrückt. Blick aus dem Fenster auf einen Rasen: dahinter der Fluß, parallel zum Haus und zum Horizont, und vor dem Horizont ein Baum wie eine Säule, deren Kapitell sich dunkel vom Feuerrad des Mondes abhebt, eine Pappel, deren im Nachtigallenlied erschauernde Blätter die Finsternis aufsaugen. Ein Gedicht – das war für mich die Wiedergabe eines solchen Bildes, die große Anrufung, das unermeßliche »Oh!«, in Musik und Vergleiche übertragen.

Viele Jahre später, auf einer Reise in Griechenland, saß ich im Garten eines Restaurants auf einer kleinen Insel in der Bucht von Chalkis. Über den Tischen wölbte sich der Sternenhimmel; wenige Schritte entfernt wallte das Meer wie eine schwarze Fahne, und rings um das Wasser ragten die Berge, riesenhaft wie graugrüne, durchsichtige Steine. Am Nebentisch saß ein junger Engländer – sein Gesicht konnte ich nicht sehen – und ein Mädchen. Nach dem Essen schob er seinen Stuhl zurück, sah ganz unaffektiert zu den Sternen empor und rezitierte Verse, die mit einer großen Anrufung begannen – »Oh!« Aus der Schulzeit erinnerte ich mich dunkel, daß das die Worte des Wächters an die Nacht aus dem *Agamemnon* sein mußten. Ich verstand die griechischen Worte nicht, aber die klare englische Stimme war voll Sternenlicht, Meeresrauschen und Bergeshöhe. Das ist die Wirkung, die ich von der reinen Dichtung erwarte, eine Anrufung, halbverstanden und doch so vollkommen ausgedrückt, erfüllt von Sternen und Bergen, Tisch und Stuhl.

In Oxford begann ich anders über Dichtkunst zu

denken. Ich sah sie nicht mehr als Schöpferin einer eigenen Welt, in der der Dichter seinen Bildern lebt, von der Wirklichkeit abgeschlossen. Ich sah auch den Dichter nicht mehr als schattenhaften Künder hinter dem Thron der Macht, den ungekrönten Gesetzgeber der Menschheit, wie ihn Shelley sah. Er war der Mann, der die Welt – diese Welt, die der Mensch durch seinen Willen rings um sich baut – zurückübersetzt in die Sprache des inneren Lebens aus Traum und Phantasie, daraus die greifbare äußere Wirklichkeit entsprungen ist. Ich glaubte daran, daß alles, was der Mensch schafft und erfindet, in gewissem Maße Symbol seines inneren Wissens ist, wie es durch die Gegenwart geprägt wird. Die Dichtung war eine Sprache, die das äußere Sein und Geschehen als Sinnbild des inneren Bewußtseins sah.

Ich begann zu begreifen, daß auch das scheinbar Prosaische Rohstoff für die Poesie sein kann. Was versteinert, erdrückend, unzugänglich schien, konnte durch die Dichtung wieder auf seinen symbolischen Gehalt eingeschmolzen werden. Gerade das fesselte mich an den Modernen, daß sie ihre neuen Formen mit dem, was als häßlich, poesiewidrig und unmenschlich galt, zu erfüllen vermochten. Die Verwandlung des schmutzigen Dubliner Alltags in den dichterischen Roman, dessen Titel *Ulysses* ihn dem zeitlosesten Epos zuordnet; die Gegenüberstellung europäischen Verfalls und der höchsten Höhe vergangener Zeiten in Eliots *Das wüste Land* – sie bewiesen mir, daß das heutige Dasein Material der Kunst sein kann, und daß der Dichter, statt sich von seiner Zeit zu lösen, sie zu akzeptieren und zu schaffen vermag.

In Oxford schrieb ich Gedichte, in denen Gaswerke, Fabriken und Armeleutewohnungen vorkamen. Ich verstand, was Auden – bei aller Affektiertheit – damit meinte, daß der schönste Spaziergang in Oxford den

Kanal entlang, am Gaswerk vorbei, führe und daß der Dichter wie Herr Meier angezogen sein müsse. Ich stellte in Prosa das Experiment an, die Gleichzeitigkeit von Bewußtseinsvorgängen auf verschiedenen Stufen wiederzugeben. Wenn ich zum Beispiel ein geschichtliches oder philosophisches Werk las und dabei die ganze Zeit mit einer anderen Gehirnschicht an ein Gespräch mit einem Freunde dachte – wie konnte man am besten dieses zweischichtige Denken, diese nebeneinander fließenden Gedankenquellen ausdrücken?

James Joyce, Virginia Woolf und Ernest Hemingway erschlossen mir Bereiche, die ich vorher kaum geahnt hatte. Zum Beispiel die Gabe, darüber nachzudenken, was man denkt, während man denkt. Bei Hemingway fand ich eine Körnigkeit und Dichte der Worte, die seine Prosa der rauhen Oberfläche einer Gipswand vergleichbar macht. Das Neue an ihnen war vor allem, daß sie die Vorgänge des Denkens und Wahrnehmens in den Mittelpunkt stellten. Früher hatte der Schriftsteller dem Leser zu verstehen gegeben, was ein Fleck auf der Mauer bedeutete. Virginia Woolf ließ den Leser den Augenblick miterleben, in dem jemand den Fleck auf der Mauer gewahrt, und der Fleck gewinnt Farbe durch die Wiedergabe des Gemütszustandes beim ersten Anblick.

Diese Schriftsteller suchten der Literatur neuen Rohstoff zu erschließen und zugleich die Vorgänge aufzuhellen, wie die äußere Welt im Einzelmenschen zur inneren wird. Ihr Schaffen hatte die Wirkung, das literarische Einfühlungsvermögen nach innen zu richten. Der moderne Autor hatte die äußere Schale abgestreift und geistig zu verdauen versucht, und es war ihm nicht immer bekommen. Die Hauptperson dieser Literatur war immer der ungewöhnlich sensible Mensch, das heißt, der Mensch, der für die große Vielfalt der Eindrücke am aufnahmefähigsten und sich dieser Empfänglichkeit bewußt ist, der seine Eindrücke der Bereicherung seines Ichs dienen läßt, nicht seinem äußeren Handeln. Proust und Joyce, Eliot und Virginia Woolf machten ihren Helden oder ihre Heldin zu passiven Betrachtern einer in Trümmer fallenden Kultur.

Gegen diese passive Einfühlung empörte sich D. H. Lawrence, den ich damals in Oxford ebenfalls zu lesen begann. Trotz aller künstlerischen Mängel schrieb Lawrence Romane und Gedichte, die sich aus seinem Innern nach außen kehrten, den Menschen, der Natur zu. Ihm war das Einzelgängertum der modernen Schriftsteller, dieser Rückzug auf eine hochentwickelte Sensibilität, ein Greuel. Die Grenzen zwischen Innen und Außen galten ihm als heilig; das innere Leben soll sich dem äußeren nähern, aber die äußere Welt darf dem Schriftsteller nicht zur inneren werden. Das Wahrnehmen ist eine Sache für sich, das Wahrgenommene ebenso; der Mensch ist eins, die Natur ein anderes; der Mensch ist auch von den anderen Menschen getrennt. Die Vereinigung ist ein dunkles Mysterium, ein göttlicher Akt, und selbst in der leiblichen Vermischung bleiben Mann und Frau ein eigenes Ich. Dieses Paradox der Verschmelzung von Existenzen, die nicht ineinander aufgehen können, ist für ihn das schöpferische Geheimnis. In der Berührung des einzelnen mit dem Außen, mit der Natur, mit den anderen liegt seine Erneuerung.

Lawrences Einfluß auf mich läßt sich kaum schildern; die Wirkung setzte sofort ein, wenn ich eine Seite Prosa, eines seiner Gedichte gelesen hatte: Mit einem Schlag sah ich die Natur als die Gewalt über Leben und Tod, unabhängig vom Dasein des Menschen, aber voll von Kräften, die ihn erneuern können. Die Tiere und Blumen, die Lawrence schildert, führten ein wunderbares Eigenleben, standen ganz außerhalb seiner selbst, obwohl er sie mit einer unheimlichen Tier- oder Pflanzenhaftigkeit erfühlte. Diese Tiere, diese Pflanzen wollten und wollten sich nicht in Gedanken verwandeln lassen, nicht seine geistige Farbe annehmen. Lawrence hätte die See niemals vergedanklichen können, wie es Joyce getan hat, der vom »rotzgrünen Meer« sprach; nie hätte er wie Eliot den Abendhimmel mit »einem narkotisierten Kranken auf dem Operationstisch« verglichen.

Lawrence öffnete mir nicht nur die Augen für eine Welt, die mehr war als Rohstoff zur literarischen Verarbeitung; sie trat meinem ganzen Dasein, an Leib und Seele, auf die Zehen. Ich konnte mich seiner Kritik der Zeitgenossen nicht verschließen, ich nahm mich auch nicht aus von seinem absprechenden Urteil über Oxforder Studenten und gefühlsduselige junge Männer. Und was am schlimmsten war: Ich ahnte, daß mein eigenes Schaffen leiden mußte, weil meinem Dasein geistig und körperlich etwas fehlte.

Dieser Mangel an Vertrauen zu meiner Natur wurde später durch den Kommunismus bestärkt. Vielleicht war ich der Typ des modernen intellektuellen Schriftstellers, den Lawrence verwirft; vielleicht war ich der den Kommunisten so verhaßte Bourgeois, der Handlanger einer Klasse, die mich in ihr dekadentes Milieu sperrte.

Im letzten Universitätsjahr wurde ich Sekretär des Literarischen Vereins. Dadurch lernte ich eine ganze Reihe von Schriftstellern kennen, die ich einlud, bei uns Vorträge zu halten: Walter de la Mare, Edmund Blunden, J. C. Squire, Humbert Wolfe, William Plomer und andere. Ich kam darauf, daß auch der Dichter noch einen zweiten Beruf haben muß, daß er ein müder, überarbeiteter Mensch ist, der von der Schriftstellerei allein nicht leben kann und in Gefahr schwebt, aus Selbstachtung nur bei diesem Metier zu bleiben. Die meisten unserer Gäste hatten viel Verständnis für junge Menschen und sprachen sich offen über sich selbst aus. Großmütig gingen sie darüber hinweg, daß ich ihnen falsche Auskünfte über die Zugverbindung nach Oxford gegeben hatte, und erteilten mir melancholische Ratschläge für die literarische Laufbahn, auf die ich mich verlegen wollte; sie sprachen von ihr wie abgeschiedene Schatten im Fegefeuer, wohl wissend, wie viele Blütenträume nicht gereift waren, aber noch immer erglühend im Abglanz ihrer Vision. Als Edmund Blunden hörte, daß ich Gedichte schreiben wollte, rief er aus: »Tun Sie, was Sie wollen, aber schreiben Sie keine Buchkritiken!« – so wie Paolo und Francesca berichten, daß die Lektüre eines Buches ihren Untergang besiegelte. J. C. Squire musterte mich mit gespielter Strenge: »Was haben Sie mit Ihrem Leben vor, junger Mann?« »Gedichte schreiben.« »Dann wird es Ihnen so gehen wie mir«, seufzte er gleich einem jener warnenden Schatten, die sich wieder dem Fegefeuer anheimgeben. »Dann werden Sie sich in ein hübsches junges Mädchen verlieben und noch mehr Gedichte schreiben. Dann werden Sie Kritiken und Zeitungsartikel schreiben. Dann kommt ein reizendes kleines Kind, und Sie schreiben noch mehr Artikel. Und wenn Sie dann so alt sind wie ich, blicken Sie zurück und sagen sich: ›Also, meine Frau und meine Kinder – das ist wahrscheinlich mehr wert, als vierhundert Sonette gedichtet zu haben!‹« Humbert Wolfe sagte: »Wenn Sie Staatsbeamter werden – und warum auch nicht, wenn Sie cum laude absolvieren wie ich? – und wenn Ihr Buch in zehntausend Exemplaren verkauft wird wie mein letztes, dann können Sie Gedichte schreiben!« J. B. Priestley gab mir den Rat: »Nein, es ist kein übler Gedanke, mit einem bißchen Lyrik anzufangen, wenn Sie später etwas Seriöses schreiben wollen. Was mich betrifft...« Und dann erklärte er mir, wie er es durch literarische Selbstdisziplin so weit gebracht hatte, daß sein neuester Roman waggonweise ausgeliefert wurde.

Walter de la Mare, der wirklich einem Bewohner der Schattenwelt glich, voll Selbstvertrauen bei aller Bescheidenheit und bescheiden bei allem Selbstvertrauen – er konnte auf die reizendste Art die niederschmetterndsten Bemerkungen über sich machen –, sagte zu mir: »Merkwürdig, nicht? – ich muß einen sechsten Sinn haben: Ich spüre es sofort, wenn mein Name in der Zeitung steht und stoße gleich auf die Stelle.« Er besaß eine kindlich tiefe Arglosigkeit, die jedes Phänomen staunend und ohne Anstoß hinnahm. Jahre später lernte ich bei ihm einen jungen amerikanischen Schriftsteller kennen, den Enkel eines berühmten Präsidentschaftskandidaten, der mir erzählte, daß er in London einen Matrosen aufgegabelt hatte, einen Burschen, den er mit nach Hause nahm und der ihm dann Geld und Kleider stahl. De la Mare hörte zu, stellte Fragen, lächelte – als wäre das alles ein Bericht aus dem Reich der Träume. Wir saßen in seinem Salon und tranken Tee aus dünnen Tassen, wie bei einer unverheirateten Tante aus einem seiner Kindergedichte. Ich kam dann noch manchmal mit dem Amerikaner zusammen, der de la Mare und mich gut leiden mochte, wahrscheinlich weil wir ihn beide verstanden, wenngleich aus verschiedenen Gründen: de la Mare, weil er fasziniert, ich, weil ich ernüchtert war. Als der junge Mann – er war inzwischen ein paarmal eingesperrt worden – sich das Leben nahm, korrespondierte ich mit de la Mare über seinen literarischen Nachlaß. Aber erst als ich eine tief verständnisvolle Stelle in de la Mares Einleitung zu seiner Anthologie *Liebe* las, erkannte ich, wie sehr dieser verträumteste und weltfremdeste aller Dichter den äußeren Sachverhalt der ganzen Episode erkannt und gebilligt hatte. Vor kurzem hörte ich eine nette Geschichte von de la Mare. Ein alter Freund besuchte ihn und war ein wenig betroffen, weil der Dichter den ganzen Nachmittag nichts als Fragen stellte, ohne die Antwort abzuwarten. Beim Abschied bemerkte der Freund melancholisch: »Ja, er wird alt.« An der Tür sagte de la Mare: »Ich weiß, ich habe viel gefragt und nicht auf Antwort gewartet. Aber finden Sie nicht auch, es ist wichtiger, Fragen zu stellen als zu beantworten?«

Bei meinen frühen Begegnungen mit den literarischen Größen lernte ich die Qual der Sehnsucht nach der Freundschaft mit ihnen kennen. Keiner kann das begreifen, der nicht weiß, was es für einen jungen Menschen bedeutet, wenn er in der Menschenmenge ein Gesicht erkennt, das ihm sagt: Ein Dichter.

Wenn ich den Bürstenabzug eines Gedichtes, eines Artikels für die Universitätszeitung bekam, wenn ich das Blatt kaufte und mein Name da gedruckt stand, konnte ich tagelang aufgeregt herumlaufen. Es waren die Tage des Wartens auf die Erfüllung, auf den Anblick, wo ich mit bebenden Fingern blätterte; es waren die Stunden, in denen ich mich heimlich an die Minute erinnerte, wo ich, gleichsam zufällig, auf mein eigenes Werk stieß – Stunden, in denen ich das unglaubliche Gefühl des Neuen, der Wiedergeburt nacherlebte, das Gefühl, gedruckt zu sein.

Es gelang mir dann, mich in einen anderen Menschen, einen fremden Leser zu versetzen, der die Seite aufschlug und – nicht mit meinen Augen – las, was da stand. »Zum Staunen!« sagte dann dieser andere, wenn er schwarz auf weiß einen seiner innersten Gedanken, seiner eigensten Vergleiche ausgesprochen fand. So kritiklos solche Anwandlungen auch scheinen, so konnte ich doch paradoxerweise in der Rolle eines anderen einen Fehler mit der gleichen Klarheit erkennen wie das Richtige.

Welcher weite Weg von den Tagen, wo der Bürstenabzug eines Gedichts oder Artikels wie ein Liebesbrief war, zu den Jahren, wo Korrekturen nur eine lästige Unterbrechung bei neuer Arbeit, eine Mahnung an beiseitegelegte Arbeiten bedeuteten! Welcher Unterschied zwischen den Jahren, wo ich Schriftsteller als Götter betrachtete, in deren Gegenwart mich ehrfürchtiges Zittern befiel, und der Zeit, als ich sie alle, mit wenigen Ausnahmen, als die erfolgreicheren, geachteteren oder entarteteren Mitglieder einer streitsüchtigen Familie ansah, der auch ich angehörte!

Schon in meinem letzten Oxforder Jahr hatte ich mich der Welt außerhalb der Universität genähert; ich wollte mich ganz der Schriftstellerei widmen, ich wollte von der Universität abgehen, aber meine Vormunde ließen es nicht zu. Zwei Gründe hatte diese Umstellung – meine Sommerferien in Hamburg, von denen die Rede sein wird, und meine Freundschaft mit Christopher Isherwood.

Ich begegnete ihm das erstemal auf Audens Bude zu Ende des ersten Studienjahres. Nach allem, was Auden über ihn gesagt hatte, sah ich in Isherwood den Romanschriftsteller der Zukunft, der mit eisernem Willen das Rohmaterial für sein Werk sammelte, entschlossen, das Leben eines Alltagsmenschen zu führen, mit der U-Bahn ins Büro zu fahren, sich unter sorgfältiger Vermeidung alles Auffälligen anzuziehen und so weiter. Isherwood hatte über nichts vorgefaßte Meinungen, sagte Auden; er interessierte sich brennend für Menschen, aber er liebte sie nicht und haßte sie nicht, er dachte weder gut noch schlecht über sie. Für ihn waren sie der Steinblock für seine Arbeit, sonst nichts. Auden vertraute seinem Urteil vorbehaltlos; wenn Isherwood ein Gedicht nicht gefiel, vernichtete es Auden ohne weiteres. Wenn er einen einzelnen Vers lobte und die anderen tadelte, brachte Auden diesen Vers in einem neuen Gedicht unter. So kommt es, daß einige frühe Gedichte Audens geschickt aus Bruchstücken von Gedichten zusammengewebt sind, die Isherwood gut gefunden hatte.

Ebenso wie mein Bruder und Bailey oder Tristan mich lange nicht würdig befunden hatten, Auden kennenzulernen, so enthielt mir jetzt Auden die Begegnung mit Isherwood vor. Tristan machte uns bekannt und quälte mich nicht wenig mit Bemerkungen wie »Christopher ist riesig sympathisch, weil er ein stiller, einfacher Mensch ist!«; so nett er auch im Umgang sei, er persönlich, Tristan, könne nicht verstehen, warum alle Leute so darauf versessen seien, alle Leute zu kennen; dieses Verlangen, berühmte Männer kennenzulernen, nannte Tristan meine große Schwäche.

Damals war Isherwood noch nicht berühmt. Er hatte einen Roman veröffentlicht, für den ihm der Verlag dreißig Pfund anzahlte; das Buch fand keine besonders gute Presse. Sonderbar, bevor ich Isherwood kennenlernte und auch nur ein Wort von ihm gelesen hatte, war ich von seiner sagenhaften Größe so überzeugt, daß ich die Kritiken voll Entrüstung las und mich noch heute an sie besser erinnere als an die Besprechungen meiner eigenen Bücher.

Tristan, der, wenn wir allein waren, gern Witze über seine Götter riß, setzte mir auseinander, daß es für Auden, der uns in unseren Oxforder Niederungen als höchster Gipfel erschien, gleichfalls einen höchsten Gipfel gab, nämlich Isherwood, und daß Isherwood zu einem noch höheren aufblickte – Chalmers. Tristan genoß geradezu das Gefühl unserer Winzigkeit angesichts dieser unseren Blicken entzogenen Bergriesen.

Isherwood und ich wären vielleicht überhaupt nicht zusammengekommen, wenn ihm nicht Auden eines Tages meine Geschichte aus dem Pensionat gezeigt hätte. Isherwood wünschte daraufhin, mich kennenzulernen, und wir trafen einander bei Auden an einem sonnigen Nachmittag. Auden konnte Tageslicht nicht ausstehen, die Vorhänge waren dicht geschlossen, das elektrische Licht brannte. An einem mit Manuskripten beladenen Tisch saßen Auden und Isherwood – Auden mit einem grünen Augenschirm, wodurch er an einen Amateurchemiker erinnerte. Isherwood sah aus wie ein Schuljunge, der in einem lebenden Bild mitwirkt. Die Manuskripte waren ihre kommenden Bücher. Auden blickte jäh auf und sagte: »Sie kommen früh. Setzen Sie sich!« Isherwood kicherte, und während ich Platz nahm, wandte er sich an Auden: »Ich sehe das Bild wirklich nicht vor mir, die ›erfrorne Möwe, übers Wehr geschnellt‹. Es klingt nach Kühlschrank.« Auden wurde rot und strich die Zeilen mit einem dicken Bleistift aus.

Als sie fertig waren, hielt mir Isherwood eine ziemlich förmliche Ansprache, sagte, daß er meine Geschichte gelesen habe und sie für eine der erstaunlichsten Arbeiten eines jungen Schriftstellers halte, die ihm seit langem untergekommen sei, und so weiter.

Später kam ich mit Isherwood in London zusammen. Er vereinfachte alle Probleme, in die ich verstrickt war, machte sie einfacher dadurch, daß er sein eigenes Leben, seine eigene Einstellung zu ihnen beschrieb. Er erzählte mir, wie er und Chalmers sich in Cambridge völlig abgesondert hatten, fast immer nur auf ihrer Bude blieben und Geschichten aus einer phantastischen Welt schrieben, Mortmere genannt. Als es zum Examen kam, beantwortete Isherwood alle Fragen in Knittel- und Blankversen. So erreichte er sein Ziel, relegiert zu werden.

Isherwood hatte eine eigene Art, auf sympathische Weise angewidert und auf liebenswürdige Weise bitter zu sein. Wenn ich zum Beispiel bemerkte: »Schließlich lernt man auf den Universitäten die besten Köpfe der eigenen Generation kennen«, blickte er in die Ferne und mit einer Stimme, die so weit weg schien wie ein

Baum am Horizont, versetzte er: »O ja, natürlich, die besten Köpfe der eigenen Generation, die lernt man dort kennen.« Während er das sagte, vertieften sich die Falten zwischen Nase und Mundwinkel wie in verhaltenem Schmerz, in dem doch ein Lächeln saß.

Über Tristan sagte er, das sei ein Mensch, der einen Freund gegen den anderen ausspiele und jedem so wenig als möglich gebe. Tristan habe seine eigenen seelischen Probleme, meinte ich, und er erwiderte: »Probleme, ja natürlich! Menschen mit Problemen habe ich so satt!« Ich hörte aus seinen Worten heraus, daß es ihm keineswegs an Verständnis und Mitgefühl für problematische Naturen fehlte, aber nach seiner Ansicht dienten vielen Menschen ihre Probleme oft nur als Vorwand, um die Gefühle anderer auszubeuten. Nachdem ich ihm Marston vorgestellt hatte, bemerkte er nur: »Aha, Sie haben Menschen gern, denen Sie gleichgültig sind.«

Einmal gingen wir im Hydepark spazieren, abends, als es dunkel wurde und langsam die Lichter angeschaltet wurden. Hinter den Bäumen, auf deren Zweigen das vergoldete Spätlicht des Sommerabends lag wie alter Brokat, erhoben sich die dunklen Umrisse der Häuser gleich Schlachtschiffen. Wir gingen die Serpentine entlang, und mir war, als ob Christopher meine ganze Welt zerpflückte. Meine Schwäche war, daß ich nicht tat, was ich wollte, nicht forderte, was ich brauchte. Ich vergeudete meine Zeit in Oxford, obwohl ich nichts wollte als schreiben. Ich ließ mich auf menschliche Beziehungen ein, die zu nichts führten, wahrscheinlich durch meine eigene Schuld, weil ich vor einem intimeren Verhältnis Angst hatte.

Isherwood hegte eine tiefe Abneigung gegen die Professoren, weil sie ihr Leben zwischen der akademischen Wissenschaft und dem Kleinstadtklatsch teilten, der das gesellschaftliche Leben von Oxford und Cambridge ausmacht; Abneigung auch gegen die Studenten wegen ihrer Angeberei und ihres Standesdünkels. Das ganze System schien ihm die Gefühle in Acht und Bann zu tun und von Angst vor dem Sexuellen bestimmt zu sein. Sein Haß beschränkte sich aber nicht auf Oxford, er galt dem Leben des englischen Mittelstandes überhaupt. Er sprach von Deutschland als dem Lande, wo dem Leben solche Hemmungen und Hindernisse wegoperiert waren.

Aber seine Ansichten hatten auch ihre positive Seite. Er sprach von Genesung und Erlösung mit wahrer Heilsarmee-Inbrunst; er sprach geradezu wie ein Gesundbeter von Menschen, die so reinen Herzens seien, daß sie niemals erkrankten. Psychologische Heilungen ließen sich – nach Isherwood – durch neuartige Methoden erzielen. Er selbst hatte zum Beispiel einen Kleptomanen einfach dadurch kuriert, daß er über seine Kleptomanie Buch führte und sie organisierte. Er und der Kleptomane trugen zusammen in ein großes Rechenbuch alles ein, was der Bursche klaute. Das nahm dem Stehlen die Romantik, es war nichts Aufregendes, nichts Ungewöhnliches mehr daran.

Nach diesem Gespräch im Hydepark verlangte mich danach, geheilt zu werden und auch zu tun, wonach ich begehrte, aber insgeheim bezweifelte ich, daß mein Verlangen, auch wenn es gestillt oder sogar in ein System gebracht war, dann noch so aufwühlend sein werde.

Wenn Isherwood sprach, wirkten seine Worte auf mich wie der Schluß von *Alice im Wunderland*: Alle Beteiligten in meinem Spiel schienen sich plötzlich in Karten zu verwandeln. Ich war jetzt fest entschlossen, das College zu verlassen, Schriftsteller zu werden und mich auszuleben. Einige Monate später, als ich nach Hamburg gefahren war, begann ich mein Tagebuch mit folgenden Worten:

»22. Juli 1929. Hamburg.

Jetzt werde ich zu leben anfangen.

Vorsatz für den Sommerurlaub: Die Ferienarbeit für die Universität nicht anrühren! Jetzt bin ich fort von England und werde meine eigenen Arbeiten vornehmen. Ob ich nach Oxford zurückkehre oder nicht, künftig werde ich nur meine eigenen Arbeiten machen und keine anderen.

Meine eigene Arbeit: Gedichte und Romane schreiben. Nur in meiner Arbeit beweise ich Charakter und Willenskraft, sonst nicht. Im Leben tu ich, was meine Freunde mir sagen, und habe keine eigenen Ansichten. Das ist eine Schande, ich weiß es, aber es ist so. Deshalb muß ich immer unabhängiger werden. Ich muß in meiner Arbeit leben und reifen.

Mein Ziel ist seelische Reife ... Außer für meine Arbeit lebe ich nur für meine Freunde.«

3

Im August sah ich Hamburg nach sechzehn Jahren wieder: eine Stadt im Zwielicht, vielgestaltig und galgenhaft aus dem Düster ragend; Häuser, die oft nur Fassaden mit geborstenen Fenstern waren, andere Gebäude dagegen auffallend unversehrt, so wie eine Leiche frische Stellen aufweist, die noch zu leben scheinen – eine unfaßliche Wandlung, die ich in mich aufnahm, wenn ich spät abends den Kai entlang ging und das Wasser sich wie blauer Tüll um die spiegelnde Pflugschar der Sterne legte.

In meinen Erinnerungen an Deutschland stellen sich diese Ruinen immer zwischen mich und die Vergangenheit, unausweichlich, weil sie selber schon im Früheren beschlossen schienen, so daß mir sechzehn Jahre vorher unbewußt das Bild der Trümmerstätte im Sinn lag, so wie mir jetzt, inmitten der Zerstörung, die unversehrte Stadt vor Augen stand.

Damals, im Juli 1929, begleitete mich als aufmerksamer Führer mein Hamburger Gastfreund, ein junger Mann namens Dr. Jessel, Jude, blaß und introvertiert; ich kannte ihn aus Oxford, und er hatte mich nach Hamburg eingeladen. Als ich im Gehen pfiff, fragte er mich, welche Melodie das sei. »Das Scherzo aus der Achten.« »Sie lieben Musik? Wir haben anscheinend in vielem den gleichen Geschmack.«

Zum erstenmal spürte ich da den Lindenduft, der mich sechzehn Jahre später wie eine Spur, ein wehmütiger Hauch der Vergangenheit, durch die Ruinen begleitete. Im Ufergras stand hier und dort eine Trauerweide, deren hängende Zweige ein chinesisches Schriftzeichen auf das bläuliche Papier des Wassers malten. Dreieckige Segel trieben auf den Wellen gleich Blütenblättern. Es war wie Musik von Debussy. »Ich habe Gedichte auf deutsch und französisch geschrieben«, sagte Dr. Jessel an meiner Seite, »aber ich weiß nicht, ob mein Englisch ausreichen würde. Sie könnten mir dabei helfen. Ich verspreche mir viel von unserer Bekanntschaft.«

Ich lernte seine Freunde kennen und wurde zu kleinen Gesellschaften in ihrer Wohnung oder einem Atelier eingeladen. Wir gingen schwimmen und rudern. Für diese jungen Leute, die nicht viel Geld hatten und immer gleich ausgaben, was sie hatten, war das sinnliche Ausleben wie ein sonniger Garten ohne Sünde. Ihrem Jahrgang hatte die große Inflation das bürgerliche Ideal des Besitzes geraubt; jetzt lebten sie bewußt von heute auf morgen und kosteten alles bis zur Neige, was umsonst zu haben war – Sonne und Wasser, Freundschaft und Liebe.

Die Sonne, Wahrzeichen des unerschöpflichen Reichtums der Natur, gemessen an der Armut der Menschen, war eine der treibenden Kräfte für diese Generation. Die Sonne heilte ihren Körper von den Kriegsjahren, lehrte sie das Wissen um die prickelnde Lebendigkeit von Blut und Muskeln, die ihre müden Seelen umgaben wie das Fell eines Tieres. Die Sonne, ein riesiger Feuerkreis, eine weiße Lohe, löschte die scharfen Konturen aller anderen Bewußtseinsformen aus, brannte selbst das Gefühl der Zeit hinweg.

Ich machte das Strandleben, die Gesellschaften mit, bei denen im Morgendämmern die jungen Paare einander in den Armen lagen. Mir erschien dieses Leben harmlos, dieses an Leib und Seele nackte Leben in der weißen Knochenwüste der Nachkriegszeit. Aber ich ging sonderbar unberührt hindurch. Rein äußerlich hatte ich etwas Verkrampftes, eine verhaltene Erregung, und das hielt diese jungen Deutschen von mir fern.

Ihr Leben verschmolz ungezwungen mit den künstlerischen und literarischen Strömungen des Tages. Alles war »neu«, trügerisch neu. Gebäude von streng senkrechter Linienführung, waagerecht durchkreuzt, stachen in den Himmel wie Bahngleise. Auf allen Bühnen, in den Opernhäusern wurde viel experimentiert, in einem Stil, der nackte Entfesselung mit bitterem Pathos, die beiden Merkmale dieser Zeit in Deutschland, verband. Einmal sah ich einen Film, in dem die Straßenaufnahmen der Trambahnen und Fahrräder von Musik begleitet waren, was ihnen etwas seltsam Phantastisches verlieh. Das Gebimmel der Straßenbahnen, das Klingeln der Fahrräder, der Lärm des Verkehrs waren in die musikalischen Motive eingebaut, aus denen eine tragische Ausgelassenheit klang, und das Ganze vermittelte geschickt den Eindruck des Auf-nichts-gestellt-Seins, der Abgebrühtheit und des Lebensüberschwanges, lauter Dinge, die in den ersten Jahren der Weimarer Republik so gefährlich anziehend wirkten.

Das Moderne war damals in Deutschland eine Massenbewegung. Flache Häuser, Expressionismus, atonale Musik, Schwulenkneipen, Nacktkultur, Sonnenbad und Zelten im Freien, das alles verstand sich von selbst und malte das ganze Land in grellen, lustigen, oberflächlichen Farben. Das war der äußere Aspekt; aber es gab auch bedeutende Künstler, eifernde Protestanten, racheschnaubende Nationalisten, Kommunisten – es gab viel tragisches Einzelschicksal und viel Leid. Das Mondäne, das Moderne überdeckte alles. Es war leicht, modern zu sein. Man brauchte sich nur auszuziehen.

Die ersten Hamburger Wochen stiegen mir zu Kopf;

ich konnte vor lauter Schaffensdrang nicht viel schreiben, aber manchmal ergeht es dem Schriftsteller so, daß der Gedanke an sein Buch ihn von der Arbeit daran abhält. Auf meinen Spaziergängen empfand ich eine ungeheure Befreiung – Oxford und mein Daheim lagen in weiter Ferne. Durch mein Gehirn marschierte etwas wie mit Fahnen und Trommeln, mein Blut schien von Musikwellen getragen. Mein inneres Leben und die glühende, pulsende Welt ringsum feierten gleichsam Wiedersehen in inniger Umarmung.

Am besten gefielen mir unter Dr. Jessels Freunden zwei, Joachim und Willi. Joachim hatte am Stadtrand ein großes Wohnatelier, auf das er unbändig stolz war, und lud Jessel und mich einmal abends zu einer Gesellschaft ein. Vier Treppen hoch, ein großer, einfacher, luftiger Raum, wie eine weite Dachkammer, in den das Licht durch ein Deckenfenster und kleine Fensterschlitze fiel. Der Raum hatte die Form eines großen L, so daß man immer nur eine Seite sah. An den Kopfwänden standen Lotterbetten, kahle, ultramoderne Tische und Stühle aus Stahlrohr und gebogenem Holz. In der Mitte des Ateliers war Platz zum Tanzen freigemacht. Walzen und Kugeln aus Milchglas beleuchteten den Raum.

Wir kamen spät, als der Abend schon in vollem Gang war. Joachim war hochgewachsen – er sah ein wenig wie ein Mexikaner aus – und hatte ein wachsbleiches Gesicht, schwarze Augen und aufgeworfene, sinnliche Nasenflügel; das Haar war zurückgekämmt. Er nahm mich gleich am Arm und zeigte mir alles, die geschliffene Glasschale, die mexikanische Matte, die hochmoderne Keramik, die großen Bände in schwerem, klarem Druck auf Bütten.

Er sprach englisch mit leicht amerikanischem Akzent. Die Bücher, erzählte er mir, hatte er gekauft, bald nachdem sein Studium beendet war; jetzt las er nicht mehr viel. Er liebte schöne Dinge, aber »Leben« war wichtiger als Besitzen. Leben – das heißt: Freundschaft, Baden, Reisen, in der Sonne liegen. Ich bewunderte eine Zeichnung an der Wand. Das habe ich vor langem gemacht, aber jetzt habe er das Zeichnen aufgegeben. Er photographiere jetzt lieber; er griff unter ein finnisches Tischchen und gab mir eine Handvoll Aufnahmen zum Ansehen, während er neue Gäste begrüßte.

In diesen Lichtbildern schien sich Joachims Lebenslust auszutoben. Eine wahre Prozession gutaussehender Menschen, meist junge Burschen, auf dem Sand ausgestreckt oder aufrechtstehend, den Kopf im Schatten, wie an die Sonne gelehnt, oder aus Schilf und Gras hervorsehend, beim Schwimmen, lachend auf der Terrasse oder untergefaßt. Ich denke an diese Bilder, die jetzt wahrscheinlich unter faul riechendem Unrat hinter zertrümmerten Fenstern liegen, aus denen Unkraut über sie wächst. Und wo ist die Schar der jungen Männer geblieben? Die Aufnahmen, ja die ganze Erscheinung dieser jungen Leute hatte etwas glanzpapieren Modernes, etwas Befreites und Unbeschwertes, aber sozusagen Anonymes, als brächten sie ihre Persönlichkeit nur durch die Kraft ihrer gleichgestimmten Triebe zum Ausdruck.

Im kleinen Spülraum nebenan bereitete Joachims Freund Willi die Getränke vor. Er sah ganz anders aus als Joachim, blond, blauäugig, skandinavisch, immer ein Lächeln im Gesicht. Eine Haarsträhne fiel ihm über die blauen Augen, und manchmal strich er sie aus der Stirn. Aus jedem seiner Worte sprach grenzenlose Anhänglichkeit an seinen Freund, dessen Geschmack, Möbel und Photos er über die Maßen bewunderte, aber in dieser Bewunderung lag auch eine gewisse Schwermut.

Neue Gäste waren erschienen, Gestalten wie aus Bronze, mit einer Einfachheit gekleidet, die an Laub und Sommer gemahnte. Die Burschen hatten etwas Mädchenhaftes, die Mädchen wirkten einigermaßen männlich. Es wurde getanzt, und ich führte eine gewisse Irmi, ein schlankes, knabenhaftes Ding. Ihre Bewegungen waren herausfordernd, sie schmiegte sich dicht an mich und legte ihr warmes braunes Gesicht fast an meine Lippen. Das alles schien so einfach, so natürlich, daß die Fragen, die sich mir in Oxford aufgedrängt hätten, sich hier nicht einstellten.

Nach dem Tanz ging sie zu Joachim, warf die Arme um seinen Hals und gab ihm einen Kuß. Auch das schien natürlich, daß sie ihn küßte, obwohl sie sich eben erst aus meinen Armen gelöst hatte. Ich bewegte mich wie im Rauschzustand sinnlicher Enthemmtheit; alles schien denkbar, naheliegend, leicht.

Ein Schmalfilm wurde vorgeführt, Aufnahmen am Strand und an Bord eines Schiffes, Bilder einer Abendgesellschaft, genau wie die, an der ich jetzt teilnahm, zum Teil sogar mit den gleichen Gästen. Joachim lehnte an der Reling, über sich den Himmel, der fast schwarz vor Hitze war. Eiserne Schatten lagen auf dem sonnigen Deck. Er hatte die Stirn gefurcht in einem schiefen Lächeln, das eine große Last von Freude zu tragen schien. Dann Joachim beim Decktennis, lachend und lebhaft, munterer, als ich ihn bisher gesehen hatte. Zuletzt zeigte der Streifen einen Abend hier im Atelier. Man tanzte. Die Kamera wanderte durch die Reihen der Tänzer, streifte den Raum ab, verweilte auf einem Kleid, einer Gestalt. Burschen und Mädchen lagen umschlungen auf der Erde, lösten sich von einander und wandten das Gesicht der Kamera zu. Willi streichelte einem Mädchen das Haar; er neigte das Gesicht, weiß im Scheinwerferlicht, zu ihr und küßte sie, erst sein Schatten, dann sein Mund. Ich hörte Willi neben mir lachen.

Als der Film abgelaufen war, stand man auf, dehnte

sich, wie um zu gähnen, und blieb stehen, still wie in verhaltener Erregung. Nur in der Mitte des Raumes brannte Licht, die Winkel lagen im Finstern. Zwei, drei Paare begannen wieder zu tanzen, lautlos, ohne Musik, dann schienen sie hinzusinken in den schweigenden Schatten. Es sei Zeit zum Gehen, bemerkte Dr. Jessel. Ich wollte erst Willi gute Nacht sagen.

»Er ist gerade hinausgegangen.« Dr. Jessel musterte mich mit einem forschenden Lächeln, das wie eine Schildwache vor seinem Gesicht stand, bereit, beim geringsten Zeichen das Feuer zu eröffnen. Er holte Willi. »Was wollen Sie denn, Stephen?« grinste Willi breit. »Nur mich verabschieden, Willi!« »Sonst nichts?« fragte er lachend und drückte mir die Hand. »Das ist aber komisch! Also, gute Nacht!«

Ich ging mit Jessel, dessen Gegenwart mich immer hinter die Schranken der Passivität trieb. Auf einer Brücke blieben wir stehen; träge zog der Fluß unter ihr hin. Während ich den Wellen nachblickte, merkte ich, daß sich das Firmament zu verwandeln begann. Die Morgendämmerung zog herauf, noch ohne Sonne, aber der Himmel war nicht mehr dunkel. Fahles Licht senkte sich auf die Stadt, füllte sie wie Wasser einen Behälter. Im fließenden Frühlicht zeichneten sich die dichten Baumgruppen am Fluß ab, ungegliedert und wuchtig.

Abends ging ich manchmal nach St. Pauli, in eins der Lokale für Matrosen, Arbeiter und Touristen. Gegenüber am Hafen ragte das riesige Bismarckdenkmal in die Nacht wie ein gewaltiger Pfefferstreuer aus Granit. Am merkwürdigsten war eine Kneipe, in der der Besitzer, ein alter Seemann mit eckigem, unrasiertem Kinn, struppigem Haar und vorquellenden Mussolini-Augen, ein ganzes Museum von Reiseandenken aus Tausendundeiner Nacht verstaut hatte. Ausgestopfte Alligatoren hingen an der Decke, riesige Fledermäuse klebten an der Wand wie Wappentiere, die Theke war mit Präriegras und Bambus abgezäunt, von Efeu überwuchert; unter Joachims Stuhl sträubte ein Stachelschwein seine Kiele.

Eine andere Kneipe sah aus wie ein Vereinslokal zu Weihnachten: Flittersterne, Girlanden, buntes Kreppapier, farbige Glühbirnen. Die tanzenden Paare waren schäbig angezogen, Männer tanzten mit Männern, einige von ihnen, wunderliche, hektische Geschöpfe, trugen Frauenkleider. Sie torkelten von Tisch zu Tisch, sangen liederliches Zeug, verdrehten die Augen und faßten gesetzte Spießer unters Kinn. Die meisten Gäste tranken seelenruhig ihr Bier und wunderten sich über gar nichts. Da und dort standen ein paar Matrosen und Gruppen von jungen Arbeitern mit Schirmmützen beisammen. An einem Tisch nicht weit von uns saß ein alter Mann mit langem Bart, der mit brennenden Augen auf ein tanzendes junges Paar starrte, während seine noch jugendlichen Finger fahrig über den Rand seines Glases strichen.

Ein junger Mensch tanzte allein, blaß, mit Kneifer, nichtssagend angezogen wie ein Büroangestellter; er schien an partieller Paralyse zu leiden. Er war nicht mehr ganz nüchtern und bewegte sich unter den Tänzern mit ruckartig flatterndem Händeschwenken, das wie ein verzerrter Vogelflug aussah. Das alles hatte nichts Abstoßendes oder Befremdliches; ich betrachtete es als eine Art Spiel, das verriet, auf welche Weise Menschen ihr Glück zu finden suchten und dafür litten.

Das Gegenstück zu dieser Nachtseite der Natur war das Schwimmen und Sonnenbaden, die etwas billige Freude am Schönen. Einmal nahmen mich Freunde in ihrem Wagen in eine kleine moderne Villa bei Hamburg mit. Nach dem Essen lagen wir im Garten; ein Koffergrammophon spielte Mozarts Flötenkonzert.

Nie zuvor, nie seither mutete mich diese Musik so überirdisch und erdenhaft zugleich an, als ob der Flötenklang durchs Orchester rieselte wie der verborgene weiße Saft, der in Sommernächten aus den Wurzeln in die Stengel der dunklen, duftenden Blumen emporsteigt. Als es ganz finster war, zündeten wir ein Feuer im Garten an; der Schein erhellte das Haus, und verirrte Funken trieben mit dem Rauch in der warmen Luft. Die Dame des Hauses trat auf die Veranda heraus, eine schöne junge Frau, hochschwanger, was ihre Schönheit unterstrich. Im Widerschein des Feuers von unten glich sie einem Rembrandtbild, eine reife, glühende Gestalt, in Gold und Schatten getaucht, vom flackernden Licht überspielt.

Und doch, selbst hier, in den schönsten Augenblikken meiner ersten Zeit in Deutschland, gewahrte ich im Mittelpunkt von alldem eine gewisse Herzlosigkeit, die mich vor ein großes Fragezeichen stellte. Unser Gastgeber, ein sehr modisch wirkender blonder junger Mann, mit betont freien und modernen Ansichten, die hier geradezu strenge Vorschrift waren, kündigte an, vor der Entbindung seiner Frau werde er allein eine längere Radfahrt nach Holland unternehmen; für einen modernen Menschen sei es doch ganz überflüssig, bei so etwas dabei zu sein. Was ging im Herzen dieser Menschen vor, die sich so leicht an so vieles hingaben?

Joachim war ein ausgeprägter Charakter, der mich unwiderstehlich in seinen Bann zog. Er betrachtete sich als Freibeuterkapitän in seiner Welt; er wußte genau, was er wollte; er ließ sich von niemandem beeinflussen und regierte einen Hofstaat, der ihn anbetete. Er hatte sich sein Leben eingeteilt und fand die Einteilung wunderbar. Täglich arbeitete er ein paar Stunden in der Firma seiner Familie, einer bekannten Kaffeegroßhandlung. Er war stolz darauf, ein tüchtiger Geschäftsmann zu sein, der sich aber vom Geschäft nicht vereinnahmen ließ. Jede Stunde des Tages war darauf angelegt, dem Leben die größte Würze abzugewinnen. Zur Mittagszeit – sie dauerte bei ihm bis vier – ging er mit Freunden vegetarisch essen, dann ins Schwimmbad, abends nach St. Pauli oder rudern, wenn sie nicht irgendwo eingeladen waren. Das schönste Erlebnis war »eine große Leidenschaft«, das hieß für ihn eine Leidenschaft, über die er nicht Herr werden konnte, das Begehren nach einem Menschen, der diese Sehnsucht nicht erwiderte.

Mich betrachtete er als Verbündeten. Wir trafen einander in dem vegetarischen Restaurant, das als sehr mondän galt, und dann erzählte er mir seine Affären, entwickelte die Weltanschauung des Sichauslebens. Seine Geschichten waren oft äußerst amüsant; seine Eleganz hatte zwar einen Stich ins Gewöhnliche, aber seine Selbstsicherheit verlieh ihm Stil. Seine schwarzen Augen leuchteten, er hatte das breite, träge Lächeln des Cowboys, und seine breitkrempigen Hüte erinnerten an Wildwest.

Im Spätsommer lud er mich zu einer Wanderung im Rheinland ein. Bei herrlichem Wetter zogen wir die bergigen Ufer dahin und übernachteten in einem Städtchen am Strom. Dem Menschenschlag dort schien der Mund immer offenzustehen, als sollte sich eine Traube hineinsenken. Die Burschen in Lederhosen, die Mädchen in weiten Röcken standen abends am Ufer und blickten auf den Fluß, während ein schwerer Duft sich ins Dunkel mischte und die drachenhafte Sinnenfreude der Landschaft alles zu verschlingen schien.

Joachim ging in seiner kraftgeladenen, anmaßenden Art mitten durch die Burschen und Mädchen, als könnte ein einziger unwiderstehlicher Blick jede und jeden von ihnen für immer an ihn fesseln. Eines Abends, als ich von einem Spaziergang in unseren Gasthof zurückkehrte, saß Joachim beim Wein mit einem

Burschen, der auf das Wasser hinausspähte, als warte er darauf, daß ein Arm ein glitzerndes Schwert aus der Tiefe reichen werde. Joachim warf mir einen brennenden Blick zu und sagte: »Heinrich, das ist Stephen!«

Tags darauf eröffnete er mir, daß Heinrich sich uns anschließen werde. Im Wandern sangen sie ihre Hamburger und bayrischen Lieder, Heinrich stammte aus Bayern. Ich konnte nicht miteinstimmen. Dieses Deutschland schloß doch nicht jeden ins Herz – die Sonnengebräunten, die Sportler, die Gutaussehenden, die Eleganten, ja, aber nicht die Alten, die Häßlichen, die Intellektuellen.

Heinrich benahm sich manchmal sehr nett. Zuweilen kam er zu mir, wie in Joachims Auftrag, legte mir den Arm um die Schultern und erklärte mir in gebrochenem Englisch: »I like you. You must like me.« Sein Körper war wie aus poliertem Holz, ausgemergelt, aber sehnig und biegsam. Er glich einem Heiligenbild von der Hand eines Holzschnitzers, der sich in sein eigenes Werk vergafft hat und einen Heiden schuf statt eines Christen. Stirn, Mund und Kinn, sogar das Haar, waren wie gedrechselt und von vielen Sonnen gebeizt, ein Stück bayrischer Volkskunst. In diesem gemeißelten Gesicht saßen mandelförmige grünliche Augen, äußerst wachsame Augen, die einen nicht losließen, wenn er mit einem sprach.

Joachim nannte diese Freundschaft mit Heinrich »sein großes Erlebnis«, was sie erstaunlicherweise beinahe auch war. Manchmal bemerkte ich einen sonderbaren Ausdruck in Heinrichs Augen – nicht verschlagen oder berechnend, nein, geradezu bösartig und rachsüchtig. Ich erfuhr einiges aus seinem Leben, die Geschichte eines der Millionen Arbeitslosen, eine Geschichte von planlosem Umhertreiben, Pech und fehlgeschlagenen Versuchen, in der das eigene Mißgeschick verquickt war mit dem allgemeinen Los seiner

Altersgenossen: ein Bruchstück aus der Geschichte der Generation, die im Kriege geboren war, nach dem Kriege Hunger gelitten und in der Inflation alles verloren hatte und die jetzt, ohne Geld und ohne Glauben, ausnehmend schmuck auf ihre unpersönliche Art, mitten im Herzen Europas aufschoß wie Drachensaat und auf einen wartete, der sie führte.

In Köln ging unsere Wanderung zu Ende. Im Sommerlicht lag die Stadt zu beiden Seiten des Ufers, wie zwei große Turbinen, hier der Dom, dort die große Ausstellung aus Beton, verbunden durch gewaltige Brückenbogen, die gefalteten Schwingen glichen. (Sechzehn Jahre später – 1945 – setzte ich über den Strom in einer Fähre, denn die Brücken waren eingestürzt. Zwei englische Studenten in Felduniform ruderten mich ans andere Ufer. Die Stadt selbst, soweit sie nicht zerstört war, schien wie von Raubtierkrallen zerkratzt und zerrissen.)

Von Köln kehrte ich nach Oxford zurück, um mein letztes Jahr zu absolvieren. Aber ich kümmerte mich nicht mehr um das Studium. Die meiste Zeit der großen Ferien verbrachte ich damit, ein kleines Bändchen Gedichte von W. H. Auden in einer Auflage von dreißig Exemplaren zu drucken, die heute von Bibliophilen sehr gesucht werden.

Nach dem endgültigen Verlassen der Universität fuhr ich wieder nach Hamburg, aber ich wohnte nicht mehr bei Jessels, sondern nahm ein Zimmer in einer Pension. In einem Lokal lernte ich einen jungen Arbeitslosen namens Walter kennen und begann mich für ihn zu interessieren, eigentlich ohne Grund. Er hatte große, plumpe Hände und brennende Augen im bleichen Gesicht unter der Mütze, die er fast immer aufbehielt. Walter redete fortwährend von Reisegeld, damit er zu seiner Mutter, einem Bruder oder einer Tante fahren konnte, die er angeblich seit Jahren nicht mehr gesehen hatte. Mehrmals gab ich ihm das Geld für die Reise, aus der aber nie etwas wurde, weil er es immer zuwege brachte, das Geld vorher zu verlieren. Dann klingelte es bei mir, und da stand er mit den ernsten, blanken Augen unter der Mütze und erzählte mir in seinem Hamburger Platt, daß er vor dem Kartenlösen im Wartesaal auf dem Bahnhof eingeschlafen sei und jemand ihm das Geld geklaut habe; oder daß er das Geld einem Freund geliehen habe, dessen Mädel sich ihr Kind nehmen lassen wolle. Auf Joachims Rat kaufte ich Walter schließlich selber eine Fahrkarte und setzte ihn in den Zug, der ihn hoffentlich in den Schoß der Familie zurückführte.

Heute finde ich die Episode Walter nur heiter, aber damals nahm ich ihn ernst und zwang mich, ihm Glauben zu schenken. Wenn ich auf seine Flunkereien nicht eingegangen wäre, wenn ich nicht seine Armut herausgehört hätte, die Geldnot, die ich verständlich fand, wäre unser Verhältnis nicht mehr gewesen als gegenseitige Ausbeutung; so aber vermag ich es noch immer als eine Freundschaft zu sehen. Walter ist mehr als eine Episode meiner Vergangenheit, bei der ich das leichtgläubige Opfer eines Vagabunden war; nein, es lag in der Beziehung ein Körnchen Neigung, wie ich sie vorher nie entdeckt hatte. Es war, als hätte ich ein kostbares Metall gesucht und es in kleinsten Mengen den gröbsten Schlacken abgewonnen. Meine Freunde – und manchmal auch ich selber – sahen nur, daß ich zerschunden, ausgeplündert, gedemütigt von meiner Suche wiederkam. Aber ich hatte eine Spur des edlen Metalls gefunden; es gab Augenblicke, wo mir Walter mitten in seinen Schwindeleien Vertrauen entgegenbrachte und ich ihm mehr schenkte als Geld. Bei ihm entfloh ich der geistig überspannten, sittenstrengen, ehrgeizigen Atmosphäre, in der ich aufgewachsen war, entfloh in eine weniger saubere, aber greifbarere Welt, in der ich doch auf winzige Körnchen Zärtlichkeit stieß, die ich aussieben und läutern konnte. Allmählich lernte ich, aus solchen Erlebnissen ein Gefühl zu destillieren, das ich später auf meine schönsten Beziehungen zu Menschen übertrug.

In Walter trat mir die Hilflosigkeit, die moralische Schwäche, die Entwurzelung des Arbeitslosen entgegen. Ich sagte mir, daß sich eines Tages sein Los ändern werde – durch etwas, das ich damals bei mir »die Revolution« zu nennen begann –, und ich fühlte, daß ich, als Mitglied einer vom Schicksal besser bedachten Klasse, in seiner Schuld stand. Auch wenn er mich ausgeplündert hätte, die Vorzugsstellung, die mir die Gesellschaft ihm gegenüber gab, hätte er mir nicht rauben können, denn ich gehörte einer Klasse an, die mich automatisch zum Nutznießer ihrer Raffgier machte und Geld genug hatte, um auch mich unter den Deckmantel ihrer Ehrbarkeit zu nehmen. Es gibt, fand ich, zwei Arten von Räubern, den von der Gesellschaft anerkannten und den von ihr verfemten.

Darin lag eine Spur von Wahrheit, aber im Grunde war es Gefühlsduselei. Mein soziales Gewissen machte es mir unmöglich, einen Dieb oder Erpresser zu verurteilen. Daraus folgte, daß ich zur Ausbeutung bestimmt war, denn ich sprach der sozialen Ordnung das Recht ab, über die Missetäter den Stab zu brechen. Und so kam es, daß ich meine Zeit, meine Kräfte, mein Geld vergeudete, statt sie meinen literarischen Fähigkeiten dienstbar zu machen. Oder war doch nicht alles vergeudet? Was damals unentschuldbarer Raubbau schien und vielleicht heute noch scheint, war immerhin lebendiges Leben, das durch versinterte, verschlammte Rinnsale einströmte. Das Schlimmste daran war, daß meine geistige Einstellung mich daran hinderte, Menschen wie Walter wirklich zu helfen. Denn ich sah seine Fehler als Spiegelung meiner eigenen Schuld und nicht als Probleme, die er in den Grenzen seines eigenen Lebens selbst bewältigen mußte. Ich hätte härter sein müssen und mir nichts vormachen dürfen, hätte mir sagen sollen, daß meine Stellung in der Welt nun einmal gegeben war, hätte von anderen erwarten müssen, daß auch sie sich mit ihrer Lage abfanden – oder aber, was klüger oder vielleicht noch verstiegenerer Idealismus gewesen wäre, ich hätte meiner Vorzugsstellung entsagen müssen und zu den Ausgestoßenen sprechen können als einer, der sich selber ausgestoßen hatte. Ich besaß verhältnismäßig wenig Geld, aber meine ganze Unabhängigkeit beruhte darauf. Ohne das bißchen Geld hätte ich niemals nach Deutschland reisen und ein möbliertes Zimmer mieten können. Nicht der Betrag war das Bemerkenswerte, sondern was ich mit diesem Betrag, so wenig es auch war, unternehmen und sein konnte. Der Unterschied zwischen zwanzigtausend im Jahr und dreihundert ist gar nichts gegen den Unterschied zwischen dreihundert im Jahr und Null.

Weil ich meine eigenen Schwächen auf die Menschen um mich übertrug, fesselten mich Menschen, die sich ihren Verhältnissen nicht anpassen, nicht fügen konnten. Sie sind gezwungen, sich von Zielen und Konventionen loszulösen, weil sie weder Wortführer noch Arbeiter sind, sondern Opfer. Sie leben am Rande, sie verzeichnen so empfindlich wie eine Kompaßnadel das Auf und Nieder der Wirtschaft, Hausse und Baisse, durch ihre Arbeitslosigkeit; sie spiegeln den gesellschaftlichen Niedergang in ihrer Demoralisierung, spiegeln die Umwälzung, weil sie zum Rohmaterial der Revolution werden, den Krieg, in dem sie sich plötzlich als Helden zeigen können. Die Arbeitslosigkeit in den dreißiger Jahren brachte in der ganzen Welt Millionen solcher unseliger Nichtstuer hervor.

Meine soziale Einstellung war völlig von Mitleid diktiert, von Mitleid und dem Verständnis für Schwäche.

Das zeigte sich in meinem Verhalten ebenso wie in meinen Arbeiten. Es lag darin eine Mischung aus Stärke und Schwäche – Stärke insofern, als ich mein eigener Herr in meinem eigenen Reich der schöpferischen Phantasie war, aus der ich erstehen lassen konnte, was ich wollte. In dieser innerlichen Welt wurde sogar Schwäche eine Quelle der Kraft, sie sonderte mich aus, sie machte mich untüchtig für jede andere Arbeit als das Dichten. Ich brauchte nur die Kraft meiner Schwäche – das entband mich von allen Pflichten bis auf die, meiner Arbeit zu leben. Sie weitete mein Verständnis, denn sie führte mich Wege zu den Gedemütigten hinab, zu den Unterdrückten, den Verbitterten. Sie bewahrte mich davor, diese Menschen nach konventionellen Anstandsregeln zu beurteilen, denn an die hielt ich mich selber nicht.

Einen Fehler beging ich dabei, den Fehler, die Schwäche des wirklichen Nichtstuers auf eine Stufe mit der Schwäche des Dichters zu setzen, der nichts zu tun scheint und dennoch rätselhafterweise das sinnlose, entartete, müßige Leben ringsum zum Gedicht erhebt. Ich sah, daß ich die Eigenschaften anderer teilte, und dachte, auch sie müßten meine teilen; es hätte mich nicht überrascht, wenn Walter oder Joachim eines Tages ein Gedicht aus der Tasche gezogen hätten, trunken von Sonne oder schwelend in der Glut der Leidenschaft, die jede Nacht auf dem Großstadtpflaster einen anderen Bettgenossen sucht. Ich zügelte meine eigenen Kräfte, um das schwanke Glück meiner Weggefährten zu schonen, ihnen nicht zu enthüllen, daß mich eins von ihnen unterschied, ein deus ex machina mich über sie hinaushob: die Dichtkunst.

In diesen Hamburger Monaten machte ich eine für mich atemberaubende Entdeckung, die mich in Bann hielt, so wie in vergangenen Zeiten die Menschen dem Bann der eleusinischen Mysterien verfielen. Ich entdeckte das Geheimnis der Städte; ich sah, daß jede große Stadt ein Irrgarten ist, in dem zu jeder Stunde des Tages die verborgensten Wünsche Erfüllung finden können – daß Menschen ihr ganzes Dasein diesem Zweck und nur diesem Zweck darbieten. Ein Mann geht durch die Straßen, das Herz voll unterdrückter Gelüste. Aber ein paar Häuser weiter lebt eine eigene Welt, bereit, diese Gelüste zu stillen. Was sonst an der Kette gehalten und verschwiegen wird, hier kreist es Tag und Nacht wie das Rad einer Maschine. Ein Wort, und die immer bereite Welt des Verbotenen öffnet sich ihm; er braucht die Tür nur hinter sich zu schließen, und schon steht er wieder auf der Straße in seinem Alltag. Aber in den Händen hält er den Schlüssel, der ihm jederzeit den Weg zur Erfüllung öffnet. Auch wenn das Verlangen sich schlafen gelegt hat, kann er sich – wunschlos, grundlos, nur aus dem rätselhaften Trieb von der Tiefe her – sagen, daß das verborgene Leben der geheimsten Wünsche in aller Nacktheit in diesem Labyrinth von Mauern lebt.

Bei dieser Entdeckung glaubte ich fast, meine tiefsten Wünsche bloßgelegt zu haben, glaubte, daß dies, diese Hölle eigener Art, meine Bestimmung sei. Aber zugleich verlangte mich danach, mich für mein Werk aufzusparen. Ich erkannte die Gefahr, daß die restlose Stillung des sinnlichen Begehrens leicht automatisch wurde, sich zuletzt um sich selbst betrog, bis man weder etwas anderes wollen noch arbeiten konnte. Immerhin – in diesem Jahr meines Lebens, das für mich so gefährlich und vor anderen so schwer zu rechtfertigen war, schrieb ich meine besten frühen Gedichte.

Ein paar Monate später schrieb mir Christopher Isherwood aus Berlin nach Hamburg, ich solle ihn besuchen. Damals war er noch nicht der erfolgreiche Schriftsteller, der er später wurde, sondern ziemlich arm und fast allgemein verkannt. Sein Roman *Lauter*

Verschwörer war verramscht worden; er arbeitete jetzt an seinem nächsten. Er wohnte in den armseligsten Bezirken, am besten war noch die Gegend beim Nollendorfplatz, einem großen, schäbigen Platz, dominiert von der oberirdischen Haltestelle der U-Bahn, am schlimmsten die am Halleschen Tor, eine Gegend armseliger Mietskasernen. Für eine Mahlzeit gab er kaum jemals mehr als sechzig Pfennig aus, und in der Zeit, wo ich fast täglich mit ihm essen ging – Pferdefleisch, Lungenhaschee und ähnliches –, habe ich mir meinen Magen auf Jahre hinaus, meine Zähne für immer ruiniert, wie es bei ihm schon längst der Fall war.

Sehr bald entwickelte sich meine Beziehung zu Christopher fahrplanmäßig. Ich verließ mein möbliertes Zimmer in der etwas eleganteren Motzstraße und ging an den grauen Mietskasernen vorbei, deren Fassaden aus Backformen für riesige Betonbiskuits gepreßt schienen, zum Nollendorfplatz, einem Horst von Stuckadlern und verrußten Balkonen, von deren Busen sich verflossener Prunk abschuppte. Die Hochbahn hatte von dem Platz Besitz ergriffen, auch von den Straßen, die nach Westen, durch die Tauentzienstraße, über den Wittenbergplatz führten und nach Osten in noch schmutzigere Gegenden, die sich doch noch immer schwach als Vertreter preußischen Geistes aufspielten, mit ihren Wappentieren, Helmen, Schilden und den pausbackigen Hinterteilen waffentragender Putten. Ein alles durchsetzender Geruch hoffnungslosen Verfalls drang aus diesen Häusern wie aus dem Inneren einer alten Pappschachtel.

Vom Nollendorfplatz über die Nollendorfstraße, einen welken Abklatsch der Motzstraße, in die noch schmutzigere Straße, wo Christopher wohnte. Er hauste drei Treppen hoch; hier rochen die Mauern noch stärker als die Straße. Christophers Wirtin, Fräulein Thurau – schlaffes Kinn und Hängebusen –, öffnete mir, die Wächterin der Welt des »Herrn Issywu«, und ich betrat einen Roman von Christopher. Ihr »Guten Tag, Herr Spender!« bestätigte, daß ich einer der wenigen Freunde Christophers war, den sie nicht für einen Erpresser oder Tagedieb hielt, und daß ich vielleicht sogar »einen guten Einfluß« auf ihn hatte. »Herr Issywu ist noch nicht fertig«, ergänzte sie augenrollend, oder »Herr Issywu hat Besuch«, und der vielsagend scherzhafte Tonfall ließ eine Zweideutigkeit vermuten. Ich setzte mich dann in den Mittelpunkt ihrer Welt, einen Raum, der Salon, Eßzimmer und Diele war, je nachdem, als was man ihn gerade auffaßte, ein Zimmer mit verschossenen Tapeten und Eichenmöbeln und Türen in die anderen Räume. Hier saß ich dann in einem großen Fauteuil, der Platz für zwei Leute bot, an dem Tisch mit der weinroten Plüschdecke, die von der Räude befallen schien wie eine purpurne Katze, hier wartete ich unter Quasten und vergilbten Siegen Blüchers, geborstenen Säulen von Fräulein Thuraus entschwundener Pracht – saß und wartete endlos auf Christopher. Unterdessen erschien bald die, bald jene Figur aus einem noch ungeschriebenen Roman Christophers – Bobby, der Barmixer, etwa kam wie ein Fisch aus seinem Aquarium herausgeschossen, oder Sally Bowes tauchte auf, schlampig, die Augen gleich großen Onyxen, umrahmt von Wimpern wie lackierter Draht, eingesetzt in ein Gesicht, das aus Elfenbein geschnitzt schien. Christopher lebte hier, umgeben von seinen künftigen Romangestalten, ähnlich wie der Dichter auf den allegorischen Schinken der Gründerjahre konterfeit war: im Lehnstuhl hingegossen, umschwebt von den Geschöpfen seiner Phantasie in schimmerndem Reigen, der an die trüben, mückenumtanzten Lampen in Fräulein Thuraus Wohnung erinnerte.

Nach einer geraumen Weile erschien Christopher, womöglich in Hemdsärmeln, den Rasierapparat in der

Hand; er bitte vielmals um Entschuldigung, aber letzte Nacht sei es einfach schrecklich gewesen, kein Auge habe er zugemacht; es dauere nur noch ein paar Minuten. Eine Viertelstunde später kam er wieder, erstaunlich verwandelt, die Sauberkeit der Manschetten noch betont durch die Art, wie er die Hände hielt, meist leicht vom Körper abgespreizt. Das Haar war in einer knabenhaften Schmachtlocke in die Stirn gebürstet, die runden, leuchtenden Augen blickten fest, wie die Augen eines Passagiers im Flugzeug, der sich einbildet, daß sich die Maschine nur durch seine Willenskraft in der Luft hält, und der unentwegt geradeaus starrt, damit sie nicht abstürzt. Die scharfwinkligen Brauen vermehrten noch den Eindruck eines überanstrengten Schullehrers, der Mund war der eines tragikomischen Christus. Er wußte genau, wie er wirkte.

Bei meinen Vormittagsbesuchen gab er immer die großartigsten Erklärungen ab wie: »Das war das letztemal, daß ich dorthin gegangen bin. Die sollen ohne mich auskommen!« Oder: »Weißt du, was Sally, das Luder, gestern zu mir gesagt hat? ›Christopher‹, hat sie gesagt, ›eines Tages wirst du vielleicht etwas wirklich Gutes schreiben wie Noel Coward!‹« Oder auch: »Ich habe Fräulein Thurau gekündigt, ich bleibe keine Minute länger mit Bobby unter einem Dach!«

Ich lebte mich so vollkommen in Christophers Stimmungen ein, daß diese Erklärungen, wiewohl sie mich amüsierten, ein banges Gefühl in mir hinterließen und ich mit ihm die Treppe hinunterging, von dem Schweigen bedrückt, das schicksalsschweren Entscheidungen folgt. Insgeheim war ich enttäuscht, daß Christophers dramatische Szenen fast nie zum Höhepunkt führten. Alle, die in Ungnade fielen, standen früher oder später wieder in Gunst, denn Christopher war keineswegs der stille Beobachter im Hintergrund, als den er sich in seinen Romanen schildert, sondern der Mittelpunkt seiner Romanfiguren, die ohne ihn ebensowenig auskommen konnten wie er ohne sie. Dann gingen wir essen – wäßrige Suppe, danach ein schauderhaftes Fleischgericht – denn Christopher schien diese Mahlzeiten für eine Kasteiung von großer, wenn auch niemals ausgesprochener Bedeutung für die Selbstzucht zu halten. Manchmal ging ich allein in ein nettes Restaurant am Kurfürstendamm, wo man im Freien saß, und aß für eine Mark fünfzig, oder ich frönte meinen Gelüsten noch unbeherrschter und ging mit meinem Freund, dem amerikanischen Komponisten Roger Sessions, oder meinem Bruder Michael in eines der ausgezeichneten russischen Restaurants. Aber das kam mir dann immer wie Verrat an Christopher vor.

Nach dem Essen kauften wir in einem Laden beim Bahnhof am Zoo eine Tüte Bonbons. Wir waren dort ständige Kunden, und wenn wir erschienen, griff die Verkäuferin sofort nach einer Tüte, reichte sie uns, nahm eine Mark in Empfang – alles ohne ein Wort. Das muß Christophers Einfluß zuzuschreiben gewesen sein; ich glaube nicht, daß sie es auch getan hätte, wenn ich allein gekommen wäre. Christopher hatte fast alle Geschäfsleute der Umgebung dazu abgerichtet, daß sie sich prompt und wortlos in Bewegung setzten, wenn er erschien, als wäre er ein Schalthebel und sie Maschinen, die elektrisch liefen. Ein Geschäftsmann ließ sich allerdings nicht abrichten, aber Christopher rächte sich, indem er seine Einkäufe in einem Laden daneben besorgte, sie in ein möglichst großes Paket verpacken ließ und dann, gebeugt von der Last, langsam am Geschäft des pflichtvergessenen Krämers vorbeiging, um ihn vielleicht doch noch mürbe zu machen.

Die täglichen Ausgaben für Süßigkeiten standen in Widerspruch zu seiner sonstigen unmäßigen Sparsamkeit. Aber ich glaube, er sah auch darin eine Art Kasteiung, eine Ausschweifung, unter der die Zähne litten.

Wir befanden uns damals in Aufruhr gegen Hygiene und Diät in jeglicher Form. Wenn man nur »reinen Herzens« war, erwischte man keine Krankheit. Eiskaffee und Bonbons bildeten einen gewaltigen Posten in unseren Ausgaben, und eines Tages sagte Christopher, als er über Geldmangel klagte: »Wenn ich den Niagarafall von Eiskaffees vor mir sehen könnte, die ich im letzten Jahr vertilgt habe, wüßte ich wenigstens, wohin mein ganzes Geld verschwunden ist.«

Bei schönem Wetter fuhren wir in den Grunewald, gingen unter den Fichten am See spazieren, lutschten unsere Karamellen, und Christopher erzählte von seiner Familie in Manchester, von Chalmers und Auden, mit dem er zusammen die High School besucht hatte; die Erinnerung daran ist für mich mit dem Hintergrund des sandigen Grunewalds und der Berliner Straßen verquickt. Berlins Baustil ließ sich mit keiner anderen Stadt vergleichen; er hatte bei allem Durcheinander etwas Einheitliches und war – was er auch sein sollte – eine Weltanschauung in Stein, Granit und Beton. Die Straßen waren schnurgerade, lang und grau und einförmig, und ihre ganze Ornamentik verkündete tonangebendes Preußentum. Die Plätze hatten kaum Eigencharakter, hier liefen nur die Straßen zu kurzer Rast zusammen und marschierten dann genau gegenüber im gleichen Schritt weiter. Diese Plätze waren mehr in der Zeit als im Raum, sie waren Pausen, in denen der Fußgänger Atem holen konnte, bevor er wieder der unentrinnbaren Logik der Straßen folgte.

Wenn wir durch den Grunewald schlenderten, vorbei an den flachen, modernen weißen Villen, die etwas Marokkanisches hatten, vorbei an den vielen Menschen, die sich im feuersteingrauen Gras sonnten, den beklemmend hübschen Burschen mit den stämmigen Mädchen im Arm, sprach Christopher von seinem neuen Roman. Tag für Tag war ich, zwischen den Kulissen der Fichten, Seen und Straßen, Mitspieler der Verwandlung, wie sein Kopf die Wirklichkeit umschmiedete, wie die geschwätzigen, schäbigen Menschen des Alltags als fesselnde Romanfiguren auferstanden.

Wie die meisten lebensfrohen Menschen konnte Christopher niedergeschlagen, schweigsam, mürrisch sein. Manchmal saß er im Zimmer mit Sally Bowles oder Mr. Norris und sprach kein Wort, als habe er keine Lust, seine Romanfiguren lebendig zu machen. Zuweilen hatte er düstere Dostojewskische Anwandlungen oder Baudelaire-Stimmungen wegen Schulden und Mißerfolg. Etwa alle vierzehn Tage bekam er einen Anfall von Hypochondrie, und ich mußte ihn zum Arzt begleiten; wir bildeten uns dann beide ein, daß der Doktor sagen werde, es sei eine unheilbare Krankheit. Manchmal stand er ohne einen Pfennig Geld da, und wir mußten uns den Kopf zerbrechen, wie man etwas verdienen konnte. Er gab Englischstunden, er übersetzte und schrieb manchmal für Zeitungen, aber 1930 mußte man in Berlin nicht nur viel arbeiten, um etwas zu verdienen, man mußte auch ein Finanzgenie sein, um zu seinem Geld zu kommen.

Was mich damals am meisten zu Christopher Isherwood hinzog, war sein ereignisreiches Leben. Seine Abkehr von England, seine Armut, seine Freundschaften, seine Unabhängigkeit, sein Werk – das alles fand ich heroisch. Als ich im Winter 1930 nach England zurückkehrte, schrieb ich ihm Briefe, wie man sie einem Nordpolforscher schreibt. Er antwortete wie ein belagerter Mann, der von den Gläubigern, den Elementen, dem Zusammenbruch einer Kultur bedrängt wird und nur eine kleine Schar Getreuer um sich hat: »Die Lage ist einfach unhaltbar. Das Eis birst auf dem kapitalistischen Wannsee, daß es knallt wie Revolverschüsse, und die rettungslos verlorenen Schlittschuhläufer in Trikots und Röhrenstiefeln sind mindestens einen Kilometer weit vom Wirtshaus am Ufer entfernt.« Und: »Meine Geldnöte sind furchtbarer als je zuvor. Chalmers hat heute früh das sinkende Schiff verlassen.« Manchmal spielte ich seinen Unterhändler bei Londoner Verlegern und Redakteuren.

Etwa drei Jahre wurde mein Leben – das sehe ich jetzt – durch die ewige Erregung dieser Freundschaft hin und her gerissen. Ich erzählte ihm alles, ich zeigte ihm jeden Brief, der nicht gerade belanglos war, ich machte ihn zum Richter über meine Freunde, über alles, was ich unternahm. Manchmal – wie zu der Zeit, als ich mit Gisa Soloweitschik befreundet war – schien ich meine eigenen Gefühle am Altar eines Gottes zu opfern, der keine anderen Götter neben sich duldete. Das verstärkte – um nicht zu sagen: weckte – in ihm Eigenschaften, die er im stillen wahrscheinlich selbst verwarf. Gisa Soloweitschik war eine Litauerin. Als Student hatte ich sie, die Siebzehnjährige, beim Skilaufen in der Schweiz kennengelernt. In Berlin machte ich sie mit Christopher bekannt. Ihre Eltern luden uns gastfreundlich jeden Sonntag nach Wilmersdorf ein, gaben uns üppig zu essen und stopften uns vor dem Weggehen die Taschen mit Obst voll. Christopher nannten sie den Shakespeare und mich den Byron. Gisa studierte Kunstgeschichte. In ihrem Zimmer lagen überall aufgeschlagene Bücher, und sie zeigte sie uns: »Schau, wie schön! Ist das nicht schön? Ja!« Oder sie unterbrach plötzlich ein Gespräch und sagte: »Hör zu, wie schön das ist, du mußt es hören!« und spielte dann auf dem Koffergrammophon ihr Lieblingswerk, das Adagio aus dem Beethovenschen Violinkonzert. Christopher hörte wortlos zu, mit höflichem, aber saurem Lächeln. »Sie finden das nicht schön?« fragte Gisa. »Doch, sehr schön, großartig!« antwortete Christopher und lehnte sich seufzend im Stuhl zurück. »Ach so!« rief Gisa. »Sie mögen keine Musik. Sie haben kein Ohr. Oder sagt man Gehör?« »Ich habe Musik sehr gern, besonders dieses Konzert, das ich zufällig sehr gut kenne. Wenn es Sie interessieren sollte – ich war eine Zeitlang Sekretär eines Geigers, André Mangeot. Sie werden vielleicht von ihm gehört haben«, ergänzte er etwas bissig. Von dieser Art war der Kampf, der zwischen ihnen geführt wurde; Gisa stand ein für Kunst und Geist, Christopher für das Menschliche, für die Absage an Ästhetentum und geistige Angeberei. In dieser Anwandlung von Haß gegen alles Intellektuelle mißbilligte er sogar, daß ich Konzerte besuchte, langweilte sich, wenn ich geistige Fragen erörtern wollte, und verhielt sich kühl gegen Freunde, die meine Interessen teilten.

Er bemerkte bald eine etwas orientalisch anmutende Unantastbarkeit an Gisa. Sie konnte nicht aus einem Glas trinken, aus dem jemand vor ihr getrunken hatte; sie ließ sich nicht einmal anrühren. Aber wenn Gisa und Christopher einander auch fortwährend an die Kehle fuhren, verstand er sie nach ein paar Wochen besser als ich sie nach sieben Jahren. Ich hatte mir das selbst zuzuschreiben mit meinem Wunsch, Menschen durch ihn verstehen zu lernen; diesem Wunsch opferte ich teilweise meine Beziehungen zu anderen, teilweise wollte ich miterleben, wie meine Freunde in seinem Gespräch erst richtig lebendig wurden.

Das Beste, was ich Isherwood verdanke, war das Vertrauen zu meiner Arbeit, das er mir einflößte. Er war mehr als ein junger Rebell, der eine Zeit der Auflehnung gegen Elternhaus, herkömmliche Moral und Religion durchmachte. Er begriff eins: Fast jeder Mensch verlangt vom Leben etwas, das er nach alldem, was ihm beigebracht worden ist, verbirgt und geheimhält. Er stand den Kräften, aus denen ein Kunstwerk geboren wird, näher als dem Kunstwerk selbst; ihm lag mehr an dem Ringen um Selbsterfüllung als an dem guten Ausgang, dem Erfolg des Kampfes. Er glaubte an seine

Freunde und ihr Werk, er verließ sich auf sein Urteil über sie. Vielleicht war sein Urteil falsch, aber das bestimmte er. Nichts Bestehendes, keine Maßstäbe und Prüfungen, keine Konventionen und Vorbilder aus früherer Zeit, keine Kritik konnte daran etwas ändern. Er haßte die Bildungsstätten, ja selbst so manche berühmten Kunstwerke, weil er fand, daß sie sich zwischen die Menschen stellen und ihrer unvoreingenommenen Verständigung im Wege stehen. Natürlich waren seine Urteile nicht immer gerecht. Aber welche Förderung für einen Schriftsteller, wenn ihn ein anderer Schriftsteller, vorbehaltlos und ohne fremde Maßstäbe, bestärkt und für voll nimmt!

Deutschland, der Hintergrund dieses Daseins, brach unterdessen in Stücke. Über Berlin lag Untergangsstimmung. Jahrelang hatten die Zeitungen fast nur von wachsender Arbeitslosigkeit berichtet, von höheren Steuern für Reparationen und Arbeitslosenfürsorge. Die Nationalsozialisten an einem Ende, die Kommunisten am anderen, beide mit ihren Versammlungen, ihrer marktschreierischen Presse, ihren uniformierten Jungscharen, ihren Ausschreitungen gegen die Republik und ihren Schlägereien untereinander, trugen nach Kräften bei, die Lage zu verschärfen.

Brüning hatte es aufgegeben, mit Hilfe von brüllenden Abgeordneten aus neunundzwanzig verschiedenen Parteien zu regieren, und versuchte es mit Notverordnungen. Jede neue Verordnung, begleitet von dem Geschrei »Diktatur! Diktatur!« ganz rechts und ganz links, verstärkte den Eindruck, daß das Kabinett Brüning einem kleinen Schiff glich, dessen Besatzung ohne Hoffnung durch einen niemals endenden Sturm zu steuern bemüht war.

Das Gefühl der Unruhe ging in Berlin tiefer als alles andere, eine dauernde Unruhe, weil nichts in Ordnung gebracht, nichts gelöst und erledigt war. Die Regierung Brüning war weder Demokratie noch Diktatur, weder sozialistisch noch konservativ; sie vertrat keine Gruppe und keine Klasse; aus ihr sprach nur die Angst vor dem Chaos, die die Verstörten zusammenhielt. Es war die Weimardämmerung. Spielball widerstreitender Kräfte innen und außen, ausländischer Mächte, ausländischer Kreditgeber, intrigierender Industrieller und verbitterter Generäle, verarmter Junker und angehender Diktatoren, so taumelte Deutschland von einer Krise zur anderen im Kerker seiner großen Dauerkrise.

In Berlin schien diese Not und Erregung, diese Propaganda, die wir auf den Straßen und in den Kaffeehäusern mit ansahen, mehr und mehr das ganze Leben der Stadt auszumachen, als gäbe es daheim kein Privatleben mehr. Berlin – das war die Wut, die Armut, der Groll, die Käuflichkeit, die Hoffnung und die Verzweiflung, die auf die Straße gesetzt waren. Berlin – das waren die herausfordernden Protzen in den eleganten Lokalen, die Huren in Russenstiefeln an den Straßenecken, die verbissen blickenden, wie unter Wasser getaucht aussehenden Kommunisten mit ihren Kundgebungen und die verwegenen Burschen, die auf dem Wittenbergplatz aus dem Nichts hervorwuchsen und »Deutschland erwache!« brüllten.

Ganz Deutschland war in einer Weise politisiert, daß es sich selbst gegen sich selbst stellte. Der verarmte Mittelstand schrieb die Schuld an seiner Lage den Juden und den polnischen Flüchtlingen zu, die 1918 nach Berlin geströmt waren. Der Adel und die Generäle betrachteten sich als Verteidiger der besten deutschen Traditionen gegen Proletarisierung und Verausländerung. Die Juden und die Intellektuellen, von den Nationalsozialisten und den Deutschnationalisten angegriffen, suchten sich zu behaupten, so gut es ging. Die Arbeiter wurden von Kommunisten und Nationalsozialisten umworben; viele blieben aber unentwegte Sozialdemokraten. Die jungen Leute, in diese Welt der Arbeitslosigkeit geworfen, traten den Parteien bei, die ihnen für die Zukunft Arbeit und gutes Leben versprachen und ihnen in der Gegenwart die Möglichkeit boten, in Uniformen herumzulaufen und sich wichtig zu machen.

Für Christopher und mich war das Leben in Deutschland eine Art Heilkur für unsere persönlichen Probleme, aber wir erkannten immer deutlicher, daß das sorglose Leben, das unser Freundeskreis führte, eine Fassade war, hinter der das unermeßliche soziale Chaos lag. Immer stärker verdichtete sich das Gefühl, daß dieses Leben eines Tages hinweggefegt sein werde. Als wir einen kurzen Urlaub auf Rügen verbrachten, wo badende Nacktheit am Strand in der betäubenden Sonne lag, hörten wir manchmal scharfe Kommandos, auch Schüsse, aus dem nahen Wald, wo die Sturmscharen sich zu Henkern ausbildeten, die auf die Nackten, freiwillig Waffenlosen warteten.

Den Namen Hitler hörte ich 1929 zum erstenmal, als mir Joachim, zwischen zwei bayerischen Schnadahüpfeln, von einem Österreicher erzählte, dessen Redegabe seine Hörer unwiderstehlich in Bann schlug, auch wenn sie wußten, daß er Unsinn daherredete. Hitler wurde als ein Wundertier betrachtet, das man nicht ernstzunehmen brauchte. Aber zwei Jahre später begannen die Soloweitschiks in Berlin halb bedenkliche, halb beunruhigende Witze zu machen, daß die Juden nichts zu fürchten hätten, denn jeder Nazi hatte einen Juden, mit dem er eine Ausnahme machen wollte, und das ergab ebenso viele Juden wie Nazis. Im Sommer 1932 wohnte Christophers Freund Wilfried bei uns in Sellin, ein eleganter, distinguierter junger Mann mit dunklen Augen, dessen Familie ein großes Warenhaus im Osten Berlins besaß. Zu meiner Verwunderung legte er mir auf einem Spaziergang dar, was die Juden tun sollten, wenn Hitler die Macht übernahm – was er offenbar für ganz sicher hielt. Die Juden sollten ihre Geschäfte schließen, auf die Straße gehen und sich nicht vom Fleck rühren, nicht einmal wenn die Sturmscharen schossen. Nur durch ein solches einheitliches Vorgehen in einer aussichtslosen Lage könnte das Gewissen der Welt wachgerüttelt werden.

Fast alle deutschen Intellektuellen unseres Kreises bekannten sich zu einer Art von konventionellem Linksradikalismus. Dieser Einfluß machte sich im Theater und im Film, im Roman, ja sogar in der Malerei und der Musik bemerkbar. So verbreitet war diese Einmütigkeit, daß ich mir sagte, diese Leute könnten unmöglich recht haben, weil sie ihre politischen Anschauungen so leicht, so billig erworben hatten. Schließlich nannten sich auch die ihnen so verhaßten Nazis Sozialisten und waren genauso gegen die Behandlung Deutschlands durch die Alliierten, wie ich dagegen war. Vielleicht, dachte ich mir, waren die Verhältnisse in Deutschland wirklich so beschaffen, daß Sozialismus nur durch eine draufgängerische nationalistische Partei durchgesetzt werden konnte; ich beschloß, mich mit dem nationalsozialistischen Standpunkt bekanntzumachen. Aber aus diesem Programm, den Schriften von Goebbels und anderen Propagandagrößen, sprach so unverhohlen der Zynismus und die Brutalität, daß unmöglich jemand darauf hereinfallen konnte. Sie gaben nicht einmal vor, daß sie ihrer eigenen Propaganda glaubten, sondern erklärten ganz unverblümt, Propaganda sei dazu da, ohne Rücksicht auf die Wahrheit, Lügen zu verbreiten, die der Sache dienten.

Isherwood erzählte mir eines Tages, sein bester Freund – er gab ihm in seiner autobiographischen Skizze den Namen Chalmers – habe ihm geschrieben, daß er in die kommunistische Partei eingetreten sei. Wir fanden das unbegreiflich. Der Kommunismus erschien uns radikal bis zum Unnatürlichen, und wir konnten es kaum glauben, daß einer unserer Freunde ein Kommunist war. Jedenfalls interessierten wir uns danach noch mehr für das politische Leben in Deutschland, debattierten darüber mit Freunden, besuchten Versammlungen und lasen aufmerksam die Zeitungen, die einschlägige Literatur. Wo es einen russischen Film zu sehen gab, und es gab damals viele in Berlin zu sehen, gingen wir hin: *Erde, Die Mutter, Panzerkreuzer Potemkin, Zehn Tage, die die Welt erschütterten, Der Weg ins Leben* und andere mehr. Diese Filme, die eine sonderbar vereinzelte Episode im Kunstgeschmack dieses Jahrhunderts bilden, erregten uns, denn in ihnen fanden wir den modernen Standpunkt, die poetische Einfühlung, die Satire, die augenfällige Schönheit, kurz, alles wieder, was uns in anderen zeitgenössischen Werken so aufgewühlt hatte; zugleich aber brachten sie eine Hoffnungsbotschaft, die wie eine Antwort auf *Das wüste Land* (von Eliot) war. Sie verherrlichten eine heldenhafte Haltung, die noch nicht amtlich beglaubigt war; sie boten einen Vorgeschmack des trotzigen Idealismus der spanischen Repbulikaner. Wir gingen den weiten Weg in kleine Vorstadtkinos und sahen, mitten unter schmutzigen Mietskasernen, Bilder vom neuen Leben der Arbeiter, die mit Maschinen und Traktoren ihre Welt der sozialen Gerechtigkeit erstehen ließen, eine Welt im Schatten der Barockbauten, die sich im leichtgekräuselten Wasser von Leningrad spiegelten, oder von den schwankenden Ähren schattengestrichelter Kornfelder umrahmt wurde.

In dieser unruhigen Stimmung vor dem Erwachen stieß Chalmers zu uns, der soeben von einer Intourist-Reise aus Moskau nach England zurückkehrte. Ganz der Künder einer großen Idee, so erschien er uns, mit seinen feinen Gesichtszügen, seinem lachenden und doch dunklen Blick, seiner Art, den Pfeifenstiel in den schöngeformten Fingern, der Hand eines Bildhauers oder Holzschneiders, zu halten. Er hatte eine gewisse Ähnlichkeit mit dem lächelnden jungen Komsomol-Helden, der die Jungen in der Besserungsanstalt in unserem Lieblingsfilm *Der Weg ins Leben* beschützte. Zwei Tage nach seiner Ankunft ging ich mit ihm spazieren. Ich erinnere mich an dieses Gespräch, dessen aufrüttelnde Kraft weniger in dem lag, was Chalmers sagte, als in der tiefen Einfühlung in die Probleme Deutschlands, Arbeitslosigkeit, Faschismus, in dem gestaltlosen Wissen um die Zukunft, fünfzehn Jahre später, wenn ich wieder diesen Weg gehen, wieder die Gedächtniskirche sehen sollte, die mir damals wie ein lächerlich verschnörkeltes Riesentintenfaß vorgekommen war und nun als neugotische Ruine, nicht ohne greisenhafte Würde, erschien. Die Frage, die mir Chalmers stellte – als ob wir beide schon hinter dem durchsichtig gewordenen Verkehr die künftige Ruine erblickten –, lief darauf hinaus: Wie läßt sich die Zerstörung aufhalten? Wie verhindern, daß Europa einem Krieg zum Opfer fällt? Ich stammelte Antworten; ich verlangte soziale Gerechtigkeit, ich verabscheute den Krieg, aber ich konnte mich nicht dazu verstehen, daß wir, um den bösen Kräften entgegenzuwirken, unsere Freiheit preisgeben, Diktatur und revolutionäre Gewalttat auf uns nehmen sollten. Chalmers, der aufmerksam zugehört hatte, leise vor sich hin lächelnd, sagte nichts als: »Ghandi«.

Meine unklar aufgewühlte Suche begann nun, marxistische Gedankengänge einzuschlagen, und da wieder folgte ich zwei Leitmotiven: Erstens beschäftigte mich die zwangsläufige Entwicklung sozialer Konstellationen aus gegebenen, unschwer analysierbaren wirtschaftlichen Zuständen, und sodann die Spaltung der

Welt in zwei Lager, das bürgerliche und das proletarische, die nicht etwa nur zwei entgegengesetzte politische Anschauungen verkörperten, sondern dem ganzen Verhalten und Denken, dem Bildungsniveau eines jeden einzelnen ihr Gepräge gaben.

Bisher hatte ich mich als Mitglied der Gesellschaft betrachtet, wie sich der Passagier zu dem Schiff, auf dem er fährt, gehörig fühlt. Gerade weil ich in Deutschland lebte, als Fremder in einem fremden Lande, kam mir meine äußere Stellung doppelt eindringlich zu Bewußtsein. Ich empfand tiefes Mitleid mit den Arbeitslosen, das soziale Unrecht empörte mich, ich sehnte mich nach Frieden, dachte sozialistisch – aber das alles war gefühlsbedingt, gefühlsbetont; ich versuchte, mir meine eigenen Anschauungen vor mir selber dadurch zu beweisen, daß ich meine Aufrichtigkeit in einer fiktiven Situation auf die Probe stellte. Die Probe bestand darin, daß ich mir die Frage vorlegte, ob ich ehrlich bereit sei, Opfer zu bringen, wenn der Sozialismus »ausbrach« und ich als Mitglied einer klassenlosen Gesellschaft dastand. Die Antwort lautete im großen und ganzen – ja. Bemerkenswerter war daran, daß ich annahm, der Sozialismus werde außerhalb meiner Welt »ausbrechen«, in einer Gesellschaft, der ich mich nicht zugehörig fühlte.

Ich hatte immer den Gang der Ereignisse im allgemeinen für ziemlich unberechenbar gehalten und alles Geschehen als Folge des Zusammenstoßes entgegengesetzter Interessen, der wirtschaftlichen Faktoren und des Einflusses der Politiker angesehen. Die Zukunft schien immer ungewiß und hatte deshalb etwas Unwirkliches für mich. Ich konnte mir zum Beispiel 1931 nicht vorstellen, daß die Zeit schon den Keim des Krieges in sich trug, wie ein Gebäude seinen Grundstein; ich fand es undenkbar, daß der Krieg unvermeidlich sei, wenn sich nicht die ganze Struktur änderte. Alle politischen Ereignisse, so plausibel sie heute auch aussahen, schienen in das ungewisse Morgen zu verfließen, und ich fand, es genüge, wenn ich ihnen unvoreingenommen gegenüberstand.

Aber in den folgenden Jahren kam mir die Fragwürdigkeit der politischen Lage zu Bewußtsein: Im Heute waren nicht nur alle die Ungerechtigkeiten des Augenblicks inbegriffen, die Arbeitslosigkeit, die Armut, die Ausbeutung, sondern auch die Opfer von morgen, die abgeschossenen Flieger, die Häftlinge der Konzentrationslager, die Frontkämpfer – die Generation, die jetzt zur Schule ging und, wenn man's genau betrachtete, sich schon darauf vorbereitete, von Flak heruntergeholt zu werden. Die Häuser schienen gleichzeitig ihre eigenen Ruinen zu sein, denn die Ruinen lagen schon in der politischen Konstellation beschlossen. Und da erkannte ich, daß mein persönliches Rechtlichkeitsgefühl, durch das ich mich heimlich von der sozialen Schuld loswusch, keinen objektiven Wert besaß.

Ein innerer Widerstreit erhob sich in mir, der noch nicht zu Ende ist. Ich konnte mich dem schweren Vorwurf nicht entziehen, den der Kommunismus gegen die bürgerliche Gesellschaft erhob, einem Vorwurf, der sich nicht nur gegen alle ihre Institutionen richtete, sondern auch tief in die Seele des einzelnen griff. Wenn ich das Unrecht auf Erden sah und an die künftige Zerstörung dachte, zu der die Weltordnung, die Ordnung meiner Welt, führen mußte, kam mir der Wunsch, auf der Seite der Ankläger, der Baumeister des internationalen Sozialismus zu stehen. Aber wenn ich auch den Schauplatz meines inneren Kampfes vom bürgerlichen Lager ins kommunistische verlegt hatte – der Kommunismus überzeugte mich nicht.

Auch als ich mich seelisch mit der Möglichkeit abgefunden hatte, allen Vorteilen des Lebens in einer bürgerlichen Gesellschaft entsagen zu müssen, vermochte ich noch immer nicht, meine liberalen Begriffe von Freiheit und Wahrheit preiszugeben. Die marxistische Kampfansage, hinausgeschrien im »Kommunistischen Manifest«, die große Anklage, daß die Gegner des Kommunismus nur *ihre* Freiheit, *ihre* Wahrheit meinen und ihr ganzes Denken nur der Verwirklichung ihrer Interessen diene – zwang mich, mir die Frage nach der Freiheit des Einzelmenschen zu stellen. War mein individuelles Gefühl nur der Ausdruck der Klasseninteressen, die ich in allem, was ich dachte, tat und schrieb, instinktiv und ohne es selber zu wissen verkörperte? Wenn dem so war, mußte ich dann nicht das genaue Gegenteil aus mir machen, eine Funktion des Proletariats werden?

Auch nachdem ich mich der marxistischen Beweisführung zugänglich gezeigt hatte, widerstrebte etwas in mir dem Gedanken, daß meine Begriffe von Freiheit und Wahrheit nichts anderes zu sein hatten als marxistische Behelfsmittel. An diesem Punkt meiner Selbstprüfung verwandelte sich der ziemlich abstrakte Begriff »Freiheit des Einzelmenschen« in den greifbareren »unbeeinflußter Zeuge«. Auch wenn die Seele des einzelnen noch sosehr Produkt und Ausdruck von Klasseninteressen war, es gab – davon war ich überzeugt – eine Stelle, wo er nur als Zeuge von Wahrheiten stand, die keinerlei Interessen dienten.

Ich konnte auch niemals über das internationale Provinzlertum des Marxismus hinwegkommen. Ich kann es am besten an einem Beispiel veranschaulichen. Angenommen, irgendwo in Afrika leben zwei Stämme, A und B, in ewiger Fehde. Der Marxismus nun setzt voraus, daß jeder von den beiden nur auf das bedacht sein kann, was seinem Interesse dient, um sich zu behaupten und den Gegner zu unterjochen. Angenommen ferner, der Stamm B sei im Abstieg, habe seine Kräfte verbraucht und entschädige sich dafür durch Überfälle auf A, so daß er, aus geschichtlicher Notwendigkeit, nicht nur sich selbst erschöpft, sondern infolge seines inneren Widerspruchs auch A. Dann hat der Stamm A die geschichtliche Aufgabe, B abzuschütteln und ein System zu gründen, dem politisch und wirtschaftlich die Zukunft gehört. Jeder einzelne im Stamme A muß auf dieses Ziel eingestellt sein. Was diesem Ziel nicht dient, wird vom Stamm A nicht als Wahrheit anerkannt. Daß es weit hinter den hohen Bergen Weiße mit Fabriken und großen Schiffen gibt, ist eine Legende, die den Interessen des Stammes B dient, weil sie die Krieger vom Stamme A von ihrer geschichtlichen Aufgabe ablenkt.

Dieses muffige Provinzlertum des Kommunismus ist bezeichnend für den Klassenkampf auf der ganzen Welt und zu allen Zeiten. Philosophische Gedankengänge, propagandafreie Kunst, sogar wissenschaftliche Forschung, die nicht den Interessen der Arbeiterklasse dienen, werden als Idealismus und Wirklichkeitsflucht, als unwahr und reaktionär abgestempelt.

Der verbohrte philosophische Materialismus der dogmatischen Kommunisten erschien mir bezeichnend für die Art und Weise, wie sie sich dauernd überheben, um alles auf ein ummittelbares Ziel zu setzen, und in ihrer Anmaßung ihren Anhängern jede moralische Einstellung rauben, die irgend etwas mit der übrigen Menschheit gemein hat. Die Menschheit in gegnerische Gruppen mit gegnerischen Ansichten zu spalten, die nicht die gemeinsame Sprache der Wahrheit und der Moral sprechen, heißt im letzten Sinn: beiden Gruppen ihr Menschentum nehmen. Erst sind sie unmenschlich gegeneinander, zuletzt unmenschlich gegen ihren eigenen Anhang.

Gleich vielen Zeitgenossen kam ich mir seit 1931 wie von den äußeren Ereignissen gehetzt vor. In Amerika, in England, auf dem Kontinent wuchs die Arbeitslosigkeit. Die alte Welt schien außerstande, mit ihren Problemen fertig zu werden, und aus dem Durcheinander stiegen faschistische Regime auf. Es war wie ein Wettrennen mit der Zeit, wenn man ein Buch, ein Gedicht schreiben wollte. Dieses Gefühl nahm einem nicht nur die stille Sammlung zur Arbeit; das Leben selbst, aus dem die Arbeit entsprang, schien uns unter den Füßen wegzurinnen. Kein Wunder, daß das Schrifttum dieser Jahre zeitgebunden, zeitgejagt ist, wie mit den Ruten der ruhelosen Tage gepeitscht.

Zwei Probleme – ich sehe es aus alten Aufzeichnungen – müssen mich damals unablässig beschäftigt haben: von der individuellen Freiheit war schon die Rede; das zweite war das Gefühl der Schuld. Denn wenn mir einerseits die Kommunisten einredeten, mein Freiheitssinn sei nur ein Auswuchs der bürgerlichen Klasseninteressen, so wurde mir andererseits von der Psychoanalyse bedeutet, daß ich mir das alles nur als Schuldgefühl zu Herzen nahm. Zunächst einmal das Schuldbewußtsein loswerden, dann würde ich mir auch über meine begünstigte soziale Stellung keine Gedanken mehr machen.

Allmählich erkannte ich, daß es nicht eine, sondern vielerlei Schuld gibt, Spielarten, zwischen denen man unterscheiden muß, unfruchtbares Schuldgefühl, das man loswerden muß, um Nutzen aus der Schuld zu ziehen, die, statt uns zu lähmen, ins Freie führt. Sinnloses Schuldgefühl, das Bewußtsein, teilzuhaben an der großen Lüge meines sozialen Erbes, hinderte mich damals in Hamburg, Walter seine kleinen Gaunereien übelzunehmen, aber etwas Wahres, Sinnvolles war doch an dieser Haltung: die Erkenntnis, daß meine eigene Stellung auf einer sozialen Ungerechtigkeit beruhte. Schuldgefühl stößt uns ins ausweglose Dunkel, in dem wir umhertappen, aber es ist zugleich der Faden, der aus dem Labyrinth führt.

Im Jahre 1932 veröffentlichte Michael Roberts im Verlag der Hogarth Press eine Anthologie moderner Gedichte unter dem Titel *New Signatures* (»Neue Schriftzüge«), ein Jahr später eine zweite, in die auch Prosa aufgenommen wurde, *New Country* (»Neuland«). Die beiden Sammelbände legten Zeugnis davon ab, daß es einen neuen Kreis junger Schriftsteller gab, die alle, fast alle, von sozialem Bewußtsein durchdrungen waren. Am stärksten wirkten W. H. Auden, William Epsom, Cecil Day Lewis, Rex Warner, William Plomer, A. J. S. Tessimond, John Lehmann, Julian Bell und ich. Mit einer Einmütigkeit, die um so überraschender war, als die meisten von ihnen einander überhaupt nicht kannten, verkündeten sie den Untergang einer Gesellschaft und die kommende Umwälzung.

1933 erschienen mein Bändchen Gedichte, danach Audens Gedichtband und das *Transitional Poem* (»Übergangsgedicht«) von Day Lewis. Sogleich brachte die Kritik unsere drei Namen in Zusammenhang, während wir in Wirklichkeit doch grundverschiedene Talente waren. Auden war ein höchst intellektueller Lyriker, der seine Welt in Denkbildern ordnete und durch die treffendsten Vergleiche, aus Erlebnis und Beobachtung destilliert, dem Leser nahebrachte. Seine besondere Kunst, vom technischen Geschick abgesehen, lag darin, daß er den Rohstoff des Unbewußten, den die Psychoanalyse zutage gefördert hatte, aufgriff und zum zwingenden dichterischen Bild verarbeitete. Day Lewis hielt sich mehr an literarische Traditionen, er knüpfte an seine unmittelbaren Vorgänger, die Lyriker der zehner Jahre, die sogenannten Georgians an, ähnlich wie Yeats in seiner Jugend noch auf der Kunst des Fin de siècle fußte. Nur daß Day Lewis die Verwaschenheit der früheren Dichterschule einigermaßen aufhob, indem er die Bilderwelt der Fabriken, der Technik, der Armenviertel in seine Lyrik einführte. Das gab seinen

Gedichten etwas gewollt Modernes, dem er später mehr und mehr entsagte. Seine präzise Metrik, seine geistige Strenge wirkten aufrüttelnd. Was mich betraf, so war ich der Darsteller meines Lebens, immer auf der Suche nach Formen, in denen ich die Stufen meiner Entwicklung zum Ausdruck bringen konnte.

Wie kam es, daß gerade wir drei miteinander in Verbindung gebracht wurden? Zum Teil lag es daran, daß wir beide unter Audens Einfluß standen, auf den zum Beispiel die Stoffwahl der frühen Gedichte von Day Lewis zurückzuführen ist. Bei mir äußerte sich sein Einfluß in den Bildern und Vergleichen, im Tonfall der Verse. Gemeinsam war uns also – von Audens Einfluß abgesehen – weniger unser Verhältnis zueinander als unsere Einstellung zu dem, was uns unmittelbar vorhergegangen war. Das Schrifttum der zwanziger Jahre empfing sein Gepräge abwechselnd durch Verzweiflung, Zynismus, gewolltes Ästhetentum und französische Einflüsse. Obwohl gerade diese literarische Strömung für die politische Nachkriegszeit ziemlich bezeichnend war, gab sie sich betont unpolitisch. Wenn die Schriftsteller dieser Generation etwas gemein hatten, dann war es die Ansicht, daß Politik der Literatur fremd ist. Im Ersten Weltkrieg hatten englische Dichter wie Osbert Sitwell und Siegfried Sassoon den Krieg verhöhnt und verworfen und nach dem Krieg den politischen Weg zum linken Flügel eingeschlagen; aber diesem Stadium folgte die völlige Absage an jedes politische Glaubensbekenntnis überhaupt.

Vielleicht aber lag der Unterschied zwischen uns und den Schriftstellern des Jahrzehnts vorher überhaupt nicht in uns selbst, sondern in den Ereignissen, mit denen wir uns auseinandersetzten – Arbeitslosigkeit, Wirtschaftskrise, das Heraufkommen des Faschismus, der drohende Krieg. Die Schriftsteller der zwanziger Jahre sahen die Verbrauchtheit, die Hoffnungslosigkeit eines Europa, dessen alte Ordnung in Trümmer fiel. Wir waren eine »neue Generation«, aber es dauerte eine Weile, bis mir der Sinn dieses Wortes aufging. Es besagte, daß wir Jüngeren unter ganz anderen Verhältnissen zu schaffen begonnen hatten als unsere unmittelbaren Vorgänger, und daß sich diese Erkenntnis in unserem Werk spiegelte. »Neue Generation« – das heißt, daß jede Wendezeit ihre eigenen jungen Talente auf den Plan bringt, deren Einstellung zu den veränderten Zuständen ihr Schaffen von der vorigen Generation unterscheidet. Im zwanzigsten Jahrhundert folgte eine Generation der anderen ebenso schnell, wie die Ereignisse einander ablösten. Die Georgians waren die Dichter vor 1914; der Erste Weltkrieg brachte eine Generation von Kriegsdichtern hervor, von denen viele entweder im Krieg fielen oder ihn künstlerisch nicht überlebten; die zwanziger Jahre waren eine eigene Richtung. Wir waren die dreißiger Jahre.

Ziemlich abseits vom Schrifttum der zwanziger und dreißiger Jahre standen die Autoren und Künstler, die man als den Bloomsbury-Kreis bezeichnet. Diese Gruppe hat viel Spott geerntet und viel versnobte Bewunderung; wie dem auch sei, ich glaube, sie hatte wohl den fruchtbarsten Einfluß auf den englischen Geschmack in der Zeit zwischen den beiden Weltkriegen. Die wichtigsten Namen, die hierher gehören, sind: Virginia Woolf, Roger Fry, Lytton Strachey, Clive Bell, Vanessa Bell, Duncan Grant, Raymond Mortimer und vielleicht auch David Garnett, während E. M. Forster und T. S. Eliot zu dieser Gruppe in Beziehung stehen, aber nicht zu ihr gehören, wenn man bei einem so losen Zusammenschluß von Menschen mit gleichem Geschmack und gleichen Gaben überhaupt von Bindungen sprechen kann. Bloomsbury, das war der Brennpunkt bestimmter Strömungen, bestimmter Anschauungen – war fast ein Kult.

Wer den französischen Impressionismus, die nachimpressionistischen Maler nicht als Heiligtum betrachtete, wer kein Agnostiker war und – in der Politik – kein Liberaler mit sozialistischen Neigungen, der stellte sich außerhalb Bloomsburys. Eliot war im Religiösen zu dogmatisch, im Politischen zu konservativ; er paßte nicht in den Kreis. Warum Forster nicht hineinpaßte, wäre schwerer zu sagen; vielleicht war er zu hintergründig, zu mystisch, zu moralbeschwert.

An der segensreichen Wirkung Bloomsburys aber hatten nicht nur Forster und Eliot teil, sondern fast sämtliche großen Begabungen dieser Zeit. Roger Fry, Lytton Strachey und T. S. Eliot verpflanzten, jeder auf seine Art, den Einfluß der französischen Impressionisten, der französischen Prosaisten, der französischen Symbolisten nach England. Sie durchpflügten und zerpflückten die Grundsätze und die Ziele der Kunst und der Kritik und formulierten sie neu; sie hatten offenen Sinn für Experimente und waren die ersten, die James Joyce und Marcel Proust ernstnahmen und verteidigten. Gegen das bequem Herkömmliche, das als Tradition verkappt war, verhielten sie sich skeptisch, bewahrten aber zugleich die echten Werte der Tradition, die sie mit glühendem Eifer und reinster Schärfe ergründeten und neu prägten, so daß das Alte oft das Ungestüm des Revolutionären gewann. Sie bestanden unermüdlich darauf, daß die alten Werte in den Bildern und der Sprache von heute zum Ausdruck kommen müssen.

Die meisten Schriftsteller dieses Kreises hatten schon vor 1914 zu schaffen begonnen, aber ihre Wirkung in die Breite setzte nach dem Ersten Weltkrieg ein. Sie hatten mit dem Pazifismus sympathisiert. Leonard Woolf, ein sozialistischer Intellektueller, der im Herzensgrunde ein Liberaler war; Maynard Keynes, der Nationalökonom, der den Versailler Vertrag angeprangert hatte; Bertrand Russell und Harold Nicolson gehörten zu den Freunden und Kollegen, die an den Erörterungen des Kreises über Politik und Volkswirtschaft, Philosophie, Geschichte und Literatur teilnahmen. So war Bloomsbury gleichsam der letzte große Atemzug einer aufgeklärt aristokratischen Tradition.

Eine verwässerte Aristokratie, die maßvolle, aber sehr entschiedene Ansprüche an die Gesellschaft stellte; Individualisten, die für sich – und von sich selbst – Unabhängigkeit forderten, um ihr Bestes geben zu können und Muße für Bücher und Vergnügen zu finden. Um die paar Werke zu schaffen, die Bestand haben würden, und eine ganze Reihe von witzigen, gescheiten und reizvollen Plaudereien, mußten sie sich mit einer Diät aus Kunst und Bildung, Unterhaltung, Reisen und behaglichem Leben stärken. Sie waren keine berechnenden Ausbeuter ihrer Mitmenschen und erwarteten weniger Lohn, als der staatlich geförderte Schriftsteller heute in der Sowjetunion erhält. Aber sie hatten nun einmal den Maßstab »Fünfhundert Pfund im Jahr und ein eigenes Zimmer«, wie es Virginia Woolf in einem bekannten Essay formulierte, und deshalb hatten sie durchaus keine Lust, ihre Unabhängigkeit dem Kampf der Arbeiterklasse zuliebe aufzugeben. Sie waren gleichfalls klassenbewußt, sie kannten sogar die soziale Kluft, die sie von einem ihrer hervorragendsten Zeitgenossen trennte, dem Bergarbeitersohn D. H. Lawrence. Bei allen Sympathien für die Linke war Bloomsbury doch voll Standesdünkel; bei aller Nachsicht in erotischen Dingen war man peinlich korrekt in persönlichen Beziehungen.

Unsere Generation hatte für den Bloomsbury-Kreis etwas Barbarisches. Die dünne Mauer, die ihr Fleckchen Unabhängigkeit umgab und es ihnen ermöglichte, die letzten Römer zu spielen, war bei uns eingestürzt. Eine neue Generation war heraufgekommen, die das Ende der bürgerlichen Kultur ansagte und die Revolution für unausweichlich hielt, eine Generation, die Partei nahm und das Zeitgeschehen sogar in die Kunst einließ, eine Generation, die wenig auf Stil hielt und nichts von Paris wußte.

Von 1930 bis 1933 verbrachte ich jedes Jahr etwa sechs Monate in Deutschland, die andere Zeit in London. Als meine Gedichte erschienen waren, begann ich ein gesellschaftliches Leben zu führen, mit Einladungen zu Tisch, zum Tee, zum Wochenende auf dem Lande. Es war der denkbar größte Gegensatz zu meinem Leben in Berlin; hier schien alles fast unberührt von Krieg und Wirtschaftskrise. Gewiß, der schlechte Geschäftsgang hatte eine gewisse Unruhe hervorgerufen, noch mehr der Kurssturz des Pfunds. Aber kaum hatte sich das Land dann unter der Regierung Baldwin von diesen Schlägen erholt, als sie nicht nur völlig in Vergessenheit gerieten, sondern der englische Mittelstand auch mit bezeichnender Selbstsicherheit weitere Katastrophen für ausgeschlossen hielt. Die Mitte des Jahrzehnts stand in England nicht unter dem Eindruck Hitlers, nicht einmal des Spanischen Bürgerkriegs, sondern unter dem Eindruck des Regierungsjubiläums Georgs V.

Die meisten Schriftsteller meiner Bekanntschaft betrachteten den Kontinent als Kraftquelle, nicht als Unruheherd, aus dem sich der Sturm zusammenzog. Meine Freunde mißbilligten es, daß ich soviel in Deutschland war und nicht in Frankreich – aber für sie war Frankreich noch immer das Land Prousts und der französischen Impressionisten und nicht das Frankreich der Volksfront.

England stand abseits, nicht nur räumlich, auch zeitlich, stellte sich blind gegen alles, was seine vorgefaßten Meinungen stören konnte, und gestattete sich von Europa nur den Anblick der Salzburger Festspiele, der französischen Impressionisten, des Genfer Sees und selbstverständlich der Museen. Der Gedanke, daß die Zukunft des britischen Weltreichs zwischen 1933 und 1939 auf dem Kontinent entschieden wurde, war allen Klassen völlig unvorstellbar. Als ich 1936 ein Buch veröffentlichte, in dem ich das tiefe Wissen um die zerstörenden Kräfte, die unsere Kultur bedrohten, an der Hand der Werke von Henry James, Joyce, Eliot und anderen Schriftstellern analysierte, schrieb ein Kritiker (was für die englische Einstellung höchst bezeichnend war): Wenn ich nicht soviel im Ausland gelebt hätte, sondern im Jubiläumsjahr in England geblieben wäre, würde ich einsehen, daß England von den chaotischen Kräften nicht berührt werden könne, von denen die kontinentalen Länder heimgesucht wurden.

Häufig war ich damals bei Rosamond Lehmann zu Gast, die ich schon als Student kennengelernt hatte. Sie besaß damals noch das schöne Ipsden House bei Oxford, ehemals Besitz des Romanschriftstellers Charles Reade. Der Garten war zum Teil von einer Wand aus Bäumen abgeschirmt, hinter denen man die walfischförmigen, graugrünen Hügel von Berkshire erblickte. Haus und Garten zwischen den Bäumen hatten etwas in sich Abgeschlossenes, mit dem Rasen, den Pfaden, den alten Mauern, in denen noch ein paar Fenster aus der Zeit Elisabeths in einer modernen Fassade erhalten waren.

Rosamond Lehmann war eine der schönsten Frauen ihrer Zeit, groß, voll bewußter Haltung, aber ihre warme Herzlichkeit, ihre Lebhaftigkeit verhütete, daß sie statuenhaft kalt wirkte. Sie hatte mandelförmige Augen, einen entschlossenen Mund, der im Widerspruch zu dem Eindruck unbeherrschter Impulsivität stand, den ihre oft von zartem Erröten überflogenen Wangen erweckten. Sie gab sich mit ungestümer Wärme, aber dahinter verbarg sich kühle Selbstbeherrschung, das Eigenleben des künstlerischen Menschen. Damals schien sich ihre Schönheit voll entfaltet zu haben, aber wenn ich ihre Lichtbilder betrachte, finde ich ihre Züge zu gerundet, zu mädchenhaft; erst die Jahre meißelten das Skulpturhafte ihrer Erscheinung heraus, an das man sich in ihrer Gegenwart gemahnt fühlt. Sie zählt zu den Frauen, bei denen sogar graues Haar wie ein Sieg wirkt, eine Erfüllung der Reife, die ihre Jugend verheißen hat.

Sie war mit dem Maler Wogan Philipps verheiratet. Er malte damals mit dem gleichen Ungestüm, mit dem er sich später auf die Politik warf. Das ganze Haus war voll von seinen stürmisch hingeworfenen, etwas kindlich anmutenden Bildern, darunter mehrere Porträts, aber sie brachten das Großartige, fast an byzantinische Mosaiken Erinnernde ihrer Erscheinung zur Geltung.

Rosamond und Wogan nahmen mich oft zu Freunden in der Umgebung oder in Oxford mit. Einer ihrer Nachbarn war Lytton Strachey. Mit seinem langen rostbraunen Bart und seiner hohen, quiekenden Stimme war Strachey fraglos die eigenartigste Gestalt des Bloomsbury-Kreises, dessen Frohsinn, mit Frostigkeit abwechselnd, bei ihm auffällig zutage trat. Manchmal spielte er Kinderspiele, häufig plauderte er glänzend und maliziös; zuweilen hatte sein Kichern etwas Verschlagenes; gelegentlich saß er da, ohne ein Wort zu sagen. Eine zarte, hypochondrisch veranlagte Natur. Wogan Philipps, der zu keltischer Übertreibung neigte, erzählte mir einmal, daß die Sprungfedern unter Stracheys Matratze elektrisch geheizt waren, so daß er die ganze Nacht im Bett angenehm geröstet wurde.

So kam ich unter diese hochkultivierten Menschen, die auf dem Lande in geschmackvoll modernisierten Häusern wohnten, mit Zimmern, deren Wände blaßgrün, bläulich oder mattrosa getüncht waren und in denen Gemälde und Zeichnungen moderner Franzosen oder Bilder von Roger Fry, Vanessa Bell oder Duncan Grant hingen. Sie hatten schöne Bücher, man aß ausgezeichnet bei ihnen, ihr Wein war gut. Ihre Gesprächsthemen waren fast immer literarisch; sie plauderten endlos und amüsant über ihren Freundeskreis. In meiner Erinnerung sehe ich diese Häuser im Süden und Südwesten Englands vor mir; die Leute, die dort wohnten, waren alle miteinander befreundet, hatten ungefähr die gleichen Maßstäbe für die Kunst, gut zu leben und klug zu plaudern, die gleiche leidenschaftlichen Hingabe an ihren Idealismus... Ich sehe diese Häuser durch Landstraßen verbunden, die oft zwischen grünen Hecken dahinführten, und wenn man nachts im Auto heimfuhr, malte der Scheinwerfer des Wagens hundert Schritte weit ein Bild, das einer leuchtenden Grotte aus kristallenen Blättern, farbigem Achat oder Jade glich und auf Laub und Zweigen mit uns wanderte. Die Freude an einem vertrauten und doch geheimnisvollen Anblick wie diesem sprach oft aus ihren Gemälden, ihrem literarischen Werk, ihren Unterhaltungen – und wenn ich auf nächtlicher Autofahrt in den vor uns her gleitenden Lichtkreis starrte, glaubte ich ins Herz dieser Menschen zu sehen.

Häufig war ich auch in Long Barn, dem Haus in Kent, zu Gast, das Harold Nicolson und seiner Frau, Victoria Sackville-West, gehörte. Nicolson interessierte sich für mein Bändchen *Zwanzig Gedichte*, erschienen bei Blackwell in Oxford während meines letzten Universitätsjahres; es kam in einer numerierten Ausgabe heraus, mit der die Kosten der Exemplare, die ich an Freunde verschenkte, gedeckt wurden. Nicolson schrieb damals Buchkritiken, für den *Daily Express* und fragte mich wohlwollend, ob er das Bändchen besprechen solle. Ich lehnte ab, angeblich deshalb, weil es nur in einer numerierten Ausgabe erschienen sei und nicht in den Handel komme, tatsächlich aber nur aus Stolz.

In Nicolson verbanden sich seltsam die widersprechendsten Eigenschaften: Idealismus und Zynismus, Weltfremdheit und Liebe zur Welt, Skepsis und Sentimentalität. Er sagte mir einmal, daß er seit seiner frühen Jugend ein Tagebuch führe, und ich fand, daß gerade solche Widersprüche im Charakter einen großen Tagebuchschreiber ausmachen. Nicolson verlor niemals das brennende Verlangen, das Leben anderer Menschen kennenzulernen, Menschen um sich zu haben, die im Mittelpunkt des Geschehens standen; er behielt immer die Gabe, alles persönlich mitzufühlen. Ich erinnerte mich an Audens Wort, daß der Dichter aus Demut schafft.

Wenn ich heute auf diese Zeit, als ich einundzwanzig war, zurückblicke, sehe ich, wieviel angebotene Freundschaft ich versäumt habe. Ich wußte, wie beschäftigt Menschen wie die Nicolsons sein mußten, wie ausgefüllt ihr Leben war, und besuchte sie nur, wenn ich ausdrücklich eingeladen wurde, während sie wahrscheinlich fanden, daß ich auf ihre Güte und Freundschaft nicht herzlich genug einging. Aber eine unausgesprochene Freundschaft, die nur selten zum Wort fand, war mir gewiß: mit Victoria Sackville-West. Sie arbeitete immer im Garten, nur auf ihre Blumen, ihr Schaffen, ihre Freunde bedacht, und kümmerte sich nie um literarische Streitfragen. Die Freundschaft mit ihr hatte die Freiheit des Stummseins und Beobachtens, und dankbar gedenke ich ihrer.

Nicolson sprach verständnisvoll mit mir über Kommunismus (wie über andere Probleme meines Lebens) und gab mir den Rat, mich an einen linksradikalen Abgeordneten zu wenden, der aus Gründen, die ich gelten lassen würde, mit den Kommunisten gebrochen hatte. Den Nicolsons vertraute ich die Mutlosigkeit an, die mich manchmal befiel, so daß ich daran zweifelte, jemals wieder schreiben zu können, und sie sagten darauf: »Was Sie da schildern, ist ganz genau das, was jeder wahre Schriftsteller empfindet.« Als ich Victoria Sackville-West das Gedicht schickte, das mit den Worten beginnt: »O junge Männer, o junge Genossen!«, schrieb sie zurück, sie finde es blendend, aber sie sei über meine Einstellung entsetzt.

Als ich zwanzig war, schickte ein Freund ein paar Gedichte von mir an T. S. Eliot, und einige Wochen später kam ich mit ihm in einem der Londoner Klubs zusammen, wo ich ihn seither oft getroffen habe. Er wirkte gemessen und zeremoniell. Seine Gestalt war leicht gebückt und adlerhaft, sein Blick hatte etwas Zurückhaltendes und doch Wohlwollendes. Wenn Eliot zu trinken bestellt oder den Kopf über die Speisekarte neigt, hat man das Gefühl, nun müsse lautlose Stille eintreten. Es ist wie ein priesterlicher Ausspruch, wenn er mit tiefernster Stimme fragt: »Also, wollen Sie Schildkrötensuppe – es dürfte schwerlich echte sein – oder lieber Erbsensuppe?« Eliot ist auch ein Weinkenner, und noch besser versteht er sich auf Käse.

Bei einer dieser Gelegenheiten, wo wir zusammen aßen, versetzte ich ihn in gelinde Bestürzung, als ich erklärte, ich würde Räucheraal nehmen. Zu meiner Überraschung bemerkte er: »Ich wage nicht, Räucheraal zu essen« – eine unbewußte Variation des Verses, in dem sein Mr. Prufrock die Frage stellt: »Soll ich einen Pfirsich essen?« Und einmal beim Tee lehnte er Kuchen und Marmelade ab: »Ich wage mich nicht an Kuchen, und Marmelade ist zu umständlich.« Für mich war das ungemein aufschlußreich, denn ich begriff, worin die Wirkung des Verses: »Soll ich einen Scheitel tragen? Soll ich einen Pfirsich essen?« liegt: Er hat den Gesprächston des Dichters selbst.

Eliot ist ein Plauderer von zähem Ernst; seine Worte erwecken nicht den Eindruck ungewöhnlicher Energie, aber sie sind von eigenartigem Nachdruck. Er ist nicht leicht zu unterbrechen oder auf ein anderes Thema zu bringen. Heute sei ein schöner Tag, sage ich, und Eliot versetzt ernst, ja, ein schöner Tag, aber gestern sei es noch schöner gewesen – und sein Ton deutet an, daß das Wort »schön« für den heutigen Tag nicht ganz zutreffend gewählt sei. Und wenn er dann fortfährt: »Voriges Jahr um diese Zeit, der Flieder...« und man genau zugehört hat, dann blitzen in der trokkenen Luft ein paar Worte reiner Poesie auf wie die Schwingen eines Eisvogels. Schon in seiner Stimme, der ernsten Stimme, die gleichfalls etwas leicht Gebücktes hat, zuweilen fast dem Zittern nahe und doch sonderbar kraftvoll, schon in dieser Stimme liegt der ganze Eliot. Ein Vers von Eliot, so schwer an Gehalt er auch ist, klingt gelöst, natürlich; er nähert sich rhythmisch gewordenem Gespräch.

Bei unserer ersten Begegnung fragte er mich, was ich für die Zukunft vorhabe. »Ein Dichter werden«, antwortete ich. »Ich kann verstehen, daß Sie Gedichte schreiben wollen, aber ich verstehe nicht ganz, wie Sie das meinen – Dichter werden.« Ich erklärte, ich wolle nicht allein Gedichte schreiben, sondern auch Romane und Erzählungen. Die Lyrik, sagte er, sei eine Aufgabe, der sich ein Mensch sein ganzes Leben lang widmen müsse. Als ich bemerkte, ich möchte ein Lyriker und Romanschriftsteller werden, wie zum Beispiel Thomas Hardy, versetzte er trocken, Hardys Gedichte seien Lyrik eines Romanschriftstellers. »Und Goethe?« wandte ich ein. Bei Goethe, meinte er, verhalte es sich ähnlich wie bei Hardy, nur in viel größerem Format.

Ich war betroffen, wohl auch deshalb, weil ich einen Augenblick lang einsah, daß ich mich nicht ausschließlich der Lyrik widmen konnte. Mein Anliegen ist das

Problem, um dessen Klarstellung sich auch dieses Buch bemüht: Was ich schreibe, sind Bruchstücke meiner Autobiographie, manchmal wird ein Gedicht daraus und manchmal eine Erzählung, und ein größerer Abschnitt kann zum Roman werden.

Gleich das erstemal stellte ich ihm eine plumpe Frage, wie sie nur ein junger Mensch so unvermittelt stellen kann: »Was, glauben Sie, ist das Schicksal der abendländischen Kultur?« fragte ich. Er gab mir zu verstehen, daß er politisch keine Zukunft sehen könne, ausgenommen – ich erinnere mich deutlich an das Wort, denn ich begriff es damals nicht ganz – »Brudermord«. Auf meine Frage, wie er das meine, sagte er: »Daß die Menschen einander auf der Straße totschlagen.«

Darin unterschied sich unsere Einstellung. Allem sozialen und politischen Handeln stand er verneinend, hoffnungslos gegenüber; bestenfalls, dachte er, mußte man, wohl wissend, daß es aussichtslos war, tun, was sich tun ließ. Diesen Standpunkt behielt er, glaube ich, bis zum Kriege bei, aber der Krieg überzeugte ihn dann doch, daß es eine Sache des Westens zu verteidigen gab und nach dem Kriege Deutschland wieder in die westliche Traditionsgemeinschaft aufgenommen werden mußte.

Heute bin ich vierzig, so alt wie Eliot war, als ich, der Zwanzigjährige, ihn kennenlernte. Damals kam er mir genauso alt vor wie heute. Ich wundere mich nicht darüber, daß er mir heute nicht älter vorkommt, sondern darüber, daß er mir damals nicht jünger schien. Vielleicht bemerken wir es nicht, wie Menschen, die viel älter sind als wir, älter werden, vielleicht bemerken wir das Altern nur an Gleichaltrigen oder Jüngeren. Aber vielleicht gehört das geistige Altsein, das Erwachsensein, der Vorsprung um ein paar Jahre vor dem wirklichen Alter zu seiner Kunst im Leben wie im Schreiben.

Denn mit zwanzig schrieb er die Prufrock-Gedichte, die fraglos die Empfindungen eines Vierzigers ausdrük-ken, und in seinem *Aschermittwoch*, geschrieben, als er am Anfang der Vierzig stand, verglich er sich selber mit einem »bejahrten Adler«. Er machte immer von dem Vorrecht Gebrauch, sein Alter vorwegzunehmen, und das muß ihm geholfen haben, seinen Zeitgenossen zu entgehen, vielleicht auch den Problemen auszuweichen, die das Alter, in dem man jeweils steht, mit sich bringt.

Eliot, Direktor der Firma Faber & Faber, war einer meiner Verleger. Und so wie unsere Bekanntschaft, unter dem Deckmantel von Begegnungen im Klub, weit mehr zu bedeuten hatte, als ich ahnte, so führten wir einen privaten Briefwechsel unter der Flagge einer Geschäftskorrespondenz. Wenn ich heute diese Briefe durchfliege, staune ich über die Fürsorglichkeit, die Teilnahme, die ich damals übersehen haben muß, weil ich sie nicht voraussetzte, ähnlich wie ich von der Güte der Nicolsons Gebrauch zu machen unterließ. Manchmal stellte ich Eliot Fragen über seine Religion, in der ich unverständigerweise »Flucht« vor den sozialen Pflichten sah. Ich griff seine religiösen Ansichten an, in denen ich keine Privatangelegenheit erblickte, da er selber mit ihnen vor die Öffentlichkeit getreten war; nach privateren Dingen hätte ich nicht zu fragen gewagt. Er antwortete mir, die Religion sei keineswegs eine so geglückte Flucht, wie ich annahm; die meisten Menschen, schrieb er, können der Wirklichkeit leichter entfliehen, wenn sie Romane lesen, ins Kino gehen, im Auto oder im Flugzeug dahinrasen, »wodurch sogar das Träumen überflüssig wird«. Worauf es ankomme, schrieb er weiter, sei die Frage, »ob ich an Erbsünde glaube«.

Diesen Brief las ich bei strahlender Frühlingssonne im Münchener Hofgarten. In diesem Augenblick glaubte ich bestimmt nicht an Erbsünde, hielt es sogar für grundfalsch, daran zu glauben. Trotzdem fühlte ich mich schuldbewußt und unsicher, als ich diesen Brief las, diese Antwort auf meine Einwände gegen seine Schrift *Thoughts after Lambeth*, in der er die These aufstellte, was der Jugend beigebracht werden müsse, sei »Keuschheit, Demut, Genügsamkeit und Disziplin«.

Bald nach Beginn unserer Bekanntschaft schrieb ich eine Besprechung seiner Essays, in der ich alles mögliche an seiner politischen Haltung und seiner Traditionsgebundenheit auszusetzen hatte. Hinterher tat es mir leid, und ich sandte ihm ein Exemplar der Besprechung mit einem erklärenden Begleitbrief. Eliot war mit der einen oder anderen Ansicht, die ich vertrat, nicht einverstanden, aber seine Antwort war in mildem Ton gehalten; ich müsse, schloß er, wenn ich seine Bücher bespräche, immer genau das sagen, was ich dächte; unsere öffentliche Stellungnahme habe nichts mit unserer privaten Beziehung zu tun.

Ungefähr um die gleiche Zeit berichtete mir Harold Nicolson über ein peinliches Erlebnis: Er hatte den Roman eines Freundes ungünstig besprochen, und dann hatte es ihm leid getan, wie mir. Er schrieb dem Mann einen erklärenden Brief und rechtfertigte sich. Ein paar Tage später kam die Antwort, etwa so: »Ich kann es Ihnen schon nicht verzeihen, daß Sie mich vor allen Augen in den Rücken gestochen haben, aber noch weniger kann ich es Ihnen verzeihen, daß Sie sich dann unter vier Augen entschuldigen.«

William Plomer, den ich in meiner Eigenschaft als Sekretär des English Club in Oxford kennengelernt hatte, wohnte ganz in meiner Nähe, als ich ins Maida-Vale-Viertel zog. Dieser Londoner Bezirk konnte Berlin mit seiner Verfallsstimmung fast den Rang ablaufen. Am Kanal standen in langer Zeile die Häuser mit den Stuckfassaden, die Türen und Fenster von gelblich abgeschuppten Säulen flankiert – »sie schlagen eine diskrete ägyptische Note an, abwechselnd mit einer griechischen«, sagte Plomer. Dunst stieg vom Kanal auf und hüllte die Erdgeschosse ein wie in einem Dampfbad. Aber hinter der düsteren Häuserzeile, in der ich wohnte, lag ein großer Garten mit Rasen, Bäumen und Blumen, Hunderte Meter lang, von dem nur die Bewohner der nächsten Umgebung etwas wußten.

Die Menschen erzählen einem oft bei der ersten Begegnung die aufschlußreichsten Dinge über sich selbst, so daß die weitere Bekanntschaft sozusagen zu Variationen über das gleich zu Anfang angeschlagene Thema wird. Ich traf William Plomer das erstemal – bevor ich ihn zu einem Vortrag nach Oxford einlud – bei meinem Freund René Janin. Ich redete damals nicht viel, sondern hörte Plomer zu, der Janin über das Leben in Japan erzählte. Man müsse der Welt eine Maske zeigen, sagte Plomer, und sein klargeschnittenes Gesicht, wie aus hartem hellen Holz gedrechselt, mit dem glatt zurückgebürsteten Haar und dem strahlenden, spöttischen Lächeln um den Mund hatte wahrhaftig etwas von einer Maske, eine gewisse Reglosigkeit in den höchst unorientalischen Zügen. Dieser Maske, hinter der er seine Gefühle verbarg, verdankte er ein ungewöhnliches Verständnis für die Sorgen anderer und die Gabe, über seine eigenen Nöte hinwegzugehen oder, wenn sie schon zur Sprache kamen, sie mit einer Sachlichkeit zu behandeln, die völlig unpersönlich wirkte.

Plomer kam in Begleitung seines Freundes Anthony Butts nach Oxford. Tony sah aus wie ein schlimmer kleiner Junge, der völlig kahl geworden war. Porzellanblaue Augen guckten aus einem verwegenen Gesicht mit einer Feierlichkeit, die plötzlich in Gelächter umschlug. In der Nationalgalerie hängt ein Familienbild seiner Vorfahren aus dem achtzehnten Jahrhundert, und ein Knabe dieser Gruppe sieht genauso aus wie er. Seine Kahlheit wirkte nicht verblüffend, denn da sein Kopf so ganz achtzehntes Jahrhundert war, erwartete man unwillkürlich eine Perücke. Tony Butts war ein Meister in verrückten Streichen. Als er in Oxford studierte, kaufte er eines Tages ein großes Motorrad, schwang sich drauf, ohne eine Ahnung vom Fahren zu haben, setzte es irgendwie in Gang und konnte es dann nicht mehr zum Stehen bringen. Er brauste aus Oxford davon, immer geradeaus, und konnte nirgends wenden, bis er nach Blenheim kam; dann fuhr er, wie er erzählte, hinten ums Schloß, am Park vorbei, in dem gerade Gäste beim Tee saßen. Sie waren sehr überrascht, als plötzlich ein junger Mann auf einem Motorrad die Auffahrt herangesaust kam. Tony Butts winkte ihnen höflich zu und fuhr weiter; es blieb ihm auch nichts anderes übrig. Diese Geschichte, die wie viele gute Geschichten vom Temperament des Erzählers lebt, wirkt heute etwas blaß; niemand kann sie mit den barocken Schnörkeln und der Ausgelassenheit erzählen, die Tony im Gespräch eigen waren. Sein einziges Buch, nach seinem Tode anonym von William Plomer herausgegeben, enthält verschiedene Geschichten aus seiner Familie, und die Kritik bemängelte, daß die unglaubwürdigen Zutaten, mit denen sie aufgeputzt waren, ihnen viel von ihrem Interesse nahmen. Wie dem auch sei, der junge Stutzer ohne Perücke aus dem achtzehnten Jahrhundert, der auf dem Motorrad durch die Landschaft rast, ohne anhalten zu können – so war Tonys ganzes Leben. Er war eines jener großen Talente, die nicht wissen, in welche Bahnen sie ihre Begabung lenken sollen. Eine Zeitlang war er Maler und studierte bei Sickert. Butts, sagte Sickert von ihm, sei der beste Erzähler gewesen, der ihm seit Degas vorgekommen war. Später verlegte sich Tony auf Theaterstücke (ich weiß nicht, was aus ihnen geworden ist). Als der Surrealismus aufkam, gründete er mit William Edmiston, einem jungen Mann von nicht weniger ausgefallenen Ansichten, ein Geschäft für phantastische Hutmodelle. Anthony Butts zog sich in frühen Jahren ein schweres Leiden zu und starb während des Krieges; er hinterließ nichts als ein paar Bilder und Manuskripte.

Der Kreis, den ich hier schildere, gleicht, aus zeitlichem Abstand gesehen, umrahmt von den Trümmern Europas, einer lose zusammenhängenden Familie, die größtenteils unter der etwas ablehnenden Vormundschaft ihrer geistigen Eltern in Bloomsbury stand. Der Mittelpunkt des Kreises war Virginia Woolf, von der bei den Nicolsons bei Rosamond Lehmann und Wogan Philipps dauernd die Rede war.

Bei Leonard und Virginia Woolf, in ihrem Haus am Tavistock Square, war ich mehrmals zum Essen eingeladen. Sie wohnten im oberen Stockwerk; im Erdgeschoß lagen die Büroräume ihres Verlags, der Hogarth Press. Der Salon war ein großes Viereck, hoch und freundlich, mit ziemlich großen, einfachen Möbeln, alles in meiner Erinnerung in Grau und Grün getaucht. Paneele von Duncan Grant und Vanessa Bell gemalt: Mandolinen, Früchte – eine Mittelmeerlandschaft, durchs offene Fenster oder bei zurückgeschlagenem Vorhang gesehen, in braunen, roten und blaßblauen Farben –, Innendekoration, die fast ein Wahrzeichen Bloomsburys war. Ähnlich waren die Räume bei Lytton Strachey ausgeschmückt. Diese Dekoration verband südliche Gelöstheit mit einer gewissen Sammlung und Herbheit.

Virginia Woolf empfing ihre Gäste oft etwas nervös, mit den Getränken beschäftigt, und ihr Händedruck, ihr begrüßendes Lächeln wirkten leicht zerstreut. Ihr Gesicht gemahnte irgendwie an ein straffgespanntes

Saitenspiel, die grauen Augen blickten manchmal durchdringend, manchmal unstet, lachend, gesammelt oder fahrig.

Wenn wir im oberen Stock bei Tisch saßen, sagte sie zu William Plomer – er und ich waren oft zusammen eingeladen: »Wenn Sie und Stephen fortwährend vom Bloomsbury-Kreis reden, werde ich euch die ›Maida-Vale-Gruppe‹ nennen.« Plomer hob die Augenbrauen und lachte: »Meines Wissens habe ich nichts Derartiges gesagt, aber Sie wissen ja, man muß heutzutage soviel schreiben ...« »Dann war es Stephen!« »Sieht ihm ähnlich! Aber bitte, werfen Sie uns nicht in einen Topf, wir sind ganz verschiedene Kaliber. Immerhin, es müßte reizend sein, ein Essay von Ihnen, Virginia, über die Maida-Vale-Gruppe.« Dann schweifte das Gespräch ab; ich glaube, der Name eines Kritikers war gefallen, der eine kleine literarische Zeitschrift herausgab und einen schrullenhaften Angriff auf sie veröffentlicht hatte. »Wozu erwähnen Sie ihn?« fragte Virginia Woolf etwas scharf. »Wir haben doch über Interessanteres zu reden.« Aber der peinliche Augenblick ging vorüber, und sie beantwortete lebhaft die Frage, ob sie sich über ungünstige Besprechungen ärgere: »Natürlich ärgere ich mich zunächst darüber. Es ist so, wie wenn mir jemand eine Vase zerbricht, die ich gern habe. Aber dann vergesse ich es.« Ein anderer Name wurde genannt, ein Autor, der dann ein Anhänger General Francos wurde; er hatte eine Satire gegen ein befreundetes Ehepaar geschrieben, zwei Menschen, die nichts anderes getan hatten, als ihm ein Häuschen in ihrem Garten zur Verfügung zu stellen, damit er ungestört arbeiten konnte. »Schriftsteller sind eine undankbare Gesellschaft, sie hacken nach der Hand, die sie füttert«, bemerkte sie mit nachdenklicher Miene. Heute, nach so vielen Jahren, geht mir ein Licht auf; ich weiß plötzlich, woran sie damals wohl gedacht hat: Das Ehepaar waren die Nicolsons, und Virginia Woolfs Roman *Orlando* ist eine Phantasie über ein Bildnis Victoria Sackville-Wests. Im Roman kommt ein Dichter zu Orlando zu Besuch, genießt seine (oder ihre) Gastfreundschaft und schreibt dann eine herzlose Satire darüber.

War es Virginia Woolf, die gesagt hat, als sie am *Orlando* arbeitete, habe sie die ersten Sätze hingeschrieben, ohne zu ahnen, wie es weitergehen sollte? Oder denke ich vielleicht an Julien Green, der mir erklärte, er wisse niemals, wie sich die Handlung seiner Romane entwickeln werde? Oder zeigte mir Victoria Sackville-West, die das Manuskript des *Orlando* besaß, den kurzen Vermerk auf der ersten Seite, den Einfall zu einem Roman, dessen Held/Heldin dreihundert Jahre englischer Geschichte miterlebt und auf halbem Wege sein Geschlecht verwandelt, vom Mann zur Frau. Die innere Erregung, mit der sie die Fahrt durch die Jahrhunderte antrat, spiegelte sich in dem Brief, den sie noch am gleichen Tage an Victoria Sackville-West schrieb: »Ich tauchte meine Feder in die Tinte und schrieb gleichsam automatisch auf ein leeres Blatt, ›Orlando. Eine Biographie‹. Kaum hatte ich das hingesetzt, als mich am ganzen Leibe Seligkeit ergriff und mein Kopf sich mit Einfällen füllte. Ich schrieb wie im Fluge bis zwölf.«

Meine Erinnerungen an Virginia Woolf werden leicht zu Träumereien, und ich muß mich in die Wirklichkeit zurückrufen, muß mir vergegenwärtigen, daß sie selbst das Essen mit großem Geschick auftrug und ausgezeichnet kochte. Das Eßzimmer war heller und wahrscheinlich besser gelungen als der Salon. Da stand ein hübscher Tisch aus bemaltem Holz, das Werk ihrer Schwester Vanessa Bell, die auch das Geschirr entworfen hatte. Die rosenfarbigen Kleckse, die schwarzen Pünktchen, die klammergleichen Striche, die alle für dieses Dekor bezeichnend waren, wirkten sehr vorteilhaft auf dem Sahneweiß des Porzellans. Beim Essen erzählte Virginia Woolf aus den Anfängen des Verlags, und ich lauschte gepannt wie ein Kind. Ihr Mann, Leonard Woolf, hatte in der Kalkutta-Lotterie gewonnen; mit dem Geld kauften sie eine Druckpresse und Lettern und begannen in dem Haus in Richmond, wo sie damals wohnten, Erzählungen von Virginia und Leonard Woolf zu drucken, dann *Das wüste Land* von T. S. Eliot und mehrere andere Bändchen. Das alles geschah, erzählte sie, mehr zum eigenen Vergnügen als zu einem anderen Zweck, aber dann wurde ein Buch des Verlages – ich glaube, ihr Essay *Kew Gardens* – im *Times Literary Supplement* sehr günstig besprochen, und wenn sie die Treppe zur Haustür hinuntergelaufen kam, war die Türmatte eingeschneit von Nachbestellungen auf das Buch. Sie mußten die zweite Auflage einem Drukker im Ort in Auftrag geben, und so waren sie aus Amateuren, die ihre Arbeiten unterderhand verkauften, ein Verlag geworden, die Hogarth Press, eine kleine, aber gutgedeihende Firma, die sogar einige Erfolgsbücher herausbrachte.

Vom Bücherverlegen kam das Gespräch aufs Bücherschreiben. »Wie arbeiten Sie, William?« fragte sie Plomer. »Wie ich arbeite?« »Ja, was machen Sie dabei? Sehen Sie aus dem Fenster? Denken Sie nach, wenn Sie auf der Straße gehen? Streichen Sie viel? Rauchen Sie beim Schreiben? Fangen Sie mit einem bestimmten Satz an?«

Wenn Plomer und ich verhört waren, fragten wir sie, wie sie arbeitete. Es lief etwa auf folgendes hinaus: »Ich glaube nicht, daß es eine bestimmte Form gibt, in der ein Roman geschrieben werden muß. Ich möchte alle vorhandenen Formen benützen und zu einem Ganzen schließen, zu eben diesem Roman. Nichts spricht dagegen, daß ein Roman teilweise in Versen, teilweise in Prosa geschrieben ist und Auftritte hat wie ein Theaterstück. Ich möchte einen Roman schreiben, der aus Versen und Dialogen besteht wie ein Drama. Ich möchte mit allen Formen experimentieren und sie für den Roman erschließen.«

Niemand, sagte sie, sollte etwas veröffentlichen, bevor er dreißig sei. »Bis dahin – schreiben, aber wegwerfen!« Sie selbst hatte Stöße und Stöße Papier vollgeschrieben, »nur um zu schreiben«, und dann alles vernichtet. Prosa zu schreiben fand sie mühsamer als Gedichte.

Nach Tisch gingen wir wieder in den Salon, und Virginia Woolf rauchte eine Zigarre. Manchmal sprachen wir über Politik, das heißt, über den Krieg. Denn die Woolfs gehörten zu den wenigen Engländern, die klares Verständnis für die Weltsituation in den dreißiger Jahren hatten, Leonard um so mehr, als er ein politisch und historisch geschulter Kopf war, mit einer geradezu fatalistischen Auffassung von Ursachen und Wirkungen. Als ich ihn 1934 fragte, ob er glaube, daß es zum Krieg kommen werde, antwortete er: »Ja, natürlich. Wenn die Nationen wettrüsten, wie es gegenwärtig der Fall ist, bleibt gar nichts anderes übrig. Die Waffen müssen verwendet werden, bevor sie veraltet sind.« Auch Virginia Woolf besaß tiefe politische Einsicht, denn wenn auch die schöpferische Phantasie, die sich in ihren Romanen beweist, oft nur um kleine Dinge spielt, das Licht in den Zweigen oder den Fleck auf der Mauer, so richtete sie doch ihren bannenden Blick auch auf Sturmflut und Wahnwitz, Kriege und die Kräfte der Zerstörung.

Wenn Leonard über Krieg, Sozialismus, Völkerbund sprach, verfiel Virginia in Schweigen. Die Mahlzeiten hatten oft ein solches politisches Nachspiel, und Virginia Woolf schien den Männern dann das Reden zu überlassen, mehr noch schien sie Leonard zuzuhören. Von der Politik kamen wir auf die Literatur zu sprechen und erzählten Anekdoten, die heute geradezu mit dem Londoner Literaturleben verwachsen scheinen, zum Beispiel die Geschichte, wie Hugh Walpole die ganze Nacht aufsaß, um Somerset Maughams soeben erschienenes Buch *Kuchen und Wein* zu lesen, und in der herzlosen Schilderung des erfolgreichen Schriftstellers seine eigene Laufbahn wiedererkannte.

Virginia Woolf war von einer verzehrenden Neugier für alles Gesellschaftliche erfüllt; sie unterschied, glaube ich, sehr scharf zwischen den »oberen«, den »mittleren« und den »unteren« Schichten. Für die königliche Familie interessierte sie sich brennend; es war fast ein bißchen peinlich. Aber dieses Interesse kam größtenteils daher, daß die Mitglieder des Königshauses, ständig umgeben von Anhimmelung wie von einem Glasbassin, für sie so eigenartig, so exotisch waren wie ihre eigenen Romanfiguren mit ihrer seltsamen Leuchtkraft. Die Episode in dem Roman *Mrs. Dalloway*, wo der Chauffeur dem Schutzmann eine kleine Marke vorweist und der Wagen bei angehaltenem Verkehr weitersaust, drückt wie ein paar Takte in einer Symphonie genau aus, was sie so fesselte: das besondere Leben der Bevorzugten, eingeschreint in einer Limousine, deren Chauffeur eine Passiermarke hat. Mrs. Dalloway und Mrs. Ramsay (in der *Fahrt zum Leuchtturm*) sind selbst königliche Naturen, herausgehoben aus der Umwelt, die sie staunend anstarrt, wie durch ein Fenster. Das Wunder des Lebens ist das Wunder königlicher Selbsterfüllung – ein Schauspiel ähnlich dem, wenn die Menge eine Dame im Hermelin anstaunt. Wenn Virginia Woolf in einem ihrer Essays Samuel Johnson oder Fanny Burney oder die Zeitgenossen Shakespeares schildert, glaubt man fremdartige Fische hinter Glas zu bewundern.

»Warum interessieren wir uns so für sie – sie sind doch nicht so verschieden von uns?« rief sie, wenn das

Gespräch über das Königshaus schon fast ans Langweilige grenzte. Die Antwort war: »weil sie uns zur Betrachtung vorgeführt werden!« oder: »weil sie wie lebendige Museumsstücke in historischem Kostüm sind!« oder: »weil sie durch ihre Abstammung wirklich etwas Ungewöhnliches haben!«

Es lag eine Kluft zwischen ihr und den anderen Menschen, die sie durch Fragen zu überbrücken suchte, vielleicht nicht mit vollem Erfolg. Sie forschte jeden endlos über sein Leben aus; Schriftsteller fragte sie, wie sie arbeiteten, eine junge Frau, wie man sich als Braut fühlte, einen Autobusschaffner, wo er wohnte und wann er heimging, eine Bedienerin, wie einem beim Bodenscheuern zumute sei. Ihre Stärke und ihre Begrenzung lag darin, daß sie sich in andere Menschen nicht völlig einfühlen konnte. Sie wußte, was es hieß, allein zu stehen, einzigartig, ausgesondert zu sein, und da dieses Gefühl vielen Menschen vertraut ist, sprach sie für viele, wenn sie dieses Gefühl zum Ausdruck brachte. Aber ihr fehlte der Sinn für das dichte Leben der Gemeinschaft, an dem alle teilhaben, auch wenn sie willkürlich in Gruppen gespalten sind. Was die Menschen voneinander schied, gewahrte sie voll Staunen, Entzücken und Verzweiflung. Was die Menschen zusammenhielt, entging ihr.

Sie schien zu sich selber ebenso Abstand zu halten wie zu allen anderen, und deshalb konnte sie über sich mit einer Sachlichkeit sprechen, die bei ihr selbstverständlich war, während sie bei anderen verkrampft gewirkt hätte. Im Gespräch kam es ihr nur darauf an, klarzumachen, was sie beweisen wollte, nur auf die Geschichte, die sie zu erzählen hatte, und daß es sie vielleicht selbst betraf, sie möglicherweise sehr nahe anging, war dabei völlig unerheblich. Einmal war die Rede von Rupert Brooke, und da erzählte sie: »Er schwärmte für das ›freie‹ Leben. Eines Tages sagte er zu mir ›Gehn wir schwimmen, ganz nackt!‹« »Haben Sie's wirklich getan?« fragte Plomer. »Selbstverständlich!« gab sie zur Antwort; dann fuhr sie fort: »Lytton Strachey behauptete immer, daß Ruper O-Beine habe, aber ich glaube, das stimmte nicht.« Sie erzählte auch, daß Brooke damals das Gedicht schrieb, das mit den Worten beginnt: »Dies habe ich geliebt...«, ein Register aller Dinge, die ihn mit frohem Hochgefühl erfüllten. Bei dieser Aufzählung ging er ganz äußerlich vor und fragte sie zu ihrer Verwunderung, was in der Natur am meisten glänze; er brauche es für einen Vergleich in seinem Gedicht. Sie blickte zum Himmel auf und sah in der Ferne eine Pappel, deren Blätter ihre weißliche Unterseite im Lichtschimmer wiegten. »Helle Blätter vorm Himmel«, sagte sie.

Sie sah es ungern, wenn ihre Gäste aufbrachen, und manchmal dauerten diese Abendgesellschaften bis zwei Uhr früh. Ihre Lustigkeit konnte jeden Augenblick in tiefsten Ernst umschlagen; sie erzählte Geschichten, bei denen ihr vor Lachen die Tränen übers Gesicht liefen. Meist handelte es sich dabei um ein paar Menschen, die eine Art Hofnarrenrolle in ihrem Leben spielten, und es lag eine Spur von Herzlosigkeit in der Art, wie sie sie sah. Hugh Walpole, einen von ihnen, habe ich schon erwähnt; Nummer zwei war die Komponistin Ethel Smyth. Es gab immer etwas Neues von Ethel Smyth zu erzählen, die tatsächlich exzentrisch war. Einmal hatten die Woolfs sie zum Abendessen in ihr Haus in der Nähe von Lewes (Grafschaft Sussex) eingeladen. Ethel Smyth kam die dreißig Kilometer von dem Dorf, wo sie wohnte, angeradelt. Sie trug ein derbes Wollkostüm. Kurz vor dem Ziel kam ihr plötzlich der Gedanke, daß sie für eine Abendgesellschaft nicht passend angezogen sei; ein Mieder würde genügen, um ihr die nötige Eleganz zu geben. Sie ging in einen Laden und verlangte ein Mieder. Es war keines da. Verstimmt sah sie sich um und bemerkte ein Vogelbauer; das kaufte sie. Keine halbe Stunde später trat Virginia Woolf in den Garten hinaus und gewahrte im Gebüsch Ethel Smyth, halb ausgezogen, mit einem Vogelkäfig kämpfend, den sie zur Miederform zurechtbog und unter ihr Wollkostüm zu zwängen versuchte.

Virginia Woolf war von höchster künstlerischer Gewissenhaftigkeit und verlangte auch von anderen strengstes Künstlertum. Einmal reichte ich beim Verlag Hogarth Press einen Roman ein, der abgelehnt wurde, aber er interessierte sie, und wir besprachen ihn einen ganzen Nachmittag. Sie fand verschiedenes daran zu loben, und ich fragte, ob ich ihn umschreiben sollte. »Wegwerfen!« rief sie nachdrücklich. »Wegwerfen und etwas ganz anderes schreiben!« Unwillkürlich mußte ich dabei an die Jahre denken, wo sie ihre eigenen mißlungenen Arbeiten vernichtet hatte.

Sie arbeitete wie ein Lyriker, stelle ich mir vor, das heißt: was sie schrieb, entfaltete sich aus dem organischen Wachstum der Bilder, die in ihrem Thema lagen; die Bilder werden im Gespräch zu Symbolen, und das Gespräch führt oft über das Thema hinaus. Ich denke zum Beispiel an ihren Essay *Der schiefe Turm*, ursprünglich ein Vortrag, gehalten 1939. Dieser Essay entsteht aus dem scheinbar ganz einfachen Bild eines Schriftstellers, der im Armstuhl am Schreibtisch sitzt. Das Bild verzweigt sich zu Bildern der Feder, des Blattes, sogar des Sessels – und sie alle werden zu Sinnbildern für den hohen Beruf des Dichters, veranschaulicht an seinem schlichten Handwerkszeug, das sich im Lauf der Jahrhunderte nicht viel verändert hat und ihn den Schriftstellern vergangener Zeiten zugesellt. In diesem Symbolkreis ein neues Symbol: die Hand, in der die Feder ruht; in den Adern der Hand rollt das Blut, kreist das Leben, das Leben in der dichterischen Tradition, die den Mann am Schreibtisch mit Shakespeare verbindet.

Aber wie mich der Glaube oder Nichtglaube an die Erbsünde von Eliots Weltanschauung trennte, so stand mein politisches Bekenntnis zwischen mir und Virginia Woolf. Nicht daß wir über die politischen Fragen selbst uneins gewesen wären; sie haßte den Faschismus, sie sympathisierte mit den spanischen Republikanern, kurz, sie teilte viele unserer Ansichten. Aber sie verurteilte es, daß wir unser Schriftstellertum in den Dienst unserer politischen Überzeugungen stellten; sie meinte, daß diese literarische Generation mehr wegen ihrer Ansichten als wegen ihrer künstlerischen Leistungen Anerkennung fand. Darin gingen wir ihr alle auf die Nerven, und sie gab das manchmal zu verstehen; das erstemal in ihrem *Brief an einen jungen Dichter*, in dem sie Auden, Day Lewis, John Lehmann und mich zitiert, um uns unsere Ungeduld, unser Haften an äußeren sozialen Erscheinungen, unseren Weltverbesserungstrieb vorzuhalten. Weniger direkt setzte sie den Angriff in dem großen Essay *Ein eigenes Zimmer* fort und weit unmittelbarer in dem schon erwähnten *Schiefen Turm.* Wir wußten, so folgerte sie, wie unselig es um die Welt stand, aber wir nahmen zu dem Verhängnis Stellung mit unserer Vernunft und unserem Willen, bevor wir es im Gefühl ganz erlebt hatten. »Man muß vom Leben erst geschlagen und gebrochen werden, bevor man darüber schreiben kann«, bemerkte sie einmal zu mir. Mit ausgeprägten Ansichten und tiefen Gefühlen war es nicht getan, solange das Objekt der Ansichten und Gefühle nicht im Bereich des Selbsterlebten lag.

Sie und ihr Kreis hatten die gleichen Anschauungen, die gleichen hohen Wertbegriffe und standen füreinander ein. Diese Menschen, die in kleinen Villen oder geschmackvollen Londoner Wohnungen lebten, am Wochenende oder auf kleinen Gesellschaften zusammenkamen, über Kunst, Literatur und Geschichte sprachen, viel klatschten und einige hervorragende

Prosawerke schufen – sie glichen dem Freundeskreis, der sich während der Pest in Florenz in ein Landhaus zurückzog und die Geschichten des *Dekameron* erzählte. Meine Generation, die nicht in schöne Gegenden und reizvolle Geschichten flüchten konnte, war eher Sturm und Drang, tief verhaftet dem zeitgeschichtlichen Geschehen, tief darunter leidend, erst voll sprühender Begeisterung für die Ereignisse, dann nur langsam für sie erwärmt, zuletzt von ihnen aufs tiefste abgestoßen.

Dieser an Boccaccio gemahnende Kreis und die ihm nahestanden, ohne zu ihm zu gehören, kamen oft im Hause einer großen Dame der Gesellschaft zusammen, bei Lady Ottoline Morrell in Garsington, nahe von Oxford. Als ich sie kennenlernte, hatte sie Garsington aufgegeben und wohnte in London in der Gower Street. Schon lange vorher hatten mir die Nicolsons, immer genaue Wahrsager meiner Zukunft, prophezeit, daß ich eines Tages in den Salon dieser ungewöhnlichen Frau aufgenommen würde. Sie machte den bizarrsten Eindruck auf ihre Gäste, wie man an den literarischen Porträts sehen kann, die unter anderen D. H. Lawrence, Aldous Huxley und Graham Greene in ihren Romanen von ihr gegeben haben.

Sie interessierte sich brennend für die Arbeiten, Pläne und Gedanken ihrer Bekannten, half ihnen, mischte sich in ihr Privatleben – und wurde von ihnen geliebt und gehaßt.

Bertrand Russell, Augustus John und D. H. Lawrence waren die Leitsterne gewesen, mit deren Hilfe sie aus der starren Welt der Aristokratie ausbrach und in die aufregende Welt der eigenwilligen Anschauungen, Ideale und Leidenschaften eindrang. Mit wahrer Kreuzfahrerinbrunst warf sie sich auf das gesellschaftliche Leben. Wenn man sie eine großzügige Gastgeberin und Mäzenin nennt, gibt das nicht einmal annähernd eine Vorstellung von der Rolle, die sie im Leben ihrer Freunde spielte. Ihre Gäste waren für sie der Inbegriff dessen, was Freundschaft zu bieten hatte; mit überspannter Hingabe diente sie dem Wahren, dem Guten und dem Schönen – oder was sie dafür hielt.

Ihr lodernder Idealismus machte einem das Leben nicht leicht, denn er ging Hand in Hand mit menschenfresserischer Neugier. Nichts Menschliches erregte bei ihr Anstoß, aber sie erwartete von ihren Freunden, daß sie die intimsten Einzelheiten zum Drama beitrugen. »Hat denn Ihr Freund überhaupt kein Liebesleben?« fragte sie einmal vorwurfsvoll einen Lyriker, der einen etwas zurückhaltenden Bekannten zum Tee mitgebracht hatte.

Anfang 1934 erhielt ich eine Einladung auf handgeschöpftem Bütten, nach parfümiertem Streusand duftend, geschrieben mit brauner Tinte, die aus rostigen Nägeln destilliert schien. Die Schrift, eine sehr schöne Schrift, war fast senkrecht, überwuchert von Schleifen, Fühlfäden und Schößlingen, die aus allen Ober- und Unterlängen sprossen, sogar aus dem Querstrich eines »t«. Diese Schnörkel waren nur Zierat, von natürlicher Anmut, hatten aber nicht den geringsten praktischen Zweck auf Gottes Erdboden. Sie machten das Schreiben langwierig und das Entziffern mühsam.

Als ich Lady Ottolines Salon betrat, überwältigte mich die Fülle der schönen Gegenstände: Bilder, Spiegel, Kästchen, Vasen, Fauteuils und Sofas, große Tische, kleine Tische, Bücher in schönen Einbänden. Auf einigen Tischchen standen Schalen voll »Potpourri«, denen ein verstaubter Geruch entströmte, so daß der Raum duftete wie das Innere einer orientalischen Kassette aus Zedernholz. Lange Damastvorhänge umrahmten die hohen Fenster, die auf den Garten hinter dem Haus führten. Den Ehrenplatz an der Wand nahm ein nebelhaftes, spirtistisches Gemälde des irischen Lyrikers George Russell ein; auch Bilder von Sickert und Henry Lamb hingen da, und frühe Landschaften mit Figuren von Augustus John.

Im Eßzimmer mit der langen Tafel prangte ein großes Porträt Lady Ottolines von Augustus John. Die Haltung erinnerte an Mrs. Siddons, von Reynolds gemalt, der Kopf mit dem verschmierten Mund an eine Habsburgerin aus einem Velazquez.

Am deutlichsten zeigte sich der Stil des achtzehnten Jahrhunderts, der in dem Porträt angedeutet lag, in ihrer Kleidung. Sie liebte es, sich als vornehme Schäferin zu geben, trug knirschende Seide und Brokat und einen Krummstab, wenn sie spazierenging.

In ihren letzten Lebensjahren (als ich sie kennenlernte), hatte man immer den Eindruck, daß sie in Stücke brechen könnte; das Haar fiel ihr plötzlich übers Auge oder das Korsett sprang auf. Einmal plumpste ihr mitten im Satz ein großer Ohrring in die Teetasse; ohne sich zu unterbrechen, fischte sie ihn heraus und befestigte ihn am Ohrläppchen. Gelegentlich sah ich noch peinlichere Dinge passieren, aber sie brachte sich mit einer tauchenden, ziehenden Bewegung, ohne die geringste Verlegenheit, wieder in Ordnung. Manchmal war der Lippenstift nachlässig aufgetragen; das Haar war violett gefärbt, die Augen waren rheumatisch entzündet. Und trotzdem war das alles nur ein Nebenbei ihres großen Stils, ja, es trug zu seiner Größe bei. Hatte nicht auch Augustus John auf ihrem Porträt den Mund verschmiert? Was bei anderen nur schlampig gewesen wäre, wirkte bei ihr kühn.

Wenn Lady Ottoline ausging, führte sie an Bändern – manchmal am Schäferstab befestigt – zwei, drei Pekinesen mit. Sie wunderte sich immer, daß die Leute auf der Straße sie anstarrten. Meine sozialistischen Neigungen waren ihr bekannt, und sie vertraute mir einmal an, daß sie viel für die Arbeiter übrig habe, sie gern in ihr Herz schließen würde – nur sei es so schwierig: sie gafften einen immer an. Einmal war sie in die Straßenbahn gestiegen – sie hatte eine Vorliebe für die aussterbenden Londoner Straßenbahnen, ihr sanftes Schaukeln, man kam sich vor wie Königin Elisabeth auf der Prunkbarke, und natürlich mußte ihr der Schaffner beim Einsteigen helfen. Alle Leute hatten sie nur so angestarrt, und »ein Mann, ich glaube, er war nicht ganz nüchtern, machte eine *ordinäre* Bemerkung, und die Kinder, wirklich idiotisch ...« Sie wäre ja gern *im besten Einvernehmen* mit den Leuten, aber sie sei auf solche *Feindseligkeit* gestoßen – es war unverkennbar, daß sie den Leuten *nicht* sympathisch war.

Sie sprach mit Unterstreichungen, oft nur in einzelnen Silben, aber selbst das genügte, um ihren Worten etwas von Hupsignalen – und ein besonderes Gepräge zu geben. Ihr Gespräch wurde dauernd von diesen Signalen unterbrochen; man hörte zu wie bei einer Opernarie, bei der ja auch der wahre Sinn im Klang liegt, selbst wenn man ab und zu ein Wort versteht. Wie in der Oper die Sprache des Librettos dem musikalischen Ausdruck angepaßt sein muß, so hatte sie sich zu ihrer Musik einen Text geschaffen, dessen Satzbau von normaler Prosa abwich. Sätze, die aus einem winzigen Wort bestanden, dessen einzelne Silben wie Fanfarenstöße klangen, waren ein besonderes Merkmal dieser eigenen Sprache. Und wo mehrere Worte einander folgten, waren sie durch Gedankenstriche und Pausen unterbrochen, durch eine Interpunktion, die nichts anderes war als die Zeichensetzung einer Partitur. Sogar ihre Briefe glichen einem Gespräch, das auf ganz kurze Sätze angewiesen ist. Denn wie beim Reden ihre Worte in einem verstärkten Seufzer aufzugehen schienen, so waren beim Schreiben die ausdrucksvollsten Worte ins Reich des rein Ornamentalen entrückt; die schönsten waren auch die unleserlichsten, sie waren ein Gestrüpp von schwanken Fühlern und wohlgerundeten Schleifen, wie Kletterwinden. Ein geschriebener Satz wie der folgende wirkte genauso im Gespräch:

»Venedig braucht Sonne ... und Schatten ... um die Ecke huschend – und Sonnenuntergang – und Barken ... mit Granatäpfeln und Trauben. Und Melonen.«

Griechenland, Italien, Platon, Phidias, Michelangelo, Shelley waren für sie die lauterste Anrufung des Wahren, Guten, Schönen. Eliots Abneigung gegen Shelley und das Heidnische fand sie gotteslästerlicher, als die meisten Christen ihren Pantheismus fanden.

»Ich habe T.S.E. wiedergesehen ... er war so *nett* – aber – ich glaube, er ist sehr merkwürdig ... Ich zeigte ihm griechische Statuen, viertes und fünftes Jahrhundert, Photographien davon, und er sagte, es überläuft ihn dabei. Sie seien verwandt mit ›Schlangenverehrung‹. In der ganzen Kunstgeschichte: Phidias – seine Zeit – das Erhabenste – und nicht entweiht. Finden Sie es nicht merkwürdig von ihm – ich habe das Empfinden, er hat Dämonen ... im Kopf –«

An Lady Ottolines Donnerstagnachmittagen war es oft gedrängt voll. Einige Gäste erschienen regelmäßig jeden Donnerstag, besonders die beiden irischen Dichter George Russell (»A. E.«) und James Stephens. Bei George Russell hatte man den Eindruck, er hause in seinem braunen, buschigen Bart wie ein schweflig leuchtender Geist in einem finsteren Wald. Er sprach über indische Mystik, aber pradoxerweise galt er als hervorragender Nationalökonom, und die Leute äußerten sich mit tiefem Respekt über ihn. James Stephens war ein geschwätziger Gnom. Aber nicht nur die englische und die irische Literatur machte Lady Ottoline ihre Aufwartung, es erschien auch die Naturwissenschaft und die Philosophie. Julian Huxley kam häufig mit seiner Frau Juliette. Betrand Russell zählte zu Lady Ottolines ältesten Freunden. Bei ihr lernte ich auch Aldous Huxley kennen, der mit einem prüfenden Blick feststellte, daß ich fast ebenso groß war wie er, und nachdenklich sagte: »Sie und ich haben nicht die richtige Größe für die Arbeit, die wir vorhaben. Der schöpferische Genius ist klein und stämmig, der pyknische Typ, fast ohne Hals, der die Nerven von den Gehirnzentren trennt. Balzac, Beethoven, Picasso brauchten keinen langen, gebückten Leib herumzuschleppen. Bei ihnen trennte nichts den Geist von der unmittelbaren Verbindung mit den Sinnen.«

Aber auch an anderen Tagen als den Donnerstagen gab es Teegesellschaften, für einen kleineren Kreis. Einmal wurde ich eingeladen, um William Butler Yeats vorgestellt zu werden. Yeats, damals siebzig, glich einem ins Kraut geschossenen Kunstschüler mit buschigem hängenden Kopf und benommenem blinden Blick. Als ich ihm vorgestellt wurde, fixierte er mich lange und fragte dann: »Nun, junger Mann, wie finden Sie die Sager?« Ratlos murmelte ich, ich sei noch nicht in der Gegend gewesen. »Die Sager«, wiederholte er, »die Sager!« Lady Ottoline erklärte mir, daß die Sager eine Gruppe waren, die Gedichte im Chor deklamierte. Lady Ottoline, die eigens nur wenige Leute zum Tee mit Yeats eingeladen hatte, sah, daß alles schiefging; sie eilte hinaus und rief Virginia Woolf an, sie solle ein Taxi nehmen und herkommen. *Sofort.* Virginia Woolf erschien ein paar Minuten später, höchst amüsiert.

Nach dem Tee hörte ich zu – froh, nicht mehr Konversation machen zu müssen –, wie Yeats, ins Sofa gelehnt, Virginia Woolf erklärte, ihr Roman *Die Wellen* drücke in erzählender Prosa den Begriff der Wellenenergie des Universums aus, wie ihn die moderne Physik kennt und wie ihn auch die letzten Forschungen aus dem Reich des Übersinnlichen bestätigten.

Dann kamen neue Gäste, und ich konnte nicht mehr zuhören, aber später zog Yeats mich nochmals gütig ins

Gespräch, und wir unterhielten uns über das dichterische Schaffen. Als er seinen letzten Gedichtband *Der Turm* vollendet hatte, so erzählte er mir, nahm er das Manuskript mit nach Rapallo und sandte es vom Hotel aus an Ezra Pound, mit einem Brief, in dem er erklärte, er habe seit mehreren Jahren keine Gedichte mehr geschrieben, er schreibe jetzt in einem anderen Stil, und wenn sich darin kein Fortschritt gegenüber seinem früheren Werk zeige, werde er keinen anderen Weg mehr einschlagen können, dazu sei er zu alt. Deshalb sei er sehr neugierig, Ezra Pounds Urteil zu hören. Ein, zwei Tage später kam eine Postkarte, auf der stand ein einziges Wort: »Saumäßig! E. P.« Yeats erzählte diese Geschichte mit großer Heiterkeit und sprach über Ezra Pounds Gutmütigkeit, die ihn dazu verleitete, alle Augenblicke ein neues literarisches Genie zu entdecken und unzählige verlaufene Katzen in seinem Haus aufzunehmen.

Fünfzehn Jahre später besuchte ich Ezra Pound in Washington in dem Krankenhaus, in das man ihn gebracht hatte. Der amerikanische Lyriker Robert Lowell und ich saßen ihm am Tisch im Krankenzimmer gegenüber. Andere Patienten kamen und gingen. Hier unter den Geisteskranken spielte Pound den liebenswürdigen Gastgeber, der uns mit der gleichen Höflichkeit behandelte, als wären wir bei ihm daheim in Italien. Wir sprachen über Literatur und bedeutende Männer. Ich fragte ihn, ob er sich an Yeats und seinen Besuch in Rapallo erinnerte. Er warf mir einen Blick zu und sagte: »Wenn Sie über Yeats mit mir reden wollen – gern! Aber Sie müssen mir vierundzwanzig Stunden Zeit lassen, denn meine obere Gehirnschicht ist futsch.«

Ezra Pounds Lyrik, sagte Yeats damals bei Lady Ottoline Morrell, sei starr wie ein Gobelin. Gedichten müsse eine Melodie, ein schlichter Klang zugrunde liegen, eine Einfachheit wie in »Der Mond ist aufgegangen«. Er selbst sei in einem aus Ästhetentum und Künstlichkeit zusammengesetzten geistigen Milieu aufgewachsen und habe sich sein ganzes Leben lang bemüht, seine dichterische Sprache zu vereinfachen. Trotzdem halte er »freie Rhythmen« nicht für die Lösung des Problems. Er wolle in die Tiefe dringen und dennoch die Melodie nicht preisgeben.

Er verglich das Interesse für Politik, das meine Freunde und ich in unserem literarischen Werk bewiesen, mit seinem eigenen Interesse für Spiritismus. »Wir nähern uns der Ära«, sagte er, »die von den politischen Anschauungen und Forderungen *Ihrer* Leute bestimmt werden wird. Das wird schon schlimm genug sein, aber es kommt noch ärger. Denn dann beginnt das Zeitalter, das von der Psychologie beherrscht wird, wo jedermann in jedem Augenblick seines Lebens über jedes seiner Motive Bescheid weiß. Und dann kommt die schlimmste Zeit, die Zeit *unserer* Leute, der Spiritisten – die Grenze zwischen den Lebenden und den Toten, zwischen den Toten und den Lebenden wird völlig niedergerissen sein und die lebendige Welt in ständiger Fühlung mit der Totenwelt stehen.«

Yeats sagte das in halb prophetischem, halb scherzhaftem Ton, und wenn ich es auch vielleicht nicht wortgetreu wiedergegeben habe, jedenfalls sprach er von den drei Zeitaltern und bezeichnete das dritte als das schlimmste. Es wäre schwer zu sagen, wie weit eine solche Prophezeiung ernstzunehmen war. Zweifellos aber betrachtete er den Spiritismus als eine umwälzende soziale Macht, die ebenso starken Einfluß auf die Welt ausüben kann wie Politik, Psychologie oder Naturwissenschaft.

An einem anderen Donnerstagnachmittag bei Lady Ottoline – es waren noch mehr Gäste anwesend als sonst – erzählte er amüsante und äußerst boshafte Anekdoten von George Moore, der in seinem Buch

Ave, Salve, Vale Yeats von seiner lächerlichsten, aber auch von seiner besten Seite gezeigt hat. Yeats schien sich selber gewissermaßen in komischem wie in edlem Licht zu sehen; in seinen Gedichten spricht er oft von seiner Torheit und Ungereimtheit; er wußte auch, daß er eine Pose annahm, eine Maske trug, wenn er anderen Menschen gegenübertrat. Anthony Butts sagte einmal nach einer Teegesellschaft: »Ich habe gar nicht gewußt, daß Yeats einen Shanghai-Bauch hat?« (Oder sagte er: »Singapur-Bauch«?) Jedenfalls war es ein Spitzname dieser Art für den merkwürdig vorspringenden Leib des großen Dichters. Ein anderes respektloses Gemüt, Mark Gertler, schilderte zur großen Erheiterung seiner Umgebung, wie Lady Ottoline in Garsington ihren Gästen tiefstes Schweigen auf die Seele band, weil nebenan im Salon Yeats angeblich dichtete. Auch mir ging das damals gegen den Strich, und es lag in Yeats zweifellos etwas, das zum Spott herausforderte. Virginia Woolf erzählte, als er sich mit ihr über die *Wellen* unterhielt, sei er auf einen holzgeschnitzten Kinderkopf am Fuß des Treppengeländers zu sprechen gekommen, und dieser Kopf, sagte Yeats, sprudle reines Griechisch hervor. Tief beeindruckt und erbaut, amüsiert und gleichzeitig spöttisch ging Virginia Woolf nach Hause.

Die Bekanntschaft mit diesen Göttern und Halbgöttern war wie ein erreichtes Ziel. Ich galt etwas bei Schriftstellern, deren Namen für mich noch immer fast von einem Heiligenschein umgeben waren. Ich gewöhnte mich an den Umgang mit ihnen, aber ich verlor niemals das Gefühl der Ehrfurcht für die Schöpfer so vieler von mir bewunderter Werke. Ein Satz von Virginia Woolf, ein Vers von Eliot kann in seiner Größe über den Schriftsteller selbst hinausgehen, wie Zepter und Krone größer sind als der König. Die persönliche Bekanntschaft mit ihnen sagte mir nicht mehr, als was ich schon aus ihrem Werk, ja aus einzelnen Zeilen herausgespürt hatte, aber im Gespräch mit Virginia Woolf, Eliot, Isherwood, Auden oder Connolly gab es Augenblicke, wo ich sah, wie ihr Dichterherz arbeitete.

Wie könnte ich anders als mit Dankbarkeit daran denken, daß diese große Woge von Talent in meiner Zeit auch mich mittrug? Als ich aus ihr emportauchte, war ich unmerklich verändert. Die Eismauer, die den Achtzehnjährigen umschlossen hatte, wenn er sich unter die Menschen auf der Straße wagte, war dahingeschmolzen. Es gibt Augenblicke, wo man sogar Katastrophen etwas zu danken hat, und heute bin ich dem Krieg und den Verlusten, die er brachte, fast dankbar, weil er meine eigene Vergangenheit in die richtige Perspektive gerückt hat.

Dieses Leben gab mir, was Oxford mir versagt hatte. Ich muß aber in mein Preislied auch E. M. Forster einschließen, einen der bedeutendsten englischen Romanschriftsteller unserer Zeit und einen ihrer klügsten Moralisten. In Forster vereinigen sich die seltsamsten Widersprüche: das völlige Zurücktreten des eigenen Ichs mit schärfster Entschiedenheit der Anschauungen, Launenhaftigkeit mit großer Treffsicherheit, eine fast heidnisch anmutende Moralfreiheit mit durchdringendem Blick für moralische Probleme, Liebe zur Ungebundenheit mit einer Respekt einflößenden Selbstdisziplin. Es wäre falsch, ihn zu einer Strömung zu rechnen oder auch nur zu der Gruppe seiner Freunde. Er ist einer der großen Trostbringer der Gegenwart, aber auch einer unserer beklemmendsten Autoren.

Das alles gehörte zu dem literarisch-gesellschaftlichen Londoner Leben, in dem Einladungen zum Wochenende, zu Mittag, zum Tee, zum Abendessen einander ablösten. Ich gewöhnte mir bald eine Routine an, bei der ich ganze Tage vergeudete. In London braucht man manchmal eine Stunde, um irgendwo zum Mittagessen zu erscheinen, das vielleicht nicht vor halb vier vorbei ist; eine Stunde für die Heimfahrt, und um halb sieben wieder aus dem Haus, um irgendwo zum Abendessen zu sein. Ich verstand mich nie darauf, nein zu sagen. Wenn man mich fragte, ob ich an dem und dem Tag zu dieser oder jener Stunde frei sei, sah ich in meinem Notizbuch nach, und wenn ich nichts vorhatte, sagte ich ehrlich ja. Nachdem ich einmal ja gesagt hatte, brachte ich es einfach nicht über mich, meine Gastgeber im Stich zu lassen und abzusagen oder einfach nicht zu kommen. Ich hatte übertriebene Vorstellungen von gesellschaftlichen Pflichten, und heute noch drückt es mich, wenn ich eine Einladung übersehen habe. Dieses Gesellschaftsleben war durchaus kein reiner Genuß für mich, aber trotzdem drängte es mich dazu. Von allem andern abgesehen, hatte ich immer die leise romantische Hoffnung, eines Tages auf diese Weise einem Menschen zu begegnen, dessen Einfluß mein ganzes Leben ändern würde.

Viele Besuche, viele Briefe und Einladungen, der Zwang, sie zu beantworten, das alles sind für den Schriftsteller vielleicht noch gefährlichere Klippen als Ausschweifungen. Denn Ausschweifung ist Schlafwandeln, ist ein Versuch, Phantasien im Nebel der Wirklichkeit zu erleben. Die Gefahr liegt darin, daß sie zum Selbstzweck werden kann, wichtiger als das Schaffen und zermürbender, zersetzender. Aber die Entscheidung darüber ist dem Künstler selbst anheimgestellt, während das Gesellschaftsleben und das Erscheinen in der Öffentlichkeit Äußerlichkeiten sind, die ihm leicht aus der Hand geraten. Denn er übernimmt gesellschaftliche Pflichten und läßt sich auf Bindungen ein, die ihn unter Umständen abhalten, auszusprechen, wie er über dieses Leben denkt, das einen so großen Teil des seinen ausfüllt. Er muß sich auch zu den Wertbegriffen und Maßstäben einer bestimmten sozialen Schicht oder Gruppe bekennen, und selbst wenn sie frei, exzentrisch oder bohemienhaft sind, trüben sie ihm den Blick und verstellen ihm den Weg auf der Suche nach seinen eigenen Idealen.

Der gesellschaftliche Verkehr ist für den Künstler um so bedenklicher, weil er ihn einigermaßen braucht, weil dieser Umgang die Pforte in das Leben anderer Menschen ist – wofern er, der Künstler, nicht zu den Einsamen gehört, die von anderen nichts profitieren können. Für einen Menschen mit starkem Willen und gesundem Urteil ist das Maßhalten nicht allzu schwer, aber man kann Talent haben, ohne diese Eigenschaften zu besitzen. Der Schriftsteller ist in besonders hohem Grade auf sein Urteil, seinen Willen angewiesen; seine Selbständigkeit hängt von ihnen ab. Ihn schützen keine Büroräume, keine Geschäftsstunden. Wenn er nicht Disziplin hält, wird er fortwährend in seiner Arbeit, in seinem Grübeln unterbrochen.

Kein Wunder, daß ich in London, als ich alle Leute kennenlernte, mit denen ich bekanntwerden wollte, weniger arbeitete als in Berlin, wo ich mich nicht in feinen Kreisen bewegte. Einige Freunde sahen, was vorging, und verübelten mir dieses gesellschaftliche Treiben. William Plomer spottete auf seine herzensgute Art über die vielen Einladungen, die ich annahm. Er selbst hatte sich seinen ganzen Tag genau eingeteilt, er hatte kein Telefon, kam nur mit wenigen Leuten zusammen und schärfte allen Bekannten ein, daß seine Zeit kostbar sei. Meine Freunde glaubten immer, daß meine Zeit ihnen gehörte, und mir war das grundsätzlich ganz recht. Denn ich wollte keine Maske tragen, wollte nicht meinen Willen durchsetzen, nicht unter meinen Bekannten wählen; ich wollte die Menschen erst kennenlernen, bevor ich mich entschied, ob ich mit ihnen verkehren wollte oder nicht. Wäre ich unzugänglich geblieben, dann hätte sich etwas in mir verhärtet und meine Arbeit darunter gelitten, was ein viel größerer Verlust gewesen wäre als die geopferte Zeit. Ich löste das Problem sehr einfach: ich lief davon. Jedes Jahr lebte ich sechs Monate im Ausland, und in dieser Zeit führte ich ein weniger geselliges Leben.

Bald nachdem meine paar Gedichte in der Anthologie *New Signatures* erschienen waren, wandte sich ein Verlag an mich um einen Essay über den Lyriker Coventry Patmore für eine Reihe »Dichter des neunzehnten Jahrhunderts«. Ich war damals in Sellin auf Rügen. Das Honorar war gut – zehn Pfund für zehn Seiten. Ich schrieb zurück, daß ich von Coventry Patmore keine Ahnung habe und weit und breit auch keine Bibliothek sei. Der Verlag machte sich erbötig, mir die Gedichte zu schicken, damit ich mir ein Urteil bilden könne, aber ich in meiner literarischen Unschuld dachte, auch wenn ich die Gedichte gelesen hätte, würde ich vielleicht nichts zu sagen haben, und lehnte ab. Ich kannte mich eben noch nicht.

Später forderten mich Redaktionen häufig auf, Buchbesprechungen zu übernehmen, und Verleger, Biographien für sie zu schreiben. Biographien waren Anfang der dreißiger Jahre große Mode, und die Schwierigkeit bestand nur darin, eine vergangene Größe zu finden, die noch nicht von Lytton Strachey und seinen Nachahmern entzaubert war. Ich sagte mir (mit Recht), daß ich niemals einen Menschen gut genug kennen würde, um seine Biographie zu schreiben, und machte die Mode nicht mit.

Aber ich schrieb Buchbesprechungen. Sie waren nicht besser und nicht schlechter als die meisten, und ich glaube, ich blieb immer gerecht. Heute sehe ich, daß ich gern Ansichten, mit denen ich einverstanden war oder nicht, herausgriff und meiner Besprechung zugrunde legte, statt das Buch als Ganzes zu bewerten. An ein Werk, das ich besprechen wollte, ging ich anders heran als an ein Buch, das ich nur zum Vergnügen las. Der Kritiker in mir unterbrach sozusagen den Leser; es war ähnlich wie im Gespräch, wenn man dem Gegenüber nicht zuhört, weil man bereits daran denkt, was man ihm zur Antwort geben soll.

Es kam mir nie in den Sinn, daß meine Besprechung den Autor ärgern könnte. Ich hielt es für unwahrscheinlich, daß jemand meine Ansichten wichtignehmen werde, und deshalb übertrieb ich anfangs oft. Später hatte ich so viele Schriftsteller und ihre Empfindlichkeit kennengelernt, daß mir gewissermaßen die Nerven durchgingen und ich höchst ungern die Bücher mir persönlich bekannter Autoren besprach, weil ich befürchtete, die Vertrautheit mit den persönlichen Eigenschaften des Verfassers könnte der Sachlichkeit Abbruch tun.

Ich besprach nicht nur, ich wurde auch besprochen. Und dabei zeigte ich die ganze Empfindlichkeit, die ich bei anderen Autoren als nicht vorhanden voraussetzte. Gute Kritiken gaben mir manchmal das tröstliche Bewußtsein, Anerkennung zu finden, aber häufiger noch, daß meine krassen Fehler den kritischen Kanonen entgangen seien. Schlechte Besprechungen wirkten auf mich in meinen Anfängen niederschmetternd, und selbst heute noch nimmt es mir den Mut, wenn meine Gedichte eine schlechte Presse finden. Ich glaube, dem Lyriker fällt es schwerer als jedem andern Autor, ein ungünstiges Urteil zu vertragen. Es läßt sich nicht beweisen, daß ein Gedicht gut ist, und wenn der kritische Leser nicht in den lyrischen Bann geschlagen wird, dann zeigt das eben, daß es dem Dichter nicht gelungen ist, den Bann zu ziehen. Ein Gedicht wirkt ganz oder gar nicht. Jede schwache Stelle bietet die offene Brust für einen Angriff auf das Ganze.

Allmählich sah ich ein, daß Kritiken den Autor eigentlich am allerwenigsten angehen. Sie sind eine Art Gespräch, das hinter seinem Rücken geführt wird. Der Kritiker spricht nicht zum Autor, sondern zum Leser. Ein solches Gespräch zu belauschen, kann dem Autor mehr schaden als nützen. Übrigens tadelt der Kritiker oft an einem Buch nicht, was es ist, sondern was es nicht ist, und deshalb braucht sich der Autor noch lange nicht zu ändern. Ich habe viel Zeit vergeudet, weil ich mir den Vorwurf zu Herzen nahm, ich sei kein geschickter Reimer. Ich versuchte mich in der Reimkunst, statt die Lehre zu ziehen, daß der Reim nicht meine Stärke war.

Die Honorare bedeuteten für mich anfangs nur ein willkommenes Taschengeld, denn meine dreihundert Pfund im Jahr genügten mir. Aber meine Pflichten wuchsen, und sehr bald rechnete ich mit dieser zusätzlichen Einnahme, bis ich schließlich ganz auf sie angwiesen war, um eine Familie erhalten zu können.

Was die wirtschaftliche Seite betrifft, hat der Schriftsteller, wie ich fand, viel mit einem Spieler gemeinsam. Eine Arbeit kann, bei gleichbleibendem Wert, ja sogar bei gleichbleibendem Thema, manchmal überhaupt nichts tragen, manchmal sehr gut bezahlt werden. Mein Gedicht *Ich denke immer an die wahrhaft Großen* wurde von mehreren Redaktionen zurückgeschickt; später stand es in allen modernen Anthologien und hat mir mehr eingetragen als jedes andere. Man darf wohl sagen, daß ein Schriftsteller für seine mäßigsten Arbeiten am besten bezahlt wird, aber manchmal gelingt es ihm, einen Einfall, der ihm am Herzen liegt, in eine Form zu bringen, die das große Publikum anspricht. Heutzutage tritt noch eine Versuchung eigener Art an den Schriftsteller heran: Er kann Geld verdienen, indem er Ansichten über Themen zum besten gibt, von denen er nichts versteht. Denn es ist ein verbreiteter Aberglaube, daß Schriftsteller »gescheite Leute« sind, und da es dem Publikum gleichgültig ist, in welcher Form sich dieses Bescheidwissen am besten ausdrücken läßt, erwartet es vom Schriftsteller prompt der Weisheit letzten Schluß über Erziehung, Gnadentod, Atombombe und was es sonst interessiert.

Ich übernahm Aufträge von Verlegern und Redakteuren, ich ließ mir vorschlagen, was ich schreiben sollte, statt meinen eigenen Plänen nachzugehen. Ich begann meine Arbeit in drei Kategorien einzuteilen: Lyrik – meine Berufung; Bücher über Themen, die mich fesselten und die mir manchmal von Verlegern vorgeschlagen wurden; und Journalismus – oftmals eilig hingeworfenes Tagewerk. Verschiedene äußere Umstände brachten mich dahin, daß ich meine eigenen Ansichten zu wichtig nahm. Denn meine Meinung als Kritiker, als journalistischer Beobachter, als Amateurpolitiker war »gefragt«; ich ließ mich oft genug im Druck vernehmen, nicht um das Honorar zu verdienen, sondern weil mir die Ereignisse selbst die Äußerung abnötigten, zum Beispiel die öffentliche Stellungnahme gegen den Faschismus.

Ich fand allerdings, daß meine Ansichten, auch die tiefsten Überzeugungen, mich nur langweilten, wenn sie ausgesprochen waren; daß andere über diese Fragen viel besser zu sprechen wußten oder daß meine Meinungen nur der Gereiztheit eines Augenblicks entsprangen. Zu oft gehört werden, zu oft schwarz auf weiß seine Meinungen äußern, das verwässert den literarischen Ruf wie Inflation die Währung – nicht nur in den Augen des Publikums, sondern, was wichtiger ist, auch in denen des Autors. Bevor ich das erstemal gedruckt war, blickte ich mit einer Art bebender Ehrfurcht auf mein eigenes Werk. Später verlor sich das so ziemlich, und erst in den letzten Jahren ging ich daran, dieses Gefühl wiederzugewinnen. Mein Entschluß war ziemlich trivial: mir mit allem mehr Zeit zu nehmen, auch mit journalistischen Arbeiten, und ein paar Jahre lang keine Gedichte zu veröffentlichen, damit ich mein lyrisches Werk von den anderen Arbeiten getrennt halten konnte.

Die Literatur bietet dem Schriftsteller zwar eine Freiheit und ein Ansehen, wie es nicht viele genießen, aber sie reicht ihm einen bitteren Trank zu jedem Mahl. Zuviel Selbstverrat ist darin, zuviel geistiger Sündenfall, zuviel Zugeständnis an den Publikumsgeschmack, um leben zu können; die Erfolgreichen gebärden sich als Männer des öffentlichen Lebens und verlieren dabei ihre individuelle Persönlichkeit, die Erfolglosen werden kleinlich und rachsüchtig und bilden Cliquen; selbst die Bedeutendsten zeigen sich, wenn sie angegriffen werden empfindlich und eitel. Ich glaube, fast jeder Schriftsteller findet insgeheim seine literarische Laufbahn seiner dichterischen Berufung nicht würdig. Denn diese Berufung hat viel gemein mit der des Seelenhirten.

Aber vielleicht gehört der Schriftsteller einem Stand an, der nicht erst ins Leben hineingestellt wird, sondern tatsächlich im Leben steht, stehen muß. Die Literatur hat ihre Einzelgänger, im Künstlerischen wie im Leben, aber sie würde absterben, wenn es in jeder Epoche viele Einsame gäbe, und so mancher von den Größten – Dostojewski und Balzac zum Beispiel, auch Yeats – beteiligte sich an dem Streitgespräch und der journalistischen Auseinandersetzung seiner Zeit.

Erfolg verwöhnt, Mißerfolg bringt Verkümmerung. Was der Schriftsteller braucht, ist Erfolg, von dem er sich dann läutert. Der Schriftsteller muß in das äußere Leben eindringen und sich dann zurückziehen. Vermag er nicht einzudringen, dann fehlt ihm Lebenserfahrung; vermag er sich nicht zurückzuziehen, dann wird er ein Spielball des Geschäfts, der Machenschaften, des ganzen Auf und Ab der literarischen Laufbahn.

Mein Leben in London führte zum Bruch mit Christopher Isherwood und zum Abschied von Berlin.

Im Winter 1932 war Christopher zur gleichen Zeit wie ich in London und kam mit den meisten meiner Freunde zusammen, kurz bevor oder kurz nachdem ich sie getroffen hatte. Er stellte fest, daß ich ihnen schon das meiste erzählt hatte, was er ihnen erzählen wollte, und fand das indiskret. Überdies ging es ihm gegen den Strich, daß ich mich aus seinem Berliner Jünger in einen Londoner Literaten verwandelt hatte. Das war der äußere Grund für unser Zerwürfnis, aber dahinter lag mehr. Ich hatte in Berlin sein Leben sozusagen als Stellvertreter mitgelebt und später in London gleichsam Besitzansprüche darauf geltend gemacht. Er hatte sich meine Abhängigkeit in Berlin gefallen lassen – und dann entdeckt, daß ich die ganze Zeit in London ein selbständiges Leben geführt hatte. Er war verärgert, fühlte sich hintergangen, verraten.

Christopher und ich waren einmal bei William Plomer und Anthony Butts eingeladen, und Christopher ließ mich bei dieser Gelegenheit seine Gereiztheit deutlich fühlen, worauf ich beschloß, mich künftig unabhängig zu machen. Tags darauf besuchte ich ihn bei seiner Mutter in Kensington. Ich eröffnete ihm: ich habe bemerkt, daß ich ihm auf die Nerven gehe; es werde das beste sein, wenn wir in Berlin nicht mehr oder möglichst wenig zusammenkamen. Er versetzte, von einer Entfremdung sei keine Rede; wir sollten ruhig weiter zusammenkommen wie bisher. Ich ging, keineswegs erleichtert, denn ich hatte den Eindruck, daß er den Bruch mehr aus Stolz als aus Freundschaft nicht zugeben wollte. Überdies hatte er den ironisch korrekten Ton angeschlagen, der bei ihm, wie bei Auden und

Chalmers, so beleidigend wirken konnte. Am nächsten Tage schrieb er mir, falls ich wieder nach Berlin fahren sollte, werde er nicht mehr nach Berlin gehen; ich sei unausstehlich indiskret, schrieb er, ich sei gern in aller Leute Mund, und das alles wirke auf ihn wie reines Gift, und so weiter.

Daraufhin gab ich den Gedanken an Berlin auf. Ich machte Schluß mit meiner Abhängigkeit von Isherwood. Aber eine schmerzliche Erkenntnis stieg mir bei seinem Brief auf: daß es mir, mit vierundzwanzig, noch nie gelungen war, eine wahrhaft tiefe Beziehung zu einem Menschen anzuknüpfen. Ich hatte viele neue Bekannte, zugegeben, aber jeder von ihnen hatte Freunde, die in seinem Leben eine größere Rolle spielten als ich. Ich hatte niemanden, mit dem ich eine Reise unternehmen, eine Wohnung teilen konnte.

Christopher fuhr wieder nach Berlin. Wir versöhnten uns gleich danach brieflich, schrieben einander häufig und kamen auch oft zusammen, wenn wir in der gleichen Stadt waren. Es war nur eine kleine Umstellung unserer Freundschaft notwendig geworden. Vielleicht war es ein Fehler von Christopher, daß er auf den von mir vorgeschlagenen Bruch nicht eingegangen war; aber ich hatte schon viel früher einen weit größeren Fehler begangen, und mein Versuch, nach so langer, täuschender Gefügigkeit unsere Beziehungen zu ändern, mußte ihn gereizt haben. Die Art, wie Menschen es anstellen, etwas zu ändern, führt oft zum Streit, und heute, nach so langer Zeit, halte ich es für wahrscheinlich, daß meine Art falsch war.

Aber ich wollte nicht allein sein, und ans Heiraten hatte ich noch nicht gedacht. Ich war in der Gemütsverfassung, in der manche Leute in der Zeitung inserieren: »Bekanntschaft gesucht.« Ich erkundigte mich bei meinen Freunden, ob sie jemand Passenden wüßten, und als ich zufällig einen jungen Arbeitslosen, Jimmy

Younger, kennenlernte, schlug ich ihm vor, für mich zu arbeiten und bei mir zu wohnen.

Jimmy stammte aus Wales, aus einer Kleinstadt bei Cardiff, wo sein Vater ein Hotel führte. Der Junge war mit achtzehn von daheim durchgebrannt und hatte sich in allen möglichen Berufen versucht; drei Jahre hatte er beim Heer gedient.

Er war sympathisch, herzlich, begriff schnell auf seine Art und lernte leicht; er hatte ziemlich viel gelesen, und sein Sinn für Dichtung überraschte mich manchmal geradezu. So erfaßte er zum Beispiel anscheinend mühelos und sozusagen instinktiv Stellen in Audens Gedichten, die ich schwerverständlich fand. Nach kurzer Bekanntschaft entdeckte ich zu meinem Erstaunen, daß er viele meiner Gedichte auswendig kannte. Er schrieb ausgezeichnete Briefe und später, als er am Krieg in Spanien teilnahm, auch wirklich ergreifende.

Anfangs bestand zwischen uns eine Spur des üblichen Mißtrauens zwischen Brotgeber und Angestelltem. Er war schroffe Behandlung gewöhnt und nahm an, daß ich mit ihm umspringen würde wie frühere Vorgesetzte. Als das nicht geschah, wurde er unsicher und fand, daß ich Macht über ihn gewann wie niemand zuvor. In den ersten Monaten – wir waren damals in Levanto an der italienischen Küste – sagte er eines Tages plötzlich zu mir: »Ich möchte fort! Sie sind sehr nett zu mir, aber ich hab' so das Gefühl, daß ich Ihnen gehöre wie ein Stück Möbel. Das ist mir noch bei keinem Menschen so ergangen, und ich vertrag's nicht!« Ich sagte, er könne selbstverständlich sofort gehen, für immer, oder nach London zurückfahren und nach meiner Heimkehr wieder für mich arbeiten. Tatsächlich gab ich ihm damit zu verstehen, wieviel ich ihm bot und wie wenig ich dafür erwartete. Das erschwerte es ihm, mich zu verlassen. Es war ein entscheidender Augenblick in unserem Verhältnis: Er konnte jederzeit gehen, er hatte mir gegenüber keinerlei Verpflichtungen; und indem ich das klar und deutlich feststellte, nahm ich ihm auch jeden Grund, mich zu verlassen.

Eigentlich brauchte ich keinen Sekretär; es fällt mir überhaupt schwer, von einem Menschen, mit dem ich auf gleich und gleich lebe, Arbeit zu verlangen. Jimmy zu richtiger Arbeit anzuhalten, hieß, einem Menschen Vorschriften zu machen, mit dem schon viel schärfer herumkommandiert worden war. Er war von Feldwebeln angebrüllt worden, hatte wegen geringfügiger Verstöße Arrest aufgebrummt bekommen und so weiter. Wie vielen Soldaten hatte ihm der Militärdienst Disziplin beigebracht, ihm aber die Gabe zur Selbstdisziplin geraubt, falls er sie je besessen hatte. Als er nicht mehr beim Militär war, fehlte es ihm an Willen und Vorsätzen, denn es fehlte auch an Drill und Strafen, um ihn bei der Stange zu halten.

Wir malten unsere Zimmer in Maida Vale, Jimmy kochte, ich arbeitete, wir hatten Gäste und wurden eingeladen. Gelegentlich stritten wir, meist weil es mich ärgerte, daß er so unbeschäftigt war; dann tat es mir leid, denn ich sah ein, daß es wirklich wenig Beschäftigung für ihn gab. Manchen Tag bemerkte ich ihn überhaupt nicht, und wenn ich dann aufblickte und ihn in der Wohnung herumgehen sah, war ich ganz gerührt und bedauerte ihn, weil meine Lebensweise ihm eine Last auferlegte, deren ganze Schwere ihm allerdings kaum zum Bewußtsein kommen konnte. Es lag gegenseitige Neigung, echtes Glück und wahres Interesse in unserem Beisammensein, aber es lag darin auch eine Dürre, eine Unergiebigkeit, die mir manchmal so naheging, daß ich mich aufs Bett warf, mit einem Gefühl, wie ich es weder vorher noch nachher je erlebt habe – als wäre mein Mund voll Asche.

Ich legte mir die Frage vor, ob ihm nicht mehr gedient wäre, wenn ich ihm den Laufpaß gab, statt ihn an mich zu binden. An sich wäre es höchstwahrscheinlich besser für ihn gewesen, auf eigenen Füßen stehen zu müssen, aber die Frage war ziemlich gegenstandslos, denn wenn er den Posten bei mir aufgegeben hätte, wäre er nichts gewesen als einer von den Millionen Arbeitslosen.

Ich fragte es mich auch deshalb, weil dieses Zusammenleben, bei aller Herzlichkeit, die uns verband, nicht leicht war. Ich begriff, daß es ihm noch schwerer fallen mußte als mir. Denn er mußte mein Leben teilen, nicht ich das seine. Er lernte meine Freunde kennen, er hörte unseren Gesprächen zu, er kam in eine Welt, die ihm fremd war. Er hielt sich gut, denn er verließ sich einfach auf seinen natürlichen Verstand; er war aufgeschlossen, unterhaltsam und erzählte hübsch. Trotzdem war diese Lebensweise für ihn ein fortwährendes Examen, bei dem er Fragen beantworten zu müssen glaubte, die ihm zu hoch waren. Manchmal sah er sich in eine ziemlich knifflige Auseinandersetzung über Politik oder Literatur gezogen. Er hatte die Leidenschaft der Walliser, über Dinge zu streiten, von denen er sehr wenig wußte. Dazu kam, daß er manchmal nicht weiter konnte, und dann verlor er den Kopf. Bei solchen Gelegenheiten packte mich erst Wut, dann Mitleid; Wut und Mitleid hoben einander auf: Denn wenn ich ihm Vorwürfe machte, fiel mir ein, daß ich mir selber weit mehr vorzuwerfen hatte.

Für mich bedeutete das Zusammensein mit Jimmy eine Belastung, weil mir sein Leben inhaltsleer schien und für alle Zukunft zu bleiben drohte. Die Unergiebigkeit seines Lebens brachte mich oft auf den Gedanken, daß meine eigene Arbeit eine Art Verrat an ihm sei, ein ungerechter Vorteil ihm gegenüber. Die Leere seines Alltags beschäftigte meine Phantasie. Seine zerfahrene Vergnügungssucht verdroß mich, aber am meisten ging es mir gegen den Strich, daß er sich die Zeit gar nicht anders vertreiben konnte und sie ohne mich noch mehr vergeudet hätte. Ich mußte mir sagen, daß mein sehr zufälliger Entschluß, ihn zu mir zu nehmen, auch eine soziologische Seite hatte, als hätte ich damit die ganze Zwecklosigkeit des Lebens in der Wirtschaftskrise von draußen ins Haus gebracht.

Im Frühjahr 1933 fuhren wir nach Italien; nach ein paar Tagen in Florenz blieben wir länger in dem malerischen Städtchen Levanto. Im folgenden und übernächsten Jahr wohnten wir in dem Nest Mlini bei Dubrovnik an der jugoslawischen Küste. Ganz Mlini bestand aus zwei, drei Pensionen, einer Kirche und einer Landungsmole. Ein riesiger Baum stand einsam da wie ein Denkmal, Schatten und Frieden spendend; vor unserer Pension waren Tische aufgestellt, wenige Schritte vom Meer. Mlini gegenüber lag eine der zahllosen Inseln, von denen es in diesem Teil der Adria wimmelt. Dubrovnik, ein paar Kilometer entfernt, ist ein kleiner Ableger Venedigs, mit marmornen Straßen, venezianischen Palazzi und einem Stadtwall. Zwei Mauern greifen nach dem Meer, wie eine gepanzerte Faust, die sich öffnet, um den Hafen zu bilden.

Von Mlini führte ein Weg die Küste entlang zu einem verfallenen Schloß in einem Garten voll wildwuchernder Blumen. Über dem Ort lief die Küstenstraße, und dahinter ragte der zackige Felsenrücken, von dem man Bergkette auf Bergkette, weit ins Innere des Landes reichend, gewahren konnte. Die Küstenstraße führte nach Montenegro, wo sie sich mit vielen Windungen zum Gipfel schlängelte; tief unten lag die Bucht von Kotor (Cattaro), wie ein riesiger Spiegel vor den Bergen hingebreitet. In den Taldörfern, manche von den Türken halbzerstört, lebt ein Menschenschlag, wider Erwarten blond, oft hochgewachsen und blauäugig, der zu den schönsten der Welt gehört, die Montenegriner. Aber als wir 1935 mit dem Dampfer weiter südwärts nach Griechenland fuhren, sah ich, wie wild das schöne Jugoslawien im Grunde geblieben ist, während das wilde Griechenland die Kultur im Herzen trägt. Jugoslawien ist Balkan, sturmdurchwühlt, lichtfremd, beschwert mit den Trümmern vergangener Fehden, bewohnt von uneinigen Völkern. Griechenland dagegen scheint aus seinem eigenen Licht gemeißelt. Denn was ist diese Baukunst, dieser Säulenmarmor anders als eine Anrufung des Lichts? Der Stein wird behauen, damit die Säule kerzengerade vor dem Himmel steht, und die Schatten heben ihre dunklen Schwingen in die Höhe.

Bei der Erinnerung an diese Reisen fällt mir ein, daß ich Jimmy vielleicht am besten charakterisieren kann, wenn ich sage, wie er sich in den Gegenden und Städten verhielt, die wir besuchten. Levanto ging ohne Zwischenfall vorüber. Ihm gefiel das Baden und das Schwimmen, die Unterhaltung in der Pension, die Schiffsreisen, die Autobusfahrten in Griechenland. Am wohlsten fühlte er sich wahrscheinlich in Österreich, weil die Bauten Wiens etwas Imposantes haben, das keine Fragen in seiner Brust weckte, und weil die grünenden Almen, die bergkristallenen Seen ihm gefielen. Es lag auch etwas dem Österreichertum Verwandtes in seiner gemütlichen, unbeschwerten lässigen Natur, die bei jeder Unterhaltung, jedem Gespräch gern mitmachte, aber sich auch leicht zurückgesetzt fühlte.

Venedig und Toledo dagegen versetzten ihn nahezu in Panikstimmung. Auf Venedig war er geistig nicht gefaßt. Dieser überwältigende Marmorleib mit seinen Wasseradern – die schönste Stadt der Welt, hatte man ihm eingeredet – erfüllte ihn nur mit Unbehagen und Niedergeschlagenheit. Er bemerkte nichts als den

Schmutz und den Gestank. Auch Toledo drückte ihm auf die Seele, aber anders. Wir fuhren mit dem Autobus von Madrid durch die endlose Ebene, die Meilen um Meilen von Leder gleicht wie die Haut eines geschlachteten riesigen Stiers, bis wir zu der flußumzogenen, auf der Bergzinne thronenden Stadt kamen, nach Toledo in seiner gnadenlosen Vollkommenheit, dessen Dom wie ein riesiger schmiedeeiserner Kerzenleuchter emporragt. Die Luft hatte etwas Fremdes, Unzugängliches wie ihre Bewohner, die den Ausländer entweder feindselig mustern oder mit beleidigender Unverschämtheit anbetteln.

Schon der Gedanke an manche Städte erfüllt die meisten Menschen mit einer weihevollen Freude, nicht zuletzt, weil es einem ein gewisses Prestige verleiht, dort gewesen zu sein. Daß Jimmy an Venedig und Toledo nichts finden konnte, klingt wie der Vorwurf, daß er keinen Sinn für das offenkundig Schöne hatte. Aber Stätten der Kunst und der Kultur besichtigen ist nicht das gleiche wie Diamanten bewerten, denn beim Diamanten ist alles Wertvolle im härtesten Stein konzentriert; es ist auch nicht das gleiche wie Bilder verstehen, denn im Bilde hat der Maler seine Erfahrung zu der nur ihm eigenen Form verdichtet. Reisen ist eine Kunst, die der Reisende selber mitbringen muß; dazu gehört, daß er die allerorten empfangenen Eindrücke verknüpft und auf diese Weise herausspürt, was das Pariserische an Paris, das Wienerische an Wien ist, er muß Rom in Rom entdecken und Athen in Athen. Diese Städte im Geiste nachzuerleben, ist die Kunst, unsere Vorstellungen von ihrer Vergangenheit mit dem Flickwerk unserer Eindrücke von ihrer Gegenwart zu verbinden.

Wie gut kenne ich den Bahnhof – schmutzige Ziegel und verrostetes Eisen in einer Wildnis von Geleisen und Schuppen –, das genaue Gegenstück zu dem ebenso trostlosen Bahnhof, viele hundert Kilometer entfernt, von wo ich die Fahrt antrat; die muffigen, nach Ungeziefer riechenden Pensionszimmer, die auf einen schmalen Hof führen, in einem Bezirk, der nirgendwo zu liegen scheint; das Zimmer, das nie den tröstlichen Gedanken aufkommen läßt: »Jetzt bist du, wo du sein wolltest, die Bauten strecken ihre kühlen, klassischen Arme aus, dich aufzunehmen!«; wie kenne ich den Geruch des Heimwehs, der selbst in den schönsten Städten aus den Gossen dunstet; die Lampen in Wohnungen, vom vorbeigleitenden Zugfenster aus gesehen, die zu sagen scheinen: »Fremdling, hier bist du nicht zu Hause!«; die dahinhastenden Menschen in dunklen Anzügen und weichen Hüten, ihren Geschäften und der Politik nachgehend, die aus allen Städten aufsteigt wie dichter Rauch und unsere Welt einhüllt; die Bergsteiger in Lederhosen und blumenbestickten Hosenträgern, Menschen, in deren Köpfen es aussieht wie in kleinen dunklen Höhlen, die die Lichtreflexe des Schnees nie erreicht haben; die Bettler, die ihre Schwären auf den Stufen der Bauwunder vorweisen; die Kuppler, die ihre Schwestern feilbieten, frech und gewiß, daß der Fremde ein Heuchler ist, der nur deshalb kam und nicht der Kunstwerke wegen; der Führer, der dem Ausländer, nachdem er tausend Meilen gereist ist, um eine Statue, ein Gemälde, ein Gebäude zu sehen, Aktphotos anbietet.

Wie gut habe ich diese Lektion gelernt: daß ich überall, wo ich mich anzog wie zu Hause, die Uniform des englischen Vergnügungsreisenden trug. Wenn ich dann in meinem Hotelzimmer meine Bücher auf dem Kaminsims und meine Notizblätter auf dem Tisch zurechtgelegt hatte, wanderte ich in den Straßen umher, um die Geschichte der Stadt in der Gegenwart dieser Stadt aufzuspüren. Aber oft war ich gehetzt von meinen Ängsten und Gelüsten, die mich durch die Straßen trieben; diese Dämonen hatten mehr mit dem gemeinsam, was ich daheim zurückgelassen hatte, als mit dem Neuen, das ich fand. Und immer lag die große Drohung des Krieges über allen Städten wie die Maschen eines ungeheuren Netzes.

Ist Reisen nur ein Trugbild, in dem die Wirklichkeit Schein ist, ein Bild des Bildes? Entzieht sich uns Rom oder Athen, unauffindbar unter dem aufgepfropften modernen Leben, ein verschollenes Gespenst, versteckt hinter dem Rücken eines neuen? Treffen wir immer und überall nur uns selber? Oder gibt es, in Florenz zum Beispiel, Augenblicke, wo der Hauch der Vergangenheit Stein und Bronze anweht und über die Gegenwart hinausschwingt, mit zwingenderer Gewalt als vielleicht jemals zuvor? Oder heißt Reisen nur bunte Erinnerungen sammeln, Farbe um Farbe, Schattierung um Schattierung, wie auf einer Palette, damit wir auf die Leinwand unseres Geistes ein Bild der Welt malen können? Was mich betrifft, so dienten meine Reisen, glaube ich, vor allem dem Zweck, ein allmählich sich erweiterndes Gemälde entstehen zu lassen, dessen Farben die Länder bildeten, und das Ganze hieß: die Welt.

Jahre später ergänzte ich das Bild der Welt sozusagen durch den Himmel. Ich reiste wiederholt nach und in Amerika, fast immer im Flugzeug. Ich entdeckte die Seligkeit über den Wolken, wo einen die gespreiteten, silbern schimmernden Schwingen durch die unabsehbare blaue Weite tragen, allein mit der Sonne, keine andere Landschaft vor Augen als tief unten die höchsten Berge, die zackigen Küsten, die Windungen der großen Ströme – und die Wolkenszenerie, durch deren Gipfel das Flugzeug hindurchsteuert wie ein Bergsteiger, der einen in Wasser verwandelten Grat durchschwimmt.

Heute kann ich es verstehen, daß diese Reisen, die für mich Flucht von daheim und Suche nach einer passenden Arbeitsstätte waren, Jimmy schwer auf die

Nerven gingen. Ich habe mit keinem Menschen soviel gestritten wie mit ihm. Er konnte einfach nicht nachgeben; das Streiten war für ihn Selbstzweck, und weil ich ebensowenig nachgeben konnte, wenn es um ein Prinzip ging, wurde fast jeder Streit zwischen uns für mich zu einer prinzipiellen Auseinandersetzung. Der Anlaß war oft unsagbar geringfügig. Der schlimmste Krach, an den ich mich erinnere, entstand, weil ich ihm eines Tages den Auftrag gab, eine Dose Brathuhn zu kaufen. Er bestritt auf der Stelle voll Entrüstung, daß man Brathuhn in der Dose zu kaufen bekam; es ärgerte ihn, daß ich das auch nur für möglich hielt, weil er darin einen Beweis für meine Gedankenlosigkeit sah. So hatte es mich, Jahre vorher, als Jungen geärgert, wie gedankenlos mein Vater die Füße schleifte, wenn er über den Weg vorm Haus eilte. Jimmy war der Sohn geworden, den ich zu beschwichtigen suchte, aber ich war für ihn der Vater, der ihm auf die Nerven ging. Was das Brathuhn betraf, war ich überzeugt, auf dem Schildchen einer großen Konservendose das Bild eines in der Pfanne schmorenden Huhns gesehen zu haben, und ich war empört über Jimmy. Auf diese Weise verrieten sich bei den kleinsten Meinungsverschiedenheiten die Schwächen, die wir einander übelnahmen. Diese Streitigkeiten hatten aber noch einen anderen Grund: Jimmy lief Sturm gegen die Mauer, die ich zum Selbstschutz um mich gezogen hatte. In solchen Augenblicken zeigten wir uns einander in unserer ganzen Wildheit, waffenlos, mit bloßen Händen. Was da sprach, war Jimmys wahre Stimme, die hinter der bedeutungslosen Stimme seines Zorns hervorbrach: »Du hast mir geholfen, aber dafür hast du mir alle Selbstachtung genommen. Du hast mich in deine Welt versetzt, wo mich jeder für dein Geschöpf hält und keiner mir glaubt, daß ich auch ohne dich leben und mich fortbringen kann. Wenn ich mir das vergegenwärtige, möchte ich am liebsten auf der Stelle davonlaufen!« Und meine eigene Stimme, die sagte: »Deine Abhängigkeit von mir, dein Mangel an Eigenleben, deine Trägheit lähmen mich bei der Arbeit. Wenn ich schreibe, bin ich dich los. Und nur wenn ich frei von dir bin, lebe ich.«

Aber am Morgen nach einem solchen Krach beteuerte Jimmy, kein einziges Wort sei ernst gewesen; ich möge das Ganze vergessen; er könne sich das Leben ohne mich nicht vorstellen. Das war richtig; aus ihm sprachen eben zwei Stimmen, die Stimme der Freude am Leben von heute auf morgen, an der Anpassung, wie sie der Augenblick erforderte – und die Stimme der inneren Verzweiflung über dieses Zusammenleben, das zu nichts führte. Aber selbst wenn die Stimme der Verzweiflung die echte war – wie ich allmählich annahm –, so war doch nichts damit getan, daß ich ihn auf die Straße setzte, die er schon als Arbeitsloser gegangen war. Der Posten bei mir war wahrscheinlich der beste, den er jemals finden konnte, und wieder einmal sagte ich mir, daß seine bedingungslose Abhängigkeit von mir auch ein soziales Phänomen von allgemeiner Gültigkeit war.

Wenn Jimmy mir versicherte, alles sei in bester Ordnung, war mir das keine Beruhigung, aber mein eigener Optimismus war nicht weniger seicht: Ich redete mir ein, daß die Zuneigung zwischen uns, dieses Aufeinanderangewiesensein ein Bund zweier Menschen sei, der jeden von beiden über die Oberflächlichkeit seines Wesens hinaushob. Aber ich kam darauf, daß in den Augenblicken von Krach und Versöhnung, wenn wir einander so nahe, so furchtbar nahe kamen, einer den anderen am liebsten vernichtet hätte. Mein Charakter raubte ihm den Glauben an sich selbst; seine Abhängigkeit, sein Mangel an allem untergrub meine Schaffenskraft.

Und noch eins: Wenn zwei Männer zusammen wohnen, zusammen wirtschaften, ist eines Tages der Punkt erreicht, wo einer den anderen so genau kennt, daß sich die Gemeinschaft nicht mehr darüber hinaus entwickeln kann. Sie können nichts tun, als diese Freundschaft auf sich beruhen lassen, sie vor Entfremdung und Gleichgültigkeit bewahren. In unserem Falle bedeutete das: Da dieser Punkt erreicht war, da sich unser Verhältnis nicht mehr vertiefen ließ, erforderte die Freunschaftspflicht, daß keiner von uns seine eigene Persönlichkeit in einer Weise erweiterte, die den anderen ausschloß. So mündete die Treue zueinander, besser gesagt: die Treue zu dieser Freundschaft, in einer Wüste.

Man könnte sagen (und ich sagte es mir oft selber): Wenn Jimmy und ich gemeinsame Interessen gehabt hätten, dann hätten wir beide Seite an Seite weiter und höher wachsen können, ohne das Gefühl, einander bis ins Letzte zu kennen, ohne das Gefühl, daß es darüber hinaus nichts mehr gab. Aber auch die Gemeinschaft mit einem geistig Ebenbürtigen ist dieser Gefahr ausgesetzt, vielleicht noch mehr. Denn der Unterschied der Kaste und der Interessen zwischen ihm und mir gab diesem Verhältnis etwas Geheimnisvolles, das fast dem Gegensatz zwischen Mann und Frau gleichkam. Seine Herkunft, der Soldatendienst, das Arbeitermilieu – das alles zog mich unwiderstehlich an. Es ergriff mich tief, wenn er von den Straßen in Cardiff erzählte, von seinem Onkel in der Heilsarmee, der sich mit seiner Trompete begraben ließ, damit er am Tage des Jüngsten Gerichts ein großes Halleluja blasen konnte. Wenn Jimmy das schilderte, kam ich dem Herzen der Poesie vielleicht näher als im Gespräch mit meinen Kollegen vom lyrischen Fach – kam auch dem Gefühl nahe, das der Arbeiter bei mir schon in meiner Kindheit erweckt hatte: grob und schmutzig, aber auch wie eine verbotene Frucht; und von einer Herzlichkeit, die plötzlich über die geistige Kluft des Klassenunterschiedes hinweg, heimlich und stumm herüberwinkte.

Ich zog aus der Gemeinsamkeit mit Jimmy den Schluß, daß ich mit einem Mann nicht zusammenleben konnte; gerade an diesem Verhältnis erkannte ich, daß ich Frauen brauchte, ich dachte an Frauen, ich suchte sie – allein ich verlor nicht das tiefe Bedürfnis nach Freundschaft, Freundschaft mit einem Mann, den ich an meiner Arbeit, meinem geistigen Wachstum, sogar an dem Wunsch nach Frauen teilhaben lassen konnte. Aber ich brauchte diese Freundschaft nicht mehr in dem gleichen Sinn wie früher, und während ich mich am Ziel glaubte, hatte ich doch nur die erste Station einer mühsamen Reise erreicht.

Das alles läßt sich schwer erklären. Die meisten Menschen haben nicht den Mut, sich in ihrer ganzen Kompliziertheit zu sehen, und vereinfachen lieber ihren eigenen Fall, auf die Gefahr, damit den Stab über sich zu brechen; lieber ein verwerfliches Leben, auf eine schlichte Formel gebracht, als eine komplizierte, vielleicht widerspruchsvolle Einstellung zum Leben, der sich zuletzt vielleicht doch Harmonie abgewinnen läßt.

Damals kam mir meine Ambivalenz, das Schwanken zwischen Mann und Frau, lebhaft zu Bewußtsein. Freundschaft – der Wunsch nach Selbstverwirklichung; Liebe – das Verlangen nach dem Anderssein, nach dem Gegensatz. Selbstverwirklichung führt zum Schiffbruch, wenn sie nicht gelingt; sie zersetzt, wenn sie nur halb gelingt; und wenn sie tatsächlich erreicht wird, stellt sich eine gewisse Sterilität ein. Das Verhältnis eines Mannes zum weiblichen Widerpart ist eine Beziehung zwischen Gegensätzen; sie ergänzen einander, aber sie werden niemals eins, erreichen nie den starren Punkt, wo man alles weiß, was zwei Menschen voneinander wissen können, wo jede Gebärde eine Wiederholung früherer Gebärden wird und nichts weitergeht als die schwindenden Jahre. Ich konnte mich nicht über eine gewisse Grenze hinaus entwickeln, wenn ich nicht durch menschliche Beziehungen teil hatte an der strömenden Natur, das heißt, durch das Erlebnis der Frau. Aber ich verlor auch nie das Bedürfnis nach Kameradschaft, das Verlangen, das Abenteuer des Geistes mit einem Mann zu teilen, dessen Suche nach den gleichen Zielen ging wie die meine.

Diese beiden Triebe, nebeneinander gedeihend, schienen einander gewissermaßen aufzuheben. In der Freundschaft zu einem Mann schien ich einer ganzen Welt zu entsagen, der Welt der Ehe und der Pflichten, und war in eine andere Welt aufgenommen, in der Schaffen, Denken, Schönheit und Vergnügen ihr Gegenspiel im Leben des Freundes fanden. In der Liebe zu einer Frau schien ich mein zweites Ich abgestreift, im Nebenzimmer abgelegt zu haben, und statt mich im Kameraden und ihn in mir zu spiegeln, ging ich in die Ganzheit des äußeren Lebens, gab der Geliebten, was nicht in ihr lag, und empfing von ihr, was nicht in mir war. Zugleich aber fürchtete ich, zuviel bei diesem Austausch einzubüßen, ein anderer zu werden, als der ich war. Das hatte die sonderbare Folge, daß ich mich bei einer Frau viel weniger gegenwärtig fühlte als bei einem Mann, und das gemeinsame Erlebnis mit ihr hinterließ eine Zeitlücke: die Augenblicke tiefsten Gefühls stellten sich oft erst ein, wenn ich sie verlassen hatte.

4

Im Juli 1936, als die Zeitungen den Ausbruch des Bürgerkrieges in Spanien meldeten, war ich in Wien. Ich kam viel mit einem kleinen Kreis österreichischer Sozialdemokraten zusammen, die »unterirdisch« arbeiteten, seit die Regierung Dollfuß ihre Partei im Februar 1934 verboten hatte. Die Gruppe traf sich in der Wohnung einer guten Freundin von mir, einer Amerikanerin – ich will sie Elizabeth nennen.

Die österreichischen Sozialdemokraten wunderten sich mehr über die Ereignisse in Spanien, als daß sie sich etwas davon erhofften. Wien, glaubten sie, sei von den sozialistischen und liberalen Elementen der Welt im Stich gelassen worden, und das republikanische Madrid werde ein ähnliches Schicksal erleiden. Eingeschlossen im Herzen Mitteleuropas, verfolgten sie den Kampf in Spanien zunächst nur mit theoretischem Interesse.

Aber ein paar Wochen später war Spanien das Fanal der Verheißung für alle Gegner des Faschismus geworden. Hier erlebte das zwanzigste Jahrhundert ein neues 1848, will sagen, das Schauspiel, wie die Vorkämpfer für Freiheit und Gerechtigkeit den Sieg über die reaktionären Widersacher davontrugen. Hier zeigte sich das Ringen zwischen dem Faschismus und seinen Feinden als der wahre Zusammenstoß zweier Weltanschauungen und nicht als ein Kampf um die Macht, die ein Diktator schwachen Händen entrissen hatte. In Spanien hob sich das Schicksal des Antifaschisten von einer kläglichen Katastrophe zu den Höhen der großen Tragödie. Da der Kriegsschauplatz beschränkt und der Kampf noch nicht vollends entfesselt war, wurde die menschliche Stimme nicht wie 1939 vom Waffenlärm und der Propaganda übertönt. Der Spanische Bürgerkrieg war in gewissem Sinne eine Debatte innerhalb und außerhalb des Landes, eine Auseinandersetzung, bei der die drei großen politischen Weltanschauungen unserer Zeit zu Wort kamen, Faschismus, liberaler Sozialismus und Kommunismus. Die Republikaner vertraten anfangs die verschiedensten Schattierungen politischer Glaubensbekenntnisse, und erst in einem späteren Stadium der Kämpfe gelang es den Kommunisten, den anderen ihre Eintopfgrundsätze aufzuzwingen.

Für zahllose Menschen, auch für mich, war das bedeutendste Ereignis in Europa von 1933 bis 1936 der Triumph der Diktatur und die Wut, die sich in ihrem Gefolge sammelte. Wie viele andere sah ich mit an, daß die Grundlagen, auf denen die Freiheit Europas zu ruhen schien, hinweggefegt wurden. Unschuldige Menschen wurden verfolgt, nur weil sie einer Rassenminderheit angehörten. Ein junges Geschlecht wurde zur Gewalt und zum blinden Gehorsam vor der Macht erzogen und lernte, daß Lügen erlaubt seien, wenn sie der nationalen Sache dienten. Was in Deutschland geschah, war wie ein Alpdruck. Der Anblick himmelschreienden Unrechts, in aller Öffentlichkeit begangen, ohne daß sich eine Stimme dagegen erhebt, ist wie das Erlebnis in einem Angsttraum: furchtbares Unheil geschieht, und der Träumer kann es nicht verhindern. Er kann nur aufschreien, und auch das hilft nicht – wenn er nicht erwacht und das Tageslicht der Vernunft ihn umgibt. Aber viele Jahre lang weckte kein Angstschrei die Welt. Tausende konnten ihrem Alptraum nicht entrinnen.

Kaum weniger erschütternd als die Untaten der Nationalsozialisten war die Gleichgültigkeit der vielen, der Mangel an Grauen angesichts solchen Grauens. Es war nicht nur an dem, daß sie die aufsteigende Brandröte des Krieges nicht sahen; es war die moralische Ungerührtheit der nicht unmittelbar Betroffenen, obwohl doch gerade diese Gleichgültigkeit den Aufstieg des Faschismus erst möglich gemacht hatte. Man hat es später Deutschen, die in einem bestimmten Haus, einer bestimmten Straße, einer bestimmten Stadt wohnten, zum Vorwurf gemacht, daß sie sich nicht darum kümmerten, wenn Nachbarn, die Juden oder Kommunisten waren, verschwanden. Aber genauso verwerflich war die Teilnahmslosigkeit in anderen Ländern, die mitansahen, wie einzelne, dann ganze Gruppen, zuletzt ganze Völker zu Boden geschlagen wurden.

Das Schlimmste an den dreißiger Jahren war nicht einmal, daß die Staatsmänner versuchten, einen Kompromiß mit Hitler zu schließen, sondern daß sie ihm in die Hände arbeiteten, indem sie sich blind stellten gegen die Kräfte, mit denen sie paktieren wollten. Hitler hat mehr getan, als europäische Völker niedergeworfen, er hat die internationale Politik demoralisiert. So kam der Tag, an dem die demokratischen Staatsmänner, die mit ihm Politik gespielt hatten, Volksbefragungen in Österreich und im Saarland zulassen mußten, Kundgebungen des von Hitler im voraus genau bestimmten Volkswillens; der Tag, wo sie den Anschluß und die Annektierung der Tschechoslowakei als freiwillige Grenzberichtigungen anerkannten; der Tag – im Spanischen Bürgerkrieg –, wo sie leugnen mußten, daß britische Schiffe von italienischen U-Booten im Mittelmeer versenkt wurden. Diese Staatsmänner waren die Repräsentanten einer Gewissenlosigkeit, der Hitlers Mut zur Schlechtigkeit fehlte. Allerdings haben die Demokratien schließlich Hitler gestürzt, aber erst nachdem sie sich den schwärzesten seiner Pläne zu eigen gemacht hatten: totaler Krieg, gefolgt vom Diktatfrieden.

Die Intellektuellen dieser Zeit, die als »Antifaschisten« herumliefen und oft genug den Vorwurf einstecken mußten, daß sie sich in die Politik einmischten, die sie nichts anging, befanden sich in der gleichen Lage wie Emilia im letzten Akt des *Othello*, wo sie ausruft: »Es muß heraus, heraus!« und den geliebtesten Menschen, ihren Mann Jago, verrät, damit das furchtbare Unrecht gutgemacht wird, zu dem die venezianischen Staatsoberhäupter verleitet wurden. In diesem Augenblick setzt Emilia eine politische Tat – und selbstverständlich ist Jago der erste, der ihr den Mund stopfen möchte.

Politik ist ein dehnbarer Begriff. In einer wohlgeordneten Gesellschaft, wie sie mein Onkel bewunderte, ist Politik Sache der Fachmänner. Die anderen haben eine politische Funktion nur in dem Sinne, wie ein Geschworener eine richterliche Funktion hat, weil er an dem Wahrspruch mitbeteiligt ist. Bei Wahlen sind die Stimmzettelabgeber Geschworene, die ja sagen zu der Regierung, die sie haben wollen, nein zu der Partei, die sie ablehnen – aber Politiker sind sie dadurch nicht. Unter gewissen Voraussetzungen jedoch wird ganzen Schichten unpolitischer Menschen eine bewußt politische Rolle aufgezwungen. Als Hitler den deutschen Juden die bürgerlichen Rechte nahm, wurde das Judentum zum Politikum.

Hitler trieb auch die Unpolitischen in die Politik, und sie erkannten plötzlich, daß sie gemeinsame Interessen hatten. Das galt ebenso für die Intellektuellen, denn ihre Stellung war unmittelbar bedroht. Das Mitgefühl mit ihren Kollegen, die unter dem Faschismus litten und duldeten, öffnete ihnen die Augen und verlieh ihrer Ideologie einen Weitblick, ihrer laienhaften

Politik einen Ingrimm, die beide den Berufspolitikern abgingen.

Es gab aber auch einen Grund von tieferher, warum die Intellektuellen Hitler besser verstanden. Sie kannten die Triebkräfte der reinen Zerstörungswut, sie kannten die Verlockung des Bösen um des Bösen willen, den Weg der geistigen Verdammnis – denn das alles lag in der europäischen Literatur der letzten hundert Jahre schon vorgeformt und erfüllte sich nun in der nationalsozialistischen Politik. Die europäische Literatur hatte dem Nihilismus, dem Willen zum Nichts, die Diagnose gestellt, ohne sich von ihm zu heilen. Im Nationalsozialismus wurden die Ängste der »Besessenen« Dostojewskis, der Übermenschenwahn Nietzsches, der Griff Wagners ins All zur Wirklichkeit. Die europäische Kultur sah in dieser politischen Bewegung ihre geheimsten Hirngespinste verkörpert. In den Haß gegen dieses Zeitphänomen mischte sich ein Gefühl der eigenen Schuld. Hätte es noch des äußeren Beweises bedurft– es fanden sich tatsächlich in besetzten Ländern Schriftsteller, die in Hitler die zerstörende Kraft begrüßten, deren Künder ihr Werk immer schon gewesen war.

Die Untaten des Faschismus waren auf sonderbare Art mit meinem Dasein verquickt, aus zweiter Hand miterlebt. Jeden Morgen suchte ich in der Zeitung zuerst die Nachrichten über Deutschland. Wenn ich vom Rückgang auf den deutschen Märkten las, von einem Zwischenfall, der darauf schließen ließ, daß der Geist des Aufbegehrens in Deutschland noch nicht erloschen war, selbst wenn die Verhaftung eines Regimegegners gemeldet wurde, klopfte mein Herz vor Genugtuung. Äußere Geschehnisse, die mit mir unmittelbar nichts zu tun hatten, bemächtigten sich meiner, so daß meine innere Welt von der äußeren abhängig wurde, und wenn die Außenwelt nicht das tägliche Quantum an

Schandtat und Grund zur Empörung lieferte, fühlte ich innerlich etwas wie Leere. In abgründigen Augenblicken empfand ich eine Art Verschwörergemeinschaft zwischen den verruchten Trieben der Faschisten, die ich so gut verstand, und meiner eigenen antifaschistischen Leidenschaft. Oberflächlicher gesehen: Vor diesem durch keine Moral gehemmten geistigen Dämonentum wurden meine eigenen moralischen Probleme klein. So schlecht ich auch war, der Faschist war schlechter als ich, und daß ich sein Todfeind war, umgab mich mit einer Rechtschaffenheit, vor der meine persönliche Schuld belanglos wirkte.

Auch literarisch drängte sich mir dieser Zwiespalt auf: ein allgemein geteiltes Gefühl in Worte zu fassen, das ein privates Gefühl geworden war und dennoch nie restlos zum inneren Erlebnis wurde, weil es sich von außen in mich bohrte, statt in mir zu entspringen. Kritiker wie Virginia Woolf machten meiner Generation den Vorwurf, daß wir in erster Linie aus Pflichtgefühl schrieben, aus freiwillig übernommener Verantwortung gegenüber der Allgemeinheit, aber diese Kritiker begriffen nicht, daß das Zeitgeschehen unser eigenes Leben überflutet hatte und zu seinem Inhalt geworden war. Yeats hat es vielleicht am besten verstanden, daß die aufgewühlte Leidenschaft der Massen »das Herz zum Stein machen« kann. Wenn wir über den Faschismus schrieben, dann schrieben wir über das Erlebnis, das unsere persönlichen Erlebnisse in den Hintergrund gedrängt hatte. Immerhin versuchte ich, die öffentliche Stimmung und mein eigenes Leben in Beziehung zu setzen.

Dieser Versuch mißlang, aber trotzdem glaube ich rechtgetan zu haben, daß ich mich mit Vorsatz auf eine solche Verquickung der Motive einließ und nichts von der großen Vereinfachung des Problems wissen wollte, von der zwar tief empfundenen, aber dennoch unpersönlichen Einstellung, zu der sich die Allgemeinheit bekannte. Ich hatte mich nun einmal nicht mit ganzer Seele in das Gewühl der Zeit geworfen, und ein Schaffen, das vom persönlichen Erlebnis schwieg, wäre mir unrecht vorgekommen. Überdies wurde mir deutlich, daß der Konflikt zwischen dem Einzelleben und der allgemeinen Sache in die Öffentlichkeit getragen werden mußte; ich hielt es für meine Aufgabe, die Zweischneidigkeit dieser Situation, ihre ganze Problematik, zur Sprache zu bringen. Wenn unsere individualistische Kultur im Rahmen einer neuen Weltordnung wiedergeboren werden soll, müssen die Menschen als einzelne kompliziert bleiben, als soziale Macht einfach sein. Sie müssen ihre Pflichten gegen die Allgemeinheit kennen, müssen sich zu Opfern verstehen, sich den Geboten der Notwendigkeit fügen, aber sie dürfen nicht von ihrer Individualität, ihrer Kompliziertheit, ihrem privaten Ich, ihrer Irrationalität lassen. Der gleichmacherische Kampf um soziale Gerechtigkeit und Frieden auf Erden ist das Anliegen des Gegenwartsmenschen. Aber war es nicht erst gestern oder ehegestern, daß die Vielfalt herrschte, aus der die Renaissance so reich und bunt und rätselvoll emporstieg? Und morgen – morgen wollen wir das Wunder einer gerechten Kulturwelt erleben, die auch der barocken Torheit fähig ist, ein Venedig zu bauen.

Das alles versuchte ich, wahrscheinlich ohne Erfolg, in meinem langen Gedicht *Wien* (geschrieben 1935) in Worte zu fassen, aus denen halb die Empörung über die Verfolgung der österreichischen Sozialdemokraten durch Dollfuß, Fey und Starhemberg sprach, halb aber die Stimme eines Liebenden. Ich wollte zeigen, wie die beiden getrennten Erlebnisse zusammenhingen; beide waren gefühlsbetont, aufwühlend, am eigenen Leib verspürt, obwohl das eine zeitgeschichtliches Ereignis war und das andere eine private Angelegenheit. Aber keines hatte ohne das andere Gültigkeit, denn in einer Welt, in der die Menschlichkeit vor aller Augen mit Füßen getreten wurde, war auch den privaten Gefühlen der Boden entzogen.

Das Gedicht ist nicht geglückt, denn es konnte die gespaltenen Hälften nicht verschmelzen, nicht zu der Geschlossenheit gelangen, in der die innere Leidenschaft mit der äußeren eins wird. Vielleicht war die Welt zu voll von Schrecknissen, um diese Einswerdung zu gestatten; die einzigen Menschen, die eins wurden, waren die Mörder und ihre Opfer. Ich hatte in diesen Jahren immer das Gefühl, an der Peripherie eines Kreises zu leben, zu dessen Mittelpunkt ich niemals vordringen konnte. Während des Reichstagsbrand-Prozesses saß ich in London; über den 30. Juni 1934 las ich in der Zeitung, während ich in Sulz-Stangau im Wienerwald am grasigen Straßenrand auf den Autobus wartete; von dem Mord an Dollfuß erfuhr ich aus der Erregung der Menge in den Straßen von Wien. Einmal, im Frühjahr 1934, in dem kleinen Badeort Mlini, stieg ich von der Pension zur Küstenstraße hinauf und wurde fast von einem riesigen, ich glaube sechsrädrigen Auto niedergestoßen, dem vier ähnliche folgten. Der Mann im ersten Wagen wandte den Kopf und starrte mich an; unsere Blicke begegneten einander. Es war Göring.

Irgendwo, das fühlte ich, mußte eine Stelle sein, die Mittelpunkt war, eine Stätte des Grauens, ein Brandherd. Vielleicht in einer Zelle, in der ein hilfloser Greis totgeschlagen wurde, vielleicht in dem Kaffeehaus eines Grenzortes, wo die verbannten Führer der Massen ihre Rückkehr vorbereiteten. Es mußte dort sein, wo die tiefste Schändlichkeit unserer Zeit begriffen und erlitten wurde. Ich schauderte bei dem Gedanken, denn ich ahnte, daß der Mittelpunkt unserer Zeit vielleicht der martervolle, geheimgehaltene Tod eines Unschuldigen, Unbekannten war.

Die Pension in Mlini glich einem Bauerngehöft; vor dem Haus, unter den Bäumen, standen Tische, man konnte im Freien essen. Gegenüber im spröde funkelnden Meer lag eine bewaldete Insel, eine von Hunderten. Als Jimmy und ich im Frühjahr 1934 dort wohnten, traf Elizabeth mit ihrem dreijährigen Töchterchen und dem Kindermädchen, einer hübschen Österreicherin, zu kurzem Aufenthalt ein.

Wenn Elizabeth aufs Meer hinausblickte, erinnerte mich ihr Profil an Jugendaufnahmen meiner Mutter: schwarzes Haar, dunkle Augen, klarer Teint, das Gesicht leicht gebräunt, aber nicht verbrannt von der Sonne. Sie mußte viel mitgemacht haben, das sah man ihr an, besonders der unvermutet gespannte Zug um ihren Mund verriet es manchmal. So sieht ein Mensch aus, der einmal in einem entscheidenden Augenblick einen seine Kraft fast übersteigenden Entschluß gefaßt hat.

Ich beobachtete Elizabeth in diesen Tagen, getrennt durch einen Vorhang scheuer Verwunderung, den ich einmal, ich ahnte es, beiseite schieben würde. Ich malte mir ihr beneidenswert klares, kühles Leben aus, unberührt von Kleinlichkeit, beherrscht und klug. Aber die Narbe überstandenen Leidens war da, auf ihren Lippen, wie ein Siegelabdruck in rotem Wachs.

Sie studierte in Wien Medizin und Psychologie. Jimmy litt damals gerade an einem »knurrenden« Blinddarm, und ich erwähnte, wir würden wahrscheinlich nach Wien fahren, damit er sich operieren lassen könnte. Elizabeth war sogleich voll praktischer Ratschläge; wir könnten bei ihr wohnen, und sie werde für Jimmy, durch ihre Beziehungen zu den Kliniken, ein Bett in einem Krankenhaus und einen guten Chirurgen auftreiben. Das alles bot sie uns großzügig an, sie drängte es nicht auf; wir konnten es auch ablehnen, ohne daß sie es übelnahm.

Elizabeth stammte aus Chicago. Später einmal bemerkte sie lachend, auf ihre beschwingte Art: Wenn ich wissen wollte, woher ihr Vermögen stammte, brauchte ich nur den Roman *Der Schlachthof* von Upton Sinclair zu lesen, der die Fleischkonservenfabriken Chicagos schildert.

Auch ihre Schönheit – im Grunde doch ganz anderer Art als die meiner Mutter – hatte etwas Amerikanisches; es verband sich darin etwas renaissancehaft Klassisches mit der Ungebundenheit der Neuen Welt. Amerikanerinnen (und Europäerinnen) erinnern manchmal an ein Bild von Tizian oder Rubens, aber während die Europäerinnen entfernte Nachkommen der Modelle zu sein scheinen, haben die Amerikanerinnen die Frische und Lebendigkeit eines alten Porträts, von dem die Patina entfernt ist, so daß die fast befremdlich schimmernde, glühende Haut hervorleuchtet. Elizabeth gemahnte an eine Leda von Leonardo – die gleichen dunklen Augen, das ovale Gesicht, die lächelnd beobachtende Miene; und wenn ihr Haar, das den Kopf umrahmte, zu Flechten gewunden worden wäre, es hätte wulstigen Schlangen geglichen wie auf den Leda-Zeichnungen.

Als wir dann nach Wien fuhren, wo sich Jimmy operieren ließ, wohnten wir bei Elizabeth; die Zimmer waren eichengetäfelt und etwas altmodisch. Wir waren fast den ganzen Tag allein, wenn sie ihrem Studium nachging. Sie war, mit neunundzwanzig, zweimal geschieden; der Schiffbruch ihrer zweiten Ehe hatte eine seelische Krise bei ihr ausgelöst, und sie hatte es mit der Psychoanalyse versucht, bis der innere Kampf vorbei war. Übrigens hatte sie in den früheren Jahren, unvorstellbar früh für mich, die Universität Oxford besucht und die englischen Romantiker studiert.

Das alles erzählte sie mit ihrer heiteren Klarheit, die völlig unpersönlich schien und doch so überaus weiblich war. Bevor sie analysiert wurde, hatte sie sich einfach »den ganzen Tag schuldbewußt gefühlt«, sagte sie, und als ich einmal meinte, es müsse doch schrecklich sein, wenn man zweimal geschieden sei, erwiderte sie, gewiß, das koste viel Herzweh, und ihr zweiter Mann tue ihr besonders leid, aber man könnte es trotzdem weiter mit dem Heiraten versuchen, bis man das Richtige fand.

Eines Tages sagte ich ihr, daß sie mir gefiel; zur Entschuldigung – denn ich hatte das Gefühl, daß es einer Entschuldigung bedürfe – erklärte ich ihr, sie habe mich bei unserer ersten Begegnung an Jugendbilder meiner Mutter erinnert. Lachend gab sie zur Antwort: »Das ist gar kein schlechter Grund zum Verlieben. Viele Männer verlieben sich in ein Ebenbild ihrer Mutter.« Sie musterte mich mit ihrer gelassenen, ungetrübten Art, in der doch eine gewisse Gespanntheit lag, als hämmerte und pochte dahinter ihre eigene Kindheit und Vergangenheit, etwas, das ich, selbst ich, stillen und trösten konnte.

Sie ging in ihrer Arbeit, ihrem Haushalt, ihrem Kinde auf. Unzähligemal am Tag verwandelte sie sich. Vormittags zog sie zur Universität los, ein Schulmädchen mit dem Bücherranzen; mittags am Herd – sie kochte ausgezeichnet – war sie ganz Hausfrau; dem Kinde war sie eine geduldige, mit allen modernen Erziehungsmethoden vertraute Mutter; abends war sie die Liebende.

Im Wienerwald hatte sie ein kleines Blockhaus. Es stand in einer Lichtung. Vor den Fenstern lag die steil ansteigende Wiese, an schönen Sommertagen von zahllosen Grillen durchzirpt, mit Gras und Blumen übersät wie ein in grellen Farben gemaltes Holzbild. Abends, wenn drin die Lampe brannte, glich das Blockhaus von ferne dem Innern einer Schachtel aus Zedernholz. Unser Leben war mit Wald und Wiese verwebt wie die tausendfältigen Blumen mit dem duftenden Gras. Oft schliefen wir nachts unter freiem Himmel – Figuren eines Gobelins mit landschaftlichem Hintergrund.

Elizabeth hatte aus Erfahrung gelernt, sich dem Augenblick und seinen Forderungen ganz hinzugeben. In ihrem vollausgefüllten Leben griff keine ihrer Pflichten in eine andere ein. Wenn von ihrem Studium die Rede war, blieb das Gespräch von Erziehungsfragen oder Hauswirtschaft unberührt, während sich mir beim Reden fortwährend andere Probleme aufdrängten, vor allem das Verhältnis zu Jimmy. Undenkbar, daß ich ihn im Stich ließ – aber es war wie eine Leine, die mich zurückhielt, sosehr ich auch an ihr zerrte.

Die moderne Liebe, in den psychologischen Motiven so unheimlich bewandert, ist von einer seelischen Abgebrühtheit, die in der Geschichte aller Zeiten nicht ihresgleichen haben dürfte und die den Gefühlsbeziehungen, wenn es sich um ein so kompliziertes Verhältnis handelt wie unseres, Ansätze zur Katastrophe gibt. Wenn ich sagte, daß ich Jimmy nicht davonjagen könnte, wußte sie und ich, daß ich damit drei verschiedene Dinge meinte, wenn nicht mehr. Da war zunächst die »gegebene Situation«: Jimmy war hier, ich hatte ihn mitgenommen, ich hatte unleugbar Verpflichtungen gegen ihn. Zweitens war meine Bindung an ihn so stark wie je, und so wie er mich brauchte, so brauchte auch ich ihn, unentrinnbar, und klammerte mich an ihn. Zum dritten das psychologische Motiv: Wenn es Jimmy nicht gegeben hätte, wäre wahrscheinlich ein anderer auf den Plan getreten, und wenn kein anderer dagewesen wäre, eine Lücke entstanden, eine ungestillte Not.

Elizabeth und ich besuchten ihn im Krankenhaus. Neben ihm lag ein gelähmter englischer Junge, ihm gegenüber ein Mann, mit dem es schauerlich zu Ende ging. Jimmy zeigte sich hier von seiner besten Seite, wie immer, wenn ihm das Schicksal zu schaffen machte; er war dauernd gut aufgelegt, hilfsbereit und ließ keine

Niedergeschlagenheit aufkommen. Später fuhren wir, damit er sich ein paar Tage erholen konnte, nach Mariazell, dessen Wallfahrtskirche inmitten bewaldeter Berge schon stark bayrisch anmutet. Jimmys Krankheit und Wiedergenesung hielten mich ab, mit Elizabeth zusammen zu sein, und wochentags, wenn sie in der Stadt arbeitete, fuhren er und ich manchmal ohne sie ins Blockhaus. Es gab Augenblicke, wo sich der Frieden der Versöhnung auf unser Alleinsein senkte, aber dann kamen Stunden, wo wir sinnlosen, erbitterten Krach hatten, scheinbar ohne Grund. Es begann meist damit, daß er mir einen »groben Fehler« vorhielt, und ich parierte, indem ich sein Benehmen bei dieser oder jener Gelegenheit »bezeichnend für unser ganzes Verhältnis« nannte. Und so ging das dann weiter.

In früheren psychologisch nicht so belasteten Zeiten wäre den Menschen nur der eine oder andere äußere Einfluß auf ihre Beziehungen zu Bewußtsein gekommen, und zu deuten hätten sie überhaupt nichts gewußt, sondern gesagt, es sei Schicksalsfügung, daß ich Elizabeth gerade zu der Zeit kennenlernte, als ich von Jimmy wegen seiner Krankheit am allerwenigsten loskommen konnte. Wir dagegen wußten, daß ich vielleicht wirklich nicht die Fähigkeit besaß, eine Wahl zu treffen, und das war eine ganz andere Erkenntnis als die Erklärung, daß mich die Verhältnisse an der Entscheidung hinderten. Unser klarer Blick für die Hintergründe verlieh unserem Verhältnis eine Sachlichkeit, die uns gestattete, es als »Situation« von außen zu betrachten, auch wenn wir uns den Gefühlen restlos hingaben. Elizabeth wollte mich begreiflicherweise nicht nehmen, wenn ich nicht selber meine Wahl traf, andererseits verstand sie besser als je ein Mensch zuvor, warum mir die Wahl so schwer fiel. Etwas – wir nannten es meine Ambivalenz – trennte uns wie ein Schwert, hielt Wache zwischen uns, ohne jemals die Augen zu schließen. So gut sie das alles auch verstand, manchmal gewahrte ich doch Spuren hilfloser Gereiztheit bei ihr, die alle Vernunftgründe nicht zum Schweigen bringen konnten. Ich fragte mich zuweilen, ob wir nicht gerade dadurch, daß wir alles mit meiner seelischen Veranlagung erklärten und begründeten, mein Schuldgefühl verstärkten; ob ich mir nicht weit weniger schuldbewußt vorgekommen wäre, wenn mir nicht so viele psychologische Auslegungen zu Gebote gestanden hätten und ich alles auf die äußeren Umstände hätte schieben können. Ich glaube, die Psychoanalyse hat bei den meisten Menschen das Schuldgefühl erst recht vertieft, indem sie ihnen die Augen darüber öffnete, welche große Rolle das Unbewußte bei scheinbar zufälligen Dingen spielt.

Die folgenden Monate verbrachte ich teils in London, teils in Wien, so wie ich früher halb in England, halb in Deutschland gelebt hatte.

In Österreich spitzte sich die politische Lage weiter zu, und Elizabeth übernahm zu allen anderen Aufgaben nun auch noch eine politische Rolle. Sie stellte ihre Wohnung und ein schönes Stück Geld einer Gruppe Sozialdemokraten zur Verfügung und schloß sich ihnen an. Einige aus der Gruppe gingen über die Grenze und richteten in Preßburg ein Parteibüro ein, druckten Flugschriften, die sie dann wieder nach Österreich schmuggelten, und betreuten auch die politischen Flüchtlinge.

Ich nahm an mehreren Zellenbesprechungen bei Elizabeth teil. Es kamen immer sechs, acht Leute zusammen, die einander beim Vornamen nannten – Karl, Pepi, Anna, Poldi. Gemeinsam war ihnen eine Art Anonymität, eine Unauffälligkeit, die selbst den ungewöhnlichsten Menschen etwas Farbloses gibt, wenn sie durch Exil, Verfolgung und Angst zusammengehalten werden. Sie waren Gehetzte. Bei allem persönlichen Mut waren sie doch moralisch etwas labil, was in den Verhältnissen begründet lag. Es bestand auch sozusagen ein kleiner Konkurrenzkampf zwischen dem Preßburger Büro und den Genossen in Österreich, die nicht alle die Zuständigkeit des Emigrantenkomitees anerkannten. Elizabeth, die sie finanziell unterstützte, kam zu der schmerzlichen Erkenntnis, daß Menschen ihr Leben im Kampf gegen die Ungerechtigkeit aufs Spiel setzen können und doch in Geldsachen nicht ganz ehrlich sind. Obwohl diese Opfer politischer Verfolgung ein Leben führten, dem kein Lohn zu winken schien, stritten sie um Schattenposten in Schattenregierungen, die in unabsehbarer Ferne lagen.

Trotz dieser neuen Belastung widmete sich Elizabeth nach wie vor ganz mir, wenn wir beisammen waren. Im Winter verbrachten wir ein paar Tage im Blockhaus, liefen Ski auf den Hängen und den steilen, schneeverwehten Waldwegen, kochten dann auf dem Petroleumöfchen unser Essen, und dieses ganze Leben hatte etwas fröhlich Glitzerndes, einen Abglanz des vergangenen Wien, der Schlittenfahrten und des Schellengeklingels.

Wenn Elizabeth im Kolleg oder im Krankenhaus arbeitete, saß ich oft in ihrer Wohnung, schrieb oder las. Wenn sie dann von der verschneiten Straße hereinkam, das Gesicht unter der Pelzmütze kalt wie Marmor, und ich sie küßte, waren meine warmen Lippen wie Feuer auf ihrer Wange. Manchmal gingen wir die Ringstraße entlang oder in die Innenstadt, über den Graben mit der steinernen Wolke der Pestsäule. In diesem Viertel stehen die Reliquien verflossener Pracht, die Paläste mit den Barockstatuen, aus denen das Leben des Geistes schönrednerisch durch den Mund weltlich anmutender Marmorheiliger und anmutiger Engel spricht. Wohl in keiner anderen Stadt

Europas stach die Schäbigkeit des modernen Alltags vom Glanz der Vergangenheit so kraß ab wie in Wien. Die Menschen in ihren abgetragenen Anzügen, in Lederhosen und Dirndln trieben wie Wasser auf dem Boden eines Behälters umher, den die Kirchen und Palais, die Denkmäler und Museen umrahmten. Wenn man in der Staatsoper die müden Menschen wie Zwerge unter dem anspruchsvollen Prunk im Innern sah, der blitzende Uniformen und Abendtoiletten verlangte, erkannte man so recht, wie tief Wien gesunken war. Nur in der Umgebung der Stadt, in den Strandbädern und beim Heurigen, schien die Stimmung, die Gemütlichkeit, die so leicht in Raunzerei umschlägt, zur Umwelt zu passen. In den großen Arbeiterhäusern, dem Goethe-Hof, dem Karl-Marx-Hof und anderen Riesenbauten der sozialdemokratischen Gemeindeverwaltung, erhaschte man einen Blick auf ein neues Wien, eine Stadt des Volkes. Eingebettet in die geschnitzte Muschel entschwundener Vorspiegelungen lebte die Stadt, in der sich keiner mehr etwas vormachen konnte.

Wenn ich heute die Konturen dieser Zeit mit Elizabeth nachzeichne, ist es mir, als hätte ich ein erlebtes Gedicht niedergeschrieben. Damals – vielleicht gerade weil es für mich wie Dichtung war – verlor ich mich niemals ganz an dieses Leben, aber so groß war ihr Verständnis, daß sie selbst dies, dieses Sichnichtverlieren, mit mir teilte. Was zwischen uns stand, vor allem meine Ambivalenz, verschwindet beim Rückblick, aber damals war es sehr gegenwärtig. Ich will damit sagen, daß mein Erlebnis »literarisch« war; was ihm seinen poetischen Gehalt gab, war vielleicht gerade das, was uns trennte, selbst in unseren innigsten Augenblicken.

Ich kehrte nach London mit dem Vorsatz zurück, den Frühling wieder in Wien zu verbringen. Kurz vorher schrieb mir Elizabeth, sie habe sich verlobt. Unter den Wiener Genossen habe sie den Mann getroffen, mit dem sie bestimmt glücklich sein werde. Trotzdem hoffe sie, mich in Wien wiederzusehen.

Dieser Brief kam mir nicht völlig überraschend. Es lag auf der Hand, daß eine solche Einteilung, alle halbe Jahr ein paar Wochen in Wien zu verbringen, weder ihr noch mir genügen konnte. Als ich wieder nach Österreich kam, empfingen mich Elizabeth und ihr Bräutigam voll Herzlichkeit, in die sich bei ihr eine neue, tiefe Zärtlichkeit mischte, weil ich ihren Entschluß verstanden hatte. Wir wußten, daß wir über die Beziehung hinweggekommen waren, die vielleicht zur Enttäuschung geführt hätte, und fanden in der Trennung eine neue Gemeinsamkeit. Das entschädigte mich etwas für meinen Verlust, denn es brachte Klarheit darüber, daß wir nicht füreinander geschaffen waren. Ich konnte ihr nicht genug bieten, und sie wieder war mir zu rational, zu entschieden; sie hielt alle Fäden ihres Lebens sicher in der Hand, sie verließ sich zu fest auf das, was sie wußte, und fragte zu wenig nach dem, was sie nicht kannte. In religiösen Gefühlen zum Beispiel sah sie nur einen Hemmschuh klaren Denkens. Ich besaß eine heilige Scheu davor, etwas zu beurteilen, das ich nicht verstand, eine Ehrfurcht vor dem Glauben anderer Menschen und sogar ein gewisses Verständnis für das religiöse Erlebnis.

Ihr Bräutigam Franz war ein österreichischer Arbeiter und jetzt der Führer der sozialdemokratischen Gruppe, die bei Elizabeth zusammenkam. Er hatte eine Unbeschwertheit, Sicherheit und Energie, die in lebhaftem Gegensatz zu der Gedrücktheit Pepis und Karls, Annas und Poldis stand. Stämmig, mit rundem Schädel und breiter Nase, blond, mit hellblauen Augen, lachendem Mund und Spaltkinn, sah er aus wie ein in die Stadt versetzter Bauer – aber ein Bauer mit dem tiefen Glauben an den Sozialismus, voll Interesse für den theoretischen Marxismus, nach Taten dürstend, nach Kampf. Franz verlor nie sein naives Staunen über sich als Politiker; er wunderte sich selber darüber, daß er Reden hielt, Flugblätter schrieb und illegal arbeitete. Dieses Erlebnis behielt für ihn immer den Reiz der Neuheit; er konnte kein Rad in der politischen Maschine werden, er blieb immer Mensch. Er hatte große Hochachtung vor der idealistischen Einstellung zur Politik. Darin unterschied er sich von den meisten Politikern, die nur die eigenen Methoden gelten lassen wollen und großes Mißtrauen gegen Anschauungen haben, die nicht auf Aktion und Machtübernahme ausgerichtet sind. Er sah die politische Tragweite der Ideen, die nicht unmittelbar mit politischen Methoden zusammenhängen, aber er folgerte daraus nicht wie viele Marxisten, daß die Menschen, die sich zu diesen Ideen bekannten, von politischen Aktivisten geführt werden müssen. Kurz, er war von größter Toleranz und achtete auch Methoden und Ziele, die nicht die seinen waren. Er rauchte wenig, trank nicht viel und gab für sich nur einen bestimmten Betrag im Monat aus. Anfangs war ich in seiner Gegenwart etwas befangen, aber wir waren alle drei entschlossen, darüber hinwegzukommen. Das machten wir so: wir sprachen nur von unverfänglichen Dingen. Ich schrieb damals ein Buch, in dem ich meine politischen Ansichten darlegte; wir nahmen das Manuskript ins Blockhaus mit und unterhielten uns den ganzen Sonntag darüber.

In diesem Buch vertrat ich die Ansicht, daß die Liberalen die soziale Gerechtigkeit der Kommunisten mit der liberalen Auffassung von sozialer Freiheit in Einklang bringen müssen und sich der Methoden bedienen, die zur Überwindung des Faschismus unerläßlich sind.

Ich entwickelte meine Ansichten nicht in meiner eigenen Sprache, im Idiom des Selbsterlebten, sondern verlor mich in geschichtlichen Betrachtungen und politischen Schlußfolgerungen, in denen fast jeder Student besser beschlagen war als ich. Ich hätte statt dessen lieber die moralische Seite mit größter Einfachheit darstellen und an Beispielen aus meinem eigenen begrenzten Erlebnisbereich veranschaulichen sollen, vielleicht als autobiographisches Fragment, oder versuchen können, mein innerlich geschautes Bild der Zeit in symbolischer Gestalt zu vermitteln.

In den zwanziger Jahren gab es in Amerika ein Schrifttum – Scott Fitzgerald, Ernest Hemingway, Malcolm Cowley und einige mehr –, dem Gertrude Stein den Namen »die verlorene Generation« gab. Wir antifaschistischen Schriftsteller des »roten Jahrzehnts« waren keine verlorene Generation: Wir wurden hin und her gezerrt zwischen unserer literarischen Berufung und dem Drang, die Welt vom Faschismus zu erlösen. Wir waren die zerrissene Generation, der Jahrgang der Hamlets, die eine Welt aus den Fugen fanden und nicht einrichten konnten.

Der Ruf, den wir zu hören glaubten, klang keineswegs so sinnlos, wie es späteren Zeiten vielleicht vorkommen wird. Damals hätte Japan von dem Überfall auf die Mandschurei abgehalten, Hitler gestürzt, die spanische Republik gerettet werden können. Wenn man eine dieser Gelegenheiten ergriffen hätte, es wäre nicht zum Krieg, gefolgt von einer totalitären Herrschaft, gekommen. Was not tat, war, daß die Stimme des Gewissens weit über die Kreise der Berufspolitiker in den Demokratien hinaus ins Volk drang. Das aufgerüttelte Gewissen der Allgemeinheit hätte England und Frankreich, vielleicht auch Amerika zu dem energischen Vorgehen zwingen können, durch das sich der Krieg verhüten ließ.

Der Antrieb war richtig, aber vielleicht faßten wir es falsch an. Wir hatten meist die laute Haltung von Menschen, die zwischen ihrer Kunst und ihrem Gewissen schwanken und beide nicht zur Deckung bringen können. Ich glaube, ich hätte mich entweder ganz auf die politische Tat werfen müssen oder, wenn ich meine Kräfte nicht mit Halbpolitik verzetteln wollte, mich auf mein einsames Schaffen zurückziehen sollen, um aus Qual und stürmischer Leidenschaft die große Anklage gegen den Faschismus zu formen.

Einigen von uns bot der Krieg in Spanien die Möglichkeit zur Tat: Ralph Fox, Christopher Caudwell, Julian Bell, John Cornford, Tom Wintringham, Humphrey Slater und andere Schriftsteller traten in die Internationale Brigade ein. Die meisten fielen in Spanien. Wintringham und Slater, die den Bürgerkrieg überlebten, waren erprobte Soldaten, woraus zu folgen scheint, daß die anderen todgeweiht waren. Und vielleicht war dieses Märtyrertum das Größte, was das Schrifttum des Jahrzehnts zum geistigen Leben Europas beigetragen hat.

Die Zurückbleibenden gossen nicht den ganzen Überschwang ihrer Gefühle in ihr geschriebenes Werk, sondern versuchten zu oft, ihre Begabung in das Flußbett einer politischen Sache zu lenken. Aber was fehlte, war die große Leidenschaft des einzelnen, die das Zeitgeschehen im persönlichen Erlebnis auffangen konnte. Die Generation der Zerrissenen richtete ihren Blick zuerst auf die Situation der Zeit und dann fragte sie nach den politischen Mitteln, wie Wandel zu schaffen wäre. Die Zeit hätte eines Dostojewski bedurft, der in das Blut und den Morast der Gegenwart hinabstieg, oder eines Voltaire, der die Revolution zu denken wagte, aber beide Seiten mit seinem erbarmungslosen Spott nicht schonte.

Als ich im Herbst von London nach Wien zurückkehrte, schien mir mein Leben gescheitert. Ich beschloß, mich von Jimmy zu trennen. Ich zog aus dem Hause in Maida Vale aus und nahm allein eine Wohnung im Bezirk Hammersmith. Jimmy war anderswo untergebracht und begann, sich nach Arbeit umzusehen.

Mit dem Honorar für mein Buch modernisierte ich meine Atelierwohnung, von deren Fenstern man über die Dächer der Themse sah. Im Wohnzimmer stand an einer Wand ein langer Schreibtisch aus eingelegtem Holz mit tiefschwarzer Platte; ich kaufte ein paar Tischchen und Stühle, ähnlich denen bei Joachim in Hamburg; auch die Kupferlampen, die das Licht zur Decke warfen, und die Milchglasröhren erinnerten an die Beleuchtung bei Joachim.

Ich sollte auf einer Versammlung der Spanienhilfe in Oxford sprechen. Bei Tisch saß ich neben einem Mädchen mit ovalem Kindergesicht und fast knabenhaft geschnittenem blonden Haar. Ihre Züge waren von nahezu klassischer Vollkommenheit, die Augen strahlten, und sie guckte mich mit kühler Kindlichkeit an. Inez war im Komitee der Spanienhilfe. Sie erzählte mir, daß sie Spanisch studiere und den Sommer in Spanien verbracht habe, als Kinderfräulein bei reichen Reaktionären. Sie hatte es verstanden, mit dieser Tätigkeit eine Liebschaft mit einem spanischen Maler zu verbinden, der jetzt, wie zu befürchten war, auf Francos Seite stand. In Oxford arbeitete sie über den spanischen Lyriker Góngora, den Begründer des »gebildeten Stils« in der Poesie, und machte trocken die klügsten Bemerkungen darüber, wie ein gescheites Kind seine Aufgabe hersagt. Wogan Philipps, der an dem kleinen Bankett teilnahm, beglückwünschte mich zu einer Tischnachbarin mit solchen Augen. Abends hielt ich meine Rede, und nachher lud ich Inez zur Einweihung meiner neuen Wohnung ein.

Kaum hatte sie das Zimmer betreten, als sie mir auch

schon sagte, sie könne moderne Beleuchtung nicht ausstehen. Ich nahm ihr das nicht übel, ich war nur verdutzt, aber es gefiel mir, denn es war offen und ehrlich. Als wir verheiratet waren, brachte mich ihre scheinbare Grobheit im Umgang mit unseren Freunden oft in Verlegenheit und ärgerte mich sogar; aber wenn wir wieder allein waren, griff mir ihre Aufrichtigkeit plötzlich ans Herz, und ich schämte mich meiner Anwandlung. Inez war die Hauptattraktion des Abends, und zwei junge Männer gerieten beim Essen (in der Küche) in einen heftigen Streit darüber, wer neben ihr sitzen durfte. Ich lud Inez für den nächsten Tag in ein Restaurant ein, und nachmittags machte ich ihr einen Heiratsantrag.

Was mich dazu trieb, wäre heute, nach so langer Zeit, schwer zu sagen. Sie zog mich lebhaft an, und deshalb dachte ich mir, daß ich keine Zeit verlieren dürfe, weil mir sonst ein anderer zuvorkam. Ich war des Alleinseins müde, die Nachwirkungen des beendeten Kapitels Elizabeth hatten sich eingestellt. An sich war das alles kein genügender Grund zum Heiraten. Ich war jetzt siebenundzwanzig, und da ich noch keinem Mädchen einen Heiratsantrag gemacht hatte, folgerte ich, daß diesmal ein zwingendes Motiv vorliegen müsse. Bisher hatte es mich innerlich nie zu diesem Schritt getrieben, und das schien mir zu beweisen, daß es diesmal der Fall war. Aber hinter diesen seichten und trügerischen Schlußfolgerungen lag die verzweifelte Erkenntnis, daß ich niemals einen solchen Entschluß fassen würde, wenn ich nicht der Eingebung eines Augenblicks folgte. Handeln konnte ich nur, wenn ich dem Impuls nachgab, ohne die Folgen zu bedenken, und mich von ihm tragen ließ, wohin er mich trug. Was ich seinerzeit in Hamburg in mein Tagebuch geschrieben hatte, galt noch immer: Charakter und Willenskraft konnte ich nur in meiner Arbeit beweisen; wenn ich mich nicht zum Handeln zwang, handelte ich nur, wie andere es mir sagten. Vielleicht war ich jetzt zum Handeln gezwungen, weil ich ein Stadium erreicht hatte, wo meine Arbeit die Leere des Alleinseins nicht mehr auszufüllen vermochte; meine Freundschaften genügten mir nicht mehr, und die einzige Lösung schien die Ehe.

Inez nahm das Heiraten auch nicht ernster als ich. Der Gedanke an die Ehe gefiel uns, wir sahen beide darin eine Lösung augenblicklicher Probleme. Auch sie mußte über eine verflossene Beziehung seelisch hinwegkommen, und das Heiraten erschien ihr in vieler Hinsicht als ein vortrefflicher Ausweg. Gerade darin lag der Reiz, daß wir es beide nicht so wichtig nahmen, denn das gewährte uns Rückhalt und Freiheit. Unsere Verlobung gab Inez überdies einen gewissen Nimbus bei ihren vielen Freunden in Oxford, die mich als Schriftsteller kannten. Ich sagte mir: Lieber unsere Ehe eines Tages in nebelhafter Zukunft in die Brüche gehen lassen als die Verlobung jetzt rückgängig machen.

Immerhin wurde ich meine Bedenken und bangen Ahnungen nicht los. Kurz vor der Trauung besuchten wir Rosamond Lehmann und ihren Mann Wogan Philipps in Ipsden. Nachmittags ging ich in der Umgebung spazieren. Allein. Es war ein grauer Herbsttag, als ich den Weg unter den Buchen hinanstieg. Das Schwarz der Äste löschte das Rot und Gold der Blätter aus; hinter den Bäumen lagen die nassen Felder, lehmig und grasgefleckt. Feuchter Wind wehte, und der ganze Tag schien schwarz geworden. Tiefe Niedergeschlagenheit läßt sich schwer schildern, denn sie ist eine Offenbarung, und wenn die enthüllte Erkenntnis verflogen ist, durch eine andere Stimmung widerlegt wird, läßt sich die Anwandlung nicht mehr ins Gedächtnis rufen, nicht in Worte fassen. Ich entsinne mich nur, daß mir mein ganzes Leben unerträglich vorkam, eine Last wie ein unbeweglicher Felsen, den nur Selbsttäuschung und Ablenkungen meinem Blick verborgen hatten. Schwärzeste Trostlosigkeit schien das einzig Wirkliche, alles andere war Ausrede und Flucht. Was ich Tag für Tag trieb, war ein ewiges Ausweichen vor dem Grauen der Wahrheit, und ich verachtete mich dafür, daß ich mich jemals einem Glücksgefühl überlassen hatte. Das Heiraten erschien mir jetzt als Freiheitsstrafe. Und nichts von diesem Ansturm der Gefühle konnte ich Inez anvertrauen. Ich kannte sie nicht genug, um ihr meine Bedenken gegen unsere Ehe zu gestehen.

Drei Wochen nach der Verlobung und ohne jede Aussprache über die Zukunft wurden wir auf dem Standesamt getraut. Nach der etwas überstürzten Zeremonie fuhren wir im Taxi zu meiner Großmutter. Inez trug ein erdbeerfarbenes Kleid und Blumen am Ausschnitt. Im Wagen wandte sie sich lachend zur mir und rief: »Ich bin ja so glücklich!« Ich küßte sie, und in diesem Augenblick schien eine ungeheure Last von meiner Seele zu weichen. Dennoch teilte ich das Glück, das sie empfand, nicht voll. Ich gab ihr nicht einmal die Freude wieder, die ich ihr verdankte. Etwas in mir stand abseits und schien sozusagen den Augenblick aufzuzeichnen, ohne ihr zu sagen, wieviel sie mir bedeutete.

Die Hochzeitsfeier bei meiner Großmutter kam mir lächerlich vor, aber wahrscheinlich war sie nicht lächerlicher als die meisten Empfänge dieser Art. Meine ältesten Verwandten und meine jüngsten Freunde waren da, auch Auden und Isherwood, und ein paar neue Bekannte, revolutionäre junge Feuergeister. Onkel Alfred beobachtete Auden eine Weile, dann wandte er sich ab und murmelte: »Ein bemerkenswert selbstbewußter junger Mann!«

Als Hochzeitsgeschenk war auch viel Silberzeug gekommen, Tabletts und so weiter; plötzlich ergriff mich Mitleid mit den paar armen Teufeln unter meinen

Freunden, und beim Weggehen drängte ich ihnen diese Silbersachen auf. Während der Tafel kam ein Eilbote mit den Korrekturfahnen eines Artikels für eine Zeitschrift; ich zog mich ins Nebenzimmer zurück, um sie durchzusehen, nicht ohne ein Gefühl von Wichtigkeit und mit einer gewissen Genugtuung, daß ich meine Arbeit nicht einmal an meinem Hochzeitstag vernachlässigte.

Wir waren jetzt ein Ehepaar, und nun lernten wir einander auch besser kennen. Inez war in Portugal, Frankreich und England im Kloster erzogen worden. Die Folge davon war ein grimmiger Haß gegen den Katholizismus, besonders wenn er ihr in Gestalt von Klosterschwestern entgegentrat. In der Schule, erzählte sie mir, hatte sie am meisten die Predigten über die Ewigkeit gefürchtet. Sie hatte lange über das Jenseits nachgedacht und war zu dem Schluß gekommen, daß ewiges Leben, selbst im Himmel, die reine Hölle sein müsse. Sie ging zur Oberin und erbat sich als besondere Gunst, nicht ewig leben zu müssen.

Ihre Mutter war irisch oder halbirisch und führte eine Pension in der Nähe der Londoner Victoria-Station. Diese Pension war der Schauplatz unaufhörlicher Katastrophen: lecke Wasserrohre, eingestürzte Plafonds, Migränen und Schwangerschaften, bleiche Gesichter, betrunkene Mieter und so weiter. Es war wie von Balzac erfunden und brachte Inez auf den Gedanken, Romane zu schreiben. Für unsere Wohnung in Hammersmith hatten wir eine Hilfe aufgenommen, eine kleine Bucklige, die Irene hieß – oder Flossie, ich weiß es nicht mehr. Sie hatte die sonderbare Gewohnheit, das Silberzeug beim Putzen zu verbiegen, bis es fast so krumm und schief war sie selber. Trotz ihrer Riesenkräfte hielt sie die Wohnung nicht besonders sauber, aber Inez konnte sie gut leiden. Als wir ihr schließlich kündigten, war Inez untröstlich, und Tränen traten ihr in die Augen, sooft sie eine verbogene Silbergabel sah.

Wenn Inez frühmorgens ins Zimmer kam, noch halb verschlafen, hatte sie etwas von einer Katze und etwas von einer Ballettänzerin, das mich entzückte. Auch eine Spur von »Verrücktheit« war da, aber das macht die Menschen nur anziehender, finde ich. Wenn sie über ihrem Góngora oder ihrem Roman saß, legte sie die Stirn in tiefe Falten, leckte viel am Bleistift und schob die Zunge in den Mundwinkel. Einmal bemerkte ich, welchen Trick sie anwandte, damit ihre Augen strahlten: sie hielt sie geschlossen, bis sie in Tränen schwammen, ohne überzugehen. Ich war nicht ernüchtert, sondern fand das reizend.

Ich nahm sogar eine väterliche Beschützerrolle ihr gegenüber ein. Wie Elizabeth für mich die »Gestalt der Mutter« gewesen war, so wurde ich für Inez die »Gestalt des Vaters«. Sie hatte ihren Vater nie gekannt, er war kurz vor ihrer Geburt gestorben, aber ihre Mutter sagte mehr als einmal, daß ich ihm sonderbar ähnlich sähe. Es ist ein leichter Trost für mich, daß unsere Ehe eine Art Vater-und-Tochter-Episode in ihrem Leben bedeutete, denn dadurch förderte sie Inez in ihrer weiteren Entwicklung, wie auch mich in meiner, und war für uns beide kein Schlag ins Wasser.

Meine Freunde mißbilligten manchmal ihre herausfordernde Art, aber ich kam bald dahinter, daß sie einem Gefühl der Furcht entsprang, der Angst, ihr Innenleben sei verdorrt und unfruchtbar. Das erschloß mir ihre geheime Welt, denn während andere sie zuweilen trocken und gefühllos fanden, sah ich das Gegenteil, sah, daß sie sanft und aufnahmebereit war. Allerdings bestand immer die Möglichkeit, daß sich die Streitbarkeit, mit der sie der Welt gegenübertrat, auch gegen mich richtete. Denn die Welt war, glaube ich, für sie gewissermaßen noch immer das Kloster. Sie rechtfertigte ihre Härte damit, daß »gegen seelische Grausamkeit nichts einzuwenden sei«; was sie nicht vertrug, war physische Grausamkeit, und deshalb haßte sie die Faschisten.

Ich spielte zwar den Beschützer, aber ich gab ihr auch Grund zur Angst vor dem Kommenden. Die geistige Welt, in der ich lebte, erschreckte sie. Meine Phantasien und ihre vertrugen sich nicht. Ich hatte nach der Ewigkeit so großes Verlangen wie sie Furcht vor ihr. Ich beschäftigte mich immer mit dem Gedanken des Gerichts, der großen Abrechnung, denn im Grunde konnte ich an dem letzten Urteil über unser ganzes Tun und Lassen nicht zweifeln. Meine Seele schien der Träger eines Gedankens, der unabhängig von meinem eigenen Denken bestand – des Gedankens, daß wir uns einmal in unserem zeitlichen und ewigen Leben bewußt werden, was wir anderen Menschen an Glück oder Unglück, im guten oder schlechten bedeuten. Wir werden uns auch der moralischen Verfassung bewußt, in die wir geraten sind, weil wir unsere Bestimmung erfüllt oder nicht erfüllt haben. Es war mir unvorstellbar, daß ein Mensch Gutes oder Böses tun kann, ohne wenigstens einen Augenblick lang ganz zu erkennen, was aus ihm durch sein Handeln geworden ist. Unvorstellbar, daß ein Mensch wie Hitler nichts als eine blinde Naturgewalt sein sollte und sich sogar einreden konnte, er wolle nur das Beste. Unvorstellbar, daß es ihm niemals zum Bewußtsein kam, wie sehr er eins geworden war mit dem Bösen, das er in die Welt gestellt hatte.

Mich dürstete nach moralischer Erkenntnis, und mit dieser Sehnsucht verband sich die Furcht vor der moralischen Abrechnung, die eines Tages kommen mußte. Aber ich wollte die Antwort auf die Frage Gut oder Böse wissen. Unerträglicher Gedanke, daß es kein moralisches Erwachen geben soll; daß wir von Augenblick zu Augenblick schleichen, uns selber täuschend und betrügend, manchmal schuldbewußt und reuig, manchmal selig, aber immer ohne die Antwort zu kennen, ohne das Ganze zu sehen. Dieses Fragen, diese Suche fand Inez überflüssig und herzlos.

Trotzdem war unsere Ehe keineswegs unglücklich. Wir fanden aneinander viel Liebenswertes, sahen einer im andern das Gute und wenig Schlechtes. Es herrschte manchmal Furcht zwischen uns, aber niemals Haß.

Im Winter 1936 warf ich mich wieder auf die Politik. Kurze Zeit nach dem Erscheinen meines Buches schrieb mir der Sekretär der Britischen Kommunistischen Partei, Harry Pollitt, ich möchte ihn besuchen. Ich ging ins Parteibüro; er empfing mich herzlich, einigermaßen väterlich, mit augenzwinkerndem Wohlwollen. Mein Buch habe ihn interessiert, sagte er, besonders weil er und ich auf so verschiedenen Wegen beim Kommunismus gelandet seien. Mein Weg sei der des Intellektuellen; er sei Kommunist geworden, weil er aus der Arbeiterklasse stammte. Als Junge habe er seine Mutter, eine Fabrikarbeiterin, als Opfer des kapitalistischen Systems sterben sehen. Mir war Haß fremd, aber er, der Proletarier, betrachtete den Haß gegen die Ungerechtigkeiten des Kapitalismus als Waffe der Arbeiterklasse.

Er hielt mir vor, daß ich über die Moskauer Prozesse geschrieben und erklärt hatte, ich sei von der Schuld der Angeklagten nicht überzeugt. Er fand es anscheinend ein wahres Glück für sie, daß ihnen so säuberlich der Prozeß gemacht wurde. Dann kam er auf das Eigentliche zu sprechen: Wenn wir auch nicht in allem die gleichen Ansichten hätten, in einem seien wir uns doch einig – Spanien, nicht wahr? Ich gab zur Antwort, daß ich der Sache der spanischen Republikaner nach allen Kräften helfen wolle. Dann, sagte er, schlage er mir vor, die Kommunisten bei ihren Bemühungen um die spanische Republik zu unterstützen und der Partei beizutreten. Er wolle dafür seinerseits darüber hinwegsehen, daß ich nicht in allem mit den Kommunisten einverstanden war. Er werde mich sogar meinen individuellen Standpunkt in einem Artikel darlegen lassen, der dann in dem kommunistischen Parteiblatt, dem *Daily Worker*, erscheinen könne, sobald ich eingeschriebenes Mitglied war.

Ich ging darauf ein; Pollitt stellte mir sofort meine Mitgliedskarte aus und sagte, die Ortsgruppe Hammersmith werde sich mit mir in Verbindung setzen. Es wäre ihm lieb, wenn ich nach Spanien gehen würde. Dagegen hätte ich nichts, erwiderte ich, aber es wäre zwecklos, mich der Internationalen Brigade anzuschließen, wie er vorschlug, denn ich sei zum Soldaten nicht geeignet. Wenn ich mich anders nützlich machen könnte – gern.

Einige Tage später erschien mein Artikel, aber von der Ortsgruppe Hammersmith hörte ich nichts, und von meiner Einschreibegebühr abgesehen, zahlte ich niemals einen Mitgliedsbeitrag, und es wurde auch niemals verlangt. Später erfuhr ich, daß ein paar prominente Kommunisten über meinen Artikel entrüstet waren und sich über die Bedingungen ärgerten, zu denen ich in die Partei aufgenommen worden war.

Ich muß wohl erwartet haben, daß sich gleich nach meinem Eintritt in die Partei das selige Gefühl, immer recht zu haben, auf mich herabsenken werde – denn die meisten Kommunisten scheinen dieses Gefühls teilhaftig zu sein. Aber nichts senkte sich herab. Die Kommunisten, denen ich jetzt als Parteimitglied begegnete, waren mir noch unverständlicher als vorher. Ich begriff zwar, was sie meinten, wenn sie zum Beispiel erklärten, es gebe keinen subjektiven Standpunkt; jede Ansicht sei durch das Interessse der Klasse bedingt, der man angehört. Wenn man daher auf Tatsachen und

Meinungen stieß, die sich mit der kommunistischen Theorie nicht deckten, dann folgte daraus nicht, daß sie objektive Wirklichkeit besaßen, sondern nur, daß man vom Geist der Bourgeoisie angekränkelt war. Am meisten überraschte mich, daß der Kommunismus nicht nur die Ansichten und das Verhalten des Parteimitglieds völlig gängelt, er lenkt auch seinen Blick für die Wirklichkeit. Ich habe nie aufgehört, mich darüber zu wundern, wie blind Kommunisten für Tatsachen sein können, die ihnen nicht passen. Einmal fragte ich Chalmers nach seiner Ansicht über den Moskauer Prozeß, bei dem Jagoda, der Hauptbelastungszeuge gegen die früheren Opfer, zum Tode verurteilt worden war. Chalmers sah auf, richtete seinen klaren Vogelstellerblick auf mich und sagte: »Welcher Prozeß? Mit solchen Dingen beschäftige ich mich längst nicht mehr.«

Offenbar ließ er, nachdem er sich einmal für den Kommunismus entschieden hatte, nichts mehr gelten, was der Partei unbequem war. Die Diktatur des Proletariats erhob nicht den Anspruch, gerecht zu sein, wie die Bourgeoisie. Stalin brauchte nur zu bestimmen, daß ein Mann ein Feind sei, und der Mann galt als Feind. Wenn man an der Partei etwas aussetzte, dann ging man eben nicht mit der »historischen Entwicklung«.

Jimmy Younger wurde bald nach mir Kommunist. Seine Bekehrung schien heilsamer zu sein als meine, und wenn wir jetzt zusammenkamen, warf er mir oft meine »bürgerlichen Ansichten« vor. Eines Tages meldete er sich zur Internationalen Brigade und erklärte, er wolle in Spanien kämpfen. Da stand ich nun vor den Folgen meines eigenen Vorgehens. Ohne meinen Einfluß wäre er nie und nimmer Kommunist geworden, und wenn ich mich nicht von ihm getrennt und geheiratet hätte, wäre er nie zur Internationalen Brigade gegangen. Andererseits hatte ich keine Möglichkeit mehr, ihn von diesem zweifellos verhängnisvollen Entschluß abzubringen. Durch mich war er auf diesen falschen Weg geraten; ich konnte ihn jetzt auf keinen anderen Weg führen, ich konnte nur hoffen, daß er es sich doch noch überlegen werde oder daß er es nicht zu bereuen habe, wenn er tatsächlich nach Spanien ging.

Es dauerte nicht lange, und schon war er in Spanien. Seine ersten Briefe klangen vergnügt. Er hatte einen anderen Soldaten getroffen, Bert, mit dem er zusammen bei der Armee gedient hatte. Bert war der »demokratisch gewählte« Zugführer. Die Fahrt zum Brigadehauptquartier in Albacete war nicht ohne Überraschungen; so stellte es sich zum Beispiel heraus, daß ein paar Freiwillige schwere Jungen aus Glasgow waren; sie trugen ihr Werkzeug – Rasiermesser – in den Mützen versteckt. »Sie konnten ein Stückchen Orangenschale in die Höhe werfen, spuckten danach und trafen. Sie soffen, bis sie hinfielen, und dann soffen sie weiter.« Aber das waren nur zehn von den fünfzig, mit denen er fuhr; die anderen waren aus Idealismus nach Spanien gegangen.

An der Grenze bei Perpignan wurden sie von den spanischen Republikanern mit erhobener Faust begrüßt. In Barcelona marschierten sie durch die Straßen, aber man beachtete sie nicht sehr. In Albacete wurden sie den Führern der Brigaden vorgestellt, Wintringham, Springhall, Kerrigan, Macartney, in Lederjacken und Baskenmützen, salutierend und lächelnd.

In Madrigueras, keine achtzehn Kilometer von Albacete, wurden sie ausgebildet. »Ein bißchen Übungen und sehr viel Langeweile. Uniformen, aber keine Waffen. Unruhe unter den Truppen im Dorf; am schlimmsten die Schotten. Es wurde ein Arrest angelegt, ein richtiger Arrest mit Wachtposten und Zellen, die kein Honiglecken waren. Ich leistete einem Befehl keine Folge, weil ich mit ihm nicht einverstanden war, wurde in den Arrest gesteckt und belehrt, daß wir nicht bei einer Bürgerwehr waren, sondern in einer wirklichen Armee, wo der Befehl zunächst ausgeführt werden mußte und hinterher besprochen werden konnte. Erste große Enttäuschung! Ich überwarf mich mit der Partei; etwas wurde faul an meinem Verhältnis zu den Kommunisten, und das rächte sich später. Kurzum, der Grund war, scheint mir, daß ich nicht an die Sache glaubte, oder doch nicht stark genug, um meine Langeweile loszuwerden.«

Jimmys Enttäuschung war vollkommen, als er den ersten Kampf mitmachte. »Die Schlacht von Jarama am 12. Februar 1937 war eine der schwersten im ganzen Bürgerkrieg. Die Schwarzen und die Internationale Brigade stießen in den Bergen heftig aufeinander. Ein Gemetzel! Am Ende des ersten Kampftages hatte mein Bataillon, das Bataillon Saklatvala, ursprünglich vierhundert Mann stark, keine hundert mehr. Ich hörte die Verwundeten vor der Kampflinie stöhnen und nach uns schreien. Ende der Woche wußte ich, was Krieg heißt. Ich sehe das Blut noch vor mir und die Gesichter der Toten – schlimmer noch: den Ausdruck in den Augen der Sterbenden. Ich empfand keinen Haß gegen die Faschisten, nur unendliches Mitleid.«

In diesem ganzen Jahrzehnt hat mir schwerlich etwas soviel Kummer bereitet wie Jimmys Briefe. Ein Mensch, den ich gern hatte, war in den Krieg gezogen, weil ich ihn beeinflußt, weil ich ihn allein gelassen hatte. Das Problem, das zu lösen gewesen wäre, wenn wir uns allmählich voneinander unabhängig gemacht hätten, wurde jetzt vielleicht durch seinen Tod gelöst. Und dabei starb er nicht einmal für ein Ideal, von dem er durchdrungen war, denn er hatte sich aus rein persönlichen Gründen gemeldet, nicht aus Idealismus.

Einige Zeit nach Jimmys Abgang und sehr bald nach meinem Eintritt in die Partei rief mich der *Daily Worker* an. Die Zeitung verlangte, daß ich Nachforschungen über ein russisches Schiff anstellen sollte, das von den Italienern im Mittelmeer versenkt worden war. Die Besatzung der »Comsomol« war einfach verschwunden, und die russische Botschaft wollte wissen, was aus den Leuten geworden war. Das war der wahre Grund, warum man mich schickte; der Auftrag überraschte mich. Es erhob sich die Frage, ob die Beschaffung dieser Informationen auf Spionage hinauslief. Es unterlag jedoch keinem Zweifel, daß keinerlei Landesverrat im Spiele war und daß es auch nicht um militärische Geheimnisse ging; es war ein rein journalistischer Auftrag, gewöhnliche Reportage. Ich hatte aber doch Bedenken, mich dafür bezahlen zu lassen, und verlangte nur, daß mir meine Ausgaben vergütet wurden. Ich verlangte ferner, daß mich mein Freund Cuthbert Worsley begleiten durfte.

In meiner quälenden seelischen Verfassung war mir die Ablenkung durch dieses ziemlich lächerliche Abenteuer willkommen. Worsley und ich flogen nach Marseille, am nächsten Tag ging es weiter nach Barcelona und Alicante. Beim Morgendämmern überflogen wir die Pyrenäen, bei Tagesanbruch waren wir über der katalonischen Costa Brava. Im Halbdunkel glichen die weißen Wolken unter den Tragflächen des Flugzeugs Daunenfedern auf der Stahlplatte des Meeres tief unten. Auf dem Flugplatz von Barcelona sah ich mich um, ob vom Bürgerkrieg etwas zu merken war, aber außer zahlreichen verwahrlosten Polizisten, die herumstanden, und dem saloppen Äußeren des Flugpersonals fiel mir nichts auf. Im Flugzeug zwischen Barcelona und Alicante spähte ich angestrengt nach Geschützfeuer oder Ruinen aus. Die Phantasie stellt sich eine vom Krieg zerrissene Gegend als verstümmelten Leichnam vor, aber die bergige Landschaft in der strahlenden Sonne hatte die Unberührtheit des Morgenfriedens.

Nichts deutete auf Krieg, nur dann und wann sah man einen Karren durch die winterlichen Weinberge rollen.

Wir nahmen unsere Erkundungen in Gibraltar, Tanger und Oran auf und versuchten, von Gibraltar nach Cadiz zu gelangen, aber an der Grenze wurden wir von Francos Wachtposten nicht durchgelassen.

Ich hatte keine Ahnung, wie man die Besatzung eines versenkten Schiffes suchen sollte; ich fragte deshalb einfach Leute aus, von denen ich annahm, daß sie etwas wissen könnten, und sagte ihnen immer gleich, zu welchem Zweck ich fragte. Es waren Beamte, Journalisten und einheimische Kommunisten, bei denen ich mich erkundigte. Zu meiner Überraschung war die Versenkung der »Comsomol« ein ganz bekannter Fall, und fast jeder hatte seine eigene Ansicht darüber. Wir verglichen die verschiedenen Meinungen und kamen zu dem Schluß, daß die Besatzung wahrscheinlich in Cadiz interniert war, konnten es aber natürlich nicht beweisen. Das sonderbarste an unserer Expedition war, daß unsere Annahme durch einen Mann bestätigt wurde, der sich beim italienischen Konsulat in Cadiz erkundigte – ein naheliegender Schritt, durch den wir uns die ganze Reise von London nach Spanien erspart hätten.

Dieser Streifzug an den Ausläufern des Spanischen Bürgerkrieges belehrte uns darüber, wie die verschiedenen Gruppen und Schichten zu den Ereignissen standen. Überall sympathisierten die britischen Beamten mit Franco. Die englische Jagdgesellschaft in Calpe – das Waidwerk ging während des ganzen Bürgerkrieges fröhlich auf Francos Gebiet weiter – verbreitete Schauergeschichten über die Republikaner, die ihnen spanische Aristokraten von jenseits der Grenze erzählt hatten, aber von Untaten Francos wußten sie nichts zu berichten. Die Flüchtlinge, die in Gibraltar bei den Engländern Hilfe suchten, waren Anhänger Francos, nicht Republikaner. Aber die Bewohner von Gibraltar und die spanischen Arbeiter, die täglich aus La Linea hinkamen, stellten sich vor den Zeitungskiosken an, um republikanische Blätter zu kaufen. Ein pensionierter britischer Beamter formulierte es mit ungewollter Ironie folgendermaßen: »Bei uns in England sieht man nicht ein, daß die spanischen Republikaner nicht demokratisch in unserem Sinne sind. Sie vertreten neun Zehntel dessen, was das spanische Volk will. Fragen Sie den ersten besten spanischen Arbeiter auf der Straße, für wen er ist. Er wird Ihnen sagen: für die Republikaner. Also, das ist keine Demokratie im englischen Sinn.«

In Tanger beschlossen Worsley und ich, uns mit Prieto del Rio in Verbindung zu setzen, dem Vertreter der republikanischen Regierung in der Verwaltung der internationalen Zone. Der Taxichauffeur fuhr uns sofort zum Zentralpostamt, dem Hauptquartier Francos. Daran war nichts Auffälliges, denn wenngleich die spanische Republik die anerkannte Regierung war, behandelten die dortigen amtlichen Kreise, die britischen, französischen, belgischen und italienischen, den Beauftragten Francos als den De-facto-Geschäftsträger. Worsley und ich wurden zu einem kleinen Empfang beim britischen diplomatischen Vertreter eingeladen; das Gespräch drehte sich um »den armen Teufel, Prieto del Rio, so ein netter Mensch!«, der allen leid tat, weil er den unglaublichen Mißgriff begangen hatte, der rotspanischen Regierung treu zu bleiben.

Prieto del Rio, der in seinem Amtssitz ein einsames Leben führte, nahm uns zu einer Versammlung, einer Kundgebung für die Republik, mit. Diese große Schar der Armen und Kranken, der Krüppel und der Blinden, deren erhobene Gesichter von einem hoffungsvollen Lächeln erhellt waren, erinnerte an eine Szene aus der Bibel, an die Menge, die dem Evangelium lauschte.

Die Kommunisten in Oran, in dem kleinen Hafenkaffeehaus, benahmen sich mit einer Ordnung und Anständigkeit, die sich von dem Leben ringsum abhob wie die Zukunft von der Vergangenheit. Dieses gesittete Leben am Rande des Bürgerkrieges war gleichsam ein freigelassenes Blatt, auf dem sich die Strömungen und Gegenströmungen abzeichneten wie Kraftwellen auf einem Röntgenschirm. Was in Spanien geschah, war der Zusammenstoß zwischen einer kleinen, wuterfüllten Schicht von zähen Reaktionären und dem erwachenden, unwissenden, kampfesmutigen Proletariat, das in der Republik die Erfüllung seiner Sehnsucht sah.

Es grenzte fast ans Lächerliche, daß ich die ganze Zeit innerlich soviel mit Jimmy beschäftigt war. Worsley und ich hatten einen Tagesausflug nach Marrakesch gemacht. Wir nahmen eine Pferdedroschke und verließen die Stadt. Einmal mußten wir auf der Straße halten, und ich ertappte mich, wie ich ein Maultier anstarrte, das vor uns stocksteif stehengeblieben war. Das Tier stand da wie eine Arbeitsbank, mit gespreizten Beinen, gebeugt unter der Last, und blickte geduldig geradeaus, als trage es die Bürde des ganzen Tages auf seinem Rücken. Der blaue Himmel, die steinige Straße, der Wüstensand, das alles schien sich um das sanfte, verständnislose Tier zu drehen, das nicht weiter konnte. Plötzlich spürte ich, daß mir die Tränen übers Gesicht liefen. Ich forschte in mir nach dem Grunde, und da entdeckte ich, daß mich dieses Maultier an Jimmy erinnerte. Jimmys Stirn war flach unter dem drahtigen, rötlichen Haar, das emporstand wie eine Bürste. Manchmal lag in seinem Blick ein Ausdruck grenzenloser Geduld, mit der er die Bürde der Gedanken und der Bildung trug, die ich ihm auflud. Seine Nase war an der Wurzel platt, die Mundwinkel zogen sich nach oben – das alles gemahnte mich an ein schicksalergebenes Lasttier.

Auf der Rückreise blieben wir zwei, drei Tage in Barcelona. Dort bot sich mir zum erstenmal ein Anblick der mir später nur zu vertraut wurde: quer über die Fensterscheiben geklebte Papierstreifen. Ich wußte nicht, daß sie zum Schutz gegen Glassplitter bei Luftangriffen dienten, und es war bezeichnend für mich, daß ich sie für ein politisches Symbol hielt, das mein Herz mit republikanischer Glut erfüllte. Auf den großen Straßen von Barcelona, auf dem Hauptplatz und den Ramblas, hingen riesige Plakate und Aufrufe an den Gebäuden, die von den politischen Parteien übernommen worden waren. Vor diesen gigantischen Bildern der Führer, den ungeheuren Buchstaben der Aufschriften erschien die Stadt klein und geduckt, als lausche sie einer großartigen Verkündigung aus Himmelshöhen. Es war, als hätte ein proletarischer Gulliver seinem Liliput Schildchen aufgeklebt, auf denen die Liquidierung der liliputanischen Bourgeoisie angekündigt wurde und die Absicht, eine neue Stadt für ein Geschlecht von Gullivern zu bauen. Das Volk hatte von den Straßen Besitz ergriffen und wanderte in Rudeln herum, wie Erben, die sich ansehen, was ihnen plötzlich in den Schoß gefallen ist. Die Buchläden der Ramblas waren voll von hübsch gedruckten, billigen Klassikerausgaben, mit Homer beginnend – alles auf katalanisch.

Einmal hörte ich abends auf dem Hauptplatz eine etwas müde Stimme aus den Lautsprechern, die droben im achten Stockwerk eines Gebäudes angebracht waren. Ich lauschte angestrengt und erkannte plötzlich die Stimme des englischen Lyrikers David Gascoyne.

Ich brauchte einen Passierschein, um Barcelona zu verlassen, und mußte in ein Büro, das von englischen Kommunisten geleitet wurde. Ein großer, magerer, wichtigtuerischer Mensch mit abstehenden Ohren fragte mich nach meinem Namen. »Können Sie beweisen, daß Sie Stephen Spender sind!« sagte er. Ich zeigte ihm meinen Paß. Er lachte bitter: »Haben Sie eine Ahnung, wie viele Leute hierherkommen und Pässe vorweisen!« Ich beteuerte, daß mein Paß echt sei, aber er glaubte mir nicht. Glücklicherweise erinnerte ich mich an meinen Artikel im *Daily Worker*, der mit einem Bild von mir erschienen war. Er fand den Artikel und nun konnte nicht einmal er mehr behaupten, daß ich jemand anderer sei. Ich ging, aber ich fragte mich, was wohl die Bedauernswerten machten, die ihre Identität nur mit einem Paß beweisen konnten.

Nach zwei Tagen in Barcelona hatten Worsley und ich genug; wir wollten so schnell wie möglich wieder nach England. Er schloß sich später einer Ambulanzgruppe an und betreute die Kranken und Verwundeten auf dem Rückzug von Malaga.

In London erreichte mich bald nach meiner Rückkehr der Brief eines Señor Thomas, der sich als Direktor des sozialistischen Senders Valencia bezeichnete und mir die Leitung des englischen Programms antrug. Ohne Zögern nahm ich an. Wogan Philipps, der mit den Sanitätern nach Albacete fuhr, schlug mir vor, ihn bis Valencia zu begleiten; wir trafen einander in Barcelona. An der französisch-spanischen Grenze verbrachte ich vorher einen Tag allein in Port-Bou, einem freundlichen Hafenort, dessen Ufer wie grüne Arme ins Meer langen und einander fast umschlingen. Port-Bou war gebombt worden, aber der Kai war unversehrt. Ich mußte auf den Anschluß nach Barcelona warten und setzte mich vor ein Kaffeehaus am Kai, wo ich meine Zeitungen aus Frankreich las. Ein LKW mit republikanischen Soldaten in schmutzigen Uniformen hielt vor mir. Lachend, mit ihren flaggengleichen Gesichtern, die wie ein einziges Gesicht waren, sahen sie auf meine Zeitungen nieder, und ein Soldat fragte: »Was sagt man drüben zu unserem Kampf?« Lächelnd beantwortete ich die Frage, und das Lastauto polterte davon mit seiner Last erhobener Fäuste.

Schießübungen begannen von Ufer zu Ufer, über den Hafen hinweg, die Kugeln spritzten ins weiß aufschäumende Wasser. Das ganze Städtchen geriet in Aufruhr, Kinder schrien, Hunde kläfften. Ein alter Mann kam an mir vorbeigelaufen, ein sinnlos glückliches Lächeln in den Zügen. »Pompompom!« ahmte er seelenvergnügt das Knattern nach.

In Barcelona traf ich Wogan wie vereinbart, und am nächsten Tag, bevor wir die Fahrt antraten, mußten wir in ein Büro der Miliz, wo man uns zwei Soldaten als Führer mitgab. Zu unserer Verwunderung erklärten sie, sie würden uns nicht die Küste entlang, sondern im Innern, über Katalonien, nach Valencia bringen. Wir fuhren auf gewundenen Straßen durch die bergige Gegend voll fruchtbarer, bergumschlossener Täler – eine andere Landschaft als das flache, ausgedörrte, wuchtig hingebreitete Mittelspanien. Mit einemmal entdeckten wird, daß wir eine falsche Richtung eingeschlagen hatten. Ein Wegweiser *Al Frente* stand da; hier ging es zur Front, zu den Stellungen Francos. Wir machten kehrt und erreichten die Küste bei Tarragona, einer flach hingelagerten Stadt mit einem römischen Amphitheater und vielen anderen Zeugnissen einer hohen Mittelmeerkultur in Römerzeiten. Nachts lag die Küstenstraße weiß im Mondlicht. Wenn wir ein paar Minuten hielten, hörten wir unter uns das Wasser in den kleinen Buchten flüstern und über uns das schwere Rauschen der Eukalyptusblätter. Hinter den Bäumen hoben die Berge ihre durch das Blattwerk schimmernden Umrisse ins Dunkel.

Wir hatten zwei Fahrer mit, George Green und einen, der Henry genannt wurde. George Green war stämmig, mit borstigem, hellem Haar und ziegelrotem Gesicht; durch die Brille blickten seine blauen Augen unerschrocken in die Welt, aufmerksam, mit humorvoller Geduld, als warte er auf etwas. Henry war schmal und drahtig, ein immer geschäftiger, immer geschwätziger Mensch, der dauernd Witze riß. George erzählte mir, daß er Cellist in der Musikkapelle eines großen Londoner Restaurants gewesen war. Er begründete mir, warum er nach Spanien gegangen war, und ich setze seine Worte hierher, als Denkmal für George Green: »Ich hab' seit meiner Kindheit nur dreimal geweint«, sagte er. »Das erstemal, als ich in die British-Empire-Ausstellung ging und zum Schluß bei Scheinwerferlicht der Zapfenstreich geblasen wurde und alles aufstand und ›Land des Ruhmes und der Hoffnung‹ sang. Damals kamen mir die Tränen bei dem Gedanken, wie diese Menschen hereingelegt worden waren. Das zweitemal im Orchester, als wir ausnahmsweise die *Figaro*-Ouvertüre spielten statt eines Schmachtfetzens. Und das drittemal gestern in Barcelona, bei einer Volksfrontversammlung, als alles die ›Internationale‹ sang. Da hab' ich vor Freude geweint.«

Wir übernachteten in Tortosa an der Küste. Bei Morgengrauen weckte uns das Geratter vieler hundert Karren in den Straßen. Die ganze Bevölkerung schlief aus Angst vor Luftangriffen in den Bergen und kehrte erst bei Tagesanbruch in die Stadt zurück. Das Lazarett leitete ein bekannter englischer Arzt. Nach dem Essen gingen wir ins Freie, ein Franco-Flugzeug kreiste mehrmals über dem Hospital, und ich empfand lähmende Furcht, als wären durch die Bordluken Dolchspitzen auf mein Herz gerichtet. Die Krankenschwestern und ein uns befreundeter Medizinstudent erzählten, daß es unter dem Personal trotz aller aufopfernden Arbeit viel Streit gab. Nur wenige Menschen, dachte ich im Weiterfahren, kamen wie George Green mit ungeteiltem Herzen nach Spanien. Vor Valencia begannen die Orangenhaine, in denen die ungeernteten Früchte unter den Bäumen lagen wie goldene Tümpel.

Am Tag nach der Ankunft suchte ich den Sozialistensender auf. Eine Sekretärin empfing mich. Was ich wolle? Ich wolle Señor Thomas sprechen. In welcher Angelegenheit? Ich solle die englischen Sendungen übernehmen. Davon sei ihr nichts bekannt. Ob ich Señor Thomas sprechen könne? Er sei beschäftigt. Zum Glück hatte ich seinen Brief bei mir. Sie ging hinaus und kam gleich wieder; Señor Thomas werde mich empfangen. Er fragte mich, wieviel Bezahlung ich verlangte. Überrascht erklärte ich, daß ich umsonst arbeiten würde, er brauche mir nur zu sagen, wann ich anfangen sollte. Worauf er schroff erklärte, es sei kein Posten mehr für mich da. Das Gespräch war zu Ende. Später erfuhr ich, daß der Sender beim Zusammenschluß der politischen Parteien aufgegeben worden war. Ich hatte in Valencia nichts mehr zu suchen. Wogan war noch nicht nach Albacete weitergefahren, und ich begleitete ihn. Dort konnte ich Jimmy wiedersehen.

Albacete, barackengleich in einer öden Tiefebene gelegen, entsprach ganz und gar nicht meiner malerischen Vorstellung von einer spanischen Stadt. Um den Hauptplatz, der wie ein Kasernenhof aussah, liefen einige Straßen mit nichtssagenden Häusern, spärlichen Läden, Restaurants und Kaffeehäusern. Ganz Albacete roch nach Olivenöl in der Bratpfanne. Jimmy war nirgends zu finden. Ich schlenderte durch die Straßen – sie hatten die Farbe alter Pappe – und ging schließlich in ein Kaffeehaus, wo Mitglieder der Internationalen Brigade an Tischchen saßen, sich unterhielten oder Schach und Karten spielten. Ich fragte einige Engländer, ob sie wüßten, wo Jimmy Younger und seine Freunde seien, deren Namen ich nannte. In einem anderen Kaffeehaus, hieß es, dort kämen sie immer um sechs zusammen.

Jimmy war da. Er sah gesund und frisch und jugendlich aus mit seiner bronzebraunen Haut und seiner Uniform. Als wir das Kaffeehaus verließen, bemerkte ich, daß sich hinter seiner Aufgeräumtheit höchste Unruhe verbarg. Kaum waren wir draußen, als er ungestüm ausbrach: »Du mußt mich von hier herauskriegen!« Alle seine Ansichten, erzählte er, hatten sich geändert; er war aus einem plötzlichen Antrieb nach Spanien gegangen, aber er hatte keine Lust, für die Republik zu sterben. Er war jetzt Pazifist; er wollte nach England zurück und »ein Mensch sein wie jeder andere«. Er wollte in einer Fabrik arbeiten oder Tellerwäscher werden ... egal was, nur fort aus Spanien!

Ich sagte, ich könnte versuchen, ihn hinter die Front, auf einen anderen Posten in der Brigade, versetzen zu lassen, aber aus Spanien könnte ich ihn nicht wegbringen. Da er sich der Brigade angeschlossen hatte, konnte er nicht nach England zurückkehren; sonst hätten das auch die anderen verlangt. Überdies, dachte ich mir, wenn er die Demütigung über sich ergehen ließ, in Spanien zu bleiben, ohne zu kämpfen und statt dessen in einem Büro zu arbeiten, hatte die Republik weiter keinen Schaden davon. Schließlich gelang es mir, ihn dazu zu überreden.

Tags darauf suchte ich die beiden politischen Kommissare auf, Peter Kerrigan und Springhall. Kerrigan war hochgewachsen und grauhaarig; das strenge, einnehmende Gesicht verriet eine Spur von Humor. Er sprach mit schottischem Akzent; ich habe das »u« in »you« noch nie so langgezogen gehört. Wenn Kerrigan »you« sagte, klang es wie die Posaune des Gerichts.

Er sagte, es wäre ihm recht, wenn ich an die Front ginge, und ich war gern dazu bereit. Dann fragte ich wegen Jimmy Younger. Der Fall mache ihm Kopfzerbrechen, sagte er; sie hatten mehrere leidende und ungeeignete Leute in der Brigade, und obwohl Jimmy im Einsatz wahrscheinlich nichts wert sei, müsse auf Disziplin und Kampfmoral gehalten werden. Wenn sie alle Kranken und Verzagten nach Hause schickten, würden auch andere zurückwollen; es war schwer, einen Mann zu entlassen, ohne den anderen den Mut zu rauben. Ich sagte, das könnte ich verstehen, und ich sei auch nicht dafür, Jimmy heimzuschicken, aber da er doch krank sei, sollte man ihm einen Schreibposten oder etwas Ähnliches geben. »Schön«, sagte Kerrigan, »wir behalten ihn, aber ich verspreche Ihnen, daß er nicht ins Feuer kommt.«

Das schien mir eine gerechte Lösung, denn ich hielt es nicht für richtig, ihn zu entlassen, und ich verlangte es gar nicht, auch wenn er selber anders darüber dachte. Dann ging ich an die Front bei Madrid ab. Das Divisionskommando war in einem weißen Bauernhaus im Tal untergebracht; von dort führte eine Straße durch flachgewalztes Grasland und Olivenwälder zum Grat hinauf, wo sich der Ausblick in die Berge öffnete. Oben lag die Brigade im Graben. Gegenüber, am Rande der Ebene, standen die Franco-Leute, arabische Truppen.

Es war ein Tag der Kampfruhe, aber als wir zur Stellung hinaufstiegen, zischten ein paar Kugeln über uns hinweg wie schrill kreischende Sperlinge. Ein indischer Schriftsteller besuchte mit mir zugleich die Front; Hauptmann Nathan und ein junger Mann begleiteten uns. Der Junge erklärte mir: »Die Kugel, die man hört, hat einen nicht getroffen!« Als wir den Grat erreichten, sahen wir im Niemandsland Leichen liegen wie uneingesammelte wächserne Früchte. Das alles mußte ich vor langem schon geträumt haben, und ich gewahrte im Weitergehen, daß manches in Wirklichkeit ganz genauso aussah, wie ich es mir vorgestellt hatte, zum Beispiel die Alpen. Hier, an diesem stillen Fronttag, hatte ich das Gefühl, in einer eigenen Zeitrechnung zu leben, die nichts mit den Stundenweisern der Außenwelt gemein hatte; wenn hier eine Pause eintrat, dann war es, als würden die Minutenzeiger angehalten; flammte der Kampf wieder auf, dann wurden die Zeiger plötzlich vorgerückt.

Wir gingen durch die Gräben. Die Soldaten behandelten uns mit einer Rücksicht, die mich in Verlegenheit setzte. »Wir achten sehr darauf, daß kein Besucher an der Front getroffen wird«, erklärte Nathan, ein eleganter, sympathischer Mensch vom Schlage des abenteuerlustigen Juden. Er riet mir, mich zu bücken, weil ich so groß sei und das Feuer von drüben sich auf unsere Gruppe richtete. Der Inder, der sehr klein war, glaubte, dieser Rat beziehe sich auf ihn, und bückte sich gleichfalls; es sah lächerlich aus, als wir zwei so dahingingen, die reinsten Karikaturen, er etwa anderthalb Meter groß und fast zusammengekrümmt, ich mehr als 1,90 und geduckt. Plötzlich hob der Inder das Gesicht zu mir, ohne sich aufzurichten, und flüsterte heiser: »Ich sehe über den Gräben das große Fragezeichen des Todes!« Das war das einzige Mal in meinem Leben, daß mir eine Abweichung vom dialektischen Materialismus schwer auf die Nerven ging.

Wir kamen zu einer Batterie, und der Richtkanonier bestand darauf, daß ich ein paar Schüsse auf die arabischen Stellungen abgab. Das tat ich, mit dem inbrünstigen Wunsch, keinen Araber zu treffen. Und mit einemmal kam mir die Front wie ein verbissener Kampf der Geschlechter vor, Seite und Gegenseite Aug in Auge aufgepflanzt, einander verschworen bis in den Tod, verklammert, ohne sich losreißen zu können – und es erschien mir schauerlich ungehörig, daß ein Fremder mitten unter diese Vernichtungswollust trat.

Auf dem Rückweg erzählte mir der junge Mann – er war achtzehn und stammte aus einer liberalen Familie –, daß er von der Schule durchgebrannt war, weil er geglaubt habe, die spanische Republik kämpfe für den Liberalismus. Jetzt sah er, daß die Kommunisten die Herren in der Brigade waren, und für die Kommunisten hatte er nichts übrig. Das stimme, sagte ich, aber trotzdem sei die Republik ein liberaler Gedanke. »Das kann ja sein«, meinte er, »aber ich sehe hier nur die kommunistischen Häuptlinge.« Ich fragte ihn, ob ich versuchen solle, ihn freizubekommen, da er doch minderjährig war. »Nein! Es ist mir bestimmt, daß ich jeden Tag hier auf den Berg steige, bis mich die Kugel trifft.« Er fiel sechs Wochen später, aber in einem anderen Frontabschnitt.

Nach dem Essen in dem kleinen Bauernhaus hinter der Stellung fragte mich einer von der Brigade: »Spricht man von uns in England?« Da verstummten alle und sahen mich gespannt an, als ich ihnen berichtete, daß Versammlungen und Kundgebungen für die Republikaner veranstaltet wurden. Jemand fragte mich: »Hatten Sie nicht einen Sekretär, der bei der Brigade war – einen gewissen Jimmy Younger?« »Er ist fort von uns«, ergänzte ein anderer, und alle schwiegen. Ich sah ihre Blicke.

Nathan forderte mich auf, ein paar Tage bei ihnen zu bleiben, aber ich lehnte ab, da man mich in Madrid erwarte. Tatsächlich hatte ich Angst und wollte so schnell wie möglich wegkommen. Am nächsten Tage fuhr ich nach Madrid, dem wahren Mittelpunkt des Krieges. Die Stadt glich einem wimmelnden Heerlager, hier gab es keine benommen herumstreunende Menge wie in Barcelona.

Mit dem indischen Schriftsteller und einem Freund von Inez, dem Journalisten Denis Campkin, wohnte ich in der Casa de la Cultura, einem prunkvollen Bau, der für *los intellectuales* beschlagnahmt war, voll muffigem Luxus, mit altersdunklen Gemälden und tiefroten Samtvorhängen. Das Personal der früheren adeligen

Besitzer bediente uns; nichts an dem Palais war verändert worden. Die katzbuckelnden, schweigsamen Diener, ehrerbietig um die unerwarteten Gäste bemüht, denen man eingeschärft hatte, nicht einmal ein Möbelstück von der Stelle zu rücken, waren der stumme Beweis für den ironischen Stolz, der im Spanischen Bürgerkrieg auf beiden Seiten herrschte.

Hier traf ich Kunsthistoriker, die sich die Beschlagnahme der Madrider Palais zunutze machten, um die Privatsammlungen zu katalogisieren. Sie hatten verschiedene große Kunstwerke entdeckt, so zwei Grecos; sie nahmen mich in die Kirchen mit und zeigten mir, wie die Gebäude gegen Bombenangriffe gesichert worden waren. In einer Kirche war der Boden der Krypta übersät mit Statuen und Gemälden aus Bauten in der Feuerzone. Diese Heerschar steinerner und hölzerner Jungfrauen und Apostel, Engel und Putten hieß »die fünfte Kolonne der Heiligen«.

Die Universitätsfront besuchte ich erst geraume Zeit später. Die Faschisten, aus Madrid vertrieben, hielten sich noch in ein paar Gebäuden der Universität am Stadtrand, während in den anderen republikanische Truppen saßen. Ich betrat ein Haus, vor dem in halber Höhe Sandsäcke aufgeschichtet waren. Über die hinweg flogen zuweilen die feindlichen Kugeln aus dem Haus gegenüber ins Zimmer.

Die republikanischen Soldaten lernten lesen und schreiben, da sie nun einmal auf der Universität waren. Alphabete und Karten hingen an den Wänden, und das Ganze glich einer Schule, in der die Kinder als Soldaten verkleidet waren und Krieg spielten. Ich kam in einen Vortragssaal, dessen Bankreihen sich wie im Zirkus von hoch oben zum Vortragspult hinabsenkten. Ohne zu überlegen, stieg ich hinunter. Ein Wachtposten schrie mir zu, ich solle sofort zurückkommen. Da bemerkte ich, daß auf dem Boden, unter der schwarzen Tafel, eine Leiche lag. Die Stelle war durch das Fenster in der Wand von drüben direkt einzusehen.

Im März 1937 war es bitterkalt in Madrid. Wir blieben in der Casa de la Cultura fast den ganzen Vormittag im Bett, unter die rotsamtenen Decken verkrochen. Dann gingen wir in ein Kaffeehaus, wo alles in seine Mäntel gehüllt saß, nippten an dem schauderhaften Kognak – Kaffee war nicht aufzutreiben – und dabei wurde es einem etwas wärmer. Mittags saßen wir in dem Hotel, wo die Presseleute untergebracht waren.

Ein Journalist, der für eine große liberale Zeitung schrieb, hatte früher als Berichterstatter auf Francos Seite gearbeitet. Ich fragte ihn einmal, wie er den Unterschied zwischen den beiden Lagern im Bürgerkrieg erkläre.

»Welchen Unterschied?«

»Wie meinen Sie das?« sagte ich. »Herrscht denn auch auf Francos Seite solche Begeisterung?«

Er bejahte.

»Aber freuen sich denn nicht gerade die besitzenden Klassen?«

Ich habe nur einen Unterschied bemerkt: Die dort heben die Hand so« – er zeigte den Faschistengruß – »und die hier die geballte Faust, so!«

Ich konnte das nicht entrüstet bestreiten, wie ich es bestritt, wenn man mir Greueltaten der Roten erzählte, aber ich hielt fest an meinem republikanischen Glauben, daß auf der Seite unserer Minderheit mehr Gerechtigkeit zu finden war als bei der Falange-Minderheit. Tiefer verstörten mich die Unmenschlichkeiten. Der sehr gewissenhafte Campkin machte mich darauf aufmerksam, daß wir uns über die Beschießung der Flüchtlinge aus den von Franco eingenommenen Städten entrüsteten, aber über ähnliche Untaten der Republikaner schwiegen. Unsere Empörung über den Tod eines Kindes bei einem Luftangriff war fragwürdig, solange wir nicht Luftangriffe überhaupt ablehnten. Wenn wir nicht den Mord an Kindern auf beiden Kampfseiten verurteilten, hieß das nicht, das Mitgefühl und das Grauen für die Propaganda auszuschlachten?

Ich sagte mir, daß die Republikaner keine so tiefe Schuld an den Greueln treffe wie die Faschisten, denn die republikanischen Ausschreitungen entsprangen aus der Unwissenheit der spanischen Bauern und Arbeiter, und für diese Unwissenheit trage der Adel die Verantwortung; und überhaupt begingen die Faschisten mehr Untaten als die Republikaner. Aber bei all diesem Für und Wider war ich mir über eines im klaren: Man mußte ehrlich sein. Wenn wir von Greueltaten der Republikaner wußten, mußten wir sie zugeben. Damit geriet ich selbstverständlich in Gegensatz zu den Kommunisten.

Als ich einmal gerade mit den Berichterstattern beim Mittagessen saß, hieß es, daß die Faschisten mehrere Kilometer gegen Madrid vorgedrungen waren und der Fall der Stadt nur eine Frage von Stunden sein könne. Im Madrider Pressebüro arbeitete eine österreichische Sozialdemokratin, die ich bei Elizabeth in Wien kennengelernt hatte. Ich fragte sie, wie sich die republikanischen Soldaten gehalten hätten. »Sie sind gelaufen wie die Hasen!« sagte sie. Aber am folgenden Tag gingen die Republikaner, unterstützt von der Internationalen Brigade, zum Gegenangriff über und warfen die Faschisten fünfzig Kilometer zurück: Es war die Schlacht von Guadalajara, nicht weniger erstaunlich als eine der Schlachten im napoleonischen Feldzug, bei dem die spanischen Soldaten zuerst durch ihre Feigheit und dann durch ihre Tapferkeit allgemeine Überraschung hervorriefen.

Auf der Rückreise nach Valencia kam ich wieder nach Albacete und suchte sogleich das Kaffeehaus auf, wo sich Jimmy mit seinen Freunden traf. Ich erfuhr dort, daß Jimmy inzwischen desertiert war. Er war mit einem Freund nach Valencia durchgebrannt; sie hatten sich ein paar Tage versteckt gehalten und waren schließlich festgenommen worden. Später schrieb er darüber: »Wir lernten ein Fräulein N. kennen, die sich sehr hilfsbereit zeigte und versprach, uns zur Flucht zu verhelfen. Sie kannte den Kapitän eines Bootes, das Orangen führte; er verschaffte ihr Peseten, illegal, sagte sie. Wir mußten fast eine Woche warten, dann sagte B. zu uns, die N. habe alles geordnet, wir brauchten nur in ein bestimmtes Kaffeehaus zu gehen, sie werde mit dem Kapitän hinkommen, der uns für sein Schiff anheuern werde. Wir warteten im Kaffeehaus, aber statt der N. erschien die Polizei. Sie hatte uns verraten, erklärte mir B. später. Sie war Mitglied der Kommunistischen Partei. Wir wurden in Valencia ein paar Tage ins Gefängnis gesteckt. Eine verdreckte Zelle, winzigklein, in der ein paar Männer aus allen möglichen Ländern saßen, wahrscheinlich schon seit Wochen oder Monaten. Sie starrten vor Schmutz und waren halbverhungert. Zwei sprachen den ganzen Tag nichts, sondern lagen stumm auf dem Stroh unter der Decke. Das Essen hautpsächlich Bohnen und dünne Suppe und Kaffee, der wie Lakritz schmeckte. In der Ecke ein Eimer, der von Tag zu Tag mehr stank. Kein Tageslicht, kaum Luft zum Atmen. Offenbar ein Kellergewölbe.«

»Dann kam ein bewaffneter Soldat, eskortierte uns zum Bahnhof und setzte uns in den Zug nach Albacete. Ein Franzose. In Albacete kamen wir in den Lagerbunker. Kerrigan besuchte uns; er war erstaunt, daß wir desertiert waren; er hatte uns wirklich auf einen anderen Posten versetzen wollen ... Wir wurden von einem polnischen Offizier verhört, einem jungen Intellektuellen, der uns für Spione hielt, die sich in Valencia mit anderen Spitzeln in Verbindung setzen wollten. Zwei

Monate Arrest. Das Verhör mit dem Polen war die ganze Verhandlung gewesen.«

Als die Schlacht von Guadalajara im Gange war, brauchte man alle Männer; jeder verfügbare Mann der Brigade kam an die Front. In diesen Krisentagen vergaß Kerrigan sein Versprechen – Jimmy wurde ins Feuer geschickt. Kerrigan war noch an der Front. Ich konnte nichts tun als nach Valencia zurückkehren.

Ich stand um vier Uhr früh auf – wie Jimmy ein paar Tage vorher – um den Zug zu erreichen. Aber der Zug hatte sechs Stunden Verspätung und ging erst gegen elf. Ich wartete auf dem Bahnsteig im kalten Dunkel, ohne Ungeduld; fast war es mir gleichgültig, ob der Zug kam oder nicht. Urlauber, manche verwundet, den Arm oder das Bein in Gips von sich gestreckt wie einen unförmigen Bergstock, tauchten aus dem sich allmählich lichtenden Dunkel auf den Schienen auf. Es waren viele Franzosen darunter, die einander in ihrem gaumigen, weinsatten Mittelmeerdialekt anriefen. Wenn sie sich auf dem Bahnhof hin und her schoben, mit steif abstehenden Armen oder Beinen und ihren schweren Leibern, schreiend und pfeifend, pissend und spukkend, glichen sie Schleppkähnen am Kai, um die das Kielwasser klatscht und die Sirenen jaulen.

Es war heller Tag, als der Zug endlich einlief. Ich starrte aus dem Wagenfenster, in tiefer Müdigkeit, die eine Tür zu neuem Erwachen zu öffnen schien, zu einem ungewollten Durchblick in die dunkelsten Gedankengänge der Seele.

Mir gegenüber saß ein junger Schotte mit strengem, unverdorbenem Gesicht, und wir kamen ins Gespräch über Kranke und Deserteuere. »Aber warum sollen die entwischen, wenn fünfhundert von unseren besten Leuten gefallen sind, warum?« Ich wußte keine Antwort, denn er hatte recht: Die Toten verlangen neue Tote, und wenn die Mutigen sich opferten, wie durften wir dann die Feigen schonen? Und dennoch wollte ich ein Menschenleben, das zu retten war, nicht preisgegeben sehen, nur damit einer Überzeugung, die ich teilte, Genüge geschah. Noch monatelang beschäftigte mich die Sorge um Jimmy, und soviel Zeit und Mühe ich auch aufwandte, es konnte nur wenig getan werden.

Es war ein Wendepunkt für mich. Zum erstenmal hatte ich ohne Zögern, ohne Unschlüssigkeit gehandelt, ohne mich gedrängt zu fühlen, mein Handeln zu rechtfertigen. Ich war einfach entschlossen, mit allen Kräften zu verhüten, daß Jimmy in Spanien ums Leben kam. Die Frage hatte auch eine moralische Seite. Hatte ich die Pflicht, ihn zu retten? Man wird es vielleicht verneinen. Er war freiwillig nach Spanien gegangen, er hatte einen entscheidenden Schritt getan, den ich wahrscheinlich als unwiderruflich hätte ansehen sollen. Zugegeben, er ging aus persönlichen Gründen; zugegeben, daß ich möglicherweise daran schuld war; aber viele Feiglinge meldeten sich aus persönlichen Gründen, und höchstwahrscheinlich fühlten sich viele Eltern, Freunde, Geliebte schuld daran, daß so viele gegangen waren. Aber dieses Für und Wider in meiner Brust brachte mich nicht von dem Entschluß ab, ihn zu retten.

Valencia schien vom Krieg weit unberührter als Madrid. Nur nachts, bei Vollmond, wenn die knochenweißen Fassaden der Palais wie von Scheinwerfern den Präzisionsinstrumenten der Kampfflieger bloßgelegt waren, sah man eine vom Kriegsspuk heimgesuchte Stadt. Hier hatte die republikanische Regierung ihren Sitz, hier war das Pressebüro, und dadurch gab es auch etwas wie einen gesellschaftlichen Verkehr. Ich wohnte im Hotel Victoria, dem Pressequartier, schrieb ein paar Artikel und lernte viele Leute kennen. Denis Campkin, der fließend Spanisch sprach, stellte mich den heimischen Dichtern vor, mit denen er befreundet war.

Einer er ersten Schriftsteller, die ins Pressebüro kamen, war Ernest Hemingway, ein schwarzhaariger Riese mit buschigem Schnauzbart und behaarten Händen. Er strafte den Eindruck nicht Lügen, den man von ihm aus seinen Büchern gewann, und anfangs kam es mir vor, daß er sich benahm wie der Held eines Romans von Hemingway.

Wie machte es dieser Mann, dessen Romankunst unter scheinbarer Kratzbürstigkeit den Feinsinn und die künstlerische Bewußtheit eines Turgenjews verbarg, wie machte er es, daß sein äußeres Verhalten so wenig von seinem innersten Empfinden verriet? Nur eines Nachmittags, als wir durch die Straßen von Valencia gingen, erhaschte ich einen Blick auf den Ästheten Hemingway, dessen Vorhandensein ich immer geahnt hatte. Ich erwähnte zufällig, daß ich keine Bücher mitgebracht hatte und es in den Buchhandlungen nur spanische und ein paar französische Werke gab. In einem Laden, sagte ich, hatte ich einen Roman gesehen, den ich nicht kannte, Stendhals *Kartause von Parma*; ob ich ihn mir kaufen sollte? Hemingway bemerkte, die Schilderung am Anfang, wie der Held, Fabrice, mitten im Schlachtgewühl von Waterloo herumwandert, sei vielleicht die beste, obwohl scheinbar beiläufigste Schilderung des Krieges in der ganzen Weltliteratur. Denn so sieht der Krieg oft aus: Ein junger Mensch, mitten im Kampfgewühl verirrt, nicht wissend, wer gewinnen wird, kaum wissend, daß eine Schlacht entbrannt ist. Er sprach mit wachsendem Feuer über Stendhal, und ich erkannte bald, daß er das literarische Feingefühl besaß, das dem Berufskritiker und dem Literaturprofessor fast immer fehlt. Er verstand unter Literatur nicht einfach »gutgeschriebene Bücher«, sondern die niemals unterbrochene Verknüpfung der geschriebenen Worte mit dem Leben in ihnen und um sie, der Schlacht, der Landschaft, der

Liebe. Schreiben, das war für ihn der Zweikampf zwischen dem Schriftsteller, mit der Feder gerüstet wie der Jäger mit dem Speer, und dem lebendigen Stoff. Ich erwähnte die Schlachtenszenen bei Shakespeare. »Warum sprechen Sie von Shakespeare?« fragte er ungehalten. »Wissen Sie nicht, daß ich keine Bücher lese?« Er brachte das Gespräch auf – Boxen, glaube ich. Später setzte er mir auseinander, er sei vor allem nach Spanien gegangen, um sich zu vergewissern, ob ihm bei der heutigen Kriegführung – die sich seit Caporetto ganz gewaltig entwickelt hatte – die Nerven durchgehen würden. Wir traten in eine *taverna* am Ufer. Ein paar Zigeuner spielten und sangen. Hemingway nahm einem die Gitarre ab und begann spanische Lieder zu singen. Er war wieder ganz eine Romanfigur von Hemingway.

Er sagte mir wiederholt, ich sei »zu zartbesaitet« – vermutlich wollte er damit sagen: ein Feigling. Aber einmal ergriff er lebhaft Partei für mich. Ein gewisser K., auf Krankenurlaub von der Brigade, humpelte an seinem Stock in den Journalisten-Kaffeehäusern herum. Sooft über Kommunismus disputiert wurde, fuhr der Mensch auf mich los, und die meisten Leute wußten, daß er damit nur auf meine Freundschaft mit Jimmy hinauswollte. Da alle Journalisten diesen K. für einen Helden hielten, waren seine Ausfälle besonders demütigend. Einmal nahm mich Hemingway nach einem solchen Auftritt beiseite und sagte: »Stephen, kümmern Sie sich nicht um K.! Ich kenne den Typ. Das ist ein Drückeberger, sonst nichts. Ein Feigling.« Er erzählte mir dann kurz den Lebenslauf dieses Menschen; es war eine richtige Erzählung von Hemingway, und ich bat ihn, sie doch zu schreiben. »Ich schenke Sie Ihnen. Schreiben Sie sie doch selber!« Wir schlossen einen Pakt, beide die gleiche Geschichte zu schreiben, was natürlich weder er noch ich getan haben, und heute kann ich mich nicht mehr an sie erinnern. Aber deutlich entsinne ich mich, daß mir Hemingway in einer Lage zu Hilfe kam, wo ich es am wenigsten erwartet hätte. Denn ich mußte die demütigende Einsicht auf mich nehmen, daß ich nicht zu den Helden gehörte, eine Erkenntnis, die mich auf die Dauer schwer drückte, denn je mehr ich von Spanien und dem Bürgerkrieg zu Gesicht bekam, desto besser verstand ich Leute wie Kerrigan und Springhall, die starken Naturen, auch wenn ich oft die Schwachen verteidigte.

In Valencia lernte ich den Lyriker Manuel Altolaguirre kennen, der dort einer meiner besten Freunde wurde. Die große Dame, die allen Berichterstattern als »Constanza«, Leiterin des Pressebüros, bekannt war, und ihr Mann, der Hidalgo de Cisneros, Staffelkommandant der republikanischen Flieger, luden mich eines Tages ein, damit ich ihn kennenlernte. Der Hidalgo war eine hagere, eindrucksvolle, donquijotische Erscheinung in blauem Overall. Wir standen vor dem Essen an der Hotelrezeption, vor einer Landkarte Spaniens. Er wies auf eine fast kohlschwarz gedruckte Stelle in den asturischen Bergen und sagte: »Auch wenn wir geschlagen werden, *dort* kämpfen wir weiter.«

Altolaguirre war mit ihnen verwandt. Er fragte mich, was ich vormittags getrieben habe, und ich sagte ihm, ich hätte in allen Buchhandlungen einen Shakespeare gesucht. »Ich habe eine Ausgabe daheim, die muß ich Ihnen zeigen!« Zwanzig Minuten später kam er wieder, das breite, gutmütige Gesicht ganz verschwitzt. Unter dem Arm trug er Johnsons Shakespeare-Ausgabe von 1786. Ich mußte sie annehmen, denn als ich mich weigern wollte, zeigte er mir die Widmung, die er schon in den ersten Band geschrieben hatte – ich lese sie heute noch mit Stolz –: »A mi querido camarada Spender con profonda gratituda por su visita a Espana.«

Wenn sich Manuel mit den Cisneros unterhielt, trat mir aus ihrem Gespräch eine Welt der Heiterkeit und

Rauheit entgegen, die mir völlig fremd war. Jemand sagte: »Gratuliere zu dem Tode deiner ganzen reaktionären Verwandtschaft in Malaga, Manuel!«

Er lachte: »Jetzt, wo sie tot sind, werde ich doch ein bißchen sentimental.«

»Unmöglich, das waren doch die ärgsten Faschisten und Reaktionäre!«

Und Cisneros bemerkte: »Manuel hat beinahe etwas von einem Frauenzimmer – er bedauert sie.«

»Manche waren ganz unterhaltsam. Ein Onkel, zum Beispiel, starb an gebrochenem Herzen, weil er keinen Stier mit grünen Augen züchten konnte.«

»Na, er hat dich gezüchtet, das ist mehr zum Staunen.«

»Aber an gebrochenem Herzen sterben, das zeugt doch von Gefühl. Ein anderer Verwandter in Malaga stieg einmal aus seinem Wagen und schlich einem Rebhuhn nach – drei Tage lang.«

»Ach, die wirklich komischen Verwandten, die lebten alle im achtzehnten Jahrhundert!«

»Habe ich euch einmal das Begräbnis meines Onkels erzählt, des Generals? Er war ein sehr großer General, und als er starb, gingen alle vornehmen Leute von Malaga mit seiner Leiche. Er war im großen Salon aufgebahrt, und die Familie stand im Kreise um den Sarg. Meine Tante kniete davor. Sie war in Kleider gewickelt wie ein Säugling, nur ganz in Schwarz. Und als sie dann aufstand, hielt alles den Atem an, man hörte es geradezu in der lautlosen Stille. Denn als sie vom Sarg wegtrat, blieben ihre Unterhosen vor dem Sarge knien. Ich hielt die Augen gesenkt, keiner wagte den anderen anzusehen. Da bemerkte ich eine Prozession sämtlicher Ameisen aus ganz Malaga, wie sie aus einem Winkel hervorkamen, über den Boden krochen, an einem Tischbein hinaufkletterten und in eine Ecke des Sarges hinein, am anderen Ende des Sarges kamen sie wieder heraus, krabbelten am Tischbein hinunter, und verschwanden im gegenüberliegenden Winkel des Raumes. Und jede Ameise trug in ihren winzigen Fängen ein winziges Stückchen von meinem Onkel.«

Im Rauchzimmer des Hotels trat einmal ein Engländer auf mich zu, stellte sich als Botschaftsbeamter vor und fragte mich, ob ich mit Jimmy Younger befreundet sei. Er habe versucht, Jimmy bei der Rückkehr nach England behilflich zu sein, aber da die Internationale Brigade eine illegale Organisation war, sei es für die Botschaft schwierig, Mitgliedern bei der Heimreise zu helfen, denn eigentlich hatten sie ihre britische Staatsbürgerschaft verloren. Die Botschaft tat zwar, was sie konnte, aber sie mußte auf die Wünsche der spanischen Regierung Rücksicht nehmen; da die Regierung in der letzten Zeit gegen diese Unterstützung der Deserteure protestiert hatte, war die Sache noch schwieriger geworden. Jimmys Fall machte ihm Sorgen; er konnte den Blick in seinen Augen nicht vergessen. Ob sie ihn wohl standrechtlich erschießen würden, fragte er. Ich hielte das für sehr unwahrscheinlich, sagte ich; wahrscheinlich steckten sie ihn in ein Lager. Dagegen sollte man auf keinen Fall etwas unternehmen, betonte ich; mir war es einzig und allein darum zu tun, daß er nach der Entlassung aus dem Lager heimfahren konnte. Wenn er seine Strafe verbüßt hatte, war er in Spanien zu nichts mehr nütze. Der Botschaftsbeamte fragte mich, ob man bei der Regierung irgend etwas zugunsten Jimmys vorbringen konnte. Er leide an Zwölffingerdarmgeschwüren, sagte ich, das könnte man erwähnen. Mein neuer Bekannter versprach, sich mit dem spanischen Außenminister del Vayo in Verbindung zu setzen. Unterdessen hatten Altolaguirre und Cisneros für mich bereits eine Unterredung mit del Vayo in die Wege geleitet.

Del Vayo hatte ein kluges, offenes Gesicht, er sah eher aus wie ein Nordamerikaner; seine ernste Miene verwandelte sich leicht in strahlende Liebenswürdigkeit. »Können Sie mir die Außenpolitik Ihres Landes erklären?« fragte er mich gleich, und als ich zögerte, setzte er hinzu: »Ich sage es nicht zur Propaganda, aber die spanische Republik schützt die Interessen Englands im Mittelmeer am besten. Wir haben alle Beweise dafür, daß der Angriff Deutschlands und Italiens in erster Linie gegen das britische Empire geht. Das muß die britische Regierung doch wissen. Und trotzdem läßt sie zu, daß man uns vernichtet.«

Ich versprach, nach meiner Rückkehr auf dem Umweg über Harold Nicolson eine Äußerung Edens einzuholen. (Das habe ich dann auch getan, und die Antwort lautete etwa so, daß die britische Regierung zwar die latenten Gefahren kenne, jedoch hoffe, wenn sie nichts unternehme, werde sich die Lage auf eine für England günstige Weise ändern.) Was meine Unterredung mit del Vayo betrifft, so erklärte er mir, es wirke ungünstig auf den Kampfgeist, wenn man Freiwillige gleich wieder heimkehren ließe, kaum daß sie keine Lust mehr spürten, in Spanien zu bleiben. Ich sagte, das könne ich durchaus begreifen; es sei mir nur darum zu tun, daß Jimmy Younger zum gegebenen Zeitpunkt freigelassen werde. Del Vayo meinte, es sei das beste, wenn er seine Strafe verbüße; dann könne er Spanien verlassen.

Ein paar Tage später nahm Cisneros mich und Altolaguirre nach Albacete mit, aber wir mußten die Fahrt auf halbem Wege unterbrechen, weil Manuel vom Fahren übel war. Wir gingen die Straße auf und ab, die zwischen Mais- und Weizenfeldern lag; dahinter dehnten sich die Berge. Im Hotel erfaßte mich eine so tiefe Niedergeschlagenheit, daß ich mich gleich aufs Bett warf. Auch Altolaguirre hatte sich hingelegt und zog eine Jacke und noch eine Jacke und ein Hemd aus; er schien schichtenweise angezogen zu sein und Kleider zu tragen wie Zwiebelschalen. »Ich weiß, was mit Ihnen los ist«, sagte er. »Sie sorgen sich um Ihren Freund. Aber das ist ganz einfach. Wir brauchen nur irgendeinem großen Mann einer politischen Partei zuzureden, daß er uns einen Beamten und einen Wagen zur Verfügung stellt. Dann fahren wir zum Gefängnis, weisen einen Zettel vor und erklären, daß uns der Häftling zu übergeben ist. Dann fahren wir mit ihm davon, das ist alles. So wird es hier immer gemacht.«

Ich mußte lachen und sagte, das könne ich nicht. »Gut, dann suchen wir Cisneros auf!« Wir machten uns auf den Weg und gingen dreiviertel Stunden im Kreise herum, bis es mir sonderbar vorkam, daß Cisneros so weit vom Hauptplatz sein Quartier hatte. »Wohin gehen wir eigentlich?« fragte mich Altolaguirre, worauf ich ihm erklärte, ich habe gedacht, er hätte die Führung übernommen. »Ich weiß doch gar nicht, wo es ist, ich dachte, Sie führen. Macht nichts, wir können hier fragen!« Wir gingen in eine *taverna* und gerieten sogleich mitten in die spanische Lebhaftigkeit, die bald in Pathos, bald in Verrücktheiten, in Tätlichkeiten oder in Lieder ausbricht. Ein zwergenhafter Mensch hielt eine fanatische, aber großartige Rede über die Freiheit. Er hielt Altolaguirre am Mantel fest, der lachend Geschichten zu erzählen begann.

Am nächsten Vormittag ging ich zum britischen Bataillon. Kerrigan, der in einem großen Bürozimmer saß, maß mich streng und sagte: »Wir haben mit Ihnen zu reden!« Springhall erschien mit einem dritten Kommissar; sie saßen vor mir wie Ankläger.

»Sie sind mit dem Glassenfeinnd in Verbinndung getretten!« begann Kerrigan wie ein Engel, der in die Posaune des Gerichts stößt.

»Was heißt das?«

»Das heißt es!« Er hielt mir ein Telegramm von del

Vayo unter die Nase, in dem genaue Angaben über den Verhafteten Jimmy Younger verlangt wurden.

»Del Vayo ist doch der Außenminister der Republik!«

Die drei wechselten ironische Blicke, und einer sagte: »Sie haben mit der britischen Botschaft Fühlung genommen. Das ist der Glassenfeinnd.«

Ich erzählte ihnen mein Gespräch mit dem britischen Botschaftsbeamten im Hotel und betonte, daß ich nur gesagt hatte, Jimmy sei krank und man solle ihn nicht erschießen.

Ein Kommissar sagte: »Das wäre denen vom britischen Außenministerium gerade recht, wenn sie bekanntmachen könnten, daß die Internationale Brigade britische Staatsbürger gegen ihren Willen in Spanien zurückbehält – und sich dabei auf den Schriftsteller Stephen Spender berufen!«

»Ich habe nur gesagt, Jimmy soll nicht erschossen werden.«

Der ganze Auftritt kam mir sinnlos vor. »Sogar der Apostel Paulus, der erklärte Feind des Römischen Reiches, sagte, ›civis romanus sum‹, als ihm der Prozeß gemacht wurde. Ein britischer Staatsbürger, der die spanische Republik unterstützt, muß doch das Recht haben, den Schutz der britischen Botschaft anzurufen.«

Alle begannen zu lachen. Der Apostel Paulus schien ihnen zu Herzen gegangen zu sein. Vielleicht hatten sie nur Angst gehabt, daß ich Geheimnisse ausgeplaudert hatte, und jetzt sahen sie, daß ich schuldlos war. Weit freundlicher sagte Kerrigan: »Passen Sie auf! Die Sache liegt nicht mehr in unseren Händen. Aber wir werden Sie mit den Genossen zusammenbringen, die über Younger zu urteilen haben. Es sind keine Engländer.

Er telefonierte und vereinbarte, daß ich mit ihnen zu Mittag essen sollte.

Dieser Tag verging mir wie ein wüster Traum. Die Genossen waren vermutlich Jugoslawen; Jimmy sagte, sein Richter sei ein junger Pole gewesen, was vielleicht stimmt; möglicherweise waren es Russen. Die russischen Mitglieder der Brigade kamen mit den anderen nicht in Berührung, und jedenfalls hätte man mir nicht gesagt, daß es Russen waren.

Die drei Richter bewirteten mich mit sehr gut zubereitetem Fisch, aber ich saß beim Essen wie ein verängstigtes Kind. Einer fragte mich teilnehmend: »Warum so bedrückt, Genosse?«

Wegen meines Freundes, erklärte ich ihm.

»Was glauben Sie, was wir mit ihm machen werden?« fragte er.

»Wahrscheinlich in ein Lager stecken.«

»Und warum sind Sie dann so besorgt?«

Darauf wußte ich nichts zu erwidern.

»Ja, das werden wir auch tun. Aber es freut uns immer, wenn unsere Freunde in ein Lager kommen, das ist für sie sehr gesund.«

»Das Lager«, berichtete Jimmy Younger später, »lag etwa fünfzehn Kilometer vor Albacete und sah aus wie ein Bauernhof, einsam, staubig, dem Wind ausgesetzt und trocken. Neue Gebäude waren errichtet worden, und dort hausten ungefähr zweihundert Mann aus der Brigade. Hauptsächlich Franzosen. Ich wurde im Lager wieder gesund und bemühte mich, mit allen auf gutem Fuß zu stehen; ich half überall mit. Ich dachte mir, die Oberen würden einsehen, daß ich als Soldat im Kampf nicht zu brauchen war, aber mich hinter der Front nützlich machen konnte. Das gab mir neue Hoffnung.

Nach zwei Monaten wurden wir unser neun in einen Lastwagen gesteckt. Wir dachten, jetzt ging's in die Freiheit, aber wir kamen wieder nach Albacete ins Loch. Wir neun, alle aus verschiedenen europäischen Ländern, hockten in der gleichen winzigen Zelle. Nachts war die Luft zum Schneiden vor Gestank, tagsüber vor Streit. Eine Erklärung wurde uns nicht gegeben. Nachrichten an die politischen Kommissare oder den Gefängnisleiter wurden nicht angenommen. Nach einer Woche wurden John und ich P. vorgeführt, einer nach dem andern. Auch P. konnte uns nicht erklären, warum wir wieder eingesperrt waren, aber ich bekam heraus, daß das Lager aufgelassen worden war. Was mit den anderen Lagerhäftlingen geschah, weiß ich nicht. Ich erkundigte mich bei P. nach Freunden in England und Spanien, aber er gab ausweichende Antworten. Ich fragte ihn, wann Pollitt kommen werde, weil ich mit ihm sprechen wollte, aber auch darauf antwortete er ganz unbestimmt. Er versprach uns nichts, sondern sagte zum Schluß nur, er werde für uns tun, was er könne.

In der Zelle wurde es immer unerträglicher. Bei Nacht war es noch schlimmer als am Tage. Der Gestank und die Läuse, die Gewöhnlichkeit, das Geschnarch und Gebrumm – dazu die sonderbaren Laute auf den Korridoren und in den anderen Zellen. Jede Nacht wurden Häftlinge aufgerufen, mußten sich anziehen und verschwanden. Auf dem Abort sprach ich mit Häftlingen, die es gesehen hatten. Keiner wußte, wohin die Leute kamen. Man kann sich die Gerüchte und die Angst vorstellen. Sie sollen erschossen worden sein; sie sollen an die Front gekommen sein; an die Grenze, nach Hause – was man will. Ein baumlanger polnischer Anarchist hämmerte mit den Füßen gegen die Tür und brüllte nach dem Gefängnisleiter: ›Kopick, du Affenschwanz, laß dich vom Papst *** und *** in die Milch deiner Mutter! Laß uns raus!‹ Wenn sich nichts rührte, brüllte er: ›Cabinet!‹ Dann erschienen zwei Wachen, führten ihn zum Abtritt und wieder zurück. Aber Kopick bekam er nicht zu sehen.

P. kam wieder und eröffnete mir, daß ich freigelassen werden sollte ... unter der Bedingung, daß ich wieder an die Front ging. Ich hatte mehr Angst vor diesen Leuten, die mich in der Hand hatten, als vor dem Schießen. Am meisten fürchtete ich, daß sie mich an die Front schicken wollten, um mich dort umzulegen. So ging es am leichtesten, niemand würde es während der Kämpfe bemerken. Das war, wie andere Häftlinge erzählten, die beliebteste Methode, unerwünschte Leute loszuwerden. Ich machte mit P. ab, daß ich eine Woche in Albacete auf freiem Fuß bleiben konnte, um den Militärarzt aufzusuchen. Wenn er mich tauglich fand, würde ich an die Front gehen. Ich wußte, daß ich krank war, die Schmerzen im Magen hörten überhaupt nicht auf. Freilassung. Dann ärztliche Untersuchung: Digagnose: Geschwür. Ich wurde zum Dienst hinter der Front empfohlen, bei Milchdiät. Als ich mit dem Befund zu P. kam, sagte er, das sei alles Schwindel und Verstellung.

Später bekam ich heraus, daß ein Spitzel im Lager zum Kommandanten gegangen war und ihm angezeigt hatte, ich sei ein Trotzkist und plane einen Aufstand am ersten Mai. Die anderen seien meine Spießgesellen. Deshalb kamen wir wieder ins Gefängnis.«

Schließlich wurden Jimmy und seine Gefährten nach weiteren Interventionen in die Heimat zurückgeschickt.

Das nächstemal kam ich im Sommer 1937 nach Spanien, als Delegierter des Schriftstellerkongresses in Madrid, das damals bombardiert wurde. Das Außenministerium hatte mir das Visum verweigert, ich mußte daher ohne Visum reisen. André Malraux hatte mir einen falschen Paß verschafft, damit ich über die spanische Grenze konnte. Von der Grenze fuhr ich bis Madrid mit Malraux und Claude Aveline. Mein Paß, ein einziges Blatt, lautete auf den Namen Ramos Ramos, spanischer Staatsbürger – viel Phantasie hatte man anscheinend nicht aufgebracht. Malraux unterhielt sich an der Grenze damit, den Franzosen begreiflich zu machen, daß ich ein besonderer spanischer Typ sei, hochgewachsen, blond und blauäugig, aus einer abgelegenen Berggegend im Norden stamme und einen Dialekt spreche, der vom Englischen kaum zu unterscheiden sei.

Die Delegierten fuhren in langer Wagenkolonne von der Grenze nach Barcelona, Valencia und Madrid. Überall wurden wir bewirtet, überall mit Begeisterung und Großzügigkeit von den Leuten aufgenommen, die mit rührender Überzeugung daran glaubten, daß ihr Widerstand durch *los intellectuales* Verstärkung gefunden habe.

Die überragende Persönlichkeit auf dem Kongreß von 1937 war zweifellos André Malraux. Er sah damals aus wie ein vom Schicksal zerzauster junger Mann; sein bleiches Gesicht stieß über dem geduckten Körper gegen die Zuhörer vor, und die ganze Tagung stand im Bann seines Zuckens und Schneuzens. In Madrid sagte Hemingway einmal, träumerisch auf ihn blickend: »Ich möchte wissen, wie er sich dieses Zucken zugelegt hat. Das muß mindestens in dreitausend Meter Höhe gewesen sein.«

Mein Französisch war noch sehr mangelhaft, aber als ich Malraux einige Tage aufmerksam angehört und ihn beobachtet hatte, konnte ich meine Eindrücke zusammenfassen. Sein Leben, gemischt aus Abenteuer und Kunst, breitete um ihn eine Legende und stellte ihn zugleich in die Welt der Tat: das war der Rahmen und der Nährboden für sein Schaffen. Politisch war er ein liberaler Individualist, aber sein ungeheures Selbstvertrauen machte ihn unduldsam gegen alle Untüchtigkeit. Malraux sagte mir, er habe immer liberale Gerechtigkeit in der Malraux-Staffel der republikanischen

Luftwaffe gefordert und sich von den Kommunisten nicht dreinreden lassen. »Il faut agir« war das Geheimnis seiner Romane und seiner Politik. Er verzichtete auf festen Hintergrund und schrieb, was das bewegte Leben der Tat, seine Reisen, der Krieg und die Politik ihm zutrugen.

Lyrik, sagte er einmal, sei als hohe Kunst nicht mehr zeitgemäß. Nur in einer Welt, in der einfache Begriffe sogleich als geistige Symbole gesehen werden, kann Lyrik künstlerisch groß sein: der Wald, der Löwe, die Krone, das Kreuz – nur wenn die erlebte Wirklichkeit dieser Dinge eine innere Bedeutung in sich trug, die der Mensch sofort erkannte, nur dann konnten sie dem Dichter als verständliche Sinnbilder der erlebten Poesie der Sakramente, der Macht, des Glaubens dienen. Aber in unserer Zeit, in der die Erfindungen einander jagten, fast Tag auf Tag, wurden die poetischen Symbole der Vergangenheit verdrängt durch die Symbolik der Maschinenwelt, eine ebenso zwingende wie beunruhigende Symbolik, der die durchscheinende Gleichniskraft der veralteten Sinnbilder abging. Überdies verkörperten die Phänomene der industrialisierten Kultur für jeden etwas anderes, so daß sich der Dichter in der Gegenwart nicht ohne weiteres seinen Gesichten überlassen durfte, sondern zunächst sozusagen den Münzwert seiner Symbole herstellen mußte. Deshalb wurde die Dichtkunst immer komplizierter, immer unverständlicher, denn sie versuchte zum Ausdruck zu bringen, was sie zu sagen hatte, und gleichzeitig die Ausdrucksmittel zu prägen. Überhaupt sei es Sache des Romanschriftstellers und nicht des Lyrikers, das Wesen des Menschen und seiner Umwelt in Worte zu fassen.

Malraux war der glänzendste und mitreißendste Plauderer, dem ich je begegnet war. Es war kunstvoll, wie er das Gespräch aufbaute, wie er Ideen in Bildern veranschaulichte. Wenn er von der Dichtkunst sprach, stellte er den Dichter in seine vergangene Umwelt, umringt von Lebendigem, das zugleich allgemein gültiges Symbol war, und dann versetzte er ihn, sozusagen mit einer rednerischen Handbewegung, vor den Hintergrund der industrialisierten Gegenwart.

Der Madrider Kongreß diente, nach außen, dem Zweck, die Einstellung der Intellektuellen aller Länder zum Spanischen Bürgerkrieg zu erörtern. Aber er hatte auch noch ein uneingestandenes Thema, das dauernd in privaten Zirkeln und oft genug auf der Rednertribüne zur Sprache gebracht wurde: Die Stalinisten gegen André Gide. Denn Gide hatte damals gerade sein berühmtes Buch *Rückkehr aus der Sowjetunion* veröffentlicht, in dem er leidenschaftslos und sachlich wägend seine Eindrücke von einer Rundreise in Rußland zusammenfaßt. Er war der umschmeichelte Ehrengast der russischen Regierung gewesen. Weit aufsehenerregender als das Buch selbst war die Wut, mit der es die Kommunisten aufnahmen. Gide, noch vor ein paar Wochen von der linksradikalen Presse als der größte französische Autor der Gegenwart gefeiert, der gekommen war, um der Republik der Arbeiter seine Huldigung darzubringen, wurde von heute auf morgen ein »faschistisches Scheusal«, »ein dekadenter Bourgeois, wie er selbst gesteht« und noch Schlimmeres genannt. Der Schriftstellerkongreß teilte sich in zwei Lager, für und gegen Gide.

Die russischen Delegierten beschränkten sich in ihren Reden darauf, die Rolle Rußlands in der Volksfront herauszustreichen und Trotzki und Gide anzupöbeln. Michael Kolzow, der prominenteste Berichterstatter der *Prawda*, glänzte mit improvisierten Parodien des Rußland-Buches von Gide. Das bewahrte ihn allerdings nicht davor, nach der Rückkehr in Rußland spurlos zu verschwinden.

Der Kongreß sollte beweisen, daß es in vielen Ländern Intellektuelle gab, die eine Reise in das gebombte Madrid nicht scheuten, um ihre Gegnerschaft zum Faschismus zu bekunden. Nebenbei konnten die ausländischen Autoren auf diese Weise das vielfältige, phantasievolle und paradoxienreiche, dabei aber leidenschaftlich echte und schlichte Schrifttum Spaniens kennenlernen. Männer wie den sprachgewaltigen Rafael Alberti, einen Barockkommunisten sozusagen, den geistsprühenden, feinsinnigen José Bergamin, dessen Verbindung von Unberechenbarkeit und Präzision an E. M. Forster erinnert, den Lyriker Machado, der ganz in der Welt des Nurpoetischen aufgeht wie Walter de la Mare, oder den Ungewöhnlichsten von allen, den jungen Dichtersoldaten Miguel Hernandez, einen Schafhirten aus dem Bauerndorf Oricuela. Es wird erzählt, daß Miguel Hernandez bei einem Geistlichen, den er in den Bergen traf, Lesen und Schreiben lernte und von ihm an den Werken des sechzehnten und siebzehnten Jahrhunderts herangebildet wurde; kein Wunder, daß er mit seiner ekstatischen Lyrik in Gegensatz zur Moderne geriet, als er nach Madrid kam und seine Gedichte zu veröffentlichen begann.

Der Kongreß hatte bei allem Guten etwas von einer Gesellschaft verzogener Kinder, und viele Delegierte zeigten sich hier von ihrer schlechtesten Seite. Dieser Intellektuellenzirkus, dessen Teilnehmer wie Prinzen oder Minister behandelt wurden, in Rolls-Royce-Wagen Hunderte Kilometer durch wunderbare Landschaften und kriegszerrissene Städte fuhren, von jubelnden Stimmen begrüßt, so viele Herzen auch gebrochen waren, diese vielphotographierten, vielgezeichneten Bankettgäste und Opernbesucher aus dem Ausland – sie hatten etwas nahezu Groteskes. Dann und wann ereignete sich ein Zwischenfall, der wie ein Vorwurf war, eine Mahnung, deren scharfe Spitze aus der uns so sorgfältig verborgenen Wirklichkeit hervordrang. So war es in dem kleinen Ort Minglanilla, an der einzigen Straße von Valencia nach dem auf drei Seiten umstellten Madrid. Es gab das übliche Festmahl, und während wir warteten – das Essen verspätete sich wie fast immer –, sahen wir vom Balkon des Rathauses zu, wie drunten auf dem Marktplatz in der strahlenden Sonne die Kinder von Minglanilla für uns tanzten und sangen. Aber plötzlich geschah es, daß die schöne Frau eines nicht weniger schönen jungen Mannes, des Lyrikers Octavio Paz, in hemmungsloses Weinen ausbrach. Es war ein Augenblick der Erkenntnis. Ich erlebte einen zweiten nach der Tafel. Wir waren auf den Platz hinausgetreten, und eine Bäuerin faßte mich am Ärmel, mit den flehenden Worten: »Können Sie nichts tun, Señor, damit die *pájaros negros* nicht auf unsere Männer bei der Feldarbeit herunterschießen?« Mit den »schwarzen Vögeln« meinte sie die Flugzeuge der Faschisten. Die Bewohner von Minglanilla hielten die ausländischen Schriftsteller für Himmelsboten, die zur Rettung kamen. Die Bäuerin lud den chilenischen Dichter Pablo Neruda und mich in ihr Haus ein und zeigte mir die Photos ihrer beiden Söhne, die beide an der Front standen. Dann nahm sie aus einem Schrank ein paar Würste und drängte sie uns auf; sie würden uns auf der Reise bestimmt gute Dienste leisten.

André Chamson, der Sekretär der französischen Delegation, benahm sich sonderbar. Eines Abends in Madrid, nach dem Essen, als Flamencolieder und ein Bänkel über Franco, geschrieben und vorgetragen von Rafael Alberti, gesungen wurden, sprang ein spanischer Delegierter auf einen Tisch und rief: »Madrid wird bombardiert!« Die Gesellschaft verlor sich. Der Berichterstatter des *Daily Worker*, Cockburn, der Lyriker Edgell Rickword, ein französischer kommunistischer Schriftsteller, René Blech, und ich gingen zur Puerta del Sol; die oberen Stockwerke des Innenministeriums standen in Flammen. Am folgenden Morgen erklärte Chamson, er und Julien Benda, der Verfasser des bekannten *Verrats der Intellektuellen*, müßten Madrid auf der Stelle verlassen: Denn wenn etwa einer von ihnen beiden ums Leben käme, wäre Frankreich gezwungen, Franco den Krieg zu erklären, und das würde zum Weltkrieg führen. Chamson wollte diese Verantwortung nicht übernehmen. Trotzdem stand dieses besessene Gefühl der eigenen Wichtigkeit in anerkennenswertem Gegensatz zu der Vergnügungsreisestimmung einiger Delegierter. Jeden Morgen, wenn ich Chamson traf und fragte, wie es ihm gehe, antwortete er: »Schlecht, schlecht – sehr schlecht!«

»Warum?«

»Weil ich hier der einzige bin, dem das alles zu Herzen geht! Ich, ich, ich bin verantwortlich! Es ist die Pflicht des Schriftstellers, darunter zu leiden. Die andern sind sich ihrer Pflicht nicht bewußt, leichtfertig sind sie, ohne Herz.«

Die Reden, das gute Essen, der Champagner, die Empfänge, die Hotelzimmer – das alles bildete eine Barriere zwischen uns und der Wirklichkeit. Ein paar Delegierte wurden von geradezu hysterischer Arroganz befallen. Ein englischer kommunistischer Romanschriftsteller, der irgend etwas mit der republikanischen Armee zu tun hatte, hielt den englischen Delegierten einen Vortrag über ihre Organisation. »Sie ist voller Widersprüche«, setzte er uns auseinander. »Sehen Sie sich zum Beispiel meine Uniform an! Wie Sie sehen, trage ich die Uniform eines Gemeinen, während mein Rang tatsächlich dem eines Generals entspricht.« Er war ein netter, ehrlicher Mensch, schlicht und wirklich gebildet, der seine Arbeiterjugend oder das katalanische Metallhandwerk sehr fesselnd zu schildern wußte. In der Öffentlichkeit zeigte er sich von einer weniger sympathischen Seite. Er erzählte mir einmal, daß er, als politischer Kommissar, über einen Angehörigen der Brigade zu entscheiden hatte; der Mann war ein Feigling. Er hatte eine lange Aussprache mit ihm und überredete ihn schließlich, wieder an die Front zu gehen. Heimlich ordnete er an, daß der junge Mann in ein Kampfgebiet geschickt wurde, aus dem er nicht mehr lebend zurückkam. »Ich habe soeben die Nachricht erhalten, daß er tot ist«, verkündete er hochtrabend. »Selbstverständlich bin ich etwas außer mir, aber mein Gewissen ist rein. Ich weiß, daß ich recht gehandelt habe.« Pause. Dann sah er mich an und sagte: »Ich erzähle es Ihnen, weil es eine Moral für Sie enthält.« Die Sache wurde noch fragwürdiger dadurch, daß er wahrscheinlich überhaupt nicht berechtigt war, eine solche Entscheidung zu fällen. Ein Literat spielte sich auf, weil ihm sein Quentchen Macht zu Kopf gestiegen war.

Ich beobachtete mein eigenes Verhalten genauso scharf wie das der anderen – ohne mir etwas vorzumachen. Insgeheim war ich gekränkt, weil man mich nicht aufgefordert hatte, eine Rede zu halten; wahrscheinlich hätte ich nichts zu sagen gewußt, denn ich kann mich an keine einzige öffentliche Erklärung erinnern, die ich oder ein anderer Kongreßteilnehmer abgegeben hätte. Manchmal, wenn wir in einem Kongreßzimmer saßen, sah ich eine Kamera auf mich gerichtet oder einen Zeichner, den Bleistift über den Block gezückt, mich fixieren. Ich hielt ganz still – obwohl ich das selber verächtlich fand – und bemerkte erst später, daß der Photograph oder der Zeichner nicht mich, sondern Malraux oder Neruda oder Alberti neben mir aufs Korn genommen hatte.

Auf einem Bankett in Valencia saß ich neben dem Berichterstatter einer kommunistischen Zeitung, einem sehr begabten und unterhaltsamen jungen Mann aus gutem Hause, mit gepflegten Manieren. Er sprach über meinen Artikel, der unlängst in einer Zeitschrift erschienen war und darauf aufmerksam machen sollte, daß die Internationale Brigade in kommunistischen Händen war; ich empfahl, das den Freiwilligen ausdrücklich zu erklären, bevor sie beitraten. Mein junger Tischnachbar sagte, das stimme zwar, aber ich hätte es trotzdem nicht schreiben dürfen; ich dürfe nicht die Tatsachen im Auge haben, sondern müsse an die Folgen denken. Die Wahrheit, sagte er, liege in der Sache selbst und allem, was ihr diene. Die Wahrheit war also nach dem kommunistischen Glaubensbekenntnis genauso wie die Freiheit eine Frage der Zweckmäßigkeit.

Ich setzte mich bei den Autofahrten lieber zu den spanischen Chauffeuren als unter die etwas zugeknöpfte Gesellschaft der englischen Delegierten. Einer von ihnen war der Lyriker Edgell Rickword, der aussah wie ein ehemaliger Fußballer, der einmal in einer Mannschaft mit Rimbaud als Mittelstürmer gespielt hat. Er war mir sympathisch, weil mir seine ersten Gedichte gefallen hatten und weil er ein würdevolles Schweigen bewahrte, seit er der kommunistischen Partei beigetreten war. In unserer Gesellschaft befand sich auch eine kommunistische Romanschriftstellerin mit ihrer Freundin, einer Lyrikerin. Die Dame aus dem Romanfach sah aus und benahm sich wie eine Pastorsfrau beim Nachmittagskaffee in einem Pfarrhof, der so groß war wie das ganze republikanische Spanien. Ihr großer Mund mit dem stereotypen Lächeln und die Augen voll heimlichem Überlegenheitsgefühl gaben ihr etwas gewinnend Unzugängliches. Sie ließ es sich nicht nehmen, jedermann mit »Genosse« anzureden, und wenn sie mit mir sprach, begann sie meist mit den Worten: »Wäre es nicht weniger egoistisch, Genosse ...?«, worauf sie meist etwas vorschlug, das von ihrem Standpunkt aus allerdings höchst erwünscht war.

Auf der Fahrt von Barcelona zur französischen

Grenze erwähnte der katalanische Chauffeur neben mir, daß er bei der Liquidierung der »Poum«, der Trotzkistenpartei in Barcelona kaltblütig sechs Menschen niedergeschossen habe. Er suchte sich nicht zu rechtfertigen. Er erzählte es als eine gelungene Episode. Übrigens stellte ich bei meinen Unterhaltungen mit den Fahrern fest, daß die Katalanen die Leute von Valencia als Faschisten bezeichneten und um keinen Preis bis Madrid fahren wollten, während die Madrider Chauffeure, die Leute von Valencia Faschisten nannten und fast jeder, der nicht aus Katalonien stammte, jeden Katalanen einen Faschisten hieß. Ein bemerkenswertes Beispiel dieses krassen Separatistengeistes erlebte ich in Barcelona.

Auf einer großen Versammlung sprachen die Delegierten, jeder ein paar Minuten, und die Reden wurden auf katalanisch von einem Übersetzer wiederholt, der die Gabe zu besitzen schien, das Ganze in sechs Worten zu sagen. Unsinnigerweise spielte das Orchester vor Beginn jeder Rede die Landeshymne des betreffenden Delegierten, und als ich dann an der Reihe war, schmetterte es »God save the King«, während das Publikum sich und die geballten Fäuste erhob. In meiner Rede hob ich rühmend hervor, daß die Katalanen die Klassiker in ihre Muttersprache übersetzt hatten und dem Volk in schöngedruckten, billigen Ausgaben zugänglich machten. Eine an sich harmlose Bemerkung, deren Folgen aber nicht ausblieben. Die spanischen Delegierten, soweit sie nicht aus Katalonien waren, wüteten und machten kein Hehl aus ihrer Empörung. Bergamin begrüßte mich von da an immer mit den Worten »Visca Cataluna!« Die katalanischen Intellektuellen sandten eine kleine Abordnung zu mir, um mir zu sagen, daß ich einer der wenigen Ausländer sei, die ihre Bemühungen um die Kultur gewürdigt hatten. Sie luden mich für den folgenden Tag zum Tee, und der Lyriker

Rafael Alberti begleitete mich. Kaum waren wir da, als er gegen die Katalanen heftig vom Leder zog, ihnen vorwarf, daß sie im Kriege nicht genügend mitmachten, und schließlich erklärte, wenn sie sich nicht mehr anstrengten, werde die Republik »nach dem Siege« schon wissen, wie sie mit ihnen umzuspringen habe.

Als wir Spanien hinter uns hatten und am Kai von Port Bou, jenseits der Grenze, in der Sonne saßen, sagte die kommunistische Romanschriftstellerin träumerisch mit halbgeschlossenen Augen: »Und das Schönste ist, daß wir nicht eine einzige Ausschreitung auf republikanischer Seite gesehen oder davon erfahren haben!« Das ging mir denn doch über die Hutschnur, und ich wiederholte, was mir der katalanische Chauffeur erzählt hatte. Die beiden Damen wandten sich peinlich berührt ab. Dann sagte die Romanschriftstellerin zur Lyrikerin: »Merkwürdig, jetzt erst, nach so langer Zeit, fühle ich mich zum erstenmal ein bißchen müde!«

Und die Lyrikerin erwiderte: »Das kommt daher, liebe Genossin, daß Sie keinen einzigen Augenblick Zeit hatten, an sich zu denken. Jetzt brauchen Sie sich nicht mehr zu opfern, und da spüren Sie eben die Müdigkeit, das ist es!«

»Ja, das muß es sein. Wie Sie das gleich erfaßt haben!«

Die Anwesenheit Altolaguirres auf der Tagung war ein Trost. Er blieb von der allgemeinen Hysterie nicht ganz unberührt, aber auf eine sympathische Art. Als Alberti einmal eines seiner realistischen sozialen Gedichte vortrug, fragte ich Altolaguirre, ob es ihm gefalle. »Nein!«

»Warum denn nicht?«

»Ich sollte vortragen, ich, ich, ich!« rief er und hämmerte sich auf die Brust.

Es war vereinbart, daß einige spanische Delegierte mit uns nach Paris fahren sollten, um auf einer Versammlung zu sprechen. Altolaguirre, dessen Frau und Tochter in Frankreich lebten, bewarb sich darum und wurde mit anderen Bewerbern von Beamten vernommen. Alle anderen Schriftsteller erklärten, wie ungern sie Spanien verließen, aber der großen Sache zuliebe würden sie sich für ein paar Tage opfern und in Paris Reden halten. Als man Altolaguirre nach dem Grunde fragte, gab er zur Antwort: »Meine Frau Concha und meine Tochter Paloma sind in Frankreich. Die Bewilligung wurde nicht erteilt.«

»Warum hast du ihnen denn von deiner Familie erzählt?« fragten ihn Freunde hinterher.

»Weil es wahr ist. Sie leben in Frankreich.«

»Schön, aber hättest du dir denn keinen patriotischeren Grund ausdenken können, um wegzukommen?«

»Nein, nein, nein!« schrie er und ließ sie stehen. Entschuldigend sagten sie dann zu mir, der gute Manuel sei manchmal wirklich sehr kindisch.

Wir fuhren im Luxuszug, lauter Schlafwagen, von Port Bou nach Paris. Als ich am Fenster meines Wagon-Lit stand, hörte ich die anderen Delegierten mit lautem Geschrei an die Wagentüren hämmern. Gewiß, sie waren übermüdet, aber die Szene, wie die geistigen Größen, die soeben von einer Luxusreise durch ein kriegsverwüstetes Land zurückkamen, kreischten und schrien, um in ihren Schlafwagen zu gelangen, haftet mir in der Erinnerung. Einen Augenblick war ich nahe daran, meinen Platz aufzugeben, aber ich überlegte es mir, und sah von der schönen Geste ab. Die Pilger, die der heilige Eifer für ihren Glauben nach Rom zog, hätten sich nicht so benommen. Diese Delegierten hatten sich Gefahren ausgesetzt, um ihren Eifer für die Sache der Republikaner zu bezeugen, aber der ganze Ton der Tagung war dem irgendwie unangemessen. Allein, vielleicht ist es manchmal besser, etwas Unangemessenes, ja Lächerliches, sogar etwas, wofür man sich selber verachtet, zu tun als gar nichts. Wie dem auch sei, der nachhaltigste Eindruck, den mir der Schriftstellerkongreß hinterließ, war tiefe Enttäuschung.

Ich kehrte nicht mehr nach Spanien zurück, ich blieb in England. Für die paar Sommermonate nahm ich ein Häuschen an der Küste von Kent für Inez und mich. Auden besuchte uns dort, und wir unterhielten uns über den Kongreß und den Fall Gide. Sein Standpunkt war völlig eindeutig: Politische Rücksichten dürfen niemals zur Rechtfertigung von Lügen dienen. Ich hatte den Eindruck, daß er sich zum Kommunismus weniger hingezogen fühlte als seine Zeitgenossen. Er hatte sich als Sanitäter für Spanien gemeldet, kehrte jedoch bald wieder zurück und sprach niemals darüber. Aber in seinem Gedicht *Spanien* fand die Sache der Republik ihre schönste dichtersiche Verklärung, soweit die zeitgenössische englische Literatur in Frage kommt. Er war tiefer in die Gedankengänge des Marxismus eingedrungen und konnte sie besser in gute Verse kleiden als viele Dichter, die dem Kommunismus näher standen. Daraus entsprang die Mär, daß er eine Zeitlang Kommunist gewesen sei. Aber sein Gedicht *Ein Kommunist an die andern* ist nur der Versuch, einen Standpunkt zum Ausdruck zu bringen, der nicht sein eigener war.

Im Herbst 1937 war ich krank und mußte operiert werden. Zur Erholung ging ich mit Inez nach Salcombe in der Grafschaft Devonshire; schon als Kind hatte ich jedes Jahr den Sommer dort verbracht. Die Stadt am Ende des Hafens ist für größere Schiffe unzugänglich, weil eine Sandbank die Einfahrt verlegt. Hier gedeihen tropische Gewächse in einer Fülle wie nirgends sonst in England. Wir stiegen viel im hügeligen Hinterland umher und machten größere Ausflüge, aber wir konnten den Gedanken an den Krieg in Spanien nicht entrinnen.

Im Hotel war ein Ehepaar abgestiegen, er ein Geschäftsmann mit Walroßschnurrbart im hochroten, verquollenen Gesicht, immer in großkarierten Anzügen, ein Zerrbild seiner selbst; sie saß, meist strickend, dicht neben ihm, mit ergebener Miene. Eines Nachmittags gingen wir mit ihnen fischen. Der Mann beging so ziemlich allen Unfug, den ein Dilettant beim Fischen anstellen kann, einmal zog er sogar seine Sportmütze, die ins Wasser gefallen war, an der Angel heraus und glaubte, ein Fisch habe angebissen. Er handelte mit Lastwagen, und auf seine Frage nach meinem Beruf erzählte ich ihm einiges über meine Erlebnisse in Spanien. Als wir gegen Abend ins Hotel zurückkehrten, sagte er mit seiner komisch bettelnden Stimme: »Es wird Sie vielleicht interessieren, daß wir im Geschäft soeben einen Auftrag aus Spanien für die neuen Raupenschlepper bekommen haben. Diese Wagen werden schwere Geschütze führen« – seine Hand sägte durch die Luft –, »und die werden Ihre Freunde in Madrid kurz und klein schießen!« Er schloß seine Worte mit einem Zähnefletschen wie der Bösewicht in einem Schundroman. Da begriff ich wieder einmal, welche Kräfte hinter dem Faschismus standen.

In London betätigte ich mich erneut für die Volksfrontbewegung, diesmal nicht mehr auf dem von Sonne und Tragik überglänzten Schauplatz Spaniens, sondern auf verregneten, lackschwarzen Straßen, in denen die Auslagen mit ihrer gespenstischen Beleuchtung wie Flittersterne ins neblige Dunkel glitzerten und lange Schlangen an den Autobushaltestellen warteten. Ich war Mitglied mehrerer Organisationen, deren Ortsgruppen häufig in Hinterzimmern kleiner Teestuben zusammenkamen; ich war in der Leitung des Gruppentheaters, dessen begabter Regisseur Rupert Donne die Versdramen von Auden und Isherwood und mein *Gericht über einen Richter* inszenierte.

Ein Thema wurde bei all diesen Schriftstellerzusammenkünften immer wieder erörtert: Sind Politik und Literatur zwangsläufig miteinander verknüpft? Ich selbst war der Ansicht, daß gegenwärtig dieser Zusammenhang gegeben ist, das heißt, ein aufgeschlossener Mensch muß sich auf die eine oder andere Art des gemeinsamen politischen Schicksals bewußt werden, von dem heute fast keiner unberührt bleibt. Ich gebrauchte das Wort »politisch« im weitesten Sinne, ich bezog das Verhängnis darin ein, das sich unserer Kultur bemächtigte und das unser ganzes Schrifttum weit nachdrücklicher beeinflußte, als man allgemein erkannte. Anders ausgedrückt: Literarischer Rohstoff, in dem unsere Vorgänger nichts Politisches gesehen hatten, trug für uns offenkundig politische Bedeutung. In den Romanen von Henry James und Thomas Mann, zum Beispiel, war immer schon das Gefühl vom Untergang des europäischen Bürgertums gegenwärtig. Aber das Eigenartige an den dreißiger Jahren war nicht das Thema des Abstiegs einer Kultur, das war nichts Neues, sondern die aufkeimende Hoffnung, diese Kultur retten oder wandeln zu können, eine Hoffnung, die sich mit dem unerläßlichen Widerstand gegen Tyrannei verband.

Die Ahnung des politischen Verhängnisses, aufsteigend aus Arbeitslosigkeit, Faschismus und nahender Kriegsgefahr, war nun so allgemein verbreitet, daß es schon an sich eine politische Einstellung war, wenn man von diesen Erscheinungen keine Notiz nahm. So wie der Pazifist eine politische Tat setzt, wenn er die Teilnahme am Kriege verweigert, so muß der Schriftsteller, der den politischen Charakter der Zeit nicht gelten lassen will, sich weigern, von einem Schicksal Notiz zu nehmen, in das er selber einbezogen ist. Und warum sollte er sich nicht weigern? Nichts spricht dagegen, als daß sein Werk wahrscheinlich darunter leiden wird, wenn er vom Zeitgeschehen nichts wissen will. Ein idyllisches Gedicht war 1936 nicht einfach ein idyllisches Gedicht, es war ein unpolitisches Gedicht, das dem Wissen um die Politik als allgemeines Schicksal den Rücken wandte.

Ich war »politisch« eingestellt, nicht nur weil ich mich in das Zeitgeschehen einbezogen wußte, sondern weil ich mich vor die Entscheidung gestellt sah, ob ich die edle Sache gegen die verworfene verteidigen sollte oder nicht. Auden bemerkte zu mir gegen Ende des Krieges, er sei in den dreißiger Jahren politisch eingestellt gewesen, weil er der Ansicht war, daß etwas getan werden mußte und getan werden konnte. Andererseits konnte ich den Schriftstellern nicht unrecht geben, die das nicht als ihre Pflicht ansahen. Ihnen ging es vielleicht mehr um Werte und Ideale, die höher stehen als die Tat, aber doch ganz allein die Tat rechtfertigen und deshalb nicht verkümmern dürfen. Vielleicht wollten sie nur die Zeugen und Chronisten des Schicksalsglaubens und der Verzweiflung sein, die der menschlichen Seele nicht weniger nötig sind als das »Il faut agir«. Politik im engeren Sinne war meine Bestimmung geworden, aber ich nahm die in Schutz, die anders dazu standen.

Es wurden viele Reden gehalten, in denen immer wieder der Zusammenhang zwischen Politik und Literatur betont wurde, aber sie sprachen mir nicht aus der Seele. Wenn ein Redner sagte: Wer von uns Schriftstellern in seinem Werk soziale Hoffnungen wecken wolle, der müsse lernen, die Sprache des einfachen Volkes zu sprechen, und den unzeitgemäßen Stil aufgeben; das leuchtete mir ein. Aber wenn sie Schriftsteller als wirklichkeitsfremd abtaten, weil sie sich nicht mit solchen Themen befaßten, nicht für diesen »Kampf«, für dieses »Ringen« wirkten, konnte ich ihnen nicht beipflichten. Denn der soziale »Kampf« geht ja gerade darum, die Werte und Ideale, denen die Spitzmarke »wirklichkeitsfremd« angeheftet wird, weil sie mit dem »Kampf« unmittelbar nichts zu tun haben, allgemein zugänglich zu machen. So verdroß es mich, daß ein Kritiker in seinem Nachruf für Virginia Woolf den meisten modernen Autoren vorwarf, daß sie sich »dauernd in Gegensatz zur Zeitgeschichte stellten«. Sie selbst, schrieb er, »die größte englische Prosaistin der Dämmerzeit des Unbewußten«, habe sich mit dem Urteil der Geschichte abgefunden und den logischen Schritt getan (damit meinte er ihren Selbstmord); Kafka, Proust, Joyce, Yeats, Eliot, Lawrence wurden verhöhnt, weil ihre politische Haltung »nicht richtig« sei. Ich sagte mir, daß eine politische Denkweise, die mit den vielfältigen Ausdrucksformen des unergründlichen Genies so mechanisch umsprang, total verfehlt sein mußte. Es war ein anmaßender, geradezu gottloser Standpunkt, daß der theoretische Kommunismus oder Sozialismus die Zeugenschaft des Genies ablehnte. Das persönliche Erlebnis ist nur durch ein noch tieferes, noch einsichtigeres, schärfer und besser ausgedrücktes persönliches Erlebnis zu widerlegen.

Mehr noch als die Angriffe gegen moderne Autoren ärgerte mich die verlogene Einstellung der kommunistischen Kritiker zu den Größen der Vergangenheit. Gönnerhaft beschäftigten sie sich mit Dante, Shakespeare, Goethe, Balzac oder wer ihnen sonst gerade in den Kram paßte, deren Werke sie als symbolische, mythologische Umschreibung der wirtschaftlichen und sozialen Ziele ihrer Zeit hinstellten und insofern gelten ließen, als sie mit der Zielsetzung des historischen Materialismus in ihrem Zeitalter in Einklang zu bringen waren. Auf diese Weise kamen sie um die peinliche Tatsache herum, daß sich nichts in diesen Werken mit dem Kommunismus Stalinscher Prägung vereinbaren ließ. Wenn diese Kommunisten von unserem »kulturellen Erbe« salbaderten, dann meinten sie geistiges Gut, das sie zu verfälschen gedachten, die Hinterlassenschaft von Ahnen, in denen sie ihre bittersten Feinde gesehen hätten, wenn sie ihre Zeitgenossen gewesen wären. Die Kommunisten brauchten sie nicht wegen ihrer abweichenden Ansichten zu verurteilen, denn sie waren schon tot, und so wurden sie zu anerkannten Größen des Marxismus ernannt, so wie sie den Dichter Garcia Lorca heiligsprachen, der willkommenerweise von den Leuten Francos umgebracht worden war; wenn er am Leben geblieben wäre, hätten ihn die Kommunisten als katholischen Reaktionär angepöbelt.

Für Dante, Blake und andere war Gott ein wirkliches Sein – wie Karl Marx für Harry Pollitt. Ihnen nachträglich das Alibi zu verschaffen, daß sie nicht zur Zeit von Karl Marx auf den Schauplatz traten, also an antimarxistischen Umtrieben keinen Anteil hatten und mithin »historisch richtig« lagen, war eine gröblichere Verunglimpfung der Wahrheit, als sie nach Sibirien zu verschicken, wenn sie noch gelebt hätten.

Wenn wir uns nicht eingestehen wollen, daß Glaubensbekenntnisse vergangener Zeiten genauso echt, genauso wahr und wirklich sein konnten wie unsere eigenen, kerkern wir uns in unsere Zeitgenossenschaft ein und lassen uns aus früheren Zeiten nur von einem matten Abklatsch unserer selbst erreichen, statt von dem großen Licht derer, die besser waren als wir. Eine solche Einstellung zur Vergangenheit macht das Denken der Lebenden zu einer Strafanstalt mit Vorschriften und Verhaltensmaßregeln, die von der »geschichtlichen Notwendigkeit« diktiert sind und nicht nur unsere eigenen Gedanken gängeln, sondern auch rückwirkend noch die Vergangenheit verfälschen.

Bei den Zusammenkünften dieser literarischen »Gruppen« war mir genausowenig wohl wie im Umgang mit einigen Delegierten beim Madrider Kongreß.

Die Sozialkritik hatte die gewissenhafte Selbstkritik verdrängt. Der brave Mann mußte danach bestimmte allgemeinnützliche Eigenschaften besitzen: Fleiß, Haß gegen Unrecht, Reinheit, Genügsamkeit, kurz, Eigenschaften, die ihm völlige Hingabe an die Sache gestatteten. Was er nicht brauchte, war: Herz, Mitleid, Nachsicht, Demut, Wahrheitsliebe, persönliche Treue. Chalmers hatte mir einmal in Berlin von seinem Plan zu einem Roman erzählt, in dem alle anständigen, sympathischen Personen Kapitalisten waren und alle unangenehmen Menschen Kommunisten; trotzdem sollte gezeigt werden, daß die Kommunisten »im Recht« waren, weil sie »auf seiten der Entwicklung standen«. Das erschien mir jetzt als Gleichnis unserer Zeit, allerdings war die Moral davon genau das Gegenteil der Lehre, die Chalmers daraus ziehen wollte. Ich wußte es nun, ich hatte es immer schon geahnt: Es gibt keine »historische Richtigkeit«, mit der sich das Gute erreichen läßt, gleichviel wie es um die moralischen Eigenschaften der Anhänger bestellt ist. Wenn eine Sache nicht eine entsprechende Anzahl von Anhängern findet, deren persönliches Verhalten untadelig ist – ob man es nun mit persönlichen Maßstäben, Treue, Ehrlichkeit und Herz, mißt oder nach der Hingabe an die Idee – dann werden Grausamkeit, Haß und Lüge, die sich im Dienst einer Sache leicht rechtfertigen lassen, zu persönlichen Eigenschaften ihrer Anhänger. Die Fürsprecher der »Zweckmäßigkeit«, denen jedes Mittel recht ist, wenn sie nur ihr Ziel erreichen, haben es immer verstanden, die Leute zum Schweigen zu bringen, die eine Sache von mehr als einer Seite sehen können. Diese Zusammenziehung aller Ansichten und Richtungen in eine einzige Parteilinie war der Griff einer »toten Hand« nach den lebendigsten, ursprünglichsten und vielfältigsten Kräften in Kultur und Politik. Wo immer sich begabte Menschen in gutem Glauben und mit den besten Absichten zum Kommunismus bekehrten, verstummten sie – wenn sie nicht mechanische Stimmen wurden, Lautsprecher, wie die russischen Schriftsteller, die ich in Spanien getroffen hatte.

Seit ich von Oxford abgegangen war, hatte ich Tristan nicht mehr gesehen, den kummervollen, sanftironischen, zärtlichen Gefährten meines letzten Jahres, dessen weißes Gesicht mit dem rührenden Ausdruck und den verquollenen Augen an ein Lämmchen erinnerte. Aber ich hatte wiederholt von ihm gehört. Das Lamm hatte sich in einen Tiger verwandelt. Er war, nach dem Abgang von der Universität, der Kommunistischen Partei beigetreten – wie seine vier Brüder. Er war nach Amerika gefahren, hatte dort an Streikunruhen teilgenommen und einen Artikel darüber geschrieben; er war in Deutschland gewesen und hatte Gerichtsverhandlungen gegen Feinde des Regimes durch Zwischenrufe unterbrochen.

Im Herbst 1937 las ich auf einem Plakat in London, daß Tristan auf einer Versammlung des Jungkommunistenbundes sprechen werde. Vielmehr nicht Tristan sondern »Bill«, denn der Partei zuliebe hatte er seinen Vornamen geändert. Der Saal war ziemlich leer. Vor Tristan (oder Bill) sprach ein anderer Jugendführer, mit einem Glasgower Akzent, der seit den Tagen in Spanien seine Schrecknisse für mich noch nicht verloren hatte. Dann ergriff Tristan das Wort; er begann originellerweise damit, daß er gegen die Zuhörer loszog, weil nicht mindestens doppelt so viele da waren. Eine Schande sei das. Wie konnten wir Spanien helfen, wenn nur so wenige erschienen waren? Wir wollten junge Menschen sein? Unbehaglich rückten wir auf unseren Plätzen herum und versuchten, nach mehr auszusehen, aber niemand brachte das Wunder fertig, sich zu verdoppeln.

Diesen Feuergeist Tristan kannte ich noch nicht, dieser Bill war mir neu. Er werde uns jetzt einen Brief vorlesen, über den wir uns köstlich amüsieren würden, den typischen waschlappigen Brief eines Liberalen. Er verlas ein Schreiben, das ein Professor der Moralphilosophie in Oxford verfaßt haben konnte. Er habe die ethischen Fragen, um die es in Spanien ging, sorgfältig geprüft, schrieb der Mann, und soweit er feststellen könne, überwiege bei den Republikanern weitaus das Gute. Er lege daher einen Scheck über alles, was er entbehren könne, bei; das Geld möge für die Republikaner verwendet werden. Die Zuhörer waren vernünftig genug, sich über diesen würdevollen Brief nicht vor Lachen zu biegen. Als ich später mit Tristan sprach, fragte er mich: »Was glaubst du, wer den Brief geschrieben hat?« und beantwortete die Frage gleich selbst: »Mein Vater.«

Das nächstemal hörte ich von Tristan-Bill um die Zeit des Hitler-Stalin-Pakts. Mein Freund Philip Toynbee – ein Nachbar von Tristans Familie in Oxford – hatte in einem offenen Brief an eine Zeitschrift die Frage aufgeworfen, wie sich die Kommunisten nun zu verhalten hätten, da sie doch offenbar die neue russische Außenpolitik nicht länger mitmachen konnten. Bald danach fuhr er nach Oxford; im gleichen Abteil saß Tristan. »Guten Tag, Tristan, wie geht's?« Keine Antwort. Er wiederholte die Frage etwas lauter. »Ich kenne Sie nicht!« versetzte Tristan mit unbewegter Miene.

Die Verwandlung Tristans in Bill bildet ein anschauliches Beispiel für die Preisgabe des Persönlichen, die der verwerfliche Grundsatz der politischen Zweckmäßigkeit vom einzelnen verlangt. Tristan war konsequent und mutig, sein Verhalten war ohne Bruch, aber es zeugte von völliger Mißachtung aller persönlichen Gefühle. Er hätte erwidern können, Treue zu Menschen sei ein bürgerlicher Begriff. Aber diese Begründung hat einen Schönheitsfehler, denn sie setzt voraus, daß der Mensch seine Privateigenschaften ablegen kann und ganz und gar eine öffentliche Funktion werden. Aber das geht nun einmal nicht; man kommt nicht vom eigenen Innenleben los, und die Eigenschaften, die dem öffentlichen Wohl nützen können, werden zu schlechten persönlichen Eigenschaften. Der innere Mensch nimmt Schaden, mehr noch als Tristan, der nur ein düsterer Fanatiker wurde. Die schlimmsten persönlichen Eigenschaften gehen in den politisch richtigen Tugenden auf, aber schließlich durchsetzen sie den politischen Menschen, den Mann der Öffentlichkeit, mit Charakterzügen, die wir an Privatmenschen verwerfen.

Nach meiner Rückkehr aus Spanien, als mir die Lage des auf sich selbst gestellten Ichs immer mehr als die allgemeine Seinslage überhaupt erschien, experimentierte ich auch mit der Pschoanalyse. Wie der Marxismus enttäuschte mich auch sie, denn sie löste die Probleme nicht, deren Lösung ich suchte. Offenbar mußte ich mit ihnen selber innerlich fertigwerden und konnte nicht auf Hilfe von außen warten, damit sich die Wandlung vollzog. Immerhin bereicherte ich mein Wissen um die Erkenntnis, aus welchem Zeug unsere Träume und Erinnerungen geschaffen sind.

Damals faßte ich auch wieder erneutes Interesse am Malen, das mich früher einmal fast soviel beschäftigt hatte wie das Schreiben. In der Schule wünschte ich mir immer, daß es regne, damit ich nachmittags Stilleben oder Porträts malen konnte. Ich malte nie nach der Phantasie, denn ich wollte zunächst einmal die Fertigkeit erlangen, Gegenstände und Gestalten wirklichkeitsgetreu wiederzugeben; erst auf der Leinwand kopieren, dann träumen. Jetzt, mit neunundzwanzig, hielt ich es für möglich, daß ich Dichter und Maler zugleich sein könnte; ich wäre nicht der erste gewesen.

Ich beneidete den Maler um sein Leben – ein Leben mitten unter den Objekten seiner Kunst. Der Dichter hält keine Palette mit Worten in der Hand, in die er seine Feder taucht, die er mischt und auf das Papier aufträgt. Der Maler kann mehr in seinem Werk aufgehen als der Dichter, denn Malen ist auch Handwerk, äußere Arbeit mit sichtbarem Material, während Schreiben vorwiegend Gehirntätigkeit ist.

Ich kaufte also Leinwand, Farben und Pinsel und begann. Ich malte die milchblauen und pflaumenfarbenen Dächer, die man vom Fenster unserer Wohnung in Hammersmith sah. William Coldstream, Victor Pasmore, Claud Rogers und Graham Bell gründeten eine Kunstschule, die ich eine Zeitlang besuchte. Dabei lernte ich zweierlei. Erstens, daß man sich für einen Kunstzweig schöpferisch begabt fühlen kann, ohne das geringste Talent dafür zu besitzen. So banal es klingt, es ist schwer zu glauben, daß man ein Bild erdenken kann, ohne es jemals malen zu können. Zweitens lernte ich, was noch wichtiger war, daß man es immer nur in jener Kunst zu etwas bringt, in der man sich die größte Mühe mit den Einzelheiten gibt. Wenn ich malte, machten mich die Details immer halb verrückt. Wenn ich Prosa schreibe, halte ich mich ungern damit auf, einen Satz zu gliedern, das treffende Wort zu suchen, ja mich auch nur um die Grammatik zu kümmern. Nur in der Lyrik macht es mir Freude, umzuschreiben und nochmals umzuschreiben, ein Gedicht in mehrere Fassungen zu gießen, einen Entwurf ein Jahr oder länger liegenzulassen und dann wieder aufzunehmen.

Ich weiß heute, daß ein geheimer Zusammenhang zwischen meinen Malversuchen und meinen psychoanalytischen Experimenten bestand, eine Art Verschwörung der Motive. Merkwürdigerweise ging beides Hand in Hand mit dem Ende meiner ersten Ehe; sie waren nicht die Ursachen, sie halfen mir nur, den

Bruch leichter zu ertragen. Scheinbar hatten diese beiden Episoden wenig miteinander zu tun; einerseits wollte ich tief ins Innere zu den Quellen der Kindheit vordringen und wissen, wie ich wurde, was ich war, andererseits wollte ich mein Herz an äußere Dinge hängen. In diesem Sommer sah ich wie nie zuvor das Grün der Kastanienbäume, die Ockerfarbe der Mauern, von Blau und kaltem Grau gefleckt. Ich beobachtete gebannt das undurchsichtige Licht, wenn die Sonne auf Blättern oder der menschlichen Haut spielte, sah das durchscheinende Dunkel der Schatten gleich braunen und grünen Tümpeln aus Glas, durch dessen Kühle ich noch dunklere Schatten wie Felsen gewahren konnte, die Fundamente und Anker der Lichtflächen, die wie Papierdrachen in der Sonne schwebten.

Mit meiner ersten Ehe brach etwas in Stücke, das – wie mir heute scheinen will – niemals ganz gewesen war. Aber damals, im Jahre 1939, sah ich es nicht in diesem Licht. Was unsere Ehe auch zu wünschen übrig ließ, für mich war sie Mittelpunkt meines Lebens, einmalig, unersetzlich. Ich weiß heute, daß zwischen Inez und mir keine völlige Gemeinschaft bestand, aber wir achteten einander, wir schätzten und liebten einander, obwohl es nicht die Liebe war, die das Gefühl des Einsseins gewährt. Wir waren niemals ganz beisammen, und das machte die Trennung noch verzweiflungsvoller.

Wir führten ein Eheleben, gewiß, besser gesagt: wir spielten Ehe, spielten es fast wie Kinder, und so entgingen wir der Gefahr, daß sich in jedem von uns das wahre Ich erhob und dem andern gegenübertrat. Aber sie nahm mein Schaffen ernst und ich ihre Arbeit; für ihr Fach hatte ich zwar nicht allzuviel übrig, ihr Roman dagegen interessierte mich kaum weniger als mein eigenes Werk; und sie wieder wußte, als mein Stück *Gericht über einen Richter* einstudiert wurde, zu meiner

Überraschung ganze Stellen auswendig. Manchmal, wenn ich abends heimkam, blieb ich vor dem Hause einen Augenblick lang stehen, und der Gedanke, daß sie oben in der Wohnung war, berauschte mich; ich genoß die Freude und das Wunder eines anderen Lebens, wertvoller als meins.

Bald nach meiner Rückkehr aus Spanien kauften wir ein Haus in Lavenham in der Grafschaft Suffolk, das wir mit meinem Bruder Humphrey und seiner Frau Margaret teilten. Selten bin ich einem so lebensvollen Menschen begegnet, wie meine Schwägerin es war. Sie warf sich mit Feuereifer und dem Geschick der Berufsarchitektin auf die Ausstattung des Hauses. In Margaret Spender verbanden sich fester Wille und Unabhängigkeit eigenartig mit Sanftmut und Verständnis, und diese Mischung spiegelte sich auch in ihren Zügen; sie wirkte vierschrötig, schroff und ungestüm mit ihrem energischen, eher knochigen Gesicht und ihrem guten Wuchs, aber in ihren Augen wechselte manchmal die Helle des Frohsinns mit der dunklen Trauer des Mitgefühls, und oft konnten sie vor Begeisterung für ein neues Projekt voll liebenswertem Überschwang aufleuchten. Vielleicht barg ihr kurzes Leben ein Geheimnis, das Geheimnis, daß sie nicht so stark war, wie sie schien. Sie war einer jener Menschen, die sich in der leidenschaftlichen Liebe zu anderen, zum Leben selbst verzehren. In Suffolk verbrachten Inez und ich die glücklichsten Monate unserer Ehe, von unseren Reisen nach Paris abgesehen; in Frankreich trat bei Inez die ganze Sorglosigkeit und Ursprünglichkeit zutage, die in London gehemmt und unterdrückt schien. Solange unsere Ehe währte, war ich ganz besessen vom Haß gegen den Faschismus, von dem Gedanken an den Bürgerkrieg in Spanien, von der Sorge um Jimmy, und Inez bewies Verständnis dafür, Geduld und Teilnahme. Aber ich konnte ihr nicht Mut zusprechen, wenn sie Zuspruch brauchte. Sie hatte Angst, und die konnte ich ihr nicht nehmen.

Zuweilen verursachte ich ihr ganz ohne Absicht Kummer, weil ich sie zur Zeugin meines eigenen Alpdrucks machte. Kurz vor dem Kriege besuchte mich Ernst Toller, um ein Projekt mit mir zu besprechen, einen Aufruf der Prominenten an das Gewissen der Welt zugunsten der spanischen Republikaner. Er führte einen ganzen Koffer voll Dokumente darüber mit sich, war furchtbar aufgeregt und von seiner Wichtigkeit durchdrungen; er erzählte mir, daß er von Präsident Roosevelt und dem Erzbischof von Canterbury empfangen worden war. Toller lud Inez und mich zum Abendessen ein, spielte den galanten Herrn und war die ganze Zeit besonders aufmerksam gegen meine Frau. Er hatte etwas Faszinierendes mit seinen großen braunen Taubenaugen und seinem blassen Indianerteint. Zu meiner gelinden Überraschung fischte er eine Silberbrosche aus der Tasche und schenkte sie Inez.

Einige Tage später erhängte sich Toller. Ich las es in der Zeitung und war entsetzt. Als ich es Inez mitteilte, verzerrte sich ihr Gesicht vor Wut, wie ich es nie zuvor gesehen hatte, denn sie machte selten Szenen. »Du weißt, warum er sich umgebracht hat! Du mußt natürlich mit jemandem bekannt sein, der so etwas zu tun imstande ist! Das kann ich an dir nicht ertragen!« schrie sie und schleuderte die Silberbrosche in die Ecke.

Manchmal, wenn wir in verspielter Stimmung waren, sagte sie leichthin zu mir: »Ich hab' dich lieb und werde dich immer liebhaben, aber vielleicht lauf' ich eines Tages weg!« Unter Zärtlichkeiten, die eine solche Bemerkung umhüllten und milderten, fragte ich dann im gleichen Ton: »Für wie lange?« »Na, drei Jahre vielleicht.« »Kommst du danach zurück?« »O ja, ich würde immer wieder zurückkommen.« Solche Gespräche beunruhigten mich nicht weiter, obwohl ich wußte, daß etwas Wahres daran war. Es war, als sähe ich die Lichter einer Stadt vom Schiff aus, fern auf hoher See; alles zeichnete sich klar im Sternenlicht ab, aber das schöne, stille Bild hatte nichts gemeinsam mit der rauhen Wirklichkeit, die ich vor mir sehen mußte, wenn ich am hellen Tag dort ankam.

Als ich entdeckte, daß Inez einen anderen liebte, befand ich mich in der gleichen Lage wie damals, als mir Elizabeth ihre Verlobung mitteilte oder als Jimmy beschloß, nach Spanien zu gehen. Mich zur Wehr zu setzen, hätte geheißen, eine andere Treue fordern, als ich selber gab. Ich war eifersüchtig und machte Inez Szenen, aber ich verlangte von ihr nicht, gegen ihr Herz zu handeln. Ich hätte dazu die Gewißheit haben müssen, daß ich sie glücklicher machen konnte als jeder andere, und diese Gewißheit hatte ich nicht. Aber etwas anderes hatte ich, eine tiefer als diese Gewißheit gehende Zuversicht, daß die Liebe, wenn sie echt war, eine Wesenswandlung durchmachen konnte, aber mein bleiben würde, fortdauerte über die Gelübde hinaus, die wir so unbedacht auf dem Standesamt abgelegt hatten. Die Bindung zwischen zwei Menschen, wie ich sie sah, mußte sich dadurch rechtfertigen, daß einer den andern hinnahm, wie er war, und beide erkannten, was sie nicht waren und nicht werden konnten – eine Bindung, auf die Überzeugung gegründet, daß der Mensch Fehler begehen darf und sie dann richtigstellen kann.

Trotz alledem war ich furchtbar eifersüchtig. Inez hatte Angst, und ihr Verhalten trug nicht dazu bei, meine Zuversicht zu stärken; es gab Stunden, wo ich eine Beute der verdummendsten Wut und Eifersucht wurde. Statt, wie bei Elizabeth, die Unabwendbarkeit des Schrittes einzusehen, fühlte ich mich als Ausgestoßener und verglich das Glück, das ein von mir geliebter Mensch mit einem andern genoß, mit meiner eigenen

Zerknirschung. Das scheint ein Widerspruch zu dem, was ich vorhin gesagt habe, aber solche Situationen sind nun einmal voller Widersprüche. Eines Tages bemerkte ich, daß Inez eine volle Woche lang vergessen hatte, einen Brief an meinen Rivalen in den Kasten zu stecken, und statt mich darüber zu freuen, war ich entrüstet.

Wir trennten uns zu Anfang des Sommers 1939. Die Trennung glich zuerst dem Zustand eines Trinkers oder Narkotikers bei der Entwöhnungskur. Jeder endlose Tag schien das banale, ja gewöhnliche Wunder zu versagen, daß man einem anderen Menschen alles Glück des Lebens schenken konnte, wenn man nur sein Zimmer betrat. Was mir alles noch unbegreiflicher machte, war dies: Wenn wir einander begegneten, verstanden wir einander noch immer genausogut wie zuvor und stritten nie...

Ein größeres Verhängnis drohte der Ehe meines Bruders. Meine Schwägerin Margaret litt an einer unheilbaren Krankheit. Das Haus in Lavenham, wo wir zusammen wohnten, stammte aus dem sechzehnten Jahrhundert, die Fassade aus dem achtzehnten; in der Mitte des alten Hinterhofes stand ein Feigenbaum. Eines Nachts im August 1939 weckte uns ein gewaltiges Getöse. Der Feigenbaum war umgestürzt.

Margaret war meine Vertraute in diesen Monaten. Ausgemergelt und verkrümmt lag sie im Bett, die Knochen schienen sich wie Messer durch die dürre Haut zu bohren, aber aus ihren Augen leuchtete noch immer Zuversicht. »Ich liege hier«, sagte sie einmal zu mir, »und denke an den Urlaub, den ich mir nehme, wenn's mir wieder besser geht. Wir fahren nächsten Sommer nach Cornwall, und dann sitzen wir den ganzen Tag am Strand.« So lebhaft sagte sie es, daß ich die meereshellen Tage vor mir zu sehen glaubte wie wellenbespülte Kugeln aus blauem Glas, auf eine Kette aus goldenem

Sand gereiht. In meinem Kummer und mit ebenso verblendetem Optimismus antwortete ich: »Dann wird auch Inez wieder da sein. Ich möchte auf ein Vierteljahr nach Rom gehen und dann nach Paris, um mich mit der französischen und italienischen Literatur zu beschäftigen. Wenn ich ein stilles, unabhängiges Leben führe, wird sie bei mir bleiben.« Ich erinnerte mich an ihr Wort, daß sie immer zurückkommen werde; ich hielt es sogar für möglich, daß wir unsere Vereinbarung vom vorigen Jahr – sie hatte ihre Ferien mit meinem Rivalen verbracht – umkehren konnten und sie den Urlaub von der Häuslichkeit mit mir verbringen werde. Margaret berührte meine Stirn mit ihrer abgezehrten Hand, und in diesem Augenblick, als ich mein Mißgeschick mit ihrem Leid verglich, wußte ich, wieviel Egoismus in meinem Verlangen nach Teilnahme lag und in meiner Behauptung, daß ich unglücklich war.

Erstaunlich, daß sich Menschen ihres Egoismus' rühmen können, denn das Bewußtsein, ein Egoist zu sein, hinterläßt einen sauren Geschmack im Munde. Margarets Handbewegung, die so viel tieferes Leid verriet, rief mir die Richtigkeit der über die Jahre verstreuten Aussprüche ins Gedächtnis, die alle darauf hinausliefen, daß Unglück ein Zustand ist, auf den nur wenige Menschen Anspruch erheben können. Ich erinnerte mich an Audens Bemerkung in Oxford, wenn man verliebt und gesund sei und genug Geld habe, müsse man sich für glücklich halten.

Den zeitgeschichtlichen Rahmen für das alles gab Francos Sieg im Bürgerkrieg ab, das Münchener Abkommen, die Einverleibung der Tschechoslowakei. Das Ende der spanischen Republik war sinnbildhaft für das Ende einer Epoche; die beiden anderen Ereignisse bedeuteten den Beginn einer neuen Epoche, den Beginn des Krieges.

Mit dieser Epoche brach die Hoffnung zusammen, daß die Intervention von Gruppen, ja von einzelnen dem Schicksal unseres Jahrhunderts eine andere Wendung geben könnte. Der letzte Schuß, den die »Männer des guten Willens« abfeuerten, war die mutige Rede Duff Coopers, als er nach dem Münchener Abkommen zurücktrat. Die Gefühle und Gründe, von denen sich die Antifaschisten hatten leiten lassen, wurden jetzt von den demokratischen Regierungen im Kampf gegen Hitler übernommen. Die Presse beschwerte sich manchmal darüber, daß sich die antifaschistischen Schriftsteller, die sich 1936 und 1937 so hervorgetan hatten, jetzt verstockterweise uninteressiert zeigten, obwohl der von ihnen so laut begehrte Kampf gegen Hitler nunmehr aufgenommen war. Aber es verhielt sich nun einmal so: Die Antifaschisten hatten ihren Kampf verloren. Es war der Kampf gegen den Totalitarismus gewesen, der den Weltkrieg überflüssig gemacht hätte. Der Zweite Weltkrieg hat seine Helden hervorgebracht, in England vor allem die Flieger, die die Schlacht um Großbritannien gewonnen haben. Aber ihr Heldentum, in dem eine in der ganzen englischen Geschichte niemals verwelkte Tugend neu erblühte, war von anderem Schlage als der individualistische Antifaschismus der dreißiger Jahre.

Zuletzt hatte ich Manuel Altolaguirre auf dem Madrider Kongreß gesehen. Auf der Fahrt von Valencia nach Barcelona bemerkte ich, daß er keinen Koffer hatte, sondern nur eine Aktenmappe. Als wir in einem Dorf haltmachten, öffnete er seine Mappe; sie enthielt zwei Bändchen meiner Gedichte, sonst nichts. »Möchten Sie mir eine Widmung hineinschreiben? Sie waren nicht leicht aufzutreiben.« Ich fragte ihn, wo sein Gepäck sei. Er habe sonst fast nichts, sagte er. »Ich habe alles verloren, bei einem Luftangriff – bis auf meinen Frack, einen Zylinderhut und was ich anhabe.«

»Sie haben mir nie gesagt, daß Sie einen Luftangriff mitgemacht haben.« »Ich habe es niemandem gesagt. Ich schämte mich.« »Was ist denn geschehen?« »Über dem Fenster meines Zimmers ist ein Giebel. Eines Tages sah ich zum Fenster hinaus, und da begann die Gipstaube vom Giebel vor mir zu kreisen und laut zu gurren. Und dann war das ganze Zimmer kaputt. Ich blieb unverletzt. Das war alles.« »Was haben Sie dann getan?« »Ja, das ist es eben, deswegen habe ich mich geschämt, es zu erzählen. Mir fiel ein, daß die Casa de la Cultura einen Hilfsfond für ausgebombte Intellektuelle hatte, und da ich jetzt auch zu ihnen gehörte, ging ich gleich hin. Ich muß erwähnen, daß unter mir noch ein Dichter mit seiner Frau und seinen zehn Kindern wohnte. Als ich ins Büro kam, wartete der Mann mit seiner Familie schon, und da saßen sie nun auf zwölf Stühlen. Jeder von ihnen, von den Eltern bis zum Jüngsten, einem dreijährigen Kind, hatte den Arm oder das Bein oder den Kopf verbunden. Ich schämte mich so, daß ich davonschlich. Sie sind der erste, dem ich es erzählt habe.«

Nach dem Fall der Republik erfuhr ich, daß Altolaguirre mit dem großen Strom der Flüchtlinge über die Grenze zog. Über seinem einzigen Anzug trug er den Frack, der den Luftangriff überstanden hatte; er trug auch seinen Zylinderhut. Er hatte Platz in einem Wagen gefunden, überließ ihn aber bald einer alte Frau und ging mit den anderen zu Fuß über die Grenze. Als sie im Flüchtlingslager ankamen, umringten ihn die Bauern mit lautem Geschrei: »Aristokrat! Faschist!« Altolaguirre bekam einen Wutanfall, riß sich die Kleider vom Leibe und schmiß sie zu Boden. Nackt wurde er ins Lazarett geschafft.

Ich erzähle diese Geschichte, denn ich glaube, sie versinnbildlicht den Untergang des individualistischen Zeitalters.

5

Im Herbst 1942 meldete ich mich zur Freiwilligen Feuerwehr, die bald danach in Staatliche Feuerwehr umgetauft wurde. Ich hatte es nicht leicht, angenommen zu werden, denn meine Anmeldung war bereits zweimal abschlägig beschieden worden; vor der Einberufung erhielt ich den Befund: »Für schwere Arbeit untauglich«, aber es gelang mir, mich bei der ärztlichen Untersuchung von Kategorie C nach B umstufen zu lassen. Ich kam zur Feuerwache Cricklewood, einem Nordlondoner Bezirk.

Die Ausbildung, wie so oft beim Dienst in Kriegszeiten, versetzte den Menschen zurück in seine Volksschuljahre. Die Männer trugen Overalls, die aussahen wie Spielhöschen, mußten erniedrigende, oft lächerliche Befehle von Vorgesetzten entgegennehmen, in denen sie nicht selten Untergeordnete sahen, und wurden des Restchens Menschenwürde beraubt, das sie im bürgerlichen Leben ihr eigen genannt hatten.

Die Arbeiter neigten weit mehr als die Akademiker dazu, das alles als eine Herabsetzung zu betrachten. Für den »feinen Herrn« war diese vorübergehende, kriegsbedingte Lebensform nichts als eine Ergänzung seines normalen Bildes. Aber für den Chauffeur, den Maurer oder Dachdecker war dieser Dienst zu nahe verwandt mit seinem Friedensberuf und erschien ihm in manchen Fällen als eine Degradierung. Die Arbeiter und die Handwerker sagten immer »Herr« zueinander, um wenigstens ein äußeres Anzeichen aus dem »besseren«

Leben herüberzuretten, und rühmten sich gern ihrer schönen Posten vor dem Kriege.

Es war ein beschämender Anblick, wie diese gesetzten Männer, die alle mehr oder weniger ihre Eigenheiten hatten, auf den geteerten Schulhöfen der Ausbildungsstelle herumpurzelten wie Würfel. Es war ihnen alles neu und fremd, sie hatten noch keine Zeit gehabt, in der unpersönlichen Welt des Drills und des Dienstes eine kleine Welt menschlicher Beziehungen herzustellen. Was sie zusammenhielt, war die tiefe Überzeugung, daß ihre Arbeit notwendig war. Unausgesprochen stand ihnen immer das Bild von Luftangriffen vor Augen, bei denen sie Brände löschen mußten; dieser Gedanke lief wie ein Draht durch alle die untersetzten, schiefen, aufgedunsenen oder mageren, baumlangen oder zu kurz geratenen, mürrischen, geschwätzigen, langweiligen und lustigen Menschen und fädelte sie aneinander.

Häuser durch Sprengstoff dem Erdboden gleichzumachen, das erschien ihnen als etwas so Wohlvertrautes, ja Selbstverständliches wie Häuserbauen. Es »gehörte dazu«, auch das war »Arbeit«. Verglichen mit dieser Arbeit, erschien das ideale Ziel als etwas Theoretisches, Abstraktes; die Feindflieger gingen eben auch nur ihrem Geschäft nach, sie waren an der Arbeit genau wie sie selber. »Dazu ist er da!« sagten sie, wenn ein feindlicher Flieger eine Brandbombe abwarf, und: »Dazu sind wir da!«, wenn sie löschten. »Die haben geradeso ihre Befehle wie wir!« und: »Das gehört alles mit dazu!« war ihre Weltanschauung. Die Auslegung aller Ereignisse als zusammenhängender Arbeitsgänge reichte so weit, daß der Krieg nicht mehr als die große Auseinandersetzung feindlicher Mächte erschien, sondern als organisierter Betrieb mit straff verknüpften Abteilungen. Ein Kampfflieger, mit dem ich einmal im gleichen Abteil fuhr, sagte mit einem Blick auf meine Feuerwehruniform: »Wenn wir unsere Bomben ausklinken, tun mir die Burschen drunten immer leid, die das Feuer löschen müssen. Ihr habt doch die unangenehmste Arbeit!« Ein Feuerwehrmann fragte mich einmal: »Sie waren doch in Deutschland – was für Menschen sind das?« Und als ich mit der Antwort zögerte, beantwortete er selbst seine Frage: »Wahrscheinlich auch keine anderen als wir, das Ganze ist ihnen zuwider, und sie möchten am liebsten nichts mehr davon wissen, wie?«

Für mich gewann der Gedanke an Luftangriffe und Vernichtung niemals volle Greifbarkeit. Die Kurse über die verschiedenen Bombenarten waren wie Vorlesungen über die Hölle oder über die abgründige Schlechtigkeit des menschlichen Willens. Nach einem Vortrag über Giftgase und ihre Wirkung – wir mußten lernen, welche nach Fruchtbonbons rochen, nach Nelken und nach süßlichem Heu – versteckte ich mich eine halbe Stunde in einer Fernsprechzelle, fast gebrochen bei der Vorstellung, daß Menschen einander mit lieblich duftenden Gasen erstickten. Aber ich bewunderte die Sachlichkeit meiner Kameraden, mit der sie eine solche Situation hinnahmen, ohne links und rechts nach ihrer tieferen Bedeutung zu blicken.

Vormittags um elf hatten wir Pause, und alles lief in einen kleinen Laden zu einer Tasse Tee. Unsere blauen Overalls verbargen alle Mißbildungen und Alterserscheinungen, wir waren äußerlich gleich wie kleine Kinder. Aus dem Überanzug guckte der Kopf mit Specknacken oder eckigem Kinn, roter Nase, Bartstoppeln, Falten. Unter Geschrei liefen wir zum Tee, widerliche Zerrbilder mißratener Schuljungen. Wenn man einen von uns betrachtete, mußte man denken: »So wird der aussehen, wenn er fünfzig ist« – und dann gewahrte man, daß er wirklich fünfzig war.

Eines Vormittags war das kleine Lokal so überfüllt, daß ich auf mein »Vesperbrot« verzichtete und mich ein paar Männern anschloß, die vor einem Schaufenster standen.

Es war ein Leichenbestattungsunternehmen. Kreuze und Säulen, nicht aus Granit, sondern aus Ersatzstoff, grau und fahlgrün gestrichen, standen im Fenster. Die Gräber sahen aus wie Badewannen, mit Kunstkies gefüllt, ein Kreuz an der Stelle des Wasserhahns, und das Ganze war umrahmt von einer Einfassung aus Kunststein.

Ein Mann starrte unentwegt eines dieser Dinger an; es schien ihm zu gefallen. »Was kann so was kosten?« fragte er mehr sich selber. Niemand achtete darauf. Meine Kollegen hatten eine eigene Art, auf Bemerkungen nicht einzugehen, sondern mit einem nachsichtigen Schweigen zu erwidern und eine Frage nicht anzunehmen wie einen unliebsamen Brief.

»Ich möcht' gern wissen, was so was kostet!« wiederholte der Mann. Ich sah ihn an, bemüht, höfliches Interesse zu zeigen.

»Ob man das in Raten zahlen kann?« Noch immer antwortete niemand. Dann fragte einer in die Luft: »Was haben wir denn als nächtstes? Leitern?«

Ein anderer schrie: »Sprungtuch!« Das ging auf unsere gefürchtetste Übung, bei der wir vom Dach auf ein anderthalb Meter über dem Boden von vier Männern straff gespanntes Tuch springen mußten.

»Ich hätt' gern so was für meine Alte gekauft!«

»Hoffentlich ist der nächste Kurs drin. Draußen isses bitter kalt.«

»Meine Alte hätt' sich gern so begraben lassen!«

»Kinder, Viertel nach!« Alles lief in das Schulgebäude zurück. Ich blieb neben dem Mann vor dem Schaufenster stehen.

»Es is' ja sowieso egal! Wir haben ihre Leiche nie gefunden«, sagte er, sich abwendend. Und dann, mit einem Blick zurück: »Was so was wohl kosten kann?«

Nach der Ausbildung kam ich auf eine kleine Feuerwache in Cricklewood, bestehend aus vier Lagerhütten – Tagesraum, Schlafraum, Küche und Messe, Waschraum und Abort. Dazu kam noch die Garage für die Feuerwehrwagen und die Gerätschaften.

Die Tageseinteilung war einfach: Aufstehen um 7.30 Uhr, Frühstück um 8 Uhr, Hüttenreinigen von 8.30 bis 9.45 Uhr, Appell um 10 Uhr, Übungen von 10.15 bis 11 Uhr, wieder Saubermachen bis eins. Danach erhielt jeder seine eigene Arbeit, Geschirrwaschen, Wache und so weiter. Nachmittags hatte einer nach dem andern zwei Stunden frei, »kurzer Ausgang« hieß das, und da konnte man die Schaufenster von Cricklewood betrachten.

Im Tagesraum stand ein Billardtisch – wir spielten das sogenannte »Snooker« – an der Wand gegenüber ein Radio. Das Unterhaltungsprogramm des Londoner Rundfunks und das Klicken der Billardkugeln, das war Strich und Faden, nach denen achtundvierzig Stunden lang, wenn's nichts zu löschen gab, das Muster meines Lebens als Feuerwehrmann gewebt wurde.

Bevor ich mich meldete, fürchtete ich, alles werde wieder genauso sein wie in der Schule oder gar auf der Universität und sich die gleiche Befangenheit meiner bemächtigen, wenn ich nicht in allem so war wie die anderen. Aber ich fand meine Kollegen nachsichtig. Wenn einer »ausgefallen« war, betrachteten sie es nicht als Herausforderung, sondern als die Folge der Verhältnisse, aus denen man stammte. Sie lebten in einer Welt, in der sie ständig mit Mißgeschick, eigenem und fremdem, in Berührung gerieten, und führten alle ungewöhnlichen Eigenschaften auf leichtfaßliche Ursachen zurück: Der Mann sei als Kind hingefallen oder von der Leiter gestürzt; er habe einen Hausdrachen daheim; er habe ein paar Monate »gebrummt«. Das alles erforderte Mitgefühl und mußte taktvoll übergangen werden, wie die Fragen des Mannes vor den Grabsteinen. Dichten hielten sie für einen Zeitvertreib, mit dem man ab und zu ein bißchen Geld verdienen konnte, wie beim Preisausschreiben einer Zeitung. Das einzige, was ihnen gegen den Strich ging, war Streberei, der Wunsch, Vorgesetzter zu werden.

Ich erlebte einen peinlichen Augenblick, als ein Feuerwehrmann eine Zeitschrift mitbrachte, in der ein Gedicht von mir stand. Er zeigte es den anderen, und sie verlangten, daß ich es vorlas. Diese Aufforderung fand solchen Anklang, daß jemand sogar den Lautsprecher abstellte, der sonst nur bei klassischer Musik abgedreht wurde; die Billardspieler ließen sich zwar nicht stören, aber die anderen sammelten sich in der Runde. Ich kam mir vor wie damals in Oxford, als ich den Bilderstürmern Verse von Blake ins Gesicht rezitierte; ich las einfach mein Gedicht vor. Zu meinem Erstaunen machte niemand einen Witz. Einer sagte: »So wie Sie's lesen, kann man's verstehen, weil Sie nicht nach jeder Zeile aufhören. Wenn man's selber lies, versteht man's nicht, in der Schule haben wir gelernt, daß nach jeder Zeile eine Pause kommen muß.«

Wir hatten einen Mann bei uns, der immer mit verklärtem Gesicht herumging und uns religiöse Traktätchen aufs Bett legte. Er mißbilligte es tief, daß die anderen fluchten; er fand sie unmoralisch. Ich fragte einen Kollegen, was man von ihm hielt, und er sagte: »Der hat sein Steckenpferd, so wie Sie Ihres!«

Da wir achtundvierzig Stunden von den zweiundsiebzig im Tagesraum zusammen verbrachten, wurde unser Leben wie ein Tatsachenfilm, in dem jeder eine bestimmte Rolle hatte. Aber keiner spielte bewußt eine Rolle. Es war eben so, daß hier auf der Feuerwache das Herz, die Gutmütigkeit, der Humor dieser Leute zutage trat. Jeder stellte einen Charakter dar, zusammengesetzt aus seinen wirklichen Charakterzügen, die unter anderen Umständen vielleicht nicht sehr sympathisch gewesen wären, aber in dieser verständnisvollen Umgebung zur Geselligkeit beitrugen.

Die markantesten Typen waren die Feuerwehrmänner, die am längsten gedient hatten; die Sage von ihrer Bewährung bei Bränden hatte sich um sie gebreitet. Wahrscheinlich stammen bildliche Ausdrücke wie Feuerprobe oder Feuertaufe und andere Vergleiche aus diesem Bereich. Denn diese Männer, die den schwersten Blitzkrieg mitgemacht hatten, schienen irgendwie geläutert und in der Kameradschaft der Feuerwache wiedergeboren.

Da hatten wir zum Beispiel »Oma«; er murrte immer – die anderen ahmten seinen Tonfall nach – und verlor häufig den Kopf, aber niemals die Fassung. Von ihm wurde erzählt, daß er bei Bränden abhanden kam oder im Dunkeln planlos herumwandelte. Einmal wurde er von einer anderen Feuerwache, weit weg – sie war gerade beim Löschen –, aufgegabelt, als er in der Finsternis umherirrte, wahnsinnig anzusehen, wie Edgar auf der Heide. Ein andermal wurde er von einem herabfallenden Lichtkabel beinahe erschlagen. Und einmal verschwand er und mußte aus einem Keller befreit werden.

Die stärkste Persönlichkeit unserer Feuerwache war Bill, ein ungeschlachter Kerl, die richtige Großstadtpflanze, ein plumper Riese mit enormen Gliedmaßen. Seine zerflossenen Gesichtszüge sahen aus wie unter dem Vergrößerungsglas, sein Grinsen war ansteckend, seine Augen blickten wach und scharf. Er ging herum und brüllte jedem zu, den er traf: »Du zerbrichst dir zuviel den Kopf, das ist das Pech mit dir!«

Den Höhepunkt erreichte die gute Stimmung auf der Feuerwache, als Bill seine Flo heiratete. Aufnahmen des lächelnden Brautpaares, unter dem Triumphbogen aus den Äxten unserer vier Mannschaften stehend, bezeugten, wie schön alles gewesen sein mußte. Das große Ereignis lag erst kurze Zeit zurück, als ich auf die Feuerwache kam, und es wurden noch immer Witze darüber gemacht.

»Na, wie gefällt's dir als Ehemann, Bill? Bißchen anstrengend, was?«

»Och, gar nicht! Wir machen's ruhig, immer ruhig. Zweimal am Tag, das is' alles.«

Vor dem Kriege war Bill Lastkraftwagenfahrer; er hatte sich eine schwere innere Verletzung beim Heben zugezogen. Im Kriege bekam er Bauchfellentzündung – eine Folge seiner Verletzung – und wäre beinahe gestorben. Tiefernst, mit ausladenden Bewegungen seiner Pranken und gleichsam erleuchtetem Blick, beschrieb er, wie er im Krankenhaus lag und spürte, daß seine Seele den Körper verließ. Sie trieb an der Zimmerdecke dahin, schwebte dann in eine Ecke und kehrte schließlich zu ihm zurück.

Alle hatten ihn gern, aber sie hatten auch das Gefühl, daß man sein Wesen mit herkömmlichen Redensarten begreiflich machen mußte, zum Beispiel, daß er »ein guter Kern in einer rauhen Schale« war und »ein goldenes Herz« hatte. Was sie damit beschönigen wollten, war seine fast animalische Derbheit. Einmal kam ich in den Waschraum, als er sich wie wild einen Verband vorne herumwickelte. Er brüllte mir zur: »Sie trägt jetzt eine Binde, also kann ich auch eine tragen!« Dann stolperte er hinaus.

Cooky und Locke arbeiteten meist in der Küche, zwei Teiggesichter mit Zahnbürstenschnurrbart, beide klein und einer dem andern fast aufs Haar gleich. Sie rissen immer Witze miteinander und schienen sich um keinen Menschen zu kümmern. Zu dritt mit einem gewissen Buckfast waren sie die Seele der großen Weihnachtsfeier, die bald nach meiner Ankunft veranstaltet wurde. Da verwandelten sie sich aus Köchen in Elektriker und zogen Drähte durch den ganzen Tagesraum, bis überall Glühbirnen aus den Papiergirlanden hervorguckten.

Manchmal erinnerten mich die zwei an die beiden Gehilfen in Kafkas Roman *Das Schloß*. Sie waren unzertrennlich, immer voller Witze, machten sich überall nützlich und zogen alles möglichst ins Banale. Einmal gingen wir geschlossen auf einen Tanzabend in der größten Feuerwache der Umgebung, Willesden-Mitte. Gerade im schönsten Tanzvergnügen verschwanden die beiden. Das war gegen die Vorschriften, denn wir konnten auch von einer Tanzerei weg zu einem Brand beordert werden. Auf den Zehenspitzen schlichen sie an dem Wachtmeister vom Dienst vorbei in den Mondschein hinaus, den Finger auf den Lippen – offenbar glaubten sie, der Wachtmeister habe sie bemerkt. Arm in Arm trabten sie zurück zur Garage, sahen, daß der Wachtmeister nicht mehr da war, und verschwanden abermals ins Dunkel.

Zwei Stunden später kamen sie wieder auf den Tanzboden, die Gesichter sahen jetzt nicht mehr so käsig aus, ihre Augen leuchteten. Wenn sie einander ansahen, dann spiegelte sich in ihren eitlen, aber keineswegs frechen Spitzmausgesichtern das Schmunzeln des anderen. Als sie mich erblickten, wurden sie kafkaesker denn je. Einer links, einer rechts von mir. »Haben wir das Vergnügen mit Herrn Spender von Spender & Co.?« fragte Cooky.

»Aber, aber!« mißbilligte Locke. »Vom Warenhaus Marks & Spender, natürlich!« Und dann wirbelten sie davon, jeder ein Mädchen am Arm. Die beiden Mädchen sahen einander genauso ähnlich wie Cooky und Locke.

Ich unterhielt mich an dem Abend viel mit Oberfeuerwehrmann Abrahams. Er machte sich, wie immer, Gedanken darüber, was ein jeder tun sollte, und was nicht. Abrahams war ein streng orthodoxer Jude. Eines Nachts im Schlafraum wachte ich auf und sah ihn vor seinem Bett stehen, im Gebet. Er brachte sich selber das Essen in einer feuerfesten Glasschüssel mit und kochte es auf dem Gasherd. Die Leute sagten, sein Vater sei ein Rabbiner. Möglich, aber vielleicht war das nur eine von den vielen Erfindungen, eine der beruhigenden und völlig aus der Luft gegriffenen Tatsachen, mit denen sie ihr Leben umgaben, wie zum Beispiel, daß der Koch der nächsten Feuerwache Küchenchef des größten Londoner Hotels gewesen sei, oder daß man bei der Ausbildung einen Mann fünf Stockwerke tief die Leiter hinuntertragen mußte, oder: »In Rußland ist es so kalt – wenn man da pißt, kann man sich's in Stücken abbrechen.«

Als Abrahams hörte, daß ich auf eine andere Feuerwache versetzt werden sollte, wo ich mehr meiner eigenen Arbeit nachgehen konnte als in unserem Tagesraum mit dem Billard und dem Lautsprecher, lächelte er in seiner rücksichtsvollen Art und fragte: »In was arbeiten Sie?«

»Lyrik.«

»Sehr schön, da werden Sie es dort wahrscheinlich viel besser haben. Ich möchte auch ganz gern meinem Beruf ein bißchen nachgehen.«

»In was arbeiten Sie?«

»Realitäten.«

Er hatte gekräuseltes, glänzendschwarzes Haar, fast schwarze Augen, eine leicht gerunzelte Stirn und trug eine Brille mit dicken Gläsern. Sein Gesicht war sozusagen eine Verallgemeinerung des Jüdischen, ohne in den Einzelheiten ausgeprägt jüdisch zu sein: weder idealistisch noch plebejisch, weder orientalisch, noch lustvoll leidend, noch vergeistigt. Aus diesem Gesicht sprach schonungsvolle Sachlichkeit. Er war ein guter Vorgesetzter, denn er zeigte weder Geltungsbedürfnis, noch den Wunsch, sich hervorzutun, und behandelte jeden einzelnen auf eigene Art. Abrahams vertraute mir ruhig, aber bestimmt an, daß niemand auf der Feuerwache mit den Leuten so gut auskommen konnte wie er. Sehr naiv dachte er fortwährend an seine Beförderung und unterhielt sich mit großem Eifer darüber, ohne zu ahnen, daß er sich gerade durch diese einzige Schwäche die Sympathie der Leute verscherzte.

Ned litt an einem geheimen Makel: Er konnte weder lesen noch schreiben. Er brauchte deshalb nie das Dienstbuch zu führen. Sein energisches Gesicht war ausdrucksvoll, besonders die großen braunen Augen und der Mund, der einem gespannten Bogen glich. Weil er ein Analphabet war, war er der einzige, der seine Erlebnisse als Feuerwehrmann immer wahrheitsgetreu erzählte. Die anderen gebrauchten dabei Redensarten, die sie aus der Zeitung oder im Rundfunk aufgeschnappt hatten. »Kinder, da unten im Hafen, das war die reinste Hölle!« oder »Gerade da brach über uns der Teufel los!« – das waren die Formeln aus zweiter Hand dafür, daß sie durch einen Strom geschmolzenen Bleis hatten waten müssen, ein Funkenregen von brennendem Pfeffer auf sie niedergegangen war oder Fluten kochenden Tees sie überschwemmt hatten. Aber Ned hatte keine Schilderungen seiner Erlebnisse gelesen, deshalb konnte er sie anschaulich beschreiben.

Unser Vorgesetzter war Alfie, ein Mann von fünfundsechzig. Ich habe Alfie nie anders als erregt und gehetzt gesehen, und dabei hätte sein breites Gesicht so leicht vergnügt dreinblicken können. Ein aufgeregter Dicker ist ein besonders betrübliches Schauspiel. Alfie lebte in ewiger Angst, daß er mit seinen tüchtigeren, jüngeren Vorgesetzten, die ihn seit dem Kriege übersprungen hatten, in Konflikt geraten könnte; sie führten fortwährend neue Vorschriften ein. Seinen unmittelbaren Vorgesetzten, den Feuerwehrkommandanten von Willesden, nannte er immer nur den »Oberen«. »Kinder, wenn der Obere kommt, können wir was erleben!« sagte er jeden Morgen beim Appell.

Alfie, der arme Kerl, der vierzig Jahre lang einfacher Feuerwehrmann gewesen war, konnte sich einfach nicht daran gewöhnen, Befehle zu erteilen, statt sie entgegenzunehmen. In seiner Verlegenheit behandelte er uns als Gleichgestellte und gab uns Aufträge, die er am liebsten selbst ausgeführt hätte, oder er murrte über uns und stärkte seine Willenskraft, indem er sich dann und wann auf den »Oberen« berief. »Ich hab' das gar nicht angeordnet, Kollege, ich nicht. Mich geht das gar nichts an. Der Obere will das so haben. Wenn du's nicht tust, muß ich's ausbaden. Also, geh und mach schnell, ja?« Oder: »Einer von euch hat sich heute nachmittag nicht gemeldet. Da wird's was geben! Kinder, tut, was ich euch sage, sonst gibt's eine Strafmeldung, früher oder später! Und ein bißchen mehr Respekt könnt ihr schon vor mir haben, wenn ich etwas anordne. Alfie hin, Alfie her – das könnt ihr wirklich sein lassen ...« »Alfie hin, Alfie her« wurde eine stehende Redensart bei uns.

Die Altgedienten hatten etwas gegen Alfie auf dem Herzen. Sie lebten in einer engen Welt, deren Horizont das Feuerwehrkommando in Willesden war, und sie nahmen ihn daher todernst, während ich ihn nur rührend fand. Sie sagten, er sei falsch, und daran war etwas Wahres. Es zeigte sich daran, wie er immer vom »Oberen« sprach, dem das sicher nicht recht gewesen wäre. Auf der Feuerwache beschwerte sich Alfie manchmal bei einem Feuerwehrmann über einen andern. Er konnte zuweilen wirklich unangnehm werden. Aber sehr ungerecht fand ich es von den Leuten, daß sie es ihm übelnahmen, wenn er nachts oder beim Essen Alarm gab. »Das sieht dem alten Schwein ähnlich!« knurrten sie voll Wut, während wir alle auf unsere

Posten liefen. Ich fand das ebenso unbegründet wie ihre Abneigung gegen Abrahams, der sich nach Beförderung sehnte. Der ganze Sinn der Alarmübung bestand darin, daß sie nicht gerade stattfand, wann es einem jeden paßte. Alfie, in der Zwickmühle zwischen dem »Oberen« und uns, hätte zweifellos vom Kommandanten einen Rüffel gekriegt, wenn er Alarm nur gegeben hätte, sobald wir schon fix und fertig ausgerüstet waren.

Alfie gönnte sich keine Ruhe, er war immer auf den Beinen und versah die dreckigsten Arbeiten. Den ganzen Vormittag stöberte er im Tagesraum herum, mit Besen und Schaufel bewaffnet, fegte in den Ecken und unter den Gestellen, wo wir den Dreck hatten liegen lassen. Dabei murrte er dauernd. Und gerade das gehörte zu der »Falschheit«, die man ihm so übelnahm; niemand konnte einen Vorgesetzten leiden, der sich erniedrigte, und die Leute sagten, er tue das bloß, um uns unsere Nachlässigkeit vorhalten zu können, aber auch, weil er sich nur mit Besen und Schaufel wohlfühlte.

Ich wurde auf die Feuerwache Maresfield Gardens im Bezirk Hampstead versetzt. Da ich gleich daneben wohnte, konnte ich sehr oft nach Hause entwischen und mehr für mich arbeiten als vorher. Wir hatten ein paar bemerkenswerte Leute auf dieser Feuerwache, so den Romanschriftsteller William Sansom, dem ich meine Versetzung verdankte, dann Fernando Henriques aus Jamaica, einen Mann von ungewöhnlicher Lebendigkeit und Klugheit, und einige Orchestergeiger. Unser Vorgesetzter war wie viele Londoner Feuerwehrmänner ein alter Seebär, barsch und schlau, der den ganzen Tag herumzubrüllen schien, tatsächlich aber äußerst diplomatisch vorging. Mich behandelte er mit Nachsicht.

So angenehm die Stimmung auf dieser Feuerwache

auch war, es herrschte hier Cliquenwirtschaft und wenig Mannschaftsgeist. In Cricklewood hat es mir doch noch am besten gefallen, und heute will es mir scheinen, daß dort der Zufall eine Lebensform geschaffen hatte, die etwas von dem unkeuschen Mönchstum der Abtei Thelem besaß, wie sie Rabelais geschildert hat; auch für uns hätte, unter Alfies Zucht, der Wahlspruch gelten können: »Tu, was du willst!« Wir hielten eine natürliche Disziplin, die aus gegenseitiger Loyalität entsprang, denn – wie es bei Rabelais heißt – »wackere Menschen haben von Natur aus einen Hang zum Guten und eine Abneigung gegen das Schlechte: ihr eingeborenes Ehrgefühl«.

Im April 1941 hatte ich mich mit der Pianistin Natascha Litvin verheiratet. Wir hatten einander während des Blitzkrieges kennengelernt. Nach der Trauung verbrachten wir einige stille Wochen vor meiner Einberufung bei Freunden in der Grafschaft Kent. Wir arbeiteten beide fleißig, wir lernten einander gut verstehen und legten das sichere Fundament für unsere Ehe. Als ich das erstemal heiratete, litt ich an übertriebenem Schuldgefühl, der Nachwirkung all der gescheiterten Beziehungen, von denen ich hier gesprochen habe. Ich gab immer anderen oder mir die Schuld an diesen Fehlschlägen, denn als Fehlschläge sah ich es an – bis Natascha eines Tages zu mir sagte: »Von jetzt an wird nicht mehr von Schuld geredet. Es gibt nur dich und mich.« Das war der Glaube, die Suche nach der Einheit, die wir eins im andern fanden, und darauf gründete sich unsere Ehe.

Als ich bei der Feuerwehr diente, und auch während meiner Ausbildung, wohnten wir in dem Haus in Cricklewood, in das sich Bertha und Ella nach Ellas Verheiratung zurückgezogen hatten. Nataschas Klavier nahm fast den ganzen Wohnraum ein, und meine Bücher und Schriften füllten das übrige winzig kleine Haus.

Bertha und Ella betreuten uns mit der gleichen Fürsorge wie im Elternhaus. Es war eine seltsame Rückkehr in die Kindheit, in so veränderten Zeiten, nach so vielen Jahren. Wenn ich von der Ausbildung heimkam, oft sehr bedrückt, war es fast wie die Heimkehr aus der Schule, wo ich mich vor zwanzig Jahren so unglücklich gefühlt hatte. Berthellas Möbel stammten größtenteils von unseren Eltern, denn wir hatten ihnen alles Nötige für die Einrichtung ihres Häuschens geschenkt. Und dieses kleine Haus, in der Nähe der großen Rolls-Royce-Werke, glich einem Floß, das die Reste unserer Habseligkeiten aus der Welt vor der Sintflut trug.

Auch Berthella hatte sich geändert. Bertha war still geworden und viel milder, Ella war geduldig wie immer, sanft wie immer, und schien fremde Lasten zu tragen, wenn sie gelassen ihrer Arbeit nachging, Herrin im eigenen Haus. Jetzt trug sie noch eine Last mehr, die schwerste: ihr Herzleiden war unheilbar, und sie wußte es. Ella war das Wunder, an das die abgebrühte Gegenwart nicht glauben will: der wahrhaft gute Mensch. Bei Balzac und Dickens findet man solche unbegreiflich guten, edlen Charaktere, an denen die modernen Kritiker, bessere Kenner der psychologischen Theorien als des Lebens, bemängeln, daß sie Idealgestalten seien und von den Konflikten unberührt blieben, die eine Romanfigur erst wirklichkeitsnah machten. Ella schien völlig konfliktlos. In den ganzen zwanzig Jahren habe ich nie eine böse Bemerkung von ihr gehört, habe es nie erlebt, daß sie nicht willig jedes Opfer brachte, das verlangt wurde. Niemals strich sie ihre guten Eigenschaften heraus, sie erwartete keinen Dank, keinen Lohn. Was ihr gegen den Strich ging, war Unrecht, und sie hatte den Mut, ihre Meinung darüber zu sagen.

Gutsein erfordert Verzicht, und heute, wo man von der Verdrängung oft so spricht, als wäre sie schlimmer als die verdrängte Leidenschaft, erscheint uns deshalb der Gedanke fremd, daß es einfach gute, nichts als gute Menschen gibt. Wir hegen, vielleicht nicht ganz mit Unrecht, den Verdacht, daß Menschen, deren gute Eigenschaften berühmt werden, heimlich ihrem Geltungsbedürfnis frönen. Aber stille, demütige, unbekannte Güte, aus Verzicht geboren, die wenig oder keine Anerkennung findet, läßt sich auf solche Weise nicht wegerklären.

Zu Weihnachten kam die Familie mittags bei Ella zusammen, und ihr Mann, der Briefträger Frank, brachte den Trinkspruch aus. Mein Bruder Michael trug die Uniform eines Fliegerleutnants; seine Spezialität war ein Apparat, der Luftaufnahmen auf die Landkarten für Bombenangriffe projizierte. Auch Humphrey und Christine waren da; er war Heeresphotograph, und sie, inzwischen katholisch geworden, arbeitete in einem Ministerium. Jeder von uns war sich selber treu geblieben. Michael hatte es im Kriege sehr schwer, denn er durchschaute die völlige Unfähigkeit seiner Vorgesetzten und wurde dauernd befördert oder hinausbefördert; es war wie beim »Wettrennspiel« der Kinder: ich wußte nie, stand er wegen besonderer Tüchtigkeit ganz oben oder war er wegen Unbotmäßigkeit wieder auf der untersten Sprosse der Stufenleiter angelangt. Humphrey hatte immer Pech, wie es sich für den Familienjüngsten nun einmal von selbst versteht. Eines Tages sollte er Staatssekretärin Ellen Wilkinson bei der Vorführung eines neuen Segelflugzeugs photographieren – die Maschine stürzte ab, er und Ellen Wilkinson wurden verletzt. Gegen Kriegsende kehrte er von einem seiner regelmäßigen Bildflüge aus Deutschland zurück, geriet über England in dichten Nebel, kreiste stundenlang und landete schließlich blind, mit dem letzten Tropfen Treibstoff. Christine war immer in dienstlichen Nöten. Und was mich betraf – die Luftangriffe auf London hörten in der gleichen Woche auf, in der ich zur Feuerwehr kam, und die erste Bombe fiel 1944, zwei Stunden, nachdem ich aus dem Dienst geschieden war.

Michael fand im Kriege seinen lebenslangen Groll gegen Untüchtigkeit aufs schauerlichste bestätigt: so viele Menschenleben unnötig aufs Spiel gesetzt! Er war empört, weil Geschäftsleute, die die Lieferungen für die Luftwaffe hatten, hohe Stellungen erhielten und dann den Sachverständigen und der kämpfenden Truppe dreinredeten. Michael hatte die größte Hochachtung vor den Fliegern, die für ihn deutsche Stellungen aufnahmen, und eine fast abergläubische Scheu vor den Flugzeugen – »sie sind so empfindlich, daß notgedrungen etwas schiefgehen muß«. So wie er früher – auf seiner Everest-Expedition – die Religion der tibetanischen Mönche oder die Bräuche der Eskimos in Grönland respektiert hatte, so nahm er jetzt den Köhlerglauben der Flieger an Luftkobolde ernst.

Er sah hinter all der Menschen- und Materialvergeudung und der Unfähigkeit in der Leitung die große Torheit der Bombenangriffe, unter denen die Fundamente der Nachkriegswelt von Tag zu Tag abbröckelten. Über seine Luftaufnahmen gebeugt, sah er die Bilder der unermeßlichen Zerstörung, den Bombenteppich Europas, ahnte in den Methoden dieses Krieges das Ende der europäischen Kultur. Michael kam bei einem Flugunfall kurz nach dem Kriege ums Leben und liegt in Mönchen-Gladbach begraben.

Meine Großmutter, uralt, älter als Bernard Shaw, wurde nach Oxford in Sicherheit gebracht, wo sie in einem Hotel, in sehr viel kleinerem Maßstab, das gleiche Leben führte wie in London, oft selbst ihr Zimmer aufräumte und im Winter zur allgemeinen Bestürzung nicht heizen wollte. Ich besuchte sie einmal bei bitterster Kälte. Sie erwartete mich an der Autobushaltestelle im Schnee. Wir gingen ins Hotel, mußten aber gleich wieder umkehren, um ihren Pulswärmer zu suchen, den sie auf der verschneiten Straße verloren hatte; wir fanden ihn übrigens nicht mehr. Als wir schließlich im ungeheizten Hotelzimmer saßen, fragte sie mich zu meiner Überraschung, ob ich eine Tasse Tee wollte. Ich bejahte eifrig. »Das ist schön! Ich dachte schon, daß ich ihn wegschütten muß. Weißt du, heute früh brachte mir das Mädchen eine Tasse Tee, aber ich konnte ihn nicht trinken.« Sie holte aus dem Spind eine Tasse halbgefrorenen Tee und fragte, ob ich eine Kuchensemmel wolle. Vorsichtshalber lehnte ich dankend ab.

Dann begann sie über unsere Familie zu sprechen. Es war wie ein lauterer Strom der Wahrheit, die sie allein kannte, und ich überlegte mir, wie doch ihr Leben auf reinere Quellen und Ursprünge zurückging als das Leben meiner haltlosen, zersplitterten, entarteten Generation, die soviel von sich hielt und sich wunder was darauf zugute tat, daß sie sich von den Vorurteilen und Verdrängungen früherer Generationen freigemacht hatte. Ich erinnerte mich damals, wie ich als Neunjähriger meinen Urgroßvater, Sir Hermann Weber, besuchte, der als junger Mann aus dem Rheinland in die Heimat Shakespeares übergesiedelt war. Mit abgeklärter, strahlender Miene zeigte er mir seine Sammlung griechischer Münzen – Ähren und Minerven, auf dicke Goldscheiben geprägt –, einige werden jetzt in der Hermann-Weber-Sammlung im Britischen Museum verwahrt. Dann schenkte er mir ein funkelnagelneues Zweieinhalbschillingstück. Am 11. November 1918, dem Tag des Waffenstillstands, kehrte er von seinem gewohnten Vormittagsspaziergang zurück und starb friedlich, am Tage des Friedens, in seinem Lehnstuhl. Dieses Ende hatte etwas eigenartig Stilgerechtes, denn es fiel zusammen mit der Stunde, in der ein Zeitalter zu Ende ging; es war, als hätte sich die ältere, reinere, gläubigere Generation, die er verkörperte, still zum Grabe gewandt, hinweg von dem Zerfall der Jahre, die da folgten. Und ich blickte zurück, den kristallenen Fluß aufwärts, im Herzen das Gefühl eines schweren Verlusts.

Manchmal, bei einem Luftangriff auf London im Jahre 1940, hörte ich einen Kampfflieger herunterdröhnen, und seine Bahn zeichnete ein Tal in das Gebirge der Luft, wo die Flugzeuge hausten. Dann beruhigte ich mich selber, indem ich mir einredete, daß in ganz London keine Häuser mehr standen und die Maschine über einer öden, in Dunkel gehüllten Tiefebene kreiste. Das Bild war tröstlich, denn es vergegenwärtigte mir, was für ein winziges Angriffsziel ich war, verglichen mit der Weite Londons. Dem Angriff preisgegeben war nur meine Angst.

Die Angriffe hörten auf oder ließen nach, allein das Bild des Flugzeugs, unheilvoll über der Tiefebene kreisend, in deren Furchen sich Menschen verbargen, läßt sich erweitern zu einem Konterfei der ganzen Zeit, der neuen Zeit, die nun begann und mit dem Kriege nicht ihr Ende nahm: die Zeit der Bedrohung und Beherrschung durch eine Politik, die ihre Macht aus der Technik holte. Das Flugzeug zog immer weitere Kreise in den Köpfen der Menschen auf Erden, aber der Flieger selber und seine Vorgesetzten und ihre Herren in der Regierung, sie alle, die Sieger und die Unterlegenen, wurden immer kleiner, bis sie keinen eigenen Willen mehr zu besitzen schienen, sondern Automaten glichen, die vom Kriegsmechanismus in Gang gesetzt wurden.

Es war bezeichnend für die Unterwerfung der Menschen unter die mechanischen Gewalten, die sie entfesselt hatten und gegeneinander ausspielten, daß mir Hitler als Mensch gleichgültig wurde, denn er hatte den

Krieg begonnen, aber er konnte ihm kein Ende machen. In seinem Kopf und in den Köpfen um ihn war alles wie verkleinert, denn er dachte nur an Geschehnisse, vor denen der einzelne zusammenschrumpfte – und dieses Geschehen konnte nur zu neuen Schlachten führen, zu einem Siege, der ein Verhängnis war für den Gewinner wie für den Unterlegenen. Das Unglück des einzelnen verlor an Gewicht vor dem Verhängnis, das über die ganze Kultur hereinbrach.

Wir saßen auf unserer Inselfestung gefangen und verfolgten benommen, wie nicht nur Armeen, sondern ganze Völker zum Spielball der magnetischen Gewalt der Machtmaschine wurden. Frankreich und die anderen Länder des Kontinents waren auch für Leute, die sie gut kannten, abstrakte Begriffe geworden, gedachte Himmelsstriche, in denen Unglaubhaftes geschah: Diktatoren an Drähten gaben deutsche Befehle weiter, und Deutschland, unabsehbare Rüstkammer der mechanischen Macht, schlang die Industrien, die Arbeitskräfte der anderen Völker in sich. Noch heute ist »das besetzte Frankreich« für mich nur ein Begriff, den ich nicht vor mir sehen kann, ein Angsttraum von Torheit, Verrat und vergeblichem Mut. Wenn mir heute ein französischer Freund von seinen Erlebnissen in diesen Jahren erzählt, habe ich das Gefühl, er könnte sich plötzlich in jemand andern verwandeln.

Ein erschütterndes Ereignis, das in diese Monate fiel, der Selbstmord Virginia Woolfs, beobachtete ich wie durch eine dicke Fensterscheibe: deutlich, aber völlig lautlos; so und nicht anders mußte es sein, wenn die Tragödie eines Menschen hinter der Glaswand der Tragödie der Menschheit sichtbar wurde.

Vorläufig blieb nur die Hoffnung, daß der entfesselte Strom der Kräfte zum Gegenstrom werden und gegen jene branden werde, die seine Schleusen geöffnet hatten, daß das Bombenpendel von uns wieder nach Deutschland zurückschwingen werde. Ein solches Eingeständnis aber war das Eingeständnis der geistigen Niederlage, denn es hieß bekennen, daß nur von der Gewalt noch etwas zu hoffen war, dem Mut der Verzweiflung nur mit verzweifeltem Mut begegnet werden konnte. So sprachen wir damals, und die Folge ist, daß wir noch heute so sprechen. Und damit haben wir die einzige wahre Hoffnung aufgegeben, auf die unsere Kultur noch bauen konnte – die Überzeugung des Menschen, daß seine inneren Kräfte das äußere Zeitgeschehen beeinflussen können und daß er für die Ereignisse verantwortlich ist, ob er es nun fühlt oder nicht.

Fortan unterstand das Schicksal des einzelnen mehr und mehr dem Schicksal der Allgemeinheit, das von niemandem gelenkt schien. Denn Lenken heißt einen Apparat einschalten, aber auch, ihn rechtzeitig abstellen können: Der moderne Krieg ist ein Apparat, der leicht in Gang zu setzen ist, aber er bleibt erst stehen, wenn er einen anderen Kriegsapparat zerstört hat oder von ihm zerstört worden ist. Lenken heißt ein Programm der Tat mit den Folgen der Tat in Einklang bringen. Jetzt waren wir so weit, daß große Völker fast alles, was sie hatten, für ein Vorhaben aufwandten, dessen Ergebnisse niemand absehen konnte. Das alles führte eines Tages zu Atombomben und Wasserstoffbomben, um den Westen gegen den Osten oder den Osten gegen den Westen zu verteidigen, zu einem sinnlosen Ringen zwischen Asche und Asche um eine Welt voll Asche. Denn im Verlauf dieses Ringens wird einmal der gewaltige »Produktionsapparat«, samt seinen kapitalistischen oder proletarischen Besitzern, samt den geheiligten Theorien dieser Klasse oder jener Klasse, so überholt sein wie seine eigenen Ruinen, wie die Lehren der Sterndeuter Babyloniens.

Was das Leben an Spielraum für geistige Werte und die Pflege des inneren Menschen noch freiließ, wurde für die Gesellschaft ein Anhängsel und für den einzelnen ein Nebengeleise. Am schlimmsten wirkte sich das auf den einzelnen aus, namentlich auf die jungen Menschen, die sich in eine Welt gestellt sahen, in der nichts, was sie unternahmen, dachten, schufen, den Ablauf der Ereignisse ändern konnte. Und gerade hier, auf der Walstatt des Denkens und des geistigen Lebens, wäre der Fehdehandschuh aufzunehmen gewesen. Denn es ist ein völlig unerträglicher Gedanke, daß Menschen, deren Geist die Werkzeuge der Zerstörung erdachte und deren Zielsetzung sie in Halbsklaven ihrer eigenen Maschinen verwandelt hat, nicht imstande sein sollen, die Ausgeburt ihres Gehirns ungedacht zu machen.

In dieser vom Schlangenblick der Macht gebannten Welt gab es dennoch zwei Unterströmungen, aus denen der Glauben an menschliche Werte sprach. Einmal das wiedererwachte Interesse für Kunst. Es sprang von selbst und ohne Getue empor, weil die Menschen spürten, daß Musik und Ballett, Dichtkunst und Malerei vom Sinn des Lebens und des Todes handelten, dem sie sich Aug in Auge gegenübersahen. Bei den Mittagskonzerten in der Londoner Nationalgalerie, bei Solistenabenden und Ballettaufführungen in der Provinz oder in den Betrieben saßen die Zuhörer hingerissen, als lauschten sie einer Botschaft. Diese Hingabe an das Unvergängliche war die einzige Antwort der Menschenseele auf den Krieg. Es war, mit einem Wort, das Überleben. Hier antwortete dem Zerstörenden im Menschen, das den Krieg geboren hatte, das Unzerstörbare im Menschen, die Liebe. Damit man nicht einwende, der Krieg sei das ewig Zerstörende und die Liebe das ewig Unzerstörbare, wiederhole ich: Der innere Mensch muß die äußeren Verhältnisse gestalten. Durch die vom Wege geratene Liebe, in der Gestalt des Nationalismus oder der Klassensolidarität – der sogenannten »kommunistischen

Liebe« –, werden die zerstörenden Kräfte unserer Zeit ans Licht gehoben. Und wenn wir auch allem dienen sollen, was zu Frieden und glücklicherem Leben verhilft, nur durch sein inneres Leben kann sich der Mensch zum einheitlichen Ganzen machen, statt ein Splitter zu sein, der einem anderen Splitter auf Leben und Tod gegenübersteht.

Bei einem Mittagskonzert in der Nationalgalerie wurde gerade ein frühes Beethovenquartett gespielt, Opus 18, Nummer 1, glaube ich. Mitten ins Scherzo donnerte eine furchtbare Explosion. Eine Zeitbombe war vor dem Gebäude auf dem Trafalgar Square losgegangen. Die Geiger setzten den Bogen nicht einen Augenblick ab. Ein paar Zuhörer, die mit geneigtem Kopf gelauscht hatten, richteten sich auf, dann ließen sie den Kopf wieder sinken.

Am besten kamen über die geistige Situation der Welt, die ein Opfer ihrer eigenen Macht geworden war, jene Schriftsteller hinweg, die sich dieser Zwangsjacke, der Beschäftigung unserer Zeit mit sich selber, zu entwinden wußten. Entwinden konnten sie sich entweder, indem sie – wie T. S. Eliot – ihre Aufgabe darin sahen, die Gegenwart in Beziehung zur Vergangenheit zu setzen, oder weil sie immergrüne Überlebende waren, erhalten geblieben aus dem Zeitalter der üppig gedeihenden, gutgedüngten und wohlgepflegten Individualisten, die in unseren Tagen immer größeren Seltenheitswert gewannen.

Die größte Schwäche der literarischen Generation der »Zerrissenen« war ihre Zeitgebundenheit. Sie hatten sozusagen alles auf die eine Karte gesetzt, daß zu ihren Lebzeiten eine Welt des Friedens und der sozialen Gerechtigkeit erstehen werde, und die Karte hatte verloren. Nun mußten sie das nächste Stadium ihrer Entwicklung mit der Suche nach einem neuen Standort verbringen, der vom Zeitgeschehen unberührt blieb.

Eliot war von allen Modernen am wenigsten zeitgebunden; er hatte immer in der Tradition das Nebeneinander von Vergangenheit und Gegenwart gesehen, gleichwie tausend Meilen voneinander entfernte Orte doch im Raum zusammen sind. Der Mensch in der Tradition war für ihn nicht der abseits stehende Erbe verzettelten Gutes, sondern ein Missionar, der aus dem Kulturland des Einst in das zersplitterte Land des Jetzt pilgerte. Seine Sendung war es, das geschlossene Ganze der Vergangenheit in der bruchstückhaften Gegenwart zu deuten und beiden verbunden zu bleiben. Dieses Zusammenhangsbewußtsein hatte seinen Nährboden im Glauben an die Unsterblichkeit der Seele. Für die Lebenden wie für die Toten war die Gegenwart eine Episode, ein Anfang und nicht die äußerste Grenze der Zeit, als die sie den Menschen immer erscheint.

Eliots Werk verhalf nicht zur Flucht vor der Gegenwart in die Vergangenheit, wie ihm zuweilen vorgeworfen wurde. Es stellte dem Zusammenbruch der Gegenwartswerte die ruhende, unerschütterliche Ordnung der Vergangenheit gegenüber. Sein Schaffen läßt sich von zwei Seiten betrachten: Bis zum *Wüsten Land* zeigte es, wie tief wir, die Geschöpfe unserer Zivilisation, in die Bruchstückhaftigkeit unserer Zeit verstrickt sind; von da bis zu den *Vier Quartetten*, daß wir der Ewigkeit verhaftet sind und darum frei von der Zeit. Hier wurde die Generation, die ihre Machtwerkzeuge nicht zum Guten gebrauchen konnte, belehrt, daß der einzelne, bei allen Pflichten und aller Abhängigkeit im Gemeinwesen, einer ewigen Ordnung der Dinge angehört, in der er nicht Geschöpf und Opfer seiner Zeit ist.

Edith Sitwell, die damals in den Vordergrund trat, hatte etwas von der zeitüberwindenden dichterischen Kraft, die Yeats eigen gewesen war, die Gabe, die unermeßlich bunte Vergangenheit heraufzubeschwören, Ägypten und Byzanz, die frühchristliche Mystik und das sechzehnte Jahrhundert. Sie dichtete in Langversen, deren bedächtiger Rhythmus wie ein Erntelesen in der goldenen Reife ihrer Bilderwelt war. So bewundernswerte Sachlichkeit auch aus der Glut dieser Dichtungen sprach – sie waren tief aus dem eigenen Leben geschöpft. Sie erregte in den Kriegsjahren Aufsehen, nicht nur durch ihre Lyrik, in der sie die etwas eigenbrötlerische Manier ihrer frühen Gedichte in dem tiefen Erlebnis der Gemeinschaft aufgehen ließ, sondern auch durch ihre Vorlesungen aus ihren Büchern, durch ihre Erscheinung, herüberragend aus einem besseren, reicheren Zeitalter.

Meine Frau und ich waren damals gut mit ihr bekannt. Ihre Züge schienen wie aus Alabaster geschnitzt, aus dem die schmalen Schlitze der Augen humorvoll, gütig, kühl und bekümmert, zuweilen auch verschlagen blickten. Sie trug imposante Kleider und großen Schmuck, ein Elfenbeinkreuz, einen Jadeanhänger, eine Goldgarnitur mit riesigen, prachtvollen Steinen wie aus einer Bischofsmitra. Im Äußeren wie im Gedicht war sie immer ganz ihr triumphierendes Ich, und doch immer über sich hinaus in das Leben anderer Menschen, anderer Zeiten reichend.

Sie war teilnahmsvoll und hilfsbereit, ihr eigenes Wohl hing mit dem Wohl ihrer Freunde zusammen, und ich hatte genug Beweise ihrer Großmut erlebt, um mich nicht darüber zu wundern, daß sie Jahre ihres Lebens der Pflege einer kranken Freundin geopfert hatte. Sie war auch voll Humor und sehr schlagfertig. Einmal nach einer Vorlesung aus eigenen Werken kam eine Dame zu ihr mit den Worten: »Ich wollte Ihnen nur sagen, daß mir Ihr letztes Buch recht gut gefallen hat!« Edith Sitwell sah sie wie aus weiter Ferne an, und bevor die Dame fortfahren konnte, fiel sie ihr schnell ins Wort: »Bitte, nicht! Sie dürfen mir nicht schmeicheln, ich werde sonst verwöhnt.« Ein andermal schrieb ihr eine Dame, sie habe ihr und ihren Brüdern etwas äußerst Wichtiges mitzuteilen: Sie hatte einen Geist gesehen, der, nach seiner Perücke und der Tracht aus dem achtzehnten Jahrhundert zu schließen, einer aus der Familie Sacheverell gewesen sein müsse. Sie wollte mit Edith Sitwell dringend darüber sprechen. Edith Sitwell antwortete ihr, sie habe sich sogleich mit ihrem Bruder, Sir Osbert, in Verbindung gesetzt, und sie seien zu dem Schluß gekommen, daß es sich tatsächlich um einen Sacheverell handeln müsse; er sei nach der Beschreibung leicht zu erkennen. Sie und ihr Bruder müßten sie jedoch dringend ersuchen, die Sache nicht mehr zu erwähnen, da sie eine alte Wunde berührte. Dann kam die Nachschrift: »Der Geist bringt jedem, der ihn erblickt, großes Unglück.«

Bei weitem nicht soviel genannt war Edwin Muir, dessen literarisches Schaffen ständig an Format gewann; er war vielleicht der einzige englische Dichter der Gegenwart, auf den Kafka einen günstigen Einfluß ausgeübt hatte, der nicht zur Manieriertheit ausartete. (Er und seine Frau Willa Muir, selbst eine begabte Schriftstellerin, haben Kafka ins Englische übersetzt.) Auch in Muirs Gedichten findet sich diese besessene Suche nach allen Verästelungen eines Themas, in der wohl Kafkas Größe liegt. Edwin Muir hat auch eine Autobiographie geschrieben, die in ihrer Art fast klassisch zu nennen ist.

Ich kam damals manchmal mit ihm in seiner Hampsteader Wohnung zusammen, später auch in Edinburgh, Prag und Rom, wo er einen Posten hatte, und lernte ihn immer mehr schätzen; die Jahre, die zwischen diesen Reisen lagen, taten unserer Freundschaft keinen Abbruch. Immer wieder staunte ich über die Reinheit der Zielsetzung in seinem Werk und seinem Leben, das einer Pilgerfahrt glich und nicht einem Umherwandern wie meins. Es war der Blick für das Ziel, der sein Leben auf häufig wechselnden Posten zu einer geistigen Gralssuche machte.

Nichts stand zu den dreißiger Jahren, der Zeit der Intervention und Nichtintervention, in stärkerem Gegensatz als die ersten vierziger Jahre. In den dreißiger Jahren wurde der Gedanke zu Grabe getragen, daß der Einzelmensch, der sich seiner Verantwortung bewußt ist, in die Geschichte seiner Zeit eingreifen kann. Fortan konnte der Mensch zu den Ereignissen, die seinem Griff entzogen waren, nur ja oder nein sagen. Die dreißiger Jahre, die so umwälzend schienen, waren in Wirklichkeit das Ende der liberalen Epoche, die letzte Gelegenheit für den liberalen Individualisten, sich für die Sache des Volkes einzusetzen. Die totale Aufrüstung der Zivilisation ertränkte alle Bemühungen des einzelnen in der Springflut der mechanisierten Macht.

Einige wenige sahen, was vorging. Zu ihnen gehörte H. G. Wells. Nach der Explosion der Atombombe über Hiroschima bekannte Wells – er lag bereits im Sterben – in einem Artikel, er habe den Glauben an den Fortschritt verloren, dem er sein ganzes Leben gewidmet hatte; er hielt den Fortschritt nicht mehr für selbstverständlich und fand die Welt mit einem Schlage gespenstisch verändert, als ob sich alles Geschehen abseits von der Weltgeschichte abspiele, als ob nun nichts mehr unmöglich und nichts mehr von Bestand sei.

Auch ein Gespräch mit dem Lyriker David Gascoyne, dessen Nerven damals stark überreizt waren, hinterließ mir einen ähnlichen Eindruck wie dieser Artikel von Wells. Es klang phantastisch, was Gascoyne sagte: Dem menschlichen Bewußtsein sei etwas zugestoßen, als die Atombombe fiel; die Wände um das Denken schienen eingestürzt, die Menschen sahen, daß sie dem Schicksal ausgeliefert waren, und begannen, ein Kollektivbewußtsein zu entwickeln.

In den dreißiger Jahren hatten einige wenige unter so vielen Blinden erkannt, daß die Überwältigung der Welt durch die Machtpolitik immer näher rückte. In den vierziger Jahren wurden sich die Menschen ihrer Situation bewußt, aber sie fühlten sich hilflos, so gut wie hilflos. Die Tragödie des dritten Jahrzehnts war die Verblendung der vielen, die Tragödie des vierten die Unfähigkeit einiger weniger. Aber vielleicht liegt die große Hoffnung anderswo als in der Richtung, in die zu blicken wir gewöhnt sind.

Man klagt heute darüber, daß der Nachkriegszeit der Optimismus der Zeit nach 1918 fehle. Aber was will das besagen? Das heißt doch nur, daß man sich heute nicht mehr soviel vormacht wie damals. Und das ist gut so. Denn die großen Illusionen nach dem Ersten Weltkrieg haben viel schuld daran, daß die Probleme des Friedens unlösbar geworden sind.

Heute hat man einen schärferen Blick für die Problemstellung und rechnet weniger zuversichtlich mit der Lösung. So aussichtslos das auch klingt, eines folgt daraus: Falls überhaupt eine Lösung gefunden werden kann, wird die Allgemeinheit bereit sein, große Opfer dafür zu bringen. Nach dem Ersten Weltkrieg setzte man alle Hoffnungen auf den Völkerbund, aber man dachte nicht daran, auch nur einen kleinen Teil staatlicher Souveränität preiszugeben. Heute würden viele Menschen gern etwas von ihren nationalen Rechten und Besitzungen opfern, an die sie sich immer geklammert haben – aber zu den Vereinten Nationen haben sie kein Vertrauen. Immerhin, die wichtigste Voraussetzung für eine Wandlung ist da, allgemeiner Realismus.

Im Oktober 1939 gründeten Cyril Connolly, Peter Watson und ich die Zeitschrift *Horizon*, deren erste Nummer im Januar 1940 erschien. Wir erhielten viele

Briefe von Fliegern, die in der Schlacht um Großbritannien kämpften, Zuschriften voll höchster Anerkennung, die uns beschämten und in Verlegenheit setzten. Und doch bedeuteten *Horizon*, *New Writing* und noch die eine oder andere literarische Zeitschrift für diese jungen Soldaten einen sichtbaren Ausdruck des Willens und der Kraft zum Überleben.

Ein junger Flieger, Gully Mason, schickte uns eine Schilderung aus dem Leben eines Bergarbeiters; wir nahmen sie an und luden ihn in die Redaktion ein. Er kam und erklärte etwas verlegen, sein Artikel habe vielleicht einen falschen Eindruck bei uns erweckt; wahrscheinlich hatten wir ihn für die Arbeit eines Proletariers gehalten, und tatsächlich habe er im Bergbau gearbeitet, aber die Grube gehöre seinem Vater. Gully Mason war ein hervorragender Schwimmer, Bergsteiger und Sportler überhaupt; er verkörperte die verheißungsvollste Gabe dieses Jahrgangs, die Verbindung sportlicher Tüchtigkeit mit feinstem Kunstverständnis. Er fand in der Schlacht um Großbritannien den Tod.

Tiefen Eindruck machte mir auch die sanfte Ruhe und Höflichkeit des jungen Piloten Timothy Corsellis, der sich gegen seine Versetzung zu den Kampffliegern gesträubt hatte, mit der Begründung, er wolle gegen die Zerstörung kämpfen, nicht selber zerstören. Er machte später Ozeanflüge und stürzte eines Tages ab. Ich wollte damals zum Luftschutz gehen, und Corsellis, der ein paar Wochen lang Luftschutzwart gewesen war, nahm mich in sein altes Büro mit.

In Erinnerung blieb mir davon nur, daß ich mich mit ihm in einer Bar in einer Seitenstraße von Piccadilly traf, wo er mit einem platinblonden Mädchen saß, und daß wir dann ins Büro des Luftschutzes fuhren, wo ich den Beamten vorgestellt wurde. Jahre später fand ich in einer Anthologie junger Kriegsdichter ein Gedicht Corsellis' an mich, das von unserer Begegnung handelte und mit den Worten schloß: »Nun seh' ich dich, ganz wie ich selber bin.« Das rührte mich ungemein, und ich begann verschiedene Entwürfe zu einem Antwortgedicht, aber niemals gelang es mir, die angemessenen Worte zu finden.

Zu uns in die Redaktion kam auch der berühmte junge Flieger Richard Hillary, der das Buch *Der letzte Feind* geschrieben hat; sein Gesicht war durch Brandwunden bei einem Flugunglück furchtbar entstellt. Es kam der Kanadier W. J. Sipprell, dessen blasses, längliches Gesicht mit den dunkelbraunen Augen seltsam an einen Jüngling aus einem Greco-Bild erinnerte. Es kam Michael Jones, der später bei einem Schulflug tödlich verunglückte. Er blieb in einer der furchtbarsten Nächte des Blitzkrieges bei mir; während der schwersten Luftangriffe ging er im Londoner Ostviertel herum, kam mit brennenden Augen zurück und schilderte lebhaft die Straßen, übersät mit Glassplittern wie Eiskristalle, die Brände, die einen großen Sonnenuntergang an den Himmel über der Sankt-Pauls-Kirche zeichneten, die Gebäude, die wie Kartenhäuser umkippten. Ich versuchte, das Andenken an diese Männer in Gedichten zu bewahren, denn gerade die Dichtkunst war es, was sie und mich verband, und deshalb kamen sie zu mir. Man darf wohl sagen: Der Dienst, den sie von meiner Generation forderten, war Schaffen, Weiterarbeiten.

Die Stärke der Zeitschrift *Horizon* lag nicht in ihrer künstlerischen oder politischen Richtung, sondern in der übersprudelnden Lebendigkeit ihres Herausgebers Connolly. Ich hatte Pläne für die Nachkriegszeit im Kopf, ich dachte an die Verteidigung der Demokratie, die Förderung junger Talente und so weiter und geriet etwas aus der Fassung, weil dem Herausgeber das alles nicht sehr am Herzen lag. Seine Leitartikel waren glänzend, eigenwillig, nicht immer ganz logisch und manchmal etwas unduldsam. Aber was er schrieb, klang wie eine Stimme, die Honigworte auf lateinisch sprach. Wenn ich mich seiner Schilderung einer Seeanemone auf dem Felsen, gesehen durch den Zerrspiegel der Gezeiten, erinnere, verstehe ich, warum er in Thurlstone in der Grafschaft Devonshire, wo die Redaktion 1940 ein paar Wochen lang untergebracht war, am Nachmittag in Sweater und kurzen Hosen loszog, mit Netz, Spaten und Eimer ausgerüstet, um sich auf die Steine zu setzen und in die seichten Tümpel zu starren, während er mit dem Netz im sandigen Grund herumstocherte. Connolly schilderte diese Fischzüge mit unnachahmlicher Mimik; er verwandelte sich geradezu in einen Krebs oder Hummer, der sich in den Felsspalten versteckt. Er ist vielleicht der größte lebende Meister der Parodie, die ihm zwanzigmal des Tages mit täuschender Liebenswürdigkeit von den Lippen fließt.

Ich fuhr mit dem Rad manchmal nach Salcombe, mietete ein Boot und segelte aufs offene Meer hinaus, eine Meile weit, genau gegenüber einer Mauer am Ufer, die die Felder trennte; dort ruderte ich in weitem Bogen umher, das Netz zum Fischen ausgehängt. Allein im Boot an einem Sommertag, wenn die Sonnenstrahlen, vom Wasser aufgefangen, mich wie Millionen grüner Flämmchen im heraufschimmernden Stein umgaben – das versetzte mich zurück in meine Knabenzeit, wo ich mehr als einmal hier gewesen war, aber die Fische, die ich fing, waren meist nicht viel wert, und Connolly, der Feinschmecker, verachtete sie.

Sein Grundsatz war, zu bringen, was ihm gefiel. In den ersten Nummern standen Arbeiten von jungen Neulingen, Laurie Lee, Francis Scarfe und anderen, die später zum Teil recht bekannt wurden. Aber *Horizon* sah seine Aufgabe nicht darin, dem Neuen vor dem Alten den Vorzug zu geben, eine Richtung zu unterstützen oder einer Partei zu dienen. Connolly war sprunghaft – abwechselnd arbeitswütig, begeistert, faul, interessiert und gelangweilt –, aber von seinen Ansichten ließ er nicht, er hielt leidenschaftlich und meist mit viel Verstand an ihnen fest; ungünstige Kritik nahm er mit einem Gleichmut hin, der mich in Erstaunen setzte, denn ich wußte, daß ihm, wenigstens im persönlichen Umgang, viel daran lag, ob er den Leuten sympathisch war oder nicht. Manchmal, wenn ich ihm das Gedicht eines Autors zeigte, dem man meiner Ansicht nach behilflich sein sollte, gab er es mir zurück und sagte: »Glaubst du, daß das jemand in zwanzig Jahren lesen wird?« Bei anderen Gelegenheiten konnte er auch weniger strenge Maßstäbe anlegen. *Horizon* war und blieb immer ganz er. Als Herausgeber war er wie ein Koch, der in jeder Nummer ein neues Gericht von neuem Geschmack serviert; manchmal war es dem Leser zu flaumig, zu süß, zu wenig gar oder zu schwer, aber er war auf den Geschmack nach mehr gebracht. Um es anders auszudrücken: Connolly liebäugelte sozusagen mit den Lesern und beteiligte sie gewissermaßen an seinen Stimmungen, seinen Neigungen, Launen und Phantasien, er gab ihnen großzügig von seiner Fülle ab.

Wir wandten uns an einige ganz berühmte Schriftsteller um Beiträge. Ein weltbekannter Autor überließ uns eine ziemlich umfangreiche Arbeit, die ihm durchaus keine Schande machte; sie wurde gesetzt, Connolly las sie in den Fahnen und lehnte sie ab. Einmal saß ich mit ihm im Restaurant, als ein Schriftsteller auf Connolly zukam mit der Frage: »Warum haben Sie den Artikel noch nicht veröffentlicht, den Sie vor einem halben Jahr von mir angenommen haben?« Connolly brauste auf: »Zum Drucken war er gut genug, aber nicht zum Veröffentlichen.«

Wir hatten unsere Redaktion zuerst in der Wohnung in Bloomsbury, wo ich mit Inez gelebt hatte. Mein langer, eingelegter Schreibtisch mit der schwarzen Platte wurde jetzt von der Sekretärin und dem Geschäftsführer benützt. Connolly saß im Redaktionslehnstuhl am Fenster, las Manuskripte, und blickte von Zeit zu Zeit auf, um nachzusehen, ob deutsche Flieger herüberkamen, denn damals gab es fortwährend falschen Alarm.

Am schwierigsten hatten wir es, einen Titel für die Zeitschrift zu finden. Soviel ich mich erinnere – Connolly scheint das anders in Erinnerung zu haben –, verfielen wir in der Verzweiflung auf *Horizon*, weil ich gerade in Gides *Tagebüchern* blätterte, in denen das Wort häufig vorkam. Als ich vor einiger Zeit mit Connolly über die Entstehung des Titels sprach, sah er mich lustig an und sagte: »Erinner' dich nur weiter, Stephen! Wenn du lang genug nachdenkst, wirst du draufkommen, daß du überhaupt an alles zuerst gedacht hast!«

Wir ließen ein paar Viertelseiteninserate in die literarischen Wochenblätter einrücken; einige hundert Leute füllten den Bestellabschnitt aus, der einen Teil der Anzeige bildete. Das waren die ersten Abonnenten. Ich lebte damals allein in der Wohnung, die unsere Redaktion geworden war, und morgens wachte ich auf, wenn die Briefe mit den Bestellscheinen und Postanweisungen für sechseinhalb Schilling durch den Briefkastenschlitz plumpsten. Es erinnerte mich an Virginia Woolf und die Anfänge ihres Verlags.

Die erste Nummer von *Horizon* mußte nachgedruckt werden. In Nummer 2 schrieb Connolly über die Aufnahme, die Nummer 1 bei der Kritik gefunden hatte: »Der Leitartikel ist wirklichkeitsfremd und verschroben, die Lyrik ist veraltet (ausgenommen Auden, der unverständlich ist), Priestley ist Priestley, Grigson ist boshaft, Bates ist Bates. Die erste Nummer enthält zuviel politische Artikel, ist langweilig und viel zu kurz. Oder aber: Die erste Nummer ist interessant, aber nur halbintellektuell und aufgetakelt – oder aber, der Inhalt wird gelobt, jedoch die Politik der Zeitschrift getadelt, beziehungsweise, daß sie keine Politik betreibt... *Horizon* ist voll äußerst anziehender Beiträge, aber – darf eine Zeitschrift voll anziehender Beiträge sein? Muß sie sich nicht für etwas einsetzen? Einem großen Ziel dienen? Irgendwohin steuern?« Eine Zeitung mit Millionenauflage hielt uns eine Gardinenpredigt, in der wir mit Huxley, Heard und Isherwood auf eine Stufe gestellt wurden, die nach Kalifornien ausgewandert seien, »um ihren Nabel zu beschauen«. Andere Kritiker warfen uns Rückfall in die zwanziger Jahre vor, und so ging das noch lange weiter, aber *Horizon* erlebte über hundert Monatshefte.

Im gleichen Leitartikel in Nummer 2 (Februar 1940) bezeichnete Connolly den »Weggang Audens und Isherwoods nach Amerika vor einem Jahr als das bedeutsamste literarische Ereignis des Jahrzehnts«. Das stimmte nur zu sehr; er bedeutete das Ende einer literarischen Richtung, und für sie bedeutete die Abkehr von England einen Wendepunkt. Man machte ihnen die bittersten Vorwürfe, weil sie England im Kriegsjahr den Rücken gekehrt hatten, und ihre Flucht trug dazu bei, die literarische Strömung der dreißiger Jahre in Verruf zu bringen. Aber diese Dichterschule war schon durch die Ereignisse bankrott geworden, und die einzige Frage, auf die es noch ankam, war, ob sie in Amerika Bedeutenderes schaffen würden als in England. Das muß die Literaturgeschichte später einmal durch Vergleiche feststellen. Was die Zeitgenossen betrifft, so sind ihre Vorwürfe gegen Auden und Isherwood haltlos, so sehr man es auch bedauern muß, daß Isherwoods Geschichten aus der Londoner Bombenzeit oder der Besetzung Deutschlands und Audens Gedichte aus dem England der Kriegsjahre ungeschrieben blieben. Daß man sich diese ungeschriebenen Werke überhaupt vorstellen und sie vermissen kann, spricht allein schon für die literarische Bedeutung dieser beiden Schriftsteller.

In den Jahren '47, '48 und '49 ging ich für längere Zeit nach Amerika und kam viel mit Auden und Isherwood zusammen. Auden wohnte in Greenwich Village, einem Viertel von New York, das wie ein Ableger vergilbten Londoner Stucks aussieht; die Straßen tragen Namen, nicht Nummern. Er hatte ein möbliertes Zimmer, das an seine Bude auf der Universität erinnerte: die gleiche Planmäßigkeit inmitten der Unordnung, als ob er Bücher, Papiere, Tintenfässer, Zigarettenstummel, Flaschen und Kaffeetassen herumliegen ließe wie Glasstückchen eines Kaleidoskops, die sich mit einem Ruck zum symmetrischen Muster vor seinem geistigen Auge ordnen würden. Er war nicht mehr so gut angezogen, sah etwas vernachlässigt aus, war viel stärker geworden, aber der Teint war rosig und das Haar sandfarben wie zuvor, und auch die eckige Lebhaftigkeit der Bewegungen war ihm geblieben. Sein Wesen schien vielleicht sanfter, aber auch entschiedener. Das Kreuz auf dem Kaminsims zeugte von seiner Bekehrung. Wie in Oxford waren die Vorhänge zugezogen, daß kein Licht hereindrang, was mir auf die Nerven ging, und als ich eines Morgens aufstand, schlug ich sie zur Seite, worauf sie zu Boden rasselten. Auden fuhr aus dem Schlaf auf und stöhnte: »So ein Blödsinn! Warum hast du sie weggezogen? Kein Mensch macht das. Und überhaupt gibt es in New York kein Tageslicht.«

Auden brachte sich in Amerika hauptsächlich mit Unterricht durch. Bei meinen Besuchen an amerikanischen Universitäten und High Schools begegnete ich vielen seiner ehemaligen Schüler und Kollegen. Zwei widersprechende Eigenschaften waren ihnen an ihm aufgefallen: seine durchaus konventionelle Einstellung zum dichterischen Text und zur Formtechnik – und seine große Originalität in fast allen Einfällen und Ansichten. Er lehrte im Bennington College Poetik und erwartete von seinen Schülern, daß sie die strengsten und ausgefallensten Versmaße und Strophen beherrschten; bei seinem New Yorker Kurs über Shakespeare bestanden die Prüfungsfragen vorwiegend aus Zitaten, die man auffinden mußte. Manchmal waren seine Zuhörer über seine Offenheit verblüfft, so zum Beispiel, als er auf der Universität Harvard eine Vorlesung über den *Don Quijote* mit der unverblümten Bemerkung eröffnete, daß er genauso wie sie alle das Buch niemals ganz zu Ende gelesen habe. Ich habe so abweichende Berichte über seine Aussprüche gehört, daß ich nur annehmen kann, er habe zuweilen einen verworrenen Eindruck hinterlassen, aber anregend muß es immer gewesen sein. Ich glaube auch, daß Auden auf die jungamerikanische Lyrik nicht ohne Einfluß gewesen ist; er hat als Lehrer wie als Dichter auf diese neue Generation der Neuen Welt eingewirkt, während in England nach seinem Abgang die Lyrik eigentlich in Verfall geriet – das geistige Bemühen, aber auch das technische Können der Jüngeren ließ nach. Auden, der geborene Belehrer, gehörte zu den Wegweisern seiner Zeit.

Seine Arbeitsweise hatte sich nicht geändert, wohl aber seine Denkweise, und das von Grund auf. Er hatte die Politik von sich gestreift. In New York erklärte er mir, in den dreißiger Jahren habe er fest daran geglaubt, daß die Gegner des Faschismus den Krieg verhüten könnten; als er seinen Irrtum einsah, entsagte er auch allen Anschauungen, die damit zusammenhingen. Das ging auch daraus hervor, daß er amerikanischer Staatsbürger wurde, denn in den USA konnte er niemals eine Rolle spielen, wie er sie als Antifaschist in England gespielt hatte; in Amerika blieb er ein Außenseiter, und über die Amerikaner sprach er immer wie ein unbeteiligter scharfer Beobachter. Sie wieder sahen in ihm den Ausländer und mißbilligten es, daß er typisch amerikanische Redensarten in seine Gedichte einflocht.

Seine geistigen Interessen galten jetzt der Theologie und der italienischen Oper. Wie er früher die Umwelt einer psychoanalytischen oder marxistischen Schablone angepaßt hatte, so sah er sie nun nach der christlichen Lehre. Aber jetzt hatte er sich einem Dogma unterworfen, das ihm seine Fehler vorhielt und nicht mehr nur dazu diente, anderen ihre Fehler zu verweisen. Der Anglikaner Auden fand nicht leicht zu gläubiger Kniebeuge vor den moralischen und ethischen Geboten der Kirche. Er fühlte sich ungewöhnlich frei von Schuld und Sünde; wenn er diese Worte gebrauchte, klangen sie in seinem Munde merkwürdig theoretisch. Meine prüde Erziehung hatte mir ein tiefes Schuldbewußtsein eingepflanzt, von dem ich mich in jahrelangem Ringen zu befreien suchte, und es berührte mich sonderbar, daß Auden von der Sünde als einer Geisteslage sprach, in die man durch die Beweisgründe der »Mutter Kirche« gebracht werden konnte.

Seine politischen Ansichten, soweit überhaupt vorhanden, waren konservativ, während meine kaum anders geworden waren, obwohl ich mich von der Politik abgekehrt hatte. »Natürlich, du bist ja ein Protestant«, sagte er mir einmal, als wäre damit die Frage endgültig entschieden. Und ein andermal: »Ich finde, du nimmst eben deine Gefühle zu wichtig« – ein Urteil, das berechtigt war, aber auch den Unterschied zwischen uns zeigte. Als er einmal viel ernsthafter als sonst mit mir darüber sprach, gab ich zur Antwort, ich sei selber schon zu dieser Ansicht gelangt. »Du hast recht«, sagte ich, »ich werde versuchen, mich zu ändern.« Da vergrub er den Kopf in den Händen und rief: »Ja, verstehst du denn nicht? Ich will doch gar nicht, daß du dich änderst. Warum nimmst du mich denn ernst? Ich habe geglaubt, du bist einer von den wenigen, die das nicht tun. Das ist das Schreckliche an den Menschen hier – sie nehmen einen ernst.«

Er beklagte sich darüber sogar in einem Interview, und es wird verständlich, glaube ich, wenn man nicht »ernst«, sondern »wörtlich« setzt. Er wollte mich durch Vernunftgründe zu einer geistigen Einstellung bewegen, die meinem Temperament nicht lag; ihn ernst zu nehmen und mich überreden zu lassen, daß ich mich ändern mußte oder ändern konnte, hieß ihn wörtlich nehmen und nicht ernst genug.

Ich konnte mich mit seiner ganzen Wandlung und Umstellung nicht abfinden. Als er von seinen Reisen in Deutschland 1929 nach England zurückkam, vertrat er die Ansicht, daß der Dichter im eigenen Land bleiben muß. In Amerika dagegen stellte er sich in einem Essay auf den Standpunkt, der moderne Schriftsteller müsse international sein (und womöglich unverheiratet); der Fall Henry James, die literarische Auswanderung eines Amerikaners nach Europa, liege jetzt umgekehrt: heute müsse der europäische Autor nach Amerika übersiedeln. So wurden bei Auden die eigenen Handlungen, Neigungen und Vorurteile gleich zum Dogma. Er fand auch, daß die italienische Oper höher stehe als die griechische Tragödie. Aber vielleicht waren diese doktrinären Ansichten nur Beispiele für den Ernst, der nicht ernstgenommen sein will, nur Hypothesen, auf denen seine Weltanschauung in einem gegebenen Entwicklungsstadium beruhte; und man soll Hypothesen nicht als absolut gültig betrachten, auch wenn alles davon abhängt. Seine Entwicklung bestand vornehmlich darin, von seiner eigenen Vergangenheit nur das gelten zu lassen, was ihm im Augenblick paßte. Das zeigte sich auch in seinem Werk. Gegen Kriegsende veröffentlichte er seine gesammelten Gedichte; sie waren nicht chronologisch, sondern alphabetisch, nach den ersten Zeilen, angeordnet, damit alle Spuren seines Werdegangs von Gedicht zu Gedicht ausgetilgt waren.

Aber wenngleich Audens Ansichten manchmal so jäh wechselten, wie das Bild in einem Kaleidoskop mit einem Ruck zu einem völlig unverwandten Muster übergeht – nur die Glasperlen und das Instrument bleiben gleich –, so war doch sein ganzes Leben in den zwei Jahrzehnten seit der Universität von einer Geschlossenheit, wie keiner meiner Freunde sie erlangt hatte. Da lebte er nun in New York, und in seinem Zimmer sah alles genauso kahl und einfach aus wie in Oxford. Er blieb einer einzigen Aufgabe verschworen, der Dichtkunst, und seine ganze Entwicklung vollzog sich nur in diesem Rahmen. Sein Leben war von Verstrickungen nicht frei gewesen, die mit der Literatur nichts zu tun hatten, aber sie hatten an seinem Leben nichts geändert. Wir andern alle, auch ich, hatten uns im Leben so verfangen – Laufbahn, Ehe, Familie, der Krieg –, daß uns eine große Kluft von unsrem Ausgangspunkt trennte. Sir John Squire hatte mir einmal prophezeit, ich würde eines Tages heiraten und darauf kommen, daß ein Sohn »mehr wert ist als vierhundert Sonette« – ich konnte den Gedanken jetzt nicht mehr mit einem Lächeln abtun. Auden hatte sich entwickelt und war doch der gleiche geblieben.

Er war mit Isherwood zusammen nach Amerika gefahren, aber dort hatte sich jeder die Gegend ausgesucht, die zu seinem Temperament am besten paßte, und nun lag der ganze Kontinent zwischen ihnen. Auden entschied sich für den Dunst und das feuchte Dunkel New Yorks mit seinen schroffen Gegensätzen, alten Häusern und wackligem Gemäuer, aus dem, wie aus einem verwahrlosten Hinterhof, Wolkenkratzer gleich Sonnenblumen zum Himmel emporschießen, wo die Luft voll Licht ist. Isherwood, mit seiner Vorliebe für Bronzehaut, Sand und Nacktheit, hatte sein Zelt in Santa Monica bei Los Angeles aufgeschlagen.

Im Krieg hatte er in einem Flüchtlingslager gearbeitet, das von den Quäkern geführt wurde. Er war Pazifist und gehörte zu der Gruppe um Gerald Heard und Aldous Huxley, die sich in den Buddhismus vertieft hatte. So bot Amerika in seiner Weite jedem, Auden wie Isherwood, die äußere Umgebung und die Möglichkeit der geistigen Entfaltung, die sie suchten, und das scheint mir für Amerika sehr bezeichnend. Isherwood lehnte die Sittenlehre der Kirche ab und fand in der Weda die alles umschlingende mystische Lehre, die den Menschen den asketischen Weg zur reinen Betrachtung führt, aber keinen verwirft und jede Wahl, die der Mensch trifft, gelten läßt. Es ging ihm gegen den Strich, daß die Kirche die Sünden, nach Kategorien abgestuft, verdammt; was er suchte, war zweifellos die Weltanschauung eines Romanschreibers, denn der Romanschriftsteller kann es sich unter allen Künstlern am wenigsten erlauben, ein dogmatischer Moralprediger zu sein.

In einer amerikanischen Anthologie fand ich eine Geschichte, die mir Isherwood schon in Berlin zu lesen gegeben hatte, *Das Eisenbahnunglück* von Allen Chalmers. Er hatte sie als Student in Cambridge geschrieben; sie stand stark unter dem Einfluß des *Ulysses* von James Joyce, aber sie hatte eine eigenartige ironische Kraft und lebendige Anschaulichkeit, die mir noch immer zwingend erschien. Vorangedruckt war ein merkwürdiger Widerruf, der festgehalten zu werden verdient: »Chalmers findet die Literatur, die einen dilettantischen Kult mit Gewaltmenschentum, Grausamkeit, Hemmungslosigkeit und sexuellen Akrobatenkunststücken treibt, in der heutigen Zeit besonders ungehörig und fehl am Platz – in einer Zeit, die die praktisch angewandte Grausamkeit von Bergen-Belsen und Dachau erlebt hat.« Mir erschien das als eine reichlich dilettantische Auffassung, verglichen mit den geistigen Kunststücken, durch die ein noch immer begabter Schriftsteller ein gelungenes frühes Werk verleugnete. Denn die Literatur ist ein Symptom des Zustandes der Gesellschaft, nicht ihre Krankheit; und wie gefährlich ist es, Symptome zu unterdrücken, weil sie in einem Zeitalter praktisch angewandter Grausamkeit unerwünscht scheinen, geht am besten daraus hervor, daß Hitler durchaus der gleichen Ansicht gewesen wäre, wie es selbstverständlich auch die Anhänger Stalins sind. Es kam von der Unterdrückung der Symptome in der modernen deutschen Literatur, daß die angewandte Grausamkeit, die sich hinter den Kulissen abspielte, neunzig Prozent der Kulturmenschen unbekannt blieb, bis Bergen-Belsen und Dachau ihre Lagertore öffneten.

In Amerika besuchte ich auch zwei andere Freunde, Elizabeth und Franz, die nicht weit von New York eine schöne Landwirtschaft mit einem weißgestrichenen Haus im Kolonialstil besaßen. Elizabeth fuhr jeden Tag in die Nachbarstadt, wo sie in einer staatlichen Irrenanstalt arbeitete. Die beiden hatten eine bewegte Zeit illegaler Tätigkeit in Österreich hinter sich, wo die Zustände immer ärger geworden waren, bis stündlich mit der Verhaftung ihres Mannes gerechnet werden mußte. Nach dem Anschluß gelang es ihnen, aus Österreich zu entkommen; sie wandten sich nach Frankreich, wo Franz als feindlicher Ausländer interniert wurde. Glücklicherweise konnte er noch vor der Besetzung flüchten. Bei Kriegsende gingen sie nach Paris und arbeiteten beim Hilfswerk. Jetzt, daheim in Amerika, erschien mir Elizabeth erfüllter und glücklicher denn je. Sie ging in ihrer Arbeit für die Geisteskranken auf, sie besaß die große Gabe, unter der Maske des Wahnsinns die individuelle Persönlichkeit zu erkennen. Ihr Leben, der Bewirtschaftung, den Freunden und dem Beruf gewidmet, war vollkommen geworden, und das erkannte jeder, der sie sah, als wäre es ein Zug ihrer äußeren Erscheinung. Ihre Selbstlosigkeit entsprang nicht aus Verzicht, aus Verleugnung, sondern aus der Fülle ihres Lebens.

Franz hatte es nicht leicht, und sein Leben hätte unter Umständen ein tragisches Emigrantenschicksal werden können. Die Ereignisse hatten ihn aus der Politik vertrieben, durch seine Ehe war er der Arbeiterwelt entfremdet. Er litt ohne Zweifel, und sein innerer Zwiespalt schaffte sich zeitweilig Luft in Krankheiten. Aber mutig sah er ein, daß das Scheitern seiner politischen Laufbahn ihm endlich die Möglichkeit zum Studium gab, und er verlegte sich jahrelang auf Geschichte und Staatstheorie.

Die zweite Strömung der Kriegszeit, die den Glauben an den Menschen und die menschlichen Werte verkündete – das waren alle jene, die da hofften, daß aus dem Kriege eine bessere Welt erstehen könne. Sie träumten davon, daß sich wohlgeplante Städte aus den Ruinen erheben würden, und hielten es fast für ein Glück, daß die Armenviertel von Bomben zerstört waren. Schönere Schulen, Gemeinschaftsräume, unentgeltliche Krankenfürsorge für das ganze Volk, das alles sahen sie nahen. Was sie nicht zu sehen schienen, war die Armut ohnegleichen, die da kommen mußte. Diese Plänemacher meinten, ein ungeplantes Gemeinwesen arbeite mit so viel Vergeudung, daß durch Planung sehr bald die Verluste des Krieges wettgemacht werden könnten.

Ich tat mit, obwohl ich mit Selbstmißbilligung feststellte, daß mir diese Pläne alle nicht sehr am Herzen lagen. Mit dem Kriege hatten sie nicht viel zu tun. England im Kriege zerfiel anscheinend in militärische

Realisten, die europäische Städte dem Erdboden gleichmachten, und in Plänemacher, die in Aktion treten wollten, wenn die Männer der Tat so viele Städte zerstört hatten, daß der Krieg gewonnen war. Diese Pläne hatten nichts gemeinsam mit dem Geist des Krieges, und ebensowenig konnte ich mir vorstellen, daß sie auf den Geist des Friedens irgendeinen Einfluß ausüben würden.

Nachts, während der Luftangriffe, wenn ich wachlag, mußte ich an die jungen Flieger hüben und drüben denken, denen beigebracht wurde, daß die Zerstörung einer Stadt eine abstrakte Präzisionsarbeit war, bei der es auf die Menschen, deren Heim in Trümmer ging, nicht ankam; ich dachte an die Jugend, die für das schonungslose Werk des Sondereinsatzes und der Fallschirmtruppe ausgebildet wurde; an die Großstadtkinder, die entweder den Bomben auf Gnade und Ungnade ausgeliefert waren oder aufs Geratewohl zu fremden Leuten in Sicherheit gebracht wurden. Soviel stand fest: Was immer die Regierungen vorhatten, im Frieden würde es darum gehen, eine systematisch demoralisierte Bevölkerung zu einem systematisch vernünftigen Verhalten zu zwingen; für Achtung vor dem privaten Eigentum oder Achtung vor den Rechten der Nationen und Gemeinwesen der Welt würde wenig Spielraum bleiben.

Was konnte bei diesem Kriege anders herauskommen als noch mehr Erbitterung, noch mehr Haß und ein allgemeines Warten auf neue Kriege, die allen Plänen ihren Halt nahmen? Der einzige Zukunftsplan, für den ich mich hätte begeistern können, wäre der Vorsatz gewesen, Deutschland ohne Aufschub als gleichberechtigtes Volk unter die demokratischen Völker aufzunehmen, sobald der Nationalsozialismus niedergerungen war. Aber dieser Plan, der auf die Erstehung eines friedliebenden Deutschland hoffen ließ, war undurchführbar, das wußte ich. Meine Illusionen, wenn ich noch welche hatte, wurden zunichte, als ich vor die Kommission kam, die geeignete Leute zur Arbeit in Deutschland nach dem Kriege aussuchte; ich hatte mich dazu gemeldet. Die Tätigkeit, um die ich mich bewarb, bestand darin, die Deutschen auf den Universitäten, durch die Presse und die anderen Organe der Aufklärung und Bildung mit unserer Politik vertraut zu machen. Einer der Prüfungskommissare fragte mich, was ich in Deutschland ausrichten zu können hoffe. Ich hielt eine kleine Rede, ich erklärte unter anderem, daß die deutsche Kultur oft genug stark international gefärbt war; nach dem Ersten Weltkrieg zum Beispiel sei in Deutschland der ausländische Einfluß in der Literatur, dem Theater und dem Film sehr sichtbar gewesen. Bedauerlicherweise, sagte ich, hatten diese ausländischen Einflüsse oft wenig getaugt und wirkten in deutschem Gewand noch wertloser, so daß in deutschen Köpfen ein schwächliches, angekränkeltes kulturelles Kosmopolitentum entstand statt eines lebenskräftigen internationalen Bewußtseins. Nach dem Kriege, sagte ich auch, müßten wir trachten, die deutschen Universitäten und die deutsche Kunst mit anderen Völkern in Berührung zu bringen. Worauf jemand erwiderte: »Verlassen Sie sich drauf, nach dem Kriege wird es keine Kultur in Deutschland geben!« Ich konnte gehen. Als ich ein paar Monate später nach Deutschland geschickt wurde, war es nur für ein paar Wochen und nicht für die zwei Jahre, für dich ich mich gemeldet hatte.

Ein paar Feuerwehrmänner hatten sich ein Kursprogramm für die Londoner Feuerwehr ausgedacht und wandten sich an mich, ob ich die Leitung einer Diskussionsgruppe übernehmen wolle. Der große Vorteil dieses Volksbildungsprojekts war die anspruchslose, einfache Art der Ausführung. Ein paar Dutzend Feuerwehrmänner – sie wurden dafür weder befördert noch vom Dienst befreit – trugen das Evangelium der Bildung unter ihre Kollegen. Wir zogen von Feuerwache zu Feuerwache und eröffneten Diskussionen über Rußland und China, Rechtswesen, Geschichte, Kunst und viele andere Bereiche.

Ich wurde Programmleiter der Abteilung 34. Jeden Montagvormittag kam ich mit den anderen Gruppenleitern zusammen, und wir besprachen das Programm für die nächste Woche. Schließlich wurden wir verstreuten Evangelisten vereinigt; die Gruppenleiter eines Distrikts kamen alle auf die Feuerwache in der Holland Park Avenue. So lernte ich die strebsamen oder abenteuerlustigen Teilnehmer kennen, die entweder aus Bildungsleidenschaft mitmachten oder um dem ewigen Gleichschritt des Dienstes zu entgehen. Das Projekt gelang, und sei es auch nur aus dem Grunde, daß die Feuerwehrmänner es satt hatten, ewig auf der Wache in Bereitschaft herumzustehen. Sogar ein Vortrag mit anschließender Diskussion bot Abwechslung, auch wenn ein paar Männer murrten, weil das Unterhaltungsprogramm eine Stunde lang abgeschaltet wurde.

Bei der Feuerwehr erreichte ich eines der Ziele, die mich den Kommunisten in die Arme getrieben hatten: die Welt des Arbeiters kennenzulernen. Die Bekanntschaft mit dem Arbeiter half mir allerdings auch nicht, eine der vielen Unverständlichkeiten des Kommunismus zu begreifen, den rätselhaften Glauben, daß das Proletariat eine hohe Tugend besaß, die – wenn einmal die Revolution vorbei war – alle Übel der Bourgeoisie durch eine klassenlose Gesellschaft zum Verschwinden bringen würde.

Zweifellos hat der Arbeiter eine ganze Reihe von guten Eigenschaften, die wahrscheinlich aus seinen

Verhältnissen entspringen – die beste vielleicht ist die ernste Lebensauffassung, die etwas ganz anderes ist als das Sichwichtignehmen. Die Leute wollten wirklich ein paar Fäden Wissen aus den verworrenen Strähnen der stückhaften Bildung abwinden, die alles waren, was wir ihnen bieten konnten. Sie sprachen gern von besseren, gerechteren Zeiten. Fortschritt bedeutete für sie nicht jenen Optimismus, der aus dem Glauben entspringt, daß der Mensch die Anlage zur Vollkommenheit in sich trägt, was jeder, der über die Erbsünde nachgedacht hat, als Illusion abtun wird. Für sie hieß Fortschritt: einige entscheidende Änderungen in ihren Lebensbedingungen und Arbeit für greifbare Vorteile wie bessere Wohnungen, bessere Erziehung ihrer Kinder. Ihr Mangel an Bildung kam nicht daher, daß sie in der Schule faul gewesen waren, sondern daß sie nicht die Schulen haben konnten, die sie gebraucht hätten. Ihr größter Wunsch war, daß ihre Kinder es besser haben sollten.

Manchmal erschien ich zu einem Vortrag, ohne mich vorbereitet zu haben. Ein Thema war nicht gegeben, und so ging ich nicht ohne Zagen daran, den Leuten zu erklären, wie sich gute Literatur von der schlechten unterscheidet. Die Natur und der Mensch, sagte ich, werden überall und zu allen Zeiten von jedem zum erstenmal erschaut, und der ist ein guter Schriftsteller, der in seinem Werk den unvergleichlichen Augenblick der ersten Einsicht in die Wirklichkeit bewahrt. Die Literatur, sagte ich auch, befreit uns vom Trott der Gewohnheit, mahnt uns an das immer neue Erlebnis des Daseins und bringt uns in lebendige Verbindung mit dem Vergangenen. Das war alles reichlich simpel und skizzenhaft, aber ich staunte, mit welchem Interesse sie mir zuhörten, wenn ich mich ihrer gewohnten Begriffe bediente, aus ihren Erfahrungen, ihrem Lebenskreis schöpfte. Die Armut, mitten ins Leben hineingestellt und voll Bemühen um den Sinn, neigt von Natur zur Religion, aber sooft wir einen Geistlichen zu unseren Diskussionen brachten, redete er von den Dogmen oder brachte kindische Beweise gegen die Naturwissenschaft vor.

Die Auffassung, die diese Feuerwehrmänner von ihrem Beruf oder, sagen wir, ihrer Ehe hatten, machte sie den Bessergestellten überlegen, die nur die Vorteile ihres Milieus ausnützen, um nicht nachdenken und sich nichts zu Herzen nehmen zu müssen. Aber von ihrer persönlichen Lage abgesehen, waren diese Arbeiter genauso kleinlich, habgierig, boshaft, egoistisch, pflichtvergessen und voreingenommen wie jede andere Klasse. Geht man fehl in der Annahme, daß sie, wenn ihnen die Möglichkeit geboten wird, etwas »Besseres« zu werden, genauso oberflächlich wären wie der von ihnen so beneidete Mittelstand?

Oberflächlichkeit ist das große Laster, dem hintereinander fast alle Stände, alle Klassen zum Opfer fallen. Nur die wenigsten erinnern sich, wenn es ihnen besser geht, an die unseligen Verhältnisse, in denen so viele andere noch leben. Schlimmer noch: Erfolgreiche Menschen vergessen sogar, daß ihr eigenes Dasein auf des Messers Schneide steht, und schließen die Augen vor Katastrophen und Tod. Lebensernst ist die Fähigkeit, des an einem Haar hängenden Schwertes eingedenk zu bleiben und die Annehmlichkeiten des Milieus nicht zur Flucht vor dem drückenden Bewußtsein zu mißbrauchen. Deshalb braucht man noch nicht humorlos zu sein. Man kann oberflächlich sein und doch keinen Humor haben. Zum Lebensernst gehört Humor, gleichwie nicht die reine Komödie noch die reine Tragödie dem Leben am nächsten kommen, sondern die Tragödie, in der die Komik nicht fehlt.

Die meisten Menschen sind nur unter dem Druck der Verhältnisse ernst. Es fällt mir natürlich nicht ein, zu sagen, daß die Armen lieber arm bleiben sollen, weil die Armut sie zu besseren Menschen macht. Aber es ist bestimmt falsch, anzunehmen, daß dem Proletarier seine guten Eigenschaften erhalten bleiben, wenn er nicht mehr einer unterdrückten Klasse angehört. Der Egoismus der Gewerkschaftler ist ein Beweis dafür: sie kämpfen um bessere Lebensbedingungen, aber sie kämpfen darum nicht nur mit den Reichen, sondern auch mit den Armen anderer Länder und mit den Farbigen. Der Kampf um ein besseres Leben muß Hand in Hand gehen mit dem Kampf gegen die Oberflächlichkeit, und der ist noch mühseliger als der politische. Denn er muß in jeder einzelnen Seele geführt werden.

In dem Haus in Maresfield Gardens hatten meine Frau und ich eine Dachwohnung, vier Zimmer mit schrägen Wänden. Im Erdgeschoß hatten unsere Nachbarn einen Raum in einen Luftschutzkeller umgewandelt, den wir mit ihnen teilten. 1944 flammten die Luftangriffe wieder auf, und wir schliefen dort, wenn ich dienstfrei hatte. Natascha, die damals ein Kind erwartete, blieb bei den Luftangriffen völlig gleichgültig.

Eines Nachts – während der Fliegerwarnung – hörten wir im Keller ein Sausen über uns, als käme ein Eisenbahnzug durch einen senkrechten Schacht vom Himmel, dann ein Gepolter, daß die Wände wackelten, einen dumpfen Fall und Glasklirren. Wir liefen in unsere Wohnung hinauf. Die Decke war eingestürzt und lag auf unserem Bett wie ein Laken aus Gips. Ich blickte aus dem Fenster und sah London unter mir, schwarz und still, da und dort loderten Brände, wie Feuerzungen, die vom Himmel auf das mächtige Florenz eines späten Botticelli gefallen waren.

Ich hielt Umschau, wo die Bombe niedergegangen war. Das Haus war keine hundert Schritt von uns entfernt. In der Dunkelheit und in der dichten Staubwolke, die durch die Explosion aufgewirbelt war, konnte ich nichts ausnehmen. Aber ich wollte unbedingt sehen, welchen Schaden der Luftangriff angerichtet hatte, und ging weiter; irgendwo brannte es, schon vom Fenster hatte ich es bemerkt.

Als ich den steilen Weg hinunterging, verlor ich mich in einem Labyrinth von Straßen, deren muffiges Schwarz einen Vorhang vor den Feuerschein zog. Im Gehen überkam mich das tröstliche Bewußtsein, daß die unabsehbare, undurchdringliche Weite vor mir, die London hieß, ein Kaninchenbau war, in dessen wirren Furchen und Gängen brütendes Leben verborgen saß. Wo immer die Zerstörung am Werk war – wenn die Wunde abgeschnürt wurde, floß das Leben durch andere Straßen, Gänge und Schächte weiter. Die Häuser mit den steilen Dächern und den schorfigen Mauern duckten sich wie unverwüstliche, stumpfsinnige Bauern unter der Peitsche der Nacht. Im Finstern hingekniet, schienen sie sich sicher zu fühlen, weil ihrer so viele waren, jeder einzelne unauffällig, unbemerkt, versteckt in der großen Zahl. Der Schmutz, der Mief und das Dunkel der Vorstadt – aus alldem sammelte sich eine geistige Kraft, die ungeheure Kraft, aus der zu anderen Zeiten glühende Visionen, in eine hausbakkene Philosophie gebettet, entsprungen waren: William Blake und John Keats kamen aus der Vorstadt, und aus der Vorstadt kamen auch die pöbelhaften Gestalten bei Dickens, die auf der Straße herumtanzten und im Laufen durch die Nase aufzogen. Es führte ein Weg zu Dickens und zu Blake von der Weihnachtsdekoration auf der Feuerwache, denn im Gewöhnlichen Londons liegt etwas von Leidenschaft, die jeden Augenblick in reiner Flamme auflodern kann.

Das Feuer war durch ein brennendes Gasrohr entstanden, irgendwo auf einem triefenden, leeren Platz, der wie eine verfallene Zisterne zwischen zwei Straßen lag. Die Leute aus der Umgebung standen herum und starrten in würdigem Schweigen in die Vernichtung. Um sie zuckten die blauen und goldenen Flammen.

Am Weihnachtstag 1945 starb meine Schwägerin Margaret. Über fünf Jahre hatte sie gelitten, aber in den Monaten zwischen den Anfällen lebte sie so aus dem vollen, sprach mit soviel Zuversicht über ihre künftigen Pläne, daß man glauben mußte, ein Wunder werde geschehen und sie wieder gesund werden. Aber das einzige Wunder, das geschah, war die Verwandlung ihres Glaubens an das Leben in den Glauben an ein Leben, das mit dem Tode nicht aufhörte. Darin wurde sie durch den ihr befreundeten Godfrey Mowatt bestärkt, der in seiner Jugend durch einen Unfall erblindet war und sein Leben den unheilbar Leidenden gewidmet hatte, die ins ihm so wohlvertraute Land der Verzweiflung eingegangen waren. An einem frostklaren Weihnachtstage starb sie, als die Spinnweben, auf denen der Tau gefroren war, an den Hecken vor den Fenstern hingen wie funkelnde Armbänder.

Ich blättere jetzt in meinem eigenen Buche und frage mich, ob es richtig war, das alles in der Ichform zu erzählen, statt einen autobiographischen Roman daraus zu machen oder einen »psychologischen Fall«. Roman und klinische Analyse erweitern unsere Kenntnis der menschlichen Persönlichkeit, aber sie bieten auch Schlupfwege, die wegführen aus dem unbarmherzigen Licht des Gewissens, das da sagt: »Ich bin ich.« Der autobiographische Roman aber ist eine Konvention, die Wahrheit über sich selbst so zu servieren, als ob niemand wüßte, um wen es sich handelt, eine Verschwörergemeinschaft mit dem Leser, der höflichst gebeten wird, sich selbst im Helden wiederzuerkennen. Und dann spazieren Autor und Leser in einem wie echt aussehenden Phantasiepark herum, in dem Stephen Daedalus (Joyce) und Marcel Proust zu Hause sind und versteckte Seitenpfade zum Kinsey-Bericht über das Sexualleben des Mannes führen.

Ich bin ich, der Held eines autobiographischen Romans, in dem der Held und die anderen Personen ihren wirklichen Namen und Charakter tragen; ich bin die Kurve auf dem Diagramm eines Seelenarztes, das ich an der Wand über mir hängen habe, aber trotzdem, gerade deshalb lege ich Wert darauf, zu betonen, daß ich Mitbürger und Mitmensch bin, meine eigenen Meinungen habe, Partei ergreife, Pflichten übernehme und selbst über öffentliche Angelegenheiten mitrede. Ich bin ein Mitbürger, der sich dagegen sträubt, als »sozialer Mensch« definiert zu werden, ich führe ein ehrbares, offizielles Leben nach außen und habe heimlich zwei Seelen in meiner Brust wohnen, den Romanhelden und den »psychologischen Fall«. Aber nur durch den einzelnen, der die Verantwortung für seine Zwiespältigkeit übernimmt, erhält die Vielfältigkeit der Gesellschaft die Einheit des Bewußtseins, in der die Gegensätze miteinander versöhnt werden.

Die Geschichte, die ich hier erzähle, hat mich von meinem achtzehnten Jahr, in dem ein innerer Kampf seinen Höhepunkt erreichte, zu meinem vierzigsten Jahr getragen. Meine frühe Kindheit war ungewöhnlich harmonisch, und vielleicht konnte ich deshalb in meinem ganzen Leben, trotz aller zerrenden Kräfte und Gegenkräfte meiner Natur, einen Kern von Ruhe und Glück bewahren. Mit achtzehn konnte ich meine Ideale weder mit mir selber noch mit der Welt in Einklang bringen; mich peinigte das Gefühl, daß nichts war, wie es sein sollte, voll, rein und ungetrübt.

In Deutschland und anderwärts versuchte ich, mein wahres Ich zu entdecken, indem ich gegen mein ideales Ich wütete; so ging ich Beziehungen zu Menschen ein, wie die Gelegenheit sie bot, aber ich blieb zu sehr Idealist, um sie nüchtern anzusehen.

Dann schien mir die Umwelt im Kommunismus einen Ausweg zu öffnen. Ich hörte mit einemmal, daß ich gar nicht ich war, sondern ein Produkt meines bürgerlichen Milieus. Wenn ich mich »auf die Seite des Proletariats« stellte und mich in ein anderes Milieu verpflanzte, würde ich »mit der historischen Entwicklung gehen« und von ihr nicht aufgegeben werden wie ein verlassenes Bergwerk.

Die marxistische Kritik an mir – manchmal öffentlich geübt wie in Caudwells *Illusion und Wirklichkeit*, manchmal durch den Mund des sozialen Gewissens in mir selbst sprechend – hielt mir vor, wie falsch es sei, mich als »abseits von der Gesellschaft« zu betrachten; alle meine Probleme wären gelöst, wenn ich »historisch richtig lag«.

Aber der Glaube, daß meine Freiheit als Mensch Stärke aus der Verbindung mit den »fortschrittlichen« Kräften ziehen konnte, war grundverschieden von dem Glauben, daß mein Leben ein Werkzeug werden müsse, dessen sich politische Führer bedienen durften. Ich erkannte, daß sich in dem großen Kampf um eine gerechtere Welt ein kleinerer abspielt, der Kampf zwischen dem einzelnen, dem die ewigen Werte im Sinn liegen, und jenen, denen alle Mittel recht sind, wofern sie nur ihre unmittelbaren politischen Ziele erreichen – sogar gute Mittel. Selbst im Kampf für eine edle soziale Sache hört die Pflicht nicht auf, für die Rechte des individuellen Gewissens zu kämpfen. Allgemeinheit muß es geben, aber der einzelne darf durch sie nicht aufgehoben werden, darf nicht aufgehen im Begriff des sozialen Menschen.

Es ist heute viel die Rede davon, daß wir zwischen West und Ost zu wählen haben. Vor diese Wahl gestellt, kann ich nur sagen, daß ich zunächst einmal weder

West noch Ost bin, sondern Ich, einer der Millionen Menschen auf Erden. Der Konflikt zwischen West und Ost an sich stellt den Menschen noch nicht vor eine moralische Entscheidung, wenn es nur ein Konflikt zwischen äußeren Mächten ist; einer moralischen Entscheidung bedarf es nur dann, wenn ich sie in meiner Seele zu fällen habe. Ich wähle nicht zwischen Amerika und Rußland, ich urteile über sie. Und wenn man es lächerlich findet, daß ein kleiner Mensch, ein einzelner über gigantische Mächte mit übermenschlichen Zerstörungsmitteln zu urteilen wagt, kann ich entgegnen: Gerade die Unermeßlichkeit der Zerstörungsmittel beweist, daß Urteilen und Beurteiltwerden diesen Mächten selbst nicht gegeben ist. Denn angenommen, sie erreichten das Äußerste und vernichteten unsere Kultur – die Überlebenden würden sie nach ein paar Erklärungen, einer Handvoll Gedichte, einem Dutzend Zeugnissen beurteilen, die sich aus den Trümmern erhalten haben, nach den wenigen Worten der Menschen, die über die angewandten Mittel hinaus sahen und hinaus über die Gründe, mit denen die Anwendung dieser Mittel gerechtfertigt wurde.

Nein, ich konnte nicht in eine soziale Situation flüchten, in der mein Dasein nur ein Produkt war und meine Zeugenschaft ein bewußter Zerrspiegel. Ich mußte ich sein, mußte wählen, statt gewählt zu werden.

Als ich jung war, strebte ich nach der idealen Richtigkeit des Lebens, in der ich mich moralisch geborgen fühlen konnte. Ich wollte mein ideales Ich sein, und ich erwartete von anderen, daß sie dem Idealbild entsprachen, das ich mir von ihnen gemacht hatte. Unvollkommenheiten, Zweifel, Fehlschläge, Schwächen bei mir und anderen schienen zu beweisen, daß weder ich noch die Welt so waren, wie ich uns wollte. Ich bildete mir ein, daß es Menschen gab, die durch ihre Reinheit und

Unschuld oder durch Selbstdisziplin und Askese oder durch ihr Eintreten für die allgemeine Sache Vollkommenheit erlangen. Aber dann erkannte ich, daß alles auf die Richtung ankommt. Der Mensch lebt in der Zeit, und darum kann er niemals vollkommen sein. Vollendung heißt: am Ziel anlangen und dableiben. Tatsächlich kommen wir niemals an, wir gehen nur, bis wir tot sind. Wenn wir ein Problem bewältigt haben, führt gerade die Lösung zu neuen Problemen. Es ist die größte aller menschlichen Selbsttäuschungen, daß es ein greifbares Ziel gibt und nicht lediglich die Richtung auf ein ideales Ziel. Der Gedanke, daß es ein erreichbares Ziel gibt, durchkreuzt ständig das Denken und Handeln des Menschen, denn Enttäuschung bemächtigt sich seiner, weil er niemals hinkommt und doch niemals stehenbleiben kann. Revolutionen und Kriege sind erzwungen, weil sich die Menschen einbilden, daß dies erreichbare irdische Ziele seien, wie für die Kommunisten der große Tag, wenn die Diktatur des Proletariats wegschrumpft.

Die Menschen werden durch die Tragkraft der Strömungen zusammengehalten, die auf gemeinsame Ideale gerichtet sind. Das Ideal ist ein gedachter Fluchtpunkt, der alle Gleichgesinnten an sich zieht, wie in der Perspektive der Renaissance alle Linien einem gedachten fliehenden Punkt zustreben. Die Richtung hat Kraft, weil der Mensch, der sich in ihr bewegt, nicht stillesteht; Richtung ist Bewegung, und Bewegung ist Leben. Stillestehen ist der Tod.

Diese Gedankengänge halfen mir, die Problematik der Kunst wie des Lebens zu begreifen. Was mich immer wieder beschäftigt hat, ist das Rätsel der dichterischen Form und der fundamentale Unterschied zwischen Poesie und Prosa. Man spricht zum Beispiel vom Sonett, aber man spricht dabei von etwas, das nie vollendet geglückt ist, und oft sind gerade die formstrengsten, regelrechtesten Beispiele nicht das letzte, was sich aus dieser Form machen läßt. Form kann also nicht allein in der strengen Beachtung der Regel liegen, sondern muß im lebendigen Material stecken, das sich in einer Schablone zu verwirklichen sucht. Wenn der Dichter den Sinn nicht einem ganz korrekten Reim zum Opfer bringen will, dann deutet gerade diese Weigerung den Reim stärker an, als das korrekte Wort es getan hätte. Denn in der Weigerung offenbart sich das Ringen um die Form, die Richtung und Bewegung und Willensausdruck ist und ihre Idealgestalt ahnen läßt, nach der und über die hinaus das Gedicht strebt. Auch der Unterschied zwischen Poesie und Prosa liegt in der Richtung der Sprache und nicht in der Zerlegung der Prosa in ihre poetischen Komponenten. Prosa ist eine Sprache, in der sich der Gedanke, das Ereignis, die Landschaft als Objekte ausdrücken, die unabhängig von der Sprache bestehen, und zwischen Autor und Leser herrscht die stillschweigende Vereinbarung, daß sich diese Objekte auch in anderen Worten darstellen ließen, weil sie von den Worten nicht abhängen. Aber wenn die Sprache Wortobjekte schafft, Objekte, die vom Wort unzertrennlich sind und nur durch das Wort bestehen, wird sie Poesie, in der kein Eindruck durch einen anderen Ausdruck vermittelt werden kann.

Meine Geschwister und ich wuchsen in einem Milieu auf, das ich »puritanische Dekadenz« nennen möchte. Der Puritaner nennt beim Namen, was er verdammt; die dekadente Prüderie hält schon den Namen für unanständig und tut, als ob das, was der Name deckt, nicht da wäre oder erst da wäre, wenn es genannt wird. Die Puritaner hatten strenge Gesichter, aber ihre Augen hatten das Leben erblickt. Die dekadenten Puritaner haben mit leerem Blick, Gesichter wie frühgealterte Kinder, die Gesichter von Menschen, aus deren Köpfen das Wissen um den Körper wegoperiert wurde.

Dem Sohn der puritanischen Dekadenz ist der Körper ein unsagbares Grauen vor unnennbaren Trieben, die ihn in seine eigene Welt sperren. Er wird hin- und hergezerrt zwischen der Sehnsucht, so zu sein wie die anderen, die in ihren Kleidern herumgehen ohne Verlangen, als hätten sie keinen Körper, und dem Bewußtsein, daß seine Schuld ihm den Körper wiedergegeben hat. In dem einsamen Dunkel meiner Jugendjahre malte ich mir eine reine, gesteigerte Freundschaft aus, die mir erlaubte, zu lieben und geliebt zu werden, eine Freundschaft, in der ich den andern erkannte, wenn ich mich erkannte. Aber diese geteilte Erkenntnis wurde in meinen Träumereien bald zu geteilter Schuld. Ich konnte ja nicht wissen, daß es andern genauso erging. Meine Einsamkeit kam daher, daß ich mich für einen Einzelfall hielt, und meine Sehnsucht war, einen andern Menschen ganz zu kennen, wie er mich ganz kannte. Es war eine qualvolle Entdeckung, daß diese Sehnsucht zwiespältig war, Verlangen nach geteilter geistiger Offenbarung und körperlicher Trieb zugleich. Dieser Gegensatz und Widerspruch machte mich einsam, denn was ich im andern Menschen finden wollte, war, daß er das Gefühl der geistigen Berufung besaß und zugleich die Sehnsucht des Körpers, wie ich. Wäre ich dessen gewiß geworden, ich hätte auch mich bemeistern können; aber ohne dieses Wissen gab es keine Selbstbeherrschung, nur die Raubtiere der Phantasie, die sich an dem Dunkel und der Leere in mir mästeten.

Die meisten Menschen sind wie unechte Kunstwerke, bei denen Nuancen vorgetäuscht werden, gewisse Stellen verwischt und verschwommen sind, Schwierigkeiten mit billigen Mitteln umgangen, und der Künstler, sofern er den Namen noch verdient, vor dem einmaligen Erlebnis in die Konventionen geflüchtet ist. Schon in meiner Jugend verlangte mich nach einem Menschen, der sich immer in Beziehung zur Unendlichkeit von Zeit und Raum sah und sich die Einsamkeit seiner geistigen Suche und die Ganzheit seiner körperlichen Natur eingestand. Und schon damals gewahrte ich, daß meine Altersgenossen Lügner waren, die ihre verborgenen Ängste nicht zugeben wollten, gewisse Fragen nicht stellten, weil sie es so von ihren Eltern gelernt hatten, und über das Drängendste mit einem verlegenen Grinsen hinweggingen.

Bei dieser kindhaften Suche bin ich geblieben, und wenn ich auch niemals den Menschen getroffen habe, dem Klarheit ein so brennendes Bedürfnis war wie mir, so konnte ich doch, Stück für Stück, aus Augenblicken des Glücks und des Kummers, aus Liebeserlebnissen und dem Tod mir teurer Menschen, aus Büchern und Bildern und Musik das ganze Begreifen der Seinslage zusammensetzen. Aber die paar Menschen, denen es ebenso erging wie mir, legten ihr Erlebnis in Büchern nieder, nicht im Gespräch; sie waren allein, daran erkannte ich es. Ich lernte bestimmte Formen des Humors, der Leichtfertigkeit sogar, als Ausdruck tiefsten Ernstes verstehen, und wenn ich hier das witzige Geplauder Virginia Woolfs, die Bosheiten Yeats' und die Trockenheit Eliots, die Gaukeleien Audens und die Possenreißerei Isherwoods gestreift habe, so berühre ich damit gerade das Gegenteil, die dem Wort entzogene Tiefe.

Menschliche Beziehungen können sich in zwei Landschaften abspielen, Identität und Polarität. Zwei Landschaften können einander gleichen, daß sie wie eine aussehen, oder einander ergänzen wie Berg und Tal. Gleich ist die Landschaft von Mann und Mann, Ergänzung die von Mann und Frau. Und wenn ich auch immer Sehnsucht nach der gleichen Landschaft trug, ich fand, daß die Beziehung von gleich und gleich zerstörende Kräfte barg. Es war Glück und Enttäuschung, in einem andern zu finden, was ich in mir selber fand, denn ich fand das Gute wie das Schlechte. Und wenn ich heute zurückblicke, sehe ich, daß meine Beziehungen zu Frauen das Bleibendste waren, denn in der Vereinigung der Gegensätze erhält sich immer das Rätsel des Unbekannten, das Mysterium.

Ein paar Wochen, bevor ich aus dem Feuerwehrdienst schied, kam ich zweimal zum Brandlöschen. Ein Kamerad, ein gewisser Matters, auch ein Diskussionsleiter, und ich wurden in ein Mietshaus in Kensington beordert, wo Feuer ausgebrochen war. Begleitet vom Löschmeister, stiegen wir mit der schweren Schlauchrolle die Treppe zum obersten Stockwerk hinauf. Wir öffneten ein Fenster und sahen ringsum die Flammen von unten emporschlagen. Der Löschmeister sagte zu mir: »Steigen Sie durchs Fenster aufs Dach, und richten Sie den Schlauch aufs Feuer!« Ich gehorchte, und er ging, aber vorher wandte er sich um und ergänzte: »Wenn Sie runterfallen, es sind nur siebzig Meter.« Kaum war er weg, als Matters hastig sagte: »Du, hör mal, du machst das zum erstenmal. Das ist nichts für dich. Laß mich hinaus und bleib da!« Er nahm mir den Schlauch ab und stellte sich aufs Dach; ich saß auf dem Fenstersims und beobachtete ihn. Flammen und Rauchschwaden hüllten ihn ein, als er in heldenhafter Haltung dastand wie der Feuerwehrmann auf einer Erinnerungsmedaille.

Als das Feuer gelöscht war, kehrten wir auf unsere Wachstube zurück und trieben uns in unseren Uniformen und schweren Röhrenstiefeln bei den Geräten herum, ein Gefühl der Gehobenheit und Erleichterung in der Brust, die merkwürdige Trunkenheit, die einen nach dem Brandlöschen erfaßt. Matters sagte: »Du hast dich gut gehalten, wo es doch für dich das erstemal war.«

»Na, weißt du«, sagte ich, »ich habe doch überhaupt nichts getan, als daß ich mit der Zigarette dasaß und dir zusah, wie du gelöscht hast.« Aber Matters, in seiner beschwingten Stimmung, übertrug den Ruhm, der ihm gebührte, auf mich. Er hatte keine Angst, dabei umzukommen, vertraute er mir jetzt an, denn er glaube an das Fortleben nach dem Tode, und im Jenseits werde es nichts geben, wovor man sich zu fürchten brauche; dann werde man »alles wissen«. Er sprach dann von seiner Ehe und was er nach dem Kriege vorhabe; es war ganz anders als seine üblichen Gespräche; das Feuer schien seine Seele erhellt zu haben, und die Worte, die er sagte, kamen von tieferher als sonst, wie das Blut der Schlagadern aus anderen Tiefen quillt als das Blut der Äderchen.

Wenn Fliegerwarnung war, warfen wir vom »Zug« uns in volle Ausrüstung und warteten auf den Befehl zum Ausfahren. Die Luftangriffe waren nicht schwer, aber der Lärm war furchtbar; er kam hauptsächlich von unserer eigenen Flak. Es hörte sich an, als ob ungeheure Bleiplatten langsam vom Himmel kollerten, und man konnte unmöglich zwischen Feindbomben und unseren Geschützen unterscheiden.

Zu den unangenehmsten Arbeiten gehörte es, wenn man während eines Luftangriffs vor dem Ausfahren hinaus mußte, um die Wasserbehälter zu füllen und bei der Pumpe zu warten. Dann sah man, wie unsagbar verlassen die Straßen waren, wenn der Widerschein des Geschützfeuers sie streifte; alles Leben schien von gewaltigen Springfluten hinweggeschwemmt. Allein in dieser aufgwühlten Leere zu stehen, war beunruhigender als ein Brand.

Auf der Feuerwache schlugen die Männer die Arme über der Brust zusammen wie Dreschflegel, um sich warm zu machen. »Wie kalt's auf einmal ist, was?« sagten sie. »Ja, ganz plötzlich.« Ich wunderte mich darüber, denn seit »unsere« Bombe niedergegangen war, zitterte ich unbeherrschbar, genauso wie die anderen, aber offenbar nicht aus dem gleichen Grund. Ihnen sei kalt, sagten sie, und offenbar glaubten sie es wirklich; keinem schien es einzufallen, daß nicht nur das Wetter daran schuld sein konnte. Sie dachten nur an die bevorstehende Arbeit, nicht an ihre Gefühle; wenn sie zugegeben hätten, daß sie Angst hatten, wäre ihnen die Arbeit schwerer gefallen.

Auch in anderer Hinsicht unterschied sich meine Auffassung von den Pflichten im Kriege von der allgemeinen. Das zeigte sich deutlich bei einer Rundfunksendung für Amerika, an der ich teilnahm. Ein amerikanischer Ansager fragte mehrere Leute in England über ihre Arbeit aus. Ich war im Aufnahmeraum mit etwa einem Dutzend Leuten aus allen möglichen Berufen beisammen. Eine englische Ansagerin stellte uns durchs Mikrophon dem Interviewer jenseits des Ozeans vor und richtete dann durch den Lautsprecher Fragen an uns. Zunächst kam eine Reinemachefrau an die Reihe.

»Sehr interessant«, sagte die Stimme des Amerikaners. »Arbeiten Sie in einem staatlichen Amt?«

»Nein. Ich bin Straßenfegerin.«

»Eine sehr wichtige Arbeit. Und wie kamen Sie gerade darauf?«

»Ja, ich hab' immer gern dreckige Arbeit gemacht, und das ist die dreckigste, die's gibt, und außerdem hilft es dem Land.«

Begeistertes Lachen kam über den Ozean. Dann war eine andere Frau dran.

»Ich?« sagte sie auf die Frage des Amerikaners. »Ich bin Autobusschaffnerin.«

»Äußerst interessant. Und warum haben Sie sich gerade diesen Beruf ausgesucht?«

»Mein Mann und ich haben es besprochen, und wir haben uns gedacht, wir können am besten mithelfen, wenn er in die Fabrik geht und ich Schaffnerin werde.«

»Welche Strecke fährt Ihr Autobus?«

»Nach Windsor.«

»Nach Windsor? Wo die königliche Familie wohnt?«

»Ja. Ich wünsche mir immer, daß die Königin einmal in meinem Autobus fährt.«

»Hoffentlich geht Ihr Wunsch in Erfüllung! Viel Glück.«

Und nun kam ich an die Reihe. Als mich die Ansagerin vorgestellt hatte, fragte die amerikanische Stimme: »Was haben Sie getan, bevor Sie Feuerwehrmann wurden?«

»Ich habe Gedichte geschrieben.«

»Gedichte? Und was veranlaßte Sie, zur Feuerwehr zu gehen?«

»Ich dachte mir, da hätte ich noch am ehesten die Möglichkeit, weiterzuschreiben, denn wenn es nicht gerade brennt, haben wir nicht viel zu tun.«

Pause. Dann: »Haben Sie schon viele Gedichte bei der Feuerwehr geschrieben?«

»Wenn man achtundvierzig Stunden lang das Unterhaltungsprogramm hört und beim ›Snooker‹ zusieht, kann man nicht viel schreiben.«

Neue Pause. »›Snooker‹? Was ist das? Es dürfte unsere Hörer interessieren, was das ist.«

Ich hatte das Gefühl, daß sich die Sendung auf ein Nebengleis verfahren hatte, und begann: »Das ist so wie Billard, nur mit viel mehr Kugeln.«

»Und was geschieht mit den Kugeln?«

Glücklicherweise unterbrach mich in diesem Augenblick die spröde Stimme eines Aufnahmeleiters, der aufzupassen hatte, was ich sagte: »Unsere amerikanischen Hörer dürfen aber nicht glauben, daß die Londoner Feuerwehr nichts anderes zu tun hat, als ›Snooker‹

zu spielen.« Und fröhlich ergänzte die englische Ansagerin: »Unsere amerikanischen Hörer wird es bestimmt interessieren, daß Herr Spender einer der tapfersten Feuerwehrmänner in London ist und nur aus Bescheidenheit über Billardspiel spricht.« Ich zog mich mit Schmach und Schande zurück. Zum Glück handelte es ich um eine Schallplattenaufnahme der Sendung, und meine Bemerkungen wurden mit einer Edelsteinnadel herausgeschnitten.

Denkwürdiger war der zweite Brand, bei dem ich löschte. Bomben waren nahe der Marienkirche in der Hauptstraße des Bezirks Kensington gefallen. Wir fuhren von der Feuerwache Holland Park Avenue mit unseren Geräten aus. Die Straßen waren mit Brandbomben übersät, die in der schwarzen Nacht wie Hunderte von kleinen Laternen blinkten.

Ich war allein in dem Hinterzimmer eines Ladens. Rings um mich stand alles in Flammen. Ich richtete den Schlauch auf die Stelle, wo es am heftigsten zu brennen schien, aber es nützte nichts. Der dünne Wasserstrahl und das Feuer schienen nicht zusammenzukommen. Der etwas beklemmende Gedanke, daß ein Balken von der Decke auf mich niederstürzen könnte, war so fern wie die Vorstellung, daß das Feuer schließlich unter dem Wasserstrahl erlöschen werde.

Umgeben vom Lackschirm des Feuers, überkam mich ein tiefer Frieden, wie ich so mitten im Element stand. Frieden wie damals, als ich meinen Kahn in weitem Bogen auf dem Meer ruderte: wie damals im deutschen Fichtenwald, wo die Nadeln unterm Schritt knirschten und das Harz aus den Bäumen quoll, zarter Laut, eingeritzt in der Stille auf die schimmernde Kupferplatte des Tages. Rings um mich knisterte und krachte es, aber in meinem Herzen empfand ich den Frieden, nach dem ich mich immer gesehnt hatte, das

Bewußtsein, daß uns ein Kind geboren wurde. Es war, als habe sich ein Ring geschlossen, und im Feuer stand ich an der Nabe meines eigenen Lebensrades, in dem Kindheit und Mannesjahre und Tod eins waren.